CAMBRIDGE LIBR

Books of enduring

History

The books reissued in this series include accounts of historical events and movements by eye-witnesses and contemporaries, as well as landmark studies that assembled significant source materials or developed new historiographical methods. The series includes work in social, political and military history on a wide range of periods and regions, giving modern scholars ready access to influential publications of the past.

Chroniques d'Anjou

Trained at the École Royale des Chartes at the Sorbonne, Paul Marchegay (1812–1885) dedicated his life to publishing the rich manuscript history found in the archives in his native Anjou. Volume 1 contains a collection of important texts by religious and lay authors written about the Angevin dynasty in its early years, dating from roughly the tenth to twelfth centuries. The most important manuscript printed in this collection is the *Gesta Consulum Andegavorum*. It is the only printed version of this manuscript, although modern scholars consider Marchegay's edition to be of poor quality. The collection also includes the only biography written about Geoffrey 'le bel' (Plantagenet), Count of Anjou, by Jean, a twelfth-century monk at Marmoutier. This book retains an interest for modern readers because it includes rare printed manuscripts, and also because descendants of the family, the Plantagenets, became the ruling monarchy in England.

Cambridge University Press has long been a pioneer in the reissuing of out-of-print titles from its own backlist, producing digital reprints of books that are still sought after by scholars and students but could not be reprinted economically using traditional technology. The Cambridge Library Collection extends this activity to a wider range of books which are still of importance to researchers and professionals, either for the source material they contain, or as landmarks in the history of their academic discipline.

Drawing from the world-renowned collections in the Cambridge University Library, and guided by the advice of experts in each subject area, Cambridge University Press is using state-of-the-art scanning machines in its own Printing House to capture the content of each book selected for inclusion. The files are processed to give a consistently clear, crisp image, and the books finished to the high quality standard for which the Press is recognised around the world. The latest print-on-demand technology ensures that the books will remain available indefinitely, and that orders for single or multiple copies can quickly be supplied.

The Cambridge Library Collection will bring back to life books of enduring scholarly value (including out-of-copyright works originally issued by other publishers) across a wide range of disciplines in the humanities and social sciences and in science and technology.

Chroniques d'Anjou

Volume 1

Edited by Paul Marchegay
and André Salmon

Cambridge
University Press

CAMBRIDGE UNIVERSITY PRESS

Cambridge, New York, Melbourne, Madrid, Cape Town, Singapore,
São Paolo, Delhi, Dubai, Tokyo

Published in the United States of America by Cambridge University Press, New York

www.cambridge.org
Information on this title: www.cambridge.org/9781108018296

This edition first published 1856
This digitally printed version 2010

ISBN 978-1-108-01829-6 Paperback

CHRONIQUES

D'ANJOU

TYPOGRAPHIE DE CH. LAHURE
Imprimeur du Sénat et de la Cour de Cassation
rue de Vaugirard, 9

CHRONIQUES

D'ANJOU

RECUEILLIES ET PUBLIÉES

POUR LA SOCIÉTÉ DE L'HISTOIRE DE FRANCE

PAR MM.

PAUL MARCHEGAY ET ANDRÉ SALMON

TOME PREMIER

A PARIS

CHEZ JULES RENOUARD ET Cie

LIBRAIRES DE LA SOCIÉTÉ DE L'HISTOIRE DE FRANCK

RUE DE TOURNON, N° 6

M. DCCC. LVI

EXTRAIT DU REGLEMENT.

Art. 14. Le Conseil désigne les ouvrages à publier, et choisit les personnes les plus capables d'en préparer et d'en suivre la publication.

Il nomme, pour chaque ouvrage à publier, un Commissaire responsable, chargé d'en surveiller l'exécution.

Le nom de l'Éditeur sera placé à la tête de chaque volume.

Aucun volume ne pourra paraître sous le nom de la Société sans l'autorisation du Conseil, et s'il n'est accompagné d'une déclaration du Commissaire responsable, portant que le travail lui a paru mériter d'être publié.

Le Commissaire responsable soussigné déclare que le tome premier de l'Édition des Chroniques d'Anjou *préparée par* MM. Marchegay *et* Salmon, *lui a paru digne d'être publié par la* Société de l'Histoire de France.

Fait à Paris, le 20 *janvier* 1856.

Signé Léopold DELISLE.

Certifié,

Le Secrétaire de la Société de l'Histoire de France,

J. DESNOYERS.

GESTA

CONSULUM ANDEGAVORUM

ET

DOMINORUM AMBAZIENSIUM

LIBER

DE COMPOSITIONE CASTRI AMBAZIÆ.

PROLOGUS (1).

Sæpenumero postulavisti ut Ambaziensium dominorum progenies litteris tibi significaretur, quo tempore, a quibus consulibus in hac terra virtute meritorum suscepti sunt; pareo libens, sed antequam istud aggrediar, de compositione Ambaziaci oppidi ea quæ quibusdam scriptis reperi et quæ Gesta testantur breviter aperiam.

[DE JULIO CÆSARE ET DE ORIGINE CASTRI AMBAZIE.] (2)

Julius Cæsar ad Gallias subjugandas festinans, Alpibus trangressis, Allobroges eum pacifice susceperunt; quæ vero nunc Moriana, et regio omnis ab Alpibus usque ad Ararim fluvium, antiquitus Allobrogia vocabatur, quæ etiam jam Romanis tributaria erat. Veniens itaque Cæsar ad urbem Lugdunensem, sitam

---

(1) D'Achery, *Spicilegium*, in-4°, t. X, p. 511; in-fol., t. III, p. 266.
(2) *Id.*, *ibid.*

ubi Arar a Rodano rapitur, Scæva Viennensi principe fideli amicitia sibi fœderato, cujus consilio et prudentia Rodanusa gens ei subjecta fuit, inde usque ad ripas Ligeris velociter descendit. Eo siquidem tempore, nulla aut pernimium pauca oppida inveniebantur, solæ enim urbes turribus et muris munitæ erant. Qui se de genere Romanorum esse jactant Arverni, teste Lucano qui ait :

Arveni Latiis ausi se fingere fratres (1),

urbem suam seque ipsos Cæsari tradiderunt. Nivernensi urbe capta, Cæsar secus ripas Ligeris equitans in quodam monte oppidum firmavit, ibique simulacra omnium idolorum suorum quæ secum gerebat posuit, quod oppidum Romani Sacrum Cæsaris vocaverunt. Post hæc relicta urbe Biturica, quam maximo labore adquisierat, Turonicas partes aggreditur. Audiens autem Turonicam urbem turribus, muris et aliis machinis clausam frequentiaque occidentalium gentium valde munitam, duodecimo milliario a civitate illa, in fine cujusdam montis, castra posuit. Cum vero hiems proximus adesset, considerans locum ad muniendum aptissimum, ubi et exercitus secure hiemare posset, fossatum a fluvio Ligeris usque ad fluviolum, qui ab indigenis illorum locorum Amatissa nuncupatur, fecit.

Liger a septentrionali parte montis præterluit. Amatissa vero, a meridie montem perpetuo lambens, duplici parte oppidum interluit; ab occiduo Ligerim intrans, nomen suum amittit. Cujus ripæ nemoribus

---

(1) M. A. Lucani *Pharsalia*, lib. I.

Avernique ausi Latio se fingere fratres.

vestiebantur; et in concavis arundinibus conventus avium dulce resonans, et in scirpis enodibus nidorum strues tunc fructificaverat. Sane licet a principio sui palustri solo et pinguedine bibuli limi algosisque littoribus coalescat, tamen, quia algidis fontibus eum utraque ripa ambientibus stipatur, ab incolis sæpe inter frutices philomenam diluculo sibilantem audientibus et cicadas meridie concrepantes, quod volupe est auribus insonare, ranasque crepusculo incumbente blaterantes, diligenter habitatur. Is quidem ab amœnitate et amore locorum nomen accepit.

In eminentiori parte montis, loco qui Mons Rotundus usque hodie vocatur, Cæsar domum ligneam magno artificio construxit : juxta quam, aulam lapideam conditor admovit; extra quam conclave solidum, in cono cacuminato crypticis arcubus calcabili silice crustatum, usui hominum fabrefactum, sæpe ignis subtus in arcuali (1) camino animatus et succensus nudos intus sudare compellit. Molem vero ibi, in modum turris, lapidibus politissimis ædificavit. Desuper vero Martis simulacrum miræ magnitudinis posuit; super illud idolum thronum levigati cæmenti conditor admovit. In facie parietum depingitur quomodo Phryges a Græcis, Numidæ a Romanis, Spartiatæ ab Alexandro devicti sint ; quæ historia sicut artem ornat, sic artificem venustat. Balneum a meridie ultra prædictum fluviolum quadrat : in quo aqua, a fontibus Amatissæ sumpta, per parietem foraminatum flexilis plumbi meatibus implicita singultat. Ibi cædua silva per jugum truncatur et in ora fornacis, lapsu velut

(1) *Sic*, pour *arcuatili*.

spontaneo, impingitur. Pontem etiam ligneum magnæ latitudinis et firmitatis, ad transeundum Ligeris alveum, fabricavit.

Ibique amœna planities erat, quæ rupta innumeros quoque cumulos, congestis fructibus, sæpe in horrea dabat. Ubi et pinguis pastor densum pecus, gravibus uberibus in mulctra, per olida antra caularum includebat.

Fluvius a septentrione abluit, ipsamque planitiem insulam facit ; qui amœnitate pratorum et pascuis uberrimis jocundus, armentalem copiam taurosque reboantes nutrit. Is sane circa principia sui in ripis voraginosus et limosus, in medio vero arenosus, limique bibuli pinguedo potantium labra desiccat ; et quamvis vada habeat commoda, tamen ariditate sui vadantium decoquit crura, et cum tarde fluat invectus alteri fluvio non longe ab urbe Turonica Ligeris alveum intrat. Qui licet pictus in pratis, pecorosus in pascuis, in pastoribus peculiosus sit, tamen est humanæ naturæ prorsus contrarius : et cum ejus unda glareosa plus sitim attrahat quam depellat, incolæ locorum, ab effectu, Sicciam nuncupaverunt. Super hunc Cæsar, cum non esset navigabilis, pontem pervium extendit, ut ad copiam nemorum, quæ ultra ipsum erat, populus libere pergeret. Hujus arundinosus frutex frequenter lemborum superlabentium ponderibus inflexus perfunditur, cum piscatores rapacissimi plumbata retia raro herbosis littoribus extendunt, ipsique hamati nocturnis excursibus piscibus insidias conficiunt; in hoc piscis pisce decipitur. Cujus paludosa amaritudo ulvarum salicumque glaucarum viriditate fota, sæpe piscibus pauperatur.

Nempe in latere montis qui fluvio adjacet, lapidea fœnilia, ad equos regios nutriendos, Cæsar construxit. Quoniam vero ibi nemorum permaxima copia erat, naves Ligeris alveo habiles ibidem fabricare præcepit, quibus militum sarcina et necessaria suo exercitu in Andegaviam et Armoricam regionem deferret, quæ nunc Britannia, olim Armorica Gallia vocabatur. Villam etiam ad manendum fabricatores navium et equorum aptatores composuit, quam Romani Navicellas, quasi cellam et habitaculum navium, nominaverunt. Lucum etiam maximum, qui ab aquilone villam claudit, Aquilonarium dixerunt; et tam villa quam lucus usque hodie nomen suum retinent. Cum autem Liger crescens prata planitiemque tegit, concentum septiforis fistulæ armentalemque camœnam quam sæpe Tityri illorum montium nocturnis carminum certaminibus insomnes exercent, inter greges tintinnabulatos per depasta buxeta reboantes, audire in Aquilonario nemore placebit.

Igitur navibus alveo Ligeris impositis, exercitus Cæsaris, æstate inchoante, ab Ambaquis recedens, Andegaviam Armoricamque aggressus est regionem, urbe Turonica et Cenomannica partim fœdere partim metu adquisita. Singulis annis Julius Cæsar æstate equitabat, hieme vero Ambaquis hiemabat : unde scripta pluribus locis hiemalia Cæsaris Ambaquis esse testantur.

Dum Cæsar in inferioribus Aquitaniæ partibus circa Oceanum mare moraretur, Dunicius (1), unus e du-

---

(1) Le *Dumnorix* des Commentaires de Jules-César.

cibus Germaniæ, qui Sequanæ genti præerat, vir magnus, Romanis infestus, cum copioso exercitu in finibus Germaniæ manens, Cenomannicam, Turonicam, Neustriam, quæ nunc Normannia dicitur, sæpe impugnabat; qui oppidum, a suo nomine Castrum Duni nominatum, construxit. Omnis terra a fluvio Ligeris usque Coloniam olim Germania vocabatur, quæ nunc in Franciam, Flandriam, Burgundiam, Lothòringiam dividitur. In diebus illis Cocta (1), vir tribuniciæ potestatis, relictus a Cæsare ut gentes subactas tueretur, qui Bituriæ, Niverniæ Alverniæque genti sub Cæsare principabatur, inter Sicciam et nemora, prope planitiem quæ vulgo Belsia dicitur, castra fixit. Germani, ut erant edocti, insidiis clandestinis competenter in nemore locatis, qualiter Coctinianis nocere potuissent machinati sunt. Primo diluculo ordinatis agminibus suis, in hostes audacter procedunt, et animosi, occlamantes, certamen ineunt, validissimos incursus faciunt, girantesque eos circumvallare nituntur, gladiis ipsos conantur sternere; tandem multis pereuntibus, alios in fugam vertunt. Si qui potuerunt in silvis latitare sive effugere, viventes evasere; alii lethali sorte occubuere. Plurimi cum suo Cocta evaserunt, et Ambaquis redierunt; et hii, quia Martem iratum sustinuerunt, a bile et Marte, nemus Blimartium nominaverunt.

Occurrunt sui Cæsari cum victoria revertenti, de ipsius sospitate et prosperitate congratulantur, et quæ Coctæ successerunt referunt. Cæsar, ut erat dissimulator maximus, se iratum dissimulat, iramque in tem-

---

(1) *Sic*, pour *Cotta*. V. Cæsaris *Comment.*, lib. II et V.

pus reservat, plurimaque minatur; nam quamvis fortuna Cæsari nimis faveret, tamen in partes ejus sæpe aliquid ausa est. Subjugata enim Germania, Frisones ipsum super Rhenum fluvium fugaverunt, teste Lucano qui ait :

Dant animos Rheni gelidis quos fugit ab undis (1).

Narrant etiam Gesta quod Cæsar, præparata pulcherrima classe, in Britanniam, quæ nunc Anglia vocatur, applicuit. Volens ergo urbem Trinovantum, quæ nunc Londonia dicitur, obsidere, naves onerarias in portu maris relinquens, triremes et rostratas per Thamisim fluvium ducens, super palos plumbatos a Britonibus fixos navigium ejus submergitur. Ipse vero cum reliquis navigando Neustriam fugit, unde Lucanus :

Oceanumque vocans incerti stagna profundi,
Territa quæsitis ostendit terga Britannis (2).

Plurimæ Gallorum urbes, et maxime Ædua et Nivernis, tunc in Cæsarem insurgunt, prædictumque Coctam occidunt. Unde idem auctor :

.... Nimiumque rebellis
Nervius, et cæsi pollutus sanguine Coctæ (3).

Oppidum Ambaquis a Julio Cæsare, qui quinque annis post obitum Pompeii regnavit, Romani usque ad Diocletianum tenuerunt. Legimus Vespasianum in Gallias usque Ambaquis descendisse, habitoque con-

(1) Lucani *Pharsalia*, lib. II.

Dant animos? Rheni gelidis quod fugit ab undis.

(2) Lucani *Pharsalia*, lib. II. — (3) Lucani *Pharsalia*, lib. I.

silio principes Gallorum inter se discordantes concordasse, et secundo anno Romam rediisse.

Tempore illo quo Diocletianus in christianos sæviit, Baugaredi, cum ducibus suis Heliano et Amando, Romanum imperium a Gallia cupientes expellere, Ambaquis cum magno exercitu veniunt. Qui, civibus Turonicis sibi adjuvando consentientibus, Romanis qui ibi erant partim occisis partim fugatis, illud castellum totum, excepto idolo Martis et ponte Ligeris, funditus deleverunt; rusticos tamen in valle circa Ligerim et Amatissam habitare permiserunt. Hi vero cum desuper manere non auderent, perforato monte, cavatis rupibus habitantes, vicum magnum constituerunt. Baugaredi lingua sua, nomine prævaricato, non amplius Ambaquis, sed Ambaziam (1) sive Ambazium vocari deinceps jusserunt. Sic Ambazium vicus usque ad tempus Valentis fuit.

Eo tempore, vir quidam, Constantinus nomine, filius Constantii senatoris, ortus ex concubina, adjunctus est Baugaredis, et rex citerioris Hispaniæ effectus, sedem regni sui Massiliam et Barcinocam constituit. Iste tenuit terram a monte Jani usque ad montes qui dividunt Hispaniam ab Aquitania, Vasconiam (2) totam usque Garonam; reliquam a Garona usque Lugdunum Baugaredi tenuerunt. Diocletianus contra istos Maximianum Herculum misit, qui Thebeam legionem in itinere peremit. Qui quidem, usu militiæ bellis aptus, tamen specialis idolorum cultor, ferus animo, avaritia crudelis, libidini deditus, imperium polluerat. Is, dis-

(1) Ms. 6006, *Ambassiam*. — (2) Ms. 6218, *Guasconiam*.

positis insidiis, genero suo Constantino apud Massiliam captus et strangulatus, impiam vitam digna morte finivit. Hujus dolum filia sua Fausta Constantino marito suo detexit. Cujus etiam mortem beata Lucia, jam a Vespasiano gladio percussa, in Sicilia prædixit his verbis : « Annuntio vobis pacem ecclesiæ datam, Diocletiano de regno suo ejecto et Maximiano mortuo. » Iste vero post Valerium, qui duobus annis regnavit, imperator effectus, cum Gallias circuiret, Turonensibus jussit ut omnes lapides Ambazii ædificii ad muros suos reficiendos per Ligerim deferrent. Volebat namque Baugaredis placere, quos secum Romam duxit; qui Maxentium filium Maximiani Herculi bello victum occiderunt.

Baugaredis pacificatis, iterum Gallia diu Romanis subjecta fuit. Regnantibus simul Valente et Valentiniano et Gratiano, imperio Romano valde turbato, Maximus, a Germanis rex effectus, sedem regni sui Treveris constituens, Gratianum Ambianis coronatum fugans, Alpes transire coegit. Hic vero Avicianum, virum animo ferum, Turonis et aliis vicinis urbibus comitem constituens, Ambazium (1) vicum ei tribuit; qui in fine montis super rupem ponti eminentem aulam suam constituit. Restringens igitur oppidum, duas motas, unam a meridie, alteram ab aquilone, erexit, et maximum fossatum ab una usque ad aliam fecit : sciebat enim magnum oppidum Cæsaris sua plebe impleri non posse.

In diebus illis, beatus Martinus Ambaziacum, adhuc

1) Ms. 6006, *Ambacium.*

gentilitatis errori subjectum, ad fidem Christi convertit; Marcello presbytero ibidem constituto ut Martem destrueret præcepit. Iterum cum diu post diocesim visitaret, idolumque integrum reperiret, in ecclesia, ante palatium Aviciani orans, concusso monte, orta tempestate, idolum cum ædificio in pulverem redegit, quod in libro miraculorum ejus legitur ita : « In Ambaziensi vico, in veteri castello, etc. (1). »

Vetus Castellum dicitur a loco qui Porta Lupæ modo vocatur, usque ad Motas Aviciani, quod Novum Castellum nuncupatur.

Refert etiam fama juxta hoc oppidum templum antiquum fuisse et pinum Dianæ dedicatam, quam antistes loci et multitudo rusticorum, in loco qui nunc dicitur Verruia degentium, cum eam vir sanctus excidere vellet, succidi non patiebantur. Quod miraculum cum in eodem libro (2) legatur scriptorque nomen loci non referat, tamen antiquitas hoc ibidem fuisse affirmat.

Maxime tempore illo Romanum imperium turbatum

---

(1) Voici le texte entier du passage cité par le chroniqueur, extrait du chapitre VIII du dialogue III de Sulpice Sévère : « In vico autem Ambaciensi, id est castello illo veteri quod nunc frequens habitatur a fratribus, idolum noverat is grandi opere constructum. Politissimis saxis moles turrita surrexerat, quæ in conum sublime procedens, superstitionem loci operis dignitate servabat. Hujus destructionem Marcello, ibidem consistenti presbytero, vir beatus sæpe mandaverat. Post aliquantum tempus regressus, increpat presbyterum, cur adhuc idoli structura consisteret. Ille causatús vix militari manu et vi publicæ multitudinis tantam molem posse subverti, nedum id facile putaret per imbecilles clericos aut infirmos monachos quivisse curari. Tunc Martinus recurrens ad nota subsidia, noctem totam in oratione pervigilat. Mane orta tempestas ædem idoli usque ad fundamentum provolvit. »

(2) Sulpicius Severus, *de Vita sancti Martini*, cap. XIII.

Gesta referunt; nec mirum, namque hoc exigebant delicta illorum qui occidendo martyres sævierunt. Imperatores etiam eorum ariani et ab Eudoxio Arianorum episcopo, baptizati erant, maximeque Auxentio principi illius sectæ favebant, cum Damasus papa catholicus, Martinus atque Ambrosius eos sæpe corrigerent. Ideo Arthanarus rex Gothorum Valentem in Traciam devicit et fugavit, Traciam, Illyricum, Dalmatiam Venetiamque Romanis ablatam obtinuit. Scriptum est, et verum est: *Non enim qui operantur iniquitatem in viis Dei ambulaverunt* (1). Permisit Deus multis modis flagellari Romanum imperium, quia in iniquitatibus patrum suorum ipsi impii diu manserunt.

Quidam juvenis de Britannia, Mauricius nomine, Treveris ad Maximum venit; cujus monitu et consilio Maximus in Britanniam navigavit, unicamque filiam Caredocti regis Britanniæ cum regno uxorem duxit. Caredoctus nimis senuerat, regnumque ejus Conanus nepos ipsius, filius ducis Cornubiæ, gubernabat. Quem Maximus timens ne regnum sibi turbaret, cum multis Britonibus secum adduxit, Armoricamque Galliam ipsi donavit. Hic post se infinitas copias Britonum nobilium, ignobilium, cum parvulis et mulieribus venire fecit. Itaque Armoricam totam usque Redonis et Nannetis, expulsis indigenis locorum, suis Britonibus replevit. Sic illam provinciam Romani amiserunt.

---

(1) Palm. CXVIII, 3.

CHRONICA DE ARTURO (1).

Anno XLVII° post hæc, Arturus Magnus, rex Britanniæ, cum magno exercitu Neustriæ appulit, adjunctisque sibi Armoricis Britonibus, Parisius obsedit, Fullonem Romanum ducem singulari duello devictum occidit. Quo peracto, indigenæ locorum, jugum Romanorum odientes, sponte Arturo regi liberalissimo et piissimo subjecti effecti sunt. Superiores partes Germaniæ usque Cameracum et Turnacum Clodius rex Francorum tempore illo tenebat, qui et Arturi amicissimus sponte factus est. Reges insularum sibi subjectarum, Iberniæ, Irlandiæ, Gotlandiæ, Daciæ, et totius Britanniæ duces, et proceres Flandriæ, Burgundiæ, Aquitaniæ principes congregati, Parisius ad curiam ejus venerunt, eumque ibi coronaverunt. Qui larga munera dedit, ecclesiisque munificus fuit. Comitia etiam hoc modo divisit : Oldino signifero suo Flandriam dedit, Beduero pincernæ Neustriam, Cheudoni dapifero Andegaviam et Turoniam, Golfario ensifero Pictaviam et Bituricam provinciam concessit. Cheudon, comes Andegavis, oppidum quod ex suo nomine Cheudonem dixit, in Turonia construxit, quod nomen diu post lingua Francorum prævaricatum Kainon nunc dicitur. Iste cuidam consobrino suo nomine Billeio Ambaziacum tribuit, qui Faustam Aviciani neptam, ex filia sua Placida nomine ortam, uxorem duxit. Hic vicum qui Bliriacus dicitur fecit, uxorique suæ dotem esse constituit. Golfarius et Cheudo, qui se nimis dili-

(1) D'Achery, in-4°, X, 518; in-fol., III, 268.

gebant, nemoribus causa venandi in confinio Bituricum et Turonorum vico Claudiomacho convenerunt, qui lucum, qui a nomine Cheudonis usque hodie Cheudon vocatur, Billeio, Ambaziæ domino, terramque usque ad rivum qui Andresius dicitur tribuerunt. Theodosius nepos Honorii, qui Orientalibus præerat, fere omnes ultramarinos reges congregans, ad Honorium cum magno exercitu terra et mari tertio anno rediit, qui infirmus Byzantio remansit. Honorius vero Lucium consulem, virum magni nominis, maximo exercitu illo sibi tradito, contra Arturum misit. Qui, Alpibus transgressis, cum Arturo prope Augustodunum circa nemorosa loca dimicans, multis regibus a Britonibus peremptis, ipse victus interiit. Arturus tamen impetu et stultitia Galgani nepotis sui multos ex suis amisit. Nam Galganus ipse, Oldinus, Beduerus, Cheudo multique alii interiere. Billeius corpus Cheudonis advexit, et in loco religiosorum qui Regula dicitur juxta Kainonem sepelivit.

Qui (1) de Arturo amplius scire voluerit, historiam Britonum legat, invenietque quod, cum Romam vellet ire, Arturum audisse Morvandum nepotem suum, regem Britanniæ factum, uxorem suam nupsisse. Arturus vero, relicto magno apparatu causa eundi Romam facto, in Britanniam navigavit, Morvandum in Cornubia pugnando superatum occidit. Ipse vero graviter vulneratus in insula Avallonis quodam nemore obiit; et quia sepulcro indigno tanti regis caruit, a Britonibus adhuc vivere putatur.

(1) Nous remettons à sa véritable place cet alinéa, placé dans tous les manuscrits avant le paragraphe commençant par ces mots : *Sub eodem fere tempore*. Voy. page 16.

DE BLESI CHRONICA (1).

Ivomadus quidam juvenis de Britannia, secum habens mille viros, a prælio cum Bosone Carnotensi consule rediens, locum in comitatu suo ubi remaneret petiit, qui blandis blæsisque sermonibus eum decipiens, locum super ripas Ligeris ad libitum impetravit, ubi non villam sed oppidum firmissimum ne a Bosone vel alio eriperetur erexit. Quod cum diu post Boso aspiceret, iratus ait : « Hoc tibi non concessissem si verbum sapientis patris filio dictum memoriter retinuissem :

Sermones blandos blæsosque vitare memento :
Simplicitas veri fama est, fraus ficta loquendi (2).

Ivomadus iram ejus mitigans, supplicando obtestandoque castrum obtulit; sed Boso, ut erat benignus, hominium cum jurejurando ab eo suscipiens, castellum illud concessit, et a deceptione Blesim vocavit.

Sub eodem fere tempore, Alaricus rex Gothorum Romam obtinuit, Honorium ab Italia expellens Constantinopolim fugere coegit; ex hinc cæsares fere omnes Constantinopolim transiere. Regnante Marciano, Theodoricus Romæ a Gothis post Alaricum imperator factus, qui Boetium Papiæ incarceravit, Alpes transiens, Burgundiam, Aquitaniam, Hispaniam possedit. Qui duobus filiis Tursomodo Lotchio et Alarico regnum divisit. Alaricus Hispaniam habuit,

(1) D'Achery, in-4°, X, 520; in-fol., III, 268.
(2) Dion. Catonis *disticha*, cap. III.

Tursomodus Lotchius cætera omnia Romamque solus obtinuit. Tursomodus Lotchius oppidum Lotchas a suo cognomine dictum super Endriam fluvium statuit.

Per idem tempus, duo Lupæ filii Ambaziæ domini Tursomodo servire nolebant, confisi in auxilio Merovechi regis Francorum, qui Tursomodum in Burgundia a Disparcho oppido sæpe impugnabat. Supradictus Billeius ex uxore sua Fausta Lupam genuit; quæ mulier prudentissima fuit, quam Eudoxius viceconsul Turonensis uxorem duxit, quæ ipsi duos filios peperit. Lupa, viro suo mortuo, filiis Ambazium reliquit; ipsa sibi in Veteri Castello domum fecit super rupem, quæ a nomine suo adhuc Porta Lupæ dicitur. Ista mulier sapiens, solitariam vitam cupiens, in proprio luco, juxta Andresii rivum, villam quæ Villa Lupæ dicitur fecit, virosque religiosos ibidem posuit, qui ecclesiam in honore Salvatoris ædificaverunt; quæ ad portam in introitu ecclesiæ duos filios suos ante se mortuos sepelivit.

Eo autem tempore, Huni atrocissimi Rhenum transnavigantes usque Treveris omnia vastant, Mettis urbem succendunt. Timore tamen Francorum velociter transeuntes, Burgundiam totam vastantes, Aurelianis descendunt, quibus Ægidius, patricius Romanorum, dux Parisiorum, et Tursomodus rex Gothorum obviaverunt. Ibi, orante sancto Aniano, orta tempestate lapidum, Huni cum Atalano rege suo omnino demoliti sunt. Merovechus Tursomodum Gothum in Burgundia devictum fugere usque Viennam coegit, ibique obiit. Alaricus frater ejus, ab Hispania rediens, regnum ipsius arripuit. Veniens itaque ad Lochas, castrum a fratre suo olim compositum, prope monasterium situm in secessu montis super Angerem fluvium, ubi multi religiosi, Urso abbate, degebant, illud oppidum cuidam proximo et amico suo nomine Silario tribuit. Silarius, Lupæ et Ambaziensibus multa mala ingerens per se et per Alaricum, oppidum tamen Ambazium nullo modo habere potuit. Iste vir crudelissimus cœnobium Angeris, cui præerat Urso abbas, pæne delevit. Qui legitur abbati molinum suum vi abstulisse, sed divino nutu molinum Silarii scimus maxima voragine submersum fuisse. Fluvius iste ab antiquis Anger, a modernis Endria vocatur.

DE CLODOVEO (1).

Merovechus genuit Childericum, virum pulchrum et probum, sed luxuriosum nimiaque libidine præoccupatum, qui filias Francorum vi opprimens et deludens, expulsus a regno, ad Bissinum ducem fugit. Bissinus iste terram suam super Sunnam fluvium, qui alio nomine Arar dicitur, a Tullo usque Lugdunum possidebat. Basina vero uxor Bissini Childericum ardenter, sed tamen latenter, amavit. Franci Ægidium ducem Romanum regem eligunt, quem Franci, quia more Romanorum cupidus et avarus erat, non diu sustinuerunt, sed consilio Guidomari ipsum a regno privaverunt. Guidomarus Childerici consiliarius, misso sibi nuntio, redire fecit. Recepto igitur regno, cum Ægidio inter Laudunum Clavatum et Remis pugnans,

(1) D'Achery, in-4°, X, 522; in-fol., III, 269.

multis copiis Romanorum cæsis, Ægidius fugiens Suessionis evasit. Childericus vero tunc Laudunum Remisque recepit. Post hæc Basina uxor Bissini ducis, viro suo relicto, ad Childericum venit, qui eam consilio Francorum uxorem duxit; nempe Franci illam sapientissimam comperientes, monente Guidomaro, quamvis christiana esset, tamen regi suo consenserunt. Bissino non diu post mortuo, Childericus terram suam, quæ uxori suæ hereditario jure contingebat, suscepit. Ex ea Childericus Clodoveum Magnum regem Francorum genuit.

Mortuo Ægidio, Syagrius filius ejus a Romanis et Gothis Suessionis in regem elevatur. Childericus eum in valle Suessionis pugnando devicit, urbeque sibi reddita, Syagrius ad Alaricum fugit. Rex vero Parisiacum terramque totam usque Aurelianis recepit. Dum Aurelianis moraretur, a fugitivis sibi relatum est quod Adovagrius filius ducis Saxoniæ cum multis navibus relicto mari Ligerim intrans, et ascendendo terram fluvio adjacentem vastans, usque Andegavis venit eamque obsedit. Igitur rex, congregato magno exercitu, ad succursum urbis illius monitu fugitivorum descendit, cui Lupa Ambaziæ domina obviam venit. Qui etiam illi, quia Gothis inimicis suis infesta erat, multa bona promisit. Urbem Turonicam consilio Basinæ uxoris suæ, et propter miracula quæ ad sepulcrum beati Martini fieri frequenter audiebat, licet esset ethnicus, pacifice et sine damno civium suscepit. Basina prudentem Lupam secum retinens, flens oransque assidue in ecclesia Beati Martini remansit. Saxones, adventum regis comperientes, velociter cum duce suo fugiunt. Ipse vero Andegavis venit, urbem cepit,

Paulum Romanum consulem ibi inventum suspendit, domum Romanorum quæ ibi erat destruit, civitatem, prætore ad libitum imposito, munit. Dum rediret Childericus, obviam venit ei rex Gothorum Alaricus, et in insula Ambaziensi colloquio adjuncti, fœderati pacificatique sunt. In planitie vero inter Bliriacum et Andresium uterque populus Gothorum et Francorum jussu regum duos globos terræ elevaverunt, quos utriusque regni fines constituerunt. Omnis plana terra a Francis Campania dicitur, et in hac duo globi in testimonium fœderis eminent.

Post hunc surrexit Clodoveus rex magnus, cui Crochildis filia regis Burgundiæ, mulier christianissima, de genere Anastasii imperatoris, matrimonio conjuncta est. Huic, dum fleret quia viro gentili conjuncta erat, beatus Remigius ait : « Lacrimas reprime; credo, secundum apostolum, quod *vir infidelis per mulierem fidelem sanctificatus erit* (1). » Quodam tempore, Frixones, Alemanni, Saxones subito coadunati, regnum ejus invadunt. Videns igitur Crochildis eum anxium et pavidum, christianitatem quam ei assidue prædicabat opponit : ille, si victor Christo adjuvante redierit, se fieri christianum promittit. Regina Aurelianum regis consiliarium vocat, monet ut crucem Christi secum deferat, et si viderit adversarios prævalere, signo crucis elevato, regem esse victorem statim affirmet. Ille libens paruit, et cum hostes prævalerent, jussu reginæ cruce elevata, cum acie sibi tradita occurrit : Alemanni statim perterriti fugiunt. Quo facto, rex victor, cæsis hostibus, Christo gratias

(1) S. Pauli *epistola ad Corinthios*, I, VII, 14.

referens, rediit. Regina, accito sancto Remigio, a rege promissa exigit. Remigius et Solemnis Carnotensis episcopus regem duasque sorores ejus, et cum eis plus quam tria millia virorum, baptizaverunt. Rex effectus catholicus ad Alaricum regem Gothorum nuntios misit, ut sibi Syagrium fugitivum, Ægidii Romani filium, redderet; quem sibi timore redditum statim suspendit. Gothi ariani illis diebus fidem catholicam maculaverant, ecclesias Dei polluebant; quos rex pejores Sarracenis autumans, monitu religiosorum, regnum eorum tertio anno post hæc invadit, Alaricum prope Pictavim pugnando occidit. Filius ejus Amalricus in Hispaniam fugit. Rex Aquitaniam totam, expulsis hæreticis, catholicis clericis in ecclesiis positis, possedit. Lupa anus ens absque herede nimis senuerat; quæ regem in suo reditu convenit, heredem suæ rei facit, Ambaziumque tradit. Quod oppidum deinde usque ad Karolum Calvum regum Francorum fuit. Lupa vero in prædicta villa sua ad portam ecclesiæ Salvatoris juxta filios suos in obitu suo sepulta fuit.

Qui de genere horum regum amplius scire voluerit, consulat historiam Francorum, quæ affirmat Priamum, quemdam ducem Trojanum, urbe capta, cum duodecim millibus evasisse, qui in solitudinibus Græciæ profugi incertis sedibus vagabantur. Annis viginti post expulsi a Græcis, vasta loca inter Pannoniam et Mæotidas Paludes duce Simonide intraverunt, urbemque nomine Sicambriam ædificaverunt, a qua dicti Sicambri longo tempore fuerunt : qui etiam ibi in gentem magnam creverunt. Alani, gens atrocissima, diu postea, devictis Romanis, Græciam Illiricumque vastaverunt. Edictum est a Romanis, si quis ducum aut regum eos ab imperio Romano expelleret, gens illa absque tributo merito suo semper maneret. Sicambri hæc audientes cæsos Alanos omnino deleverunt. Romani attica lingua tunc eos Francos, id est feroces, appellaverunt; diuque a tributo liberi vixerunt. Valentinianus, tempore suo cum ceteræ gentes omnes tributa solverent, misit primarium et exactores tributorum, ut a Francis consueta tributa peterent. Franci qui multis diebus liberi a tributo vixerant, nuntios ejus peremerunt. Valentinianus, ira nimia succensus, Francos delere cupiens, infinitas copias coadunavit. Quod cum audissent Franci, consilio Marcomiris ducis jam senis, Faramundum ipsius filium regem elevaverunt. Itaque Sicambriam relinquentes, loca vasta et nemorosa Theutronicæ regionis ingredientes, lucosque post se succidentes, cum parvulis et mulieribus Romanorum gladios evaserunt. Romani Sicambriam vacuam reperientes, eam funditus deleverunt. Franci per prædicta nemora pedetentim descendentes, secundo anno Agripinam urbem sitam in fine Rheni fluminis ceperunt, ipsamque captam, Romanis inde expulsis, amplificantes, Coloniam vocaverunt, quam etiam sedem regni sui constituerunt.

Legimus Francos, antequam sibi regem constituissent, hos duces habuisse, Priamum qui usque in loco ubi Sicambria constructa fuit ipsos adduxit, Æneam Crinitum. Antenor tertius fuit; post hunc Simonides; dehinc Symonem ducem habuerunt. Post vero Romano more rem suam per senatores tractantes, absque duce diu fuerunt. Ad ultimum Marcomiris dux eorum fuit, cujus consilio, cum senex jam esset,

Faramundum regem primum constituunt. Secundus fuit Clodio, qui Cameracum, Turnacum, Burgundiam totam usque Viennam subjugavit. Tertius Merovechus, quartus Childericus, quintus Clodoveus, rex magnus catholicusque, qui anno decimo regni sui Britones ab oppido Blesis qui ripas Ligeris inter Turonim et Aurelianim impugnabant, nemoribusque occultantes viatores interimebant, cum sibi a Saxonia revertenti ostensum esset, festinus descendit, Britonibus fugatis et peremptis Blesim delevit. Paulo tamen altius in competentiori loco castrum illud restauravit, suosque ibidem posuit, eodemque nomine vocavit, illud nempe diligens, ut pote quod multum pulchrum fecerat, nimis exaltavit; qui viginti annis post regnavit. Sextus Clotarius, septimus Chilpericus, octavus Clotarius Chilperici filius, qui ducem Saxoniæ nimis rebellem omnesque illius regionis juvenes sua spatha longiores occidit; decimus (1) Dagobertus, qui habuit duos filios Sigisbertum et Clodoveum. Sigisbertus rex Alemanniæ, Clodoveus Franciæ fuit. Sigisberto mortuo, Grimodus dux, in cujus custodia filium suum quem ex uxore legali genuerat et regnum posuerat, filium domini sui Dagobertum nomine totondit, et in ecclesia Sancti Galli Fundensis cœnobii monachum fecit. Quo facto, statim Grimodus filium suum Eduardum regem Alemanniæ constituit. Sed Clodoveus, Sigisberti frater, casum nepotis sui moleste ferens, coadunatis Francis, Grimaudum præliando captum Parisius in carcere posuit, qui et ibi obiit. Eduardus vero filius ejus Constantinopolim

(1) *Sic*, pour *nonus*.

fugit. Cum autem Dagobertus monachum exuere nollet, ordinemque suum diligeret, Clodoveus amore nepotis sui cœnobium illud valde ditavit. Monachi vero Dagobertum abbatem constituunt. Dagobertus abbas patrueli suo Clodoveo eunti in expeditione contra Justinianum imperatorem Constantinopolitanum quinquaginta millia militum adduxit. Siquidem imperator ille putabat Eduardum in regno Alemannorum restituere, sed victus et confusus rediit. Eduardus vero a Francis captus occiditur. Sic itaque Clodoveus rex undecimus utrumque obtinuit regnum. Post hunc non amplius Faramundi progenies regnavit; duos tamen filios habuit Theodoricum et Childericum. Childericus nimis severus a Bodilone Franco, quem ad stipitem ligatum nimis deturpaverat, ob sævitia[m] sua[m] occiditur. Ebroinus dux, major regiæ domus, Theodoricum regem statuit; cujus sævitiam Franci non ferentes, a regno ejiciunt, qui fugiens Rothomago obiit. Ebroinus, consilio Leodegarii Augustudunensis episcopi et Gerini fratris sui a Francis captus, Luxovio monasterio monachus efficitur. Franci Pipino filio Angisili ducatum totius Franciæ præbent. Pipinus in Alemanniam pergens, fratrem suum consobrinum Martinum Francis reliquit. Ebroinus monasterium egressus monachum exuit, monitu sancti Audoeni ducatum arripuit, Martinum Lauduno Clavato inclusum super vacuas capsas jurans ne sibi malum faceret proditione occidit, sanctum Leodegarium et Gerinum fratrem ejus dira pœna damnavit. Ebroinus, multa mala Francis ingerens, ab Ermenfredo occiditur, qui Pipino festinus nuntiavit. Sic Pipinus ducatum totius Franciæ in pace rexit : sed putans aliquem de genere regali adhuc vivere, rex esse noluit. Quod totum Deus fieri permisit peccato Clodovei filii Dagoberti, qui beati Dionysii brachium abscidit, regnumque Francorum divisit.

Sed quoniam plures optimi reges ex genere hujus boni Pipini orti sunt, restat ut series progeniei hujus cognoscatur.

DE KAROLO (1).

Ausbertus senator ex Pluide filia regis Clotharii, patris Dagoberti, genuit Alnaudum; Alnaudus Arnulfum; Arnulfus genuit tres, Frodulfum qui genuit Martinum quem Ebroinus occidit, et Galchisum qui genuit Gandregesillum abbatem, et Angisilum qui genuit Pipinum. Pipinus iste viginti septem annis ducatum tenens regnum optime rexit. Post hunc Karolus Martellus regnum obtinuit, qui per omnia bonus fuit, excepto quod decimas ecclesiis primus abstulit. Iste duobus filiis regnum divisit, Karolomagno Alemanniam dedit, Pipino Franciam. Sed Karolomagnus, anno ducatus sui quinto, Pipino cuncta relinquens, Romam venit, Pserapte monte in honore sancti Silvestri ecclesiam statuit; ipse apud Montem Cassinum monachus efficitur. Pipinus vero, jussu Zacariæ papæ, in regem a Bonifacio archiepiscopo inungitur, qui Haistulfum regem Longobardorum tenere justitias Sancti Petri coegit. Iste Hunaldum et Vufarium duces Aquitanorum cum omni sua progenie ab Aquitania expulit, in qua multos proceres Francorum

(1) D'Achery, in-4°, X, 527; in-fol., III, 270.

hereditavit. Biturix suos misit, Argentomachum castrum fecit, Vuandalos a vastatione Affricæ revertentes in Alniensi pago cum rege suo annihilavit. Cui Gregorius secundus, ut defensori ecclesiæ, claves de sacrario Sancti Petri tradidit.

Hic genuit illum admirabilem regem ex Bertrada regina Karolum Magnum, imperatorem Romanum, qui reges Longobardos ab Italia delevit, et omnia sua jura Romanæ ecclesiæ restituit. Saxones, Danos, Vascones, Barros, Navarros, Hispanos subjugavit; Græcos, Affros, Persas, Ægiptios tributarios metu sui effecit. Cui Isaac monachus elephantem ab Affrica missum Aquisgranis adduxit. Rex vero ex Faustade regina duos filios Pipinum et Carolum genuit. Desiderio rege Longobardorum cum sobole destructo mortuoque, Pipinus rex Italiæ efficitur, Karolus vero Saxoniæ, Pannoniæ, Sclavoniæ. Quorum frater cum ipsis Romæ a papa et a senatu cum vexillis honorifice susceptus, acclamatum est: « Karolo Magno regi salus et victoria! » ibique celebravit Pascha. Serena (1) imperatrix Constantinopolitana inter Francos et Græcos per internuntios, missis largis donis, pacem fecit, Karolo mediante. Et rex Galatiæ papilionem miræ pulchritudinis ei misit. Faustade in Baioria apud Sanctum Albinum sepulta, rex Ildegardam duxit, et ex ea Lodovicum genuit, qui rex Francorum fuit.

Lodovicus Pius, filius Karoli Magni, ex Hermingarde tres filios genuit, Lotharium a quo Lotharingia nominata est, Pipinum et Lodovicum; ex Judith autem genuit Karolum Calvum. Stephanus tertius

---

(1) *Sic*, pour *Irena*.

papa veniens in Franciam a Lodovico honorifice susceptus est. Paschalis papa anno septimo Lotharium filium Lodovici Romæ duxit. Tempore Lodovici Pii, Saraceni, a partibus Hispaniæ emersi, Provinciam, Aquitaniam et maximam partem Burgundiæ usque Videliacum vastaverunt. Gerardus comes, de genere Lodovici, ecclesiam Sancti Petri in monte transtulit, et corpus beatæ Mariæ Magdalenæ, in Provincia ab Acquis urbe raptum, in ecclesia Videliaco monte sita recepit, ob hoc rex frequentes munitiones in Arvernia fieri præcepit. Namque Romanis, ut Gesta testantur, ab hoc regno partim Gothorum partim Francorum virtute expulsis, ab his et postremo a Dacis et Suevis, qui Normanniam et maximam partem terræ inter Sequanam et Ligerim Francis repulsis tenuerunt, omnes nobiles hujus regni exordium habuerunt. Regibus vero Gothorum a Francis pessumdatis ac destructis, Franci multos proceres Gothorum, concordia et pace cum ipsis constituta, sub jugo et dominio suo in Aquitaniam dominari permiserunt, et per connubia mixti sunt; quod benigni Lodovici tempore maxime factum constat.

Mortuo Lodovico, quatuor fratres Lotharius, Pipinus, Lodovicus et Karolus Calvus Fontanidos campos multo sanguine christianorum fœdarunt; sed Karolus Calvus, duobus mortuis, cum Lothario reconciliatus a Johanne papa imperator factus est.

Anno decimo septimo imperii Karoli Calvi, Astulfus rex Westsaxonum toti Angliæ imperavit. Hic, Romam orationis gratia profectus, in præsentia Leonis IV, qui tunc in episcopatu residebat, totam Angliam sancto Petro et domino papæ in perpetuum tributariam constituit, ita ut unaquæque domus Angliæ in tertio anno unum denarium argenteum pro tributo daret, quod usque hodie manet. Qui in reditu suo Judith filiam Karoli Calvi uxorem accepit, de qua nullum heredem habuit. Post hæc, Persæ aliique Saraceni multi Constantinopolim obsederunt, Græciam vastaverunt, ad cujus succursum Karolus Calvus cum magno exercitu pergens Persas devicit, Saracenos fugavit, urbem regiam cum regno Græciæ deliberavit.

Eo tempore, Dani Suevi, quos Theotici lingua sua Normant, id est Aquilonares homines, vocant, emerserunt; nunc in ripas Ligeris nunc Sequanæ urbes vastantes invehebantur. Karolus a Constantinopoli cum multis reliquiis rediens, quas diversis ecclesiis sui regni posuit, Normannos apud Andegavim obsedit, Salomone Britonum rege cum exercitu sibi adjuvante. Sed pecunia sibi a Normannis data egressum præbuit eis, tali siquidem pacto ut non amplius Gallias infestarent : quod nequaquam tenuerunt. Rex prudens Karolus timens infestationes Normannorum, frequentes munitiones in Cenomanensi pago fecit, vicos quosdam in oppida munitissima convertit, et diversis optimatibus diversa castella distribuit : diversos etiam consules in ea regione constituit. Similiter Aquitanorum seditiones providens, et heredum debilitatem animo suo vaticinando revolvens, cuidam nobili viro de Aurelianensi pago, nomine Adelaudo, Lochas castrum et duas partes Ambaziaci oppidi tribuit. Buzenchaicum vero et motam Castalionis cum domo quæ ibi erat et tertiam partem Ambazii Haimoni cuidam de curia sua donavit. Ea tempestate, Elfredus et Johannes Scotus maximam partem Danorum ad fidem Christi convertunt, qui in Angliam et Daciam redierunt.

Mortuo autem Karolo Calvo, Dani, qui in infidelitatem remanserant, cum Huasten duce suo Gallias tribus annis infestantes, beati Martini corpus Autisiodoro canonicos transferre compulerant. Post, quantas Gallorum strages fecerint, quantas urbes regionesque concremaverint, enarrare nolo, sed tamen hæc divino nutu peccatis Gallorum accidisse puto. Verum diras mortalium calamitates, quas Galliarum incolæ pertulerunt, tragicis et lugubribus carminibus satis alii scripsere. Isti vero terram usque Parisius et Aurelianis depopulati sunt, adeo ut ubi quondam agri opulentissimi urbesque speciosissimæ fuerant, nunc bestiarum aviumque vasta habitacula sint, et ubi seges voluptuosa pollebat, e contrario

Carduus et spinis surgit paliurus acutis (1).

Sic super ripas Ligeris omnia vastantes, Ambaziaco pervenerunt. Quod oppidum cum paucis defensoribus repertum cito capientes, totum succenderunt, pontemque Ligeris diruerunt, ecclesias, unam quæ erat ultra Ligerim in introitu pontis, et aliam in loco qui Luat dicitur sitam, omnino destruxerunt, qui in planitie prope Ambazium hospitati, locum qui Nigron dicitur multo sanguine innocentium captivorum fœdaverunt; quod ætate Lodovici Balbi, cognomento Nihil Fecit, actum est. Quod stultitia Ambaziensium contigit, qui, cum vicinis populis obviam Normannis processerant putantes eis nocere, decepti sunt, qui a Normannis alia via incedentibus decepti, castrum proprium amiserunt. Vastatis itaque agris inter Carum

(1) Virgilii *Ecloga*, V, 39.

et Ligerim, destructo etiam lapideo ponte Blirei, cum ultra non reperirent quod diripere possent, collectis armatorum copiis ad urbem Turonicam iter dirigunt. Omnia vero quæ in suburbio civitatis invenire potuerunt, facta prius miserabili hominum cæde, demoliti sunt. Porro Turonici trepidare, concurrere, portas obserare, turribus se inserere, propugnacula armorum apparatu munire non cessant. Hostes, portas urbis multo turbine quassantes, toto nisu ingressum urbis sibi pollicebantur. Tunc clerici qui ibi aderant, juncto sibi totius debilitatis agmine, rapido cursu ad ecclesiam convolantes clamabant : « Sancte Dei Martine, cur tam graviter obdormisti ? Ostende, quæsumus, pietatem; succurre, fer opem miseris, alioquin et nos peribimus, et civitas nostra redigetur in solitudinem. » Qui, ex sepulcro beati viri rapta cistella, in qua sacratissimi Martini reliquiæ servabantur, et ciniculus ille quem clerici ob pericula submovenda reliquerant, portæ urbis, jam multo hostium turbine quassatæ, intulerunt. Tunc vero oppidani, qui paulo ante metu propinquæ mortis exterriti fuerant, mox præsentia tantæ opitulationis animati, corporis et animi vires resumpserunt ; Danis e contrario stupor vehemens incussus est, post stuporem formido et mentis alienatio obrepsit, deinde fugam conati, videres, cum alter impediretur ab altero, ac si per glaciem currerent præcipites labi. Igitur oppidani, Christum sibi per Martini preces propitium sentientes, eruptione facta, persecuti sunt inimicos, ex quibus fere mille interfecerunt; sicque glorificantes Dei misericordiam, qui eis inopinatam victoriæ palmam dederat, reliquias beati Martini in locum suum restituerunt. Eapropter igitur synodo celebrata, auctoritate archiepiscopi et episcoporum qui convenerant, statutum est ut singulis deinceps annis per universam diocesim subvectionis hujus festum IV° idus maii solemniter celebretur, quæ nullo alio nomine rectius quam Subventio censetur.

Regnante Karolo Stulto, filio Lodovici Qui Nihil Fecit, Franci Odonem, filium Hugonis ducis, regem elevaverunt, qui regnavit decem annis. Post cujus obitum, Rotbertus abbas, ejus frater, elévatur in regem, qui regnavit anno uno, et occisus est a Karolo Stulto in prælio. Mortuo Odone rege qui decem annis regnavit, in septimo anno post ejus obitum, ab Erich et Bathet, Normannis, civitas Turonis succensa est, ecclesiaque Beati Martini cum toto castro atque cum viginti octo ecclesiis. Quo tempore, Rollo Normannorum dux Carnotum obsedit, qui, cum gentilis adhuc esset, visa camisia beatæ Mariæ, quam Karolus Calvus a Bizantio attulerat, a Carnoto fugatus est. Rolloni effecto christiano, Karolus Stultus dedit ei Normanniam cum filia sua Gilla; qui pedem Karoli Stulti noluit osculari nisi ad os suum levaret. Karolo Stulto vivente, Rodulfus, filius Ricardi ducis Burgundiæ, a Francis rex constitutus est, consilio Hugonis Magni filii Rotberti regis; qui quindecim annis regnavit. Karolus Stultus genuit Lodovicum Ultramarinum. Iste Lodovicus regnum Lothoringense Othoni et Henrico filiis Hugonis Magni dedit. Otho Alpes transiens rex Ithaliæ efficitur, post vero Alemanniæ. Lodovicus Ultramarinus genuit Lotharium. Quo tempore, progenies Pipini et Caroli Magni finem habuit, nam Franci elegerunt Hugonem Capet, qui tamen [de] eorumdem cognatione fuit.

[DE HUGONE CAPET.] (1)

Robertus rex, frater Odonis regis, genuit Hugonem Magnum. Hugo Magnus tres filios genuit, Othonem, Henricum, Hugonem Chapeth; Otho rex Alemanniæ et Ithaliæ fuit, Henricus dux Lothoringiæ, Hugo Chapeth rex Franciæ, cujus pater Hugo Magnus postea abbas Sancti Martini effectus est. Hugo Chapeth genuit Robertum, virum magnæ sanctitatis, qui annis XXX regnavit et in Aureliana urbe ecclesiam Beati Aniani construxit.

Robertus genuit Henricum qui XXIX annis regnavit. Henricus genuit Philippum, qui, Henrico rege Francorum patre suo mortuo, parvulus remansit, cujus Balduinus comes Flandriæ tutor fuit; nam ejus amitam, sororem Henrici regis, uxorem duxerat. Philippus rex annis XLVII regnavit, qui obiit anno incarnati Verbi millesimo centesimo septimo; cujus regnum Lodovicus Pinguis, filius ejus, suscepit, qui uxorem duxit filiam comitis de Moriana, ex qua genuit duos filios Philippum et Lodovicum. Quo tempore fuit Johannes de Temporibus, armiger Karoli Magni, qui vixerat trecentis sexaginta uno annis.

Lodovicus vir fortissimus regnum in pace tenuit. Ipso vivente, Innocentius papa Philippum filium ejus Remis regem inunxit, qui puer Parisius de equo cadens obiit; quo mortuo, alterum filium regem Francorum fecit, scilicet Lodovicum. Mortuo apud Sanctum Jacobum Guillelmo Pictavensi comite, ejus

---

(1) D'Achery, in-4°, X, 532; in-fol., III, 272.

filiam Lodovicus Juvenis uxorem duxit, et dux Aquitaniæ fuit. Cumque in celebrandis nuptiis in Aquitania moraretur, pater ejus mortuus est et apud Sanctum Dionisium sepultus, anno regni sui trigesimo, incarnati Verbi MCXXXVII°. Lodovicus Juvenis Jerusalem cum maxima multitudine pergens in Romania innumeros ex suis amisit, qui fame et gladio perierunt; similiter exercitus Conradi imperatoris Alemanniæ qui eum præcedebat, periit; qui tamen, multis ærumnis, Jerusalem cum multis pervenerunt. Quod infortunium contigit anno incarnati Verbi MCXLVII°. Via tamen hujus peregrinationis, Eugenio papa monente et Bernardo viro religiosissimo Clarevallensium abbate prædicante, incœpta fuit; siquidem illis diebus Raimundus, frater Guillelmi comitis Pictavorum, principatum Antiochiæ possidebat, qui neptam suam Alienordim cum viro suo rege Lodovico honorifice suscepit et servivit. De quibus plura loqui pertimesco, quoniam iter eorum gentilibus fuit lætitia, christianis irrisio et pœna, et tamen deinceps desidibus et pigris incitamentum fuerit. Denique illorum superbientem ignaviam imperitamque jactantiam obmitto: posteris exemplum, seriesque retro longa et prolixa fastidium generaret; quod infortunium ob consuetam arrogantiam Francorum reor evenisse. Quamobrem quia ad alia festino et de regibus Francorum multi ante me sufficienter scripserunt, ne a gemino ovo deridendo dicar incepisse, de his prædicta tibi sufficiant.

CHRONICA

DE GESTIS CONSULUM ANDEGAVORUM.

PROLOGUS (1).

Quoniam in ante expositis, de regibus Francorum, quæ huic operi præcedenti maximeque sequenti necessaria puto, explanavi, nunc de consulibus Andegavorum, quæ scripta nimis confuse rudique sermone reperi, quam verissime potero paucis verbis, breviter et commode enucleabo. Nam cum vita nostra brevis sit, memoriam eorum quam maxime longam efficere debemus quorum virtus clara et æterna habetur. Cum vero res (2) militaris ad summum apicem virtute animi et corporis procedat, antiquorum prudentia urbium regimina a minus bono ad quemque optimum transferre consuevit.

Igitur tempore Karoli Calvi complures novi atque ignobiles, bono et honesto nobilibus potiores, clari et magni effecti sunt : quos enim appetentes gloriæ militaris conspiciebat, periculis objectare et per eos fortunam tentare non dubitabat. Erant enim illis

---

(1) D'Achery, *Spicilegium*, in-4°, X, 534; in-fol., III, 272.

(2) Sp. *gloria*.

diebus homines veteris prosapiæ multarumque imaginum (1) qui acta majorum suorum, non sua, ostentabant; qui cum ad aliquod grave officium mittebantur, aliquem e populo monitorem sui officii sumebant; quibus cum rex aliis imperare jussisset, ipsi sibi alium imperatorem poscebant. Ideo ex illo globo nobilitatis paucos secum rex Karolus habebat; novis militaria dona et hereditates pluribus laboribus et periculis adquisitas benigne præbebat. Ex quo genere fuit Tertullus (2), a quo Andegavorum consulum progenies sumpsit exordium, vir doctus hostem ferire, humi requiescere, inopiam et laborem tolerare, hiemem et æstatem juxta pati, nihil præter turpem famam metuere. Hæc ergo et similia faciendo nobilitatem sibi et suo generi peperisse refertur. De cujus patre quod sufficiat loquamur. Obsecro autem eos qui lecturi sunt ut fidem dictis adhibeant neque me scripsisse falsa arbitrentur.

DE TORQUATIO SIVE TORTULFO (3).

Fuit vir quidam de Armorica Gallia, nomine Torquatius, genus cujus olim ab Armorica, jussu Maximi imperatoris, a Britonibus expulsum est. Iste a Britonibus, proprietatem vetusti ac Romani nominis ignorantibus, corrupto vocabulo Tortulfus dictus fuit; quem Karolus Calvus, eo anno quo ab Andegavis et a toto suo regno Normannos expulit, illius forestis

---

(1) Sp. *propaginum*.—(2) Sp. *Tortulus*.
(3) D'Achery, in-4°, X, 408; in-fol., III, 237.

quæ Nidus Meruli nuncupatur forestarium constituit. Sicut enim complures referunt, genus suum, nolentibus Britonibus, diu in nemoribus vixerat. Is vero in pago Redonico oriundus, habitator rusticanus fuit, ex copia silvestri et venatico exercitio victitans. Hujusmodi homines, ut aliqui dicunt, Britones Bigrios vocant, nos autem Franci Byrsarios sive Pedicarios (1) dicimus. Sunt alii qui hunc magis volunt in vulgaribus locis cum Redonicis rusticis habitasse. Utralibet ancipitis opinionis pars verior existat non multum refert, quia nec ipsi relatores valde inter se differunt; nec mirum, sæpe enim legimus quondam in agris exstitisse senatores et ab aratro raptos esse imperatores. In isto, cum plane grandis esset natu, arma senectutis, scilicet artes exercitationesque virtutum, mirificos fructus effecerunt, et conscientia bene actæ vitæ multorumque beneficiorum recordatio ei jucundissima fuit.

DE TERTULLO (2).

Supradictus autem Torquatius sive Tortulfus genuit Tertullum, qui primus ex progenie Andegavensium comitum per antiquos genealogiæ illorum relatores computatus est (3). Hoc profecto constat quod Tertullus quidem acer ingenio, fortunam suam et rerum tenuitatem animi amplitudine supervadens, majora se cupere et aggredi ausus sit. Etenim circa id temporis

(1) Note de d'Achery : « alias *Bearicarios*, *Waudricarios*. »

(2) D'Achery, in-4°, X, 408; in-fol., III, 237.

(3) Le Spicilége reproduit ici la moitié du Prologue, depuis *igitur tempore*, jusqu'à *peperisse refertur*. Voir les pages 34 et 35.

quo Karolus Calvus, Lodovici filius, Karoli Magni imperatoris nepos, ex triarcho (1) monarchus factus, non longo regnavit spatio, prædictus Tertullus, paternæ possessionis relinquens angustias et per confidentiam strenuitatis volens et sperans se exaltari, ab occidentalibus finibus progressus in Franciam abiit et clientelam regis militaturus adiit. Id ipsum tunc alii quamplurimi, militaris fortitudinis sibi conscii, faciebant; qui et fama et honoribus avidi, per suam virtutem cupientes excrescere, ex diversis partibus terrarum eodem confluebant, præsertim regis munifici bonitate invitati et temporis opportunitate incitati.

Siquidem prædictus rex Karolus post diutinas dissensiones, post gravia bella contra fratres suos gesta, tandem omnium illorum et victor et superstes, avitæ quoque probitatis ac gloriæ æmulator aut etiam supergressor totis nisibus disponebat existere; nec multum abforet quin vota compleret nisi vitæ brevitas occurrisset : nam universa regni reique publicæ detrimenta, quæ per præteritas cum fratribus suis discordias incurrerant, mirabili sapientia ac bonitate emendare festinabat. Nomenoii vero pseudoregis Britonum tyrannidem, ipso per Dei et per sanctorum ejus voluntatem, præcipue per beati Florentii auxilium, potenter oppresso, destruxerat; aliorum quoque multorum perfidias hostium domuerat. Nam semper Dominus, in sanctis gloriosus et mirabilis, gloriosior mirabiliorque ostenditur cum per ipsos mirabilia operatur.

Normannorum hostilitatem, qua limbum illum

---

(1) Le Spicilége porte, à tort, *tetrarcho*.

nostræ Galliæ qui Oceano contiguus est devastaverant insuper et violenter possidere, sicut postmodum factum videmus, affectabant, illorum vero violentiam ulcisci et eam ad nihilum reprimere Karolus apparabat. Ea de causa undecumque viri militares ad eum veniebant, quos ille sibi adsciscens et caros habens, ita quemque magis diligens honorabat sicuti potiorem in fidelitate et fortitudine comprobabat. Inter quos Tertullum, de quo agimus, ob merita sua carum habens, uxorem ei cum aliquanto beneficio in Landonensi Castro tribuit, necnon etiam cum aliquibus terris, tam in pago Gastinensi quam in locis aliis, per Franciam casatum fecit. Sed ipse rex interim, maxima dispositionum suarum parte interrupta subito, neque regni, sicut cogitaverat, destructione ad perfectum restituta vel pacis quiete ordinata, heu dolor! ad calamitatem postmodum in Francia tanto tempore permansuram secundum Dei permissum, in cujus manu sunt potestates et regna, rebus mundanis, morte perpropera præveniente, subtractus est.

Filium quidem in regno heredem reliquit appellatum Lodovicum, qui ab avo suo supradicto tantummodo vocabulum retinuit. Is nempe, et ab avita et a paterna et omnino a tota regum antecessorum probitate degenerans, adeo inutilis vixit ut cognomen, pro meritis inertiæ, assumeret Nihil Fecit. Hujus miserrimi principatus tempore, Normanni aliique quilibet homines malæ et tyrannicæ voluntatis, in maliciam resumptis viribus, impune exarserunt et per multa tempora, sicut in terra rectore destituta, debacchati sunt. Normanni, anterioris pervasionis et devastaonis suæ limites crudelius latiusque prætergressi,

Neustriam atque Aquitaniæ magnam partem rapinis, incendiis, cædibus depopulati sunt (1).

DE INGELGERIO (2).

Circa id tempestatis mortuo Tertullo in Francia, filius ejus, nomine Ingelgerius, hereditates ipsius possidens remansit, sub Karolo Calvo tamen generatus. Namque Tertullus nobilem duxerat uxorem ducis Burgundiæ filiam (3), nomine Petronillam, quæ hunc puerum peperit. Hic itaque, prædicto Lodovico præsente, miles efficitur : qui juvenis alacer, miles optimus, patris virtutem non solum æquiparans sed etiam superans, beneficia ampliora adquisivit, facta fortiora et audaciora manu sua gessit. Namque ipse, admodum juvenis, quamdam nobilem matronam sibique matrem spiritualem ex baptismo (4), pagi Guastinensis dominam, mulctatione (5) viri sui et adulterio falso impetitam, cui hujus criminis causa ejus inimici sua omnia auferre volebant, iste, monomacho certamine contra accusatorem dimicans, eo occiso, illam dominam defendit ac liberavit. Quo facto, a tota illius progenie et fere ab omnibus nobilibus, de crimine tam nobilis dominæ dolentibus, nimis dilectus, apud

(1) Le Spicilége reproduit ici tout le passage du *Liber de compositione castri Ambaziæ*, concernant la première invasion des Normands en Touraine, pages 28-30, sauf la dernière phrase relative à l'établissement de la fête dite *Subventio sancti Martini*.

(2) D'Achery, in-4°, X, 412; in-fol., III, 238.

(3) Ms. 6006 et 6218, *consanguineam*.

(4) Ms. 6218, *Guastinensis pagi incolam, adulterio...*

(5) Sp. *mactatione*.

Landonense Castrum, patris casamentum ei valde augmentatum est, ut sermo subsequens declarabit (1).

Erat quidam Landonensis Castri sive Gastinensis pagi consul, nomine Gaufredus, qui diu absque herede masculo vixit, solam filiam unicam habens, nomine Adelam, quam regi prædicto Lodovico cum omni consulatu in tutelam reliquit. Habebat autem tunc temporis rex paranimphum sive camberlanum, nomine Ingelgerium, corpore pulchrum, moribus strenuum et in omnibus sagacissimum; qui tamen filius vavassoris patris supradictæ puellæ (2) fuerat. Quem rex valde diligens et ejus probitates remunerare cupiens, prædictam puellam, quæ jam adoleverat et ad annos pubertatis pervenerat, cum Landonensi Castro et cum omni consulatu Gastinensi copulare cupiebat. Qua de re prædictam puellam vocavit et ad hujus rei assensum, verbis quibus potuit, provocavit. Illa autem, verbis matura et moribus, id regi submisso vultu respondit : « Domine mi rex, non decet nec justum est hominem meum vel patris mei vassallum mihi superponere. » Rex vero ad præsens siluit, et reginæ et sodalibus ejus intimavit ut animum ejus ad hujus rei assensum inclinarent; quod cum magna difficultate post longum tempus factum est. Rex autem latenter et inscios barones totius consulatus Aurelianis venire fecit, prævenitque eos in negotio ut quidquid de copulatione dominæ eorum faceret ipsi concederent. Illi autem, licet graviter fer-

(1) Addition d'après d'Achery et le manuscrit 6005, jusqu'à *postea vero ipsi*, page 45.

(2) Ms. 6005, *filiæ*.

rent, tamen in potestate regis omnia dimittentes, concesserunt. Rex autem inquit ad eos : « Quando hoc concessistis, Ingelgerium senescallum meum in dominum suscepistis. Venite ergo ad donationis confirmationem, ad benedictionem et ad nuptiarum celebrationem domini dominæque vestræ, et facite ligiationem eis. » Quod et factum est. Celebratis igitur ex more nuptiis, dominum dominamque Landonensi Castro deduxerunt totumque Gastinensem consulatum in pace possederunt; sed fere decem annis simul habitantes, absque herede vixerunt.

Ingelgerius vero consul in graves infirmitates cadens, videlicet focositatem, phthisim et hydropisim, non diu supervixit, sed subito et insperate nocte in lecto suo inventus est suffocatus ab infirmitate. Quod multi audientes et graviter ferentes, dominam Adelam comitissam mulctatione viri sui et falso adulterio impetebant; maxime quidam præfectus eorum, nomine Guntrannus, parens Ingelgerii. Quamobrem rex denominato die in curia Landonensis Castri, cum sapientioribus regni et baronibus Gastinensis pagi, ad tam enormen ventilandam causam advenit.

Cum autem ad curiam ventum esset, primus Guntrannus præfectus cum suis complicibus querimoniam fecit de tam subita morte Ingelgerii consulis; et dominam Adelam comitissam impetebat, et, causa sui adulterii, eum manibus vel suorum suffocatum vel strangulatum fuisse, et hanc rem probandam monomacho certamine; illa autem e contrario verbis et operibus, judicio et sacramento protestabatur se purgandam. Rex vero, locutus consilio, adjudicavit unum ex suis surgere et duelli (1) certamine eam purgari debere. Parentes vero ejus licet multum nobiles essent, actibus et ictibus comprobati, Guntrannum tamen timentes, qui vir bellator ab adolescentia sua erat, substraxerunt se et distulerunt eam defendere. Illa clamans et ejulans exponebat se sacramento et cuilibet judicio.

Ingelgerius autem juvenis, filius Tortulfi, videns matrem suam ex baptismo undique desolatam et ab inimicis circumvallatam, dolore cordis tactus intrinsecus, ad pedes regis cecidit pronus; qui circumstantibus regis visu elevatus est, lacrymis profusis et vultu demissus. Quæsitum est cur tam dejecto vultu et humili habitu incederet; qui respondisse fertur : « Doleo dominam et matrem spiritualem sic ab inimicis circumvallatam et ab omnibus parentibus suis desolatam et viduatam; sed unam petitionem peto a te, domine mi rex, ut concedas mihi contra dominæ meæ inimicum monomacho certamine dimicare; et ecce vadimonium meum. » Rex autem, cognoscens Guntrannum virum esse fortissimum, viribus bellicosum ab adolescentia, Ingelgerium autem delicatum et necdum exercitatum, utpote juvenem, videlicet sexdecim annorum, timuit de Ingelgerio quia eum valde diligebat. Ingelgerius vero sciens longam infirmitatem domini sui, sicut qui nocte dieque ei servierat, et legitimam conversationem dominæ suæ, lætus et alacer exspectabat diem prælii.

Jam advenerat dies certandi institutus. Mane autem surgens, arma sua per pueros suos direxit in campum

(1) Ms. 6005, *duellionis.*

ubi rex agonistas (1) exspectans sedebat. Ipse autem cum ad ecclesiam, orandi gratia, pergeret, habuit pauperem obviam et quid ei largiretur amplius non habuit quam unum trientem; nam et si fuerant (2) in simile opus abierant. Venit ei in mente propheticum illud : *Beatus qui intelligit super egenum et pauperem; in die mala liberabit eum Dominus et non tradet eum in manus inimicorum ejus* (3). Dato triente, ingreditur basilicam et, præmissa oratione, vexillo crucis se munivit quod est armatura Dei. Comitissa vero, pro cujus legitima causa certabat, dedit ei commonitorium (4) suum, dicens : « Certa, mi filiole, confidens in adjutorio Dei et in mea legitima causa; quia ipse adjutor tuus erit in opportunitatibus et in tribulatione. » Fidus de sua justitia et de Domini justo judicio, imperterritus et festinus ad certamen pergebat. Ut autem ventum esset in Martio Campo, juratis sacramentis ascensisque equis, urgentes utrinque cornipedes, laxis habenis, unus alterum aggreditur. Guntrannus autem, extensa hasta, cum gladio perforavit scutum Ingelgerii consuitque eum cum anteriori parte loricæ et posteriori levique vulnere in latere sauciavit, sed non lethaliter; nec staphium vel suppedaneum ferri sellæ equinæ perdidit, nec in modico titubavit. Ipse vero, perforato scuto Guntranni, per pectus gladium infixit ita ut inter duas scapulas egrederetur; et sic per posteriora equi resupinus, in terram ruit ut perjurus et testis falsus. Videns Ingelgerius inimicum suum ruisse, statim, ut promptus et

---

(1) Sp. *spectare solebat.* — (2) Ms. 6005, *erant.* — (3) Psalm., XL, 1, 2. — (4) Ms. 6005, *adiuramentum.*

agilis, ensem traxit et partem hastæ quæ deforis scutum excedebat præcidit, remissoque ense in vagina manum dexteram retro jecit partemque hastæ qua consutus cum lorica fuerat viriliter abstraxit; sicque de equo agiliter descendit extractoque ense super inimicum suum irruit, ablataque galea capitis et thoracis abstulit caput ejus, cunctis videntibus; sicque se regi incolumis præsentavit. Tunc rex gaudio gavisus ait ei : « Gaude, fili, quia Deus pugnavit pro te, cujus auxilium postulasti. Completum inimico tuo est quod scriptum est : *Perdes omnes qui loquuntur mendacium* (1); et : *Testis falsus non erit impunitus* (2). »

Domina autem Adela comitissa, a falso crimine liberata, ad pedes regis cecidit prona. Jussu autem regis elevata, hanc petitionem petivit a rege, dicens : « Nolo, inquit, domine mi rex, amplius in mundo conversari, sed cum ancillis Deo servientibus in monasterio volo sociari; sed prius de terra mea quis potissimum heres post me fiat, per manum vestram et per manus baronum Franciæ et Gastiniæ, antequam disgregentur, volo cognoscere. Vidistis enim quam malefidi amici et parentes mei, quantum adjutorium et quantum succursum in tanto discrimine præstiterunt. Vidistis etiam, non carnalis propinquus sed tamen (3) ex baptismo filiolus, Ingelgerius quantum periculum pro me liberanda subivit. Volo ut judicio vestro diffiniatur quis potissimum heres terræ meæ habeatur : parentes, qui causam meam non defende-

(1) Psalm. V, 7. — (2) Proverb., XIX, 5. — (3) Ms. 6005, *tantum*.

runt nec periculum subierunt, an Ingelgerius qui causam suscepit et periculum subivit? » Rex autem locutus cum consilio ait : « Parentes Adelæ comitissæ Gastinensis adjudicamus exsortes hereditatis ejus, quia fuerunt periculi inexpertes. Ingelgerium autem qui pro ea pugnavit et periculum subivit, licet non sit carnalis propinquus sed spiritualis filius, heredem terræ illius judicamus sicut filium matris; sicut enim fuit socius tribulationum, sic debet esse possessionum. » Post hanc vocem regis, exclamaverunt omnes qui aderant rectum judicium judicasse regem. Tunc rex eum saisivit de Castro Landonensi et de consulatu Gastinensi. Ingelgerius vero hominagium et ligiationem regi coram omni curia fecit; barones vero Gastinensis pagi, præcipiente rege, hominagium et ligiationem Ingelgerio fecerunt et terram suam de manu ejus susceperunt.

Postea vero ipsi rex prædictus vicecomitatum Aurelianensis civitatis in casamento donavit. Deinde vero, apud Turonos regiam præfecturam assecutus, terram illam a Normannis viriliter defendit; ibique ipsi, sapienter ac juste officium commissum procuranti, Turonensium nobiles atque pontifices Adalaudus et Raimo, ambo germani fratres et ex Aurelianensi urbe nobiliter nati cives, neptam suam, Aelendim nomine, ei in conjugium copularunt : tradentes ei cum puella, per auctoritatem regis et optimatum, patrimonia sua quæ eis in Aurelianensi pago et Turonico hereditate legitima proveniebant. Nam alodium agnationis eorum erat Ambazium, villa tunc tantummodo et in colle habens ruinas castelli antiqui, olim a versutis Normannis deleti; quod sane, prædictorum præsulum rogatu, huic Ingelgerio rex Lodovicus refecit ac munivit. Datus est etiam ei, eisdem intervenientibus, et dimidius comitatus Andegavis civitatis; quia ultra Meduanam in Andegavo alter comes habebatur. Sed utraque pars territorii illius, infestantibus assidue modo Normannis modo Britonibus, pene in vastam solitudinem cum ipsa civitate sua redacta erat : atque ita jam diu rege et prædictis duobus episcopis et aliis primatibus Franciæ, qui ibi stationes suas nimium tædiosas facere a rege cogebantur, in custodiis civitatis hujus defessis, libenter Ingelgerius, cujus strenuitati omnes confidebant, ad defendendam regionem et urbem sævis prædonibus oppositus est et comes ibi factus. Nec ille minora ibi quam sperabatur operatus est; gravia vero bella insignesque victorias contra hostes factitavit.

Hic (1) itaque Ingelgerius consilio profundissimus, fide catholicus, litteris apprime eruditus, armis strenuus, magno consilio et fortitudine corpus beati Martini quod a Turonensibus, timore Hastingi et Rollonis, Autissiodorum transvectum fuerat, contra voluntatem orientalium Francorum et Burgundionum, multo stipatus milite nobiliter et honorifice revexit; quam revectionem non solum miracula decoram reddiderunt, sed et liberalitas magnorum procerum, episcoporum etiam atque abbatum non minima multitudo festivam comitatusque promiscui sexus et ætatis illustrissimam fecerunt. Quam revectionem, quia ad honorem spectabat dominorum nostrorum, Andega-

(1) Add. d'après d'Achery et le manuscrit 6005, jusqu'à *aliquantisper ic quamdiu*, page 63.

vorum videlicet consulum, nostro operi inserendam putavimus : quam separatim et ex ordine, ut beatus abbas Odo (1) disseruit, transcribemus.

Igitur quoniam Danorum tellus sibi insufficiens est, moris est apud illos ut per singula lustra multitudo non minima, dictante sortis eventu, a terra sua exsulet et in alienis terris mansionem sibi quoquomodo, ad propria non reversura, vindicet. Urgente igitur duræ sortis inclementia, Hastingus, cum innumera armatorum manu a finibus suis exulans, Gallias ingreditur, civitates obsidet, mœnia subvertit, turres terræ coæquat, oppida, rura, vicos ferro, flamma, fame depopulatur.

Contigit autem ut Galliæ superioris partibus incensis, Turonim, simili eam exterminio consumpturus, descenderet. Ambazio itaque et universis quæ inter Ligerim et Carum continebantur in favillam redactis, Turonim obsidet. Portis igitur custodias admovet et ne quis tuto exeat magno studiosoque conamine providet. Aggeres etiam struit, aspera complanat et quidquid urbi capiendæ commodum esset ordinat. Advenientis infortunii rumor delatus obsessis conceptæ formidinis fomitem subministrat, muros tamen reparant et turrium propugnacula resarciunt et sagittarum grandine præmissa varios subjungunt assultus. Jam muri crebro quatiuntur ariete, et machinarum ictibus cedentes ruinam sui minantur; obsessi viribus diffidentes spei

(1) Le Traité de la Réversion des reliques de saint Martin de la Bourgogne, copié ici par le chroniqueur, est en effet attribué dans tous les manuscrits à Odon, abbé de Cluny, mais on a reconnu depuis longtemps que cet écrivain n'en est pas l'auteur. Cet ouvrage a été publié dans la *Bibliothèque de Cluny*, p. 113-123 et dans beaucoup d'autres recueils historiques.

penitus solatio destituuntur. Tandem vero, divina inspirante gratia in se reversi, beati patroni sui Martini corpus pie rapiunt et, ad locum quo belli violentior impetus erat deferentes, mortuum pro vivis propugnatorem opponunt. O admirabilem per omnia virum! qui dum adviveret signipotens appellatus, fulgorem virtutum astris intulit; defunctus etiam, bellipotens triumphator, hostium cuneos sola sui præsentia confecit! Vere mirabilis Deus in sanctis suis! Sancti siquidem patrocinante suffragio, et obsessis securitas et confidentia redditur, et obsessoribus formido et pavor non modicus immittitur.

Fugiunt igitur Dani, fugientes Turonici persequuntur; fugientium pars gladio cadit, pars capta reducitur et pars fugæ subsidio elapsa est; et usque ad sextum lapidem ab urbe persecuti sunt Danos, triumphatoris sui corpus cum hymnis deferentes et gloria, per quem sibi triumphus cessit et victoria. Unde et in ejusdem belli triumphali memoria, in ipso loco quo sancti substitit corpus, in honore ipsius fabricata est ecclesia quæ, propter belli eventum, Sancti Martini Belli sortita est vocabulum. In eo autem loco quo corpus ejus, supra murum pernoctans, victoriæ primordia initiavit erant ruinæ maceriarum antiquarum, in quibus ferebant fuisse aulam Valentiniani, in qua sedens nequaquam assurgere dignatus est beato Martino adstanti, donec regiam sellam ignis operiret ipsumque regem ea parte corporis qua sedebat afflaret incendium solioque superbus excuteretur et Martino invitus surgeret. Ibi archiepiscopus cum populo devoto ecclesiam quæ Sancti Martini Basilica dicitur in honore itidem ipsius sancti instauravit. Eapropter igitur synodo celebrata, auctoritate archiepiscopi et episcoporum qui convenerant, statutum est ut, singulis annis, deinceps per universam diocesim subventionis ejus festum IV° idus maii solemniter celebretur, quæ nullo alio nomine rectius quam Subventio censetur.

Elapsis post Hastingi incendia tribus lustris, successit, ejusdem gentis et simili sorte a finibus suis exsulans, Rollo, vir armis strenuus sed circa christianæ professionis homines inhumanus, peditum multitudine, equestris ordinis copia, milite multiplici stipatus. Ille Flandrensibus, Normannis et Britonibus in martio congressu sæpenumero confectis, civitates eorum et oppida necnon et ecclesias in favillam redigens, non minimas hominum strages dedit. Cenomannis postmodum obsessa, exercitus sui procuratores Turonim usque transmisit ut, urbe pessumdata, auri et argenti affluentem copiam et cætera ejus bona diriperent et illius incolas vinculatos secum adducentes captivarent. Dei autem providente clementia, tanta Cari et Ligeris excrevit inundatio ut sui unione pelagus unum efficerent et a civitatis accessu, non minima sui altitudine, cuneos hostiles arcerent. Verum Majus Monasterium, quod non longe a Turonis erat, funditus eversum centum viginti monachos, bis binos minus, ibidem gladio percusserunt, præter abbatem et viginti quatuor alios qui cavernis terræ latitantes evaserunt. Abbatem tamen a latebris abstractum, tormentis et cruciatibus, ab eo exigunt ut thesauros ecclesiæ prodat et monachos qui in cavernis latebras fovebant in medium deducat; vir autem Domini abbas Herbernus, licet varia et multiplici tormentorum violentia arceretur, nec thesauros declaravit nec filios in latebris occultantes revelavit;

qui ad hoc reservati sunt ut patroni sui corpus et inter alienos prosequerentur. Ita quidem contigit, sed ipse citius comitibus exsilii sui mercedem restituit, nemo enim illorum residuus fuit quem Martinus non ecclesiæ præferret regimini, sublimaret dignitate. Recedentibus Danis, postquam civibus tumore fluviali represso libera recurrendi reddita est facultas, auditum Majoris Monasterii infortunium et eversio necnon et abbatis cruciatus et pœnæ et monachorum pretiosa mors et passio, universorum et maxime sancti Martini canonicorum gaudia obnubilans, lacrymosa subministravit suspiria et doloris immodici copiosam materiam propinavit.

Mœstitiæ igitur et mœroris pallio amicti, vultu lugubri assumpto et ornatu, sicut moris est compatientium dolere cum dolentibus, flere cum flentibus (1), dolentes et flentes ad memoratum accedunt locum et, doloris intrinseci tumore singultuosi perstillantes foris lacrymas, viginti quatuor monachos qui in cavernarum latebris morabantur extrahunt, et abbatem una cum ipsis cum debito honore et reverentia ad suam secum deducunt ecclesiam. In omnibus vero eos procurantes, delegerunt ipsis domum ecclesiæ valvis inhærentem a qua in ecclesiam reciprocus ingressus et regressus secretior haberetur. Sex vero mensibus emersis, comperto canonici quod Rollo, Cenomannis capta, Turonim captum ire disponeret, communicato cum civibus suis consilio, pretiosam margaritam et singularem thesaurum, sanctissimi videlicet corpus Martini, Aurelianis usque transmittunt.

(1) Pauli *Ep. ad Rom.*, XII, 15.

Hujus latores et custodes exstiterunt Herbernus Majoris Monasterii abbas supradictus, cum viginti quatuor monachis suis, et duodecim canonici qui Deo et Christi confessori Martino die ac nocte devote deservirent; comitatui eorum indesinenter adhærentibus duodecim Castri Novi burgensibus, qui sancti servitoribus pie deservientes eis necessaria providerent. Famæ vero postmodum præcurrentis relatu edocti quod Dani ad Galliæ superiora processissent, cum thesauro suo ad Sanctum transmeant Benedictum. Paucis vero elapsis diebus, fama pervigili rursum prænuntiante quod jam Rollo Aurelianis advenisset, sanctarum bajuli reliquiarum Chableiam veniunt. Tempore autem permodico ibidem commorati, metu iterum invalescente, cum thesauro illo incomparabili Autissiodorum usque procedunt.

Episcopus vero, fama præambula præmonitus, et tota civitas obviam ruunt et tantum hospitem cum honore non indebito deducunt et in ecclesia Beati Germani, secus ejusdem præsulis feretrum, Martini non imparis corpus sancti reponunt. Per merita igitur beati Martini virtutes ibidem innumeræ et miracula fiunt : cæci siquidem visum, claudi gressum, febricitantes sanitatem, aridi sospitatem, leprosi mundationem, paralytici membrorum reintegrationem recipiunt. Fama vero, quæ clam nihil agere consuevit, per universas regiones sanitatum gratiam divulgante, tanta illuc in dies infirmantium multitudo confluebat ut, ex innumera æstimatione, regio cuilibet exercitui assimilata videretur; et quia civitas, tantæ insufficiens multitudini, universos capere non poterat, per circumjacentes vicos hospitandi gratia diffundebantur. Omnibus autem pro voto, per merita beati Martini antistitis, salus optata reddebatur.

In familiæ vero ejusdem pontificis usum universa infirmantium transibat oblatio. Tantus autem oblatæ pecuniæ excrevit cumulus ut numerum quantitas excedens Autissiodorensibus clericis invidiæ fomitem ministraret; unde cupiditatis et invidiæ stimulo perurgente, Martini ministros taliter alloquuntur : « Quoniam tam a nostro quam a vestro pontifice virtutes et miracula indifferenter fiunt, æquum est ut, si quid utilitatis exinde provenerit, utriusque ministri communiter partiantur. » Quibus evidenti ratione satisfacientes illi, postulantes jus communionis in hunc modum dissiliunt, dicentes : « Antequam Martinus noster huc adveniret, vestro hic perordinante Germano, nullorum mentio miraculorum erat; in adventu vero nostri antistitis, piis ejus id obtinentibus meritis, et signorum frequentia evidens exhibetur et ex impensæ per eum salutis respectu hujusmodi nobis beneficia proveniunt. Ut autem ex animo vestro omnis super hoc dubietatis scrupulus excludatur, leprosus hic, qui præ oculis est, in medio, si placet, præsulum sanandus inferatur; si vero a Martini latere leprosi latus positum convaluerit et Germani lateri ejusdem latus adjunctum in lepra perstiterit, virtutis auctori Martino miraculum adscribatur; si autem e converso a sancti Martini parte leprosi pars posita non curetur et Germano pars inhærens sanetur, ad Germani meritum patefacta virtus et miraculum transferatur. » Adquiescunt utrique, et prolata judicii sententia ab omnibus approbatur.

In argumentum igitur agnoscendæ veritatis, in medio præsulum leprosus ponitur. Decursa itaque nocte illa in vigiliis et orationibus laudibusque, mane illucescente convenientibus utrinque partibus, medietas hominis a Martini parte posita sana et incolumis reperitur, pars autem altera, occulto Dei judicio, sananda differtur. Ut autem per miraculum fides certior clariusque eluceret, leprosi iterum pars sananda versus Martinum vertitur, et mane facto, sub oculis hominum, homo totus ex integro alteratus in salutem invenitur. Sopita est igitur mutualis hæc contentio, et Martini cultoribus ex tunc et deinceps infirmantium universa cessit in pace oblatio. O admirandæ urbanitatis Germanum pontificem, qui, cum tanti meriti esset ut mortuos suscitaret, in domo hospiti suo tantum detulit honorem ut, in signorum exhibitione, eo se videri vellet inferiorem! O signipotentis Martini attollenda præconia, qui, pontificalis ministerii dignitatem ubique in omnibus, licet exsul, observans, et civitatem exsilii sui susceptricem miraculorum gratia illustravit et suis sequacibus benignum, largum et affluentem se semper exhibuit!

Elapsis postmodum quampluribus annis, pace ecclesiæ reddita, Rollone fidei restituto, Turonici viri dominum et patronum suum requirendi gratia Autissiodorum proficiscuntur. Conveniunt igitur Aimarium (1), ejusdem urbis episcopum, ut eis suæ licentia permissionis proprium reducendi pontificem copia tribuatur. Quibus ille tale fertur dedisse responsum : « Nolo ecclesiam meam tanto thesauro defraudari, quam, episcopus factus, eo investitam inveni. »

(1) Var. Sp., *Armarium*, *Januarium*.

Videntes autem Turonici se per eumdem episcopum nihil proficere, ad regem Francorum qui tunc temporis erat, meliora sperantes, resiliunt; humili prece eum rogantes ac obsecrantes interpellant ut Turonis Martinum suum restitui jubeat et urbem, orbatam multum pastoris absentia, eo recepto in gaudium convertat. Ad quos rex ait : « Cum utraque civitas regii sit juris, et ab utraque nobis indifferenter serviatur, indignum ducimus ut Autissiodorum, quæ de thesauri hujus possessione saisita est, præjudicii violentia spoliemus, et Turonim vestram, quæ huc usque illius investituram amisit, investiamus. » Decidentes itaque Turonici a spe sua, ad propria frustrati revertuntur. Cogunt igitur concilium cum Adalaudo archiepiscopo Turonensi, Raimone Aurelianensi, Mainoldo Cenomannensi et sancto Lupo Andegavensi, et cleri plebisque multitudine coacta, concilium ineunt quid facto opus esset.

Eo tempore vir illustris Ingelgerius Gastinensis comes, Hugonis ducis Burgundiæ nepos ex filia, Lochiæ et Ambaziæ dominus, strenuus armis, summa potestate et probitate præditus erat et Andegavensem consulatum, ex regio munere nuper sibi impertitum, procurabat. In Autissiodorensi etiam urbe aulam propriam et vineas, vini superlativi bajulas, et prædia suburbana possidebat. Cum igitur in tantum virum hujus negotii peragendi commoda confluerent, allegationis suæ officio fungi ab universis acclamatum est.

Cum autem ob istius modi causam dirigere nuntios disponerent, per subvenientem Dei, ut credimus, gratiam, Sancti Martini, ut ei moris erat, oraturus intrat ecclesiam. Exiens autem ab ecclesia, ab universis cum gaudio suscipitur et ab omnibus ei debitus honor et reverentia defertur. Cum in medio eorum consedisset, tanquam a Spiritu Sancto præmonitus, in hæc verba prorupit: « Viri Turonici, viri divitiis affluentes, cum divite ingenii vena calleatis et prudentia et fortitudine polleatis, miror admodum et vehementer obstupesco cur gaudium vestrum, lumen patriæ vestræ, vestrum inquam antistitem Martinum, tam longo exsilio relegatum, vestra id agente incuria, reducere neglexistis. » Cui illi cum lacrymis aiunt: « Gratias tibi agimus et primum Divinitati, quæ tuo id inspiravit cordi ut de talibus nobiscum dissereres et nobis, in desiderio positis, desiderii nostri desideratum commonitorium faceres. Non est, inquiunt, domine mi, nostræ, ut putas, incuriæ; sed regis Franciæ pigra segnities nos impedivit, et Autissiodorensis antistitis pervicax violentia nobis Martinum nostrum, cum multo labore et instantia requirentibus, denegavit. Quoniam igitur obstinati illius antistitis cor induratum est et quasi alter Pharao factus est, non vult dimittere virum Dei nisi in manu forti. Proinde te, domine, cui nobilitas et strenuitas, probitas etiam et potestas suppeditant, communi et humili supplicatione rogamus et obsecramus ut, zelo Dei et beati Martini amore ductus, huic te conformes allegationi et ipsum, et cum ipso gaudium, huic luctuosæ restituas regioni. »

Videns igitur vir illustris Ingelgerius universitatis illius post Dominum spem in se penitus poni, lacrymas supplicantium miseratus et vota, promittit se injunctum sibi negotium pro viribus exsecuturum.

Collecta igitur tam proprii quam peregrini exercitus multitudine non minima, sex fere millibus tam militum quam equitum secum electis, Autissiodorum venit. Continuant interim Turonici, ex sui præcepto pontificis, unius hebdomadæ jejunia, et suum sibi reddi Martinum Deo supplicant jugi oratione et precum instantia.

Stupet Autissiodorensis civitas armato milite ex insperato se repleri. Diei igitur crastinæ aurora illucescente, peregrinus comes impiger postquam in ecclesia, ante dilecti archipræsulis Martini corpus cum lacrymis orans, peregrinationis suæ preces et vota persolvit, convenit episcopum super depositi restitutione, dicens : « Pontificis nomen cum te et honor delectet, cur, hujus prænominis etymologia perdita, virtutum pontem non facis sed subvertis ; et gregi tuo factus forma deceptionis et doli, vestigiis tuis inhærentem a sublimi veritatis via dejicis et in perditionis præcipitium ire compellis ? Cur necessitatis tempore thesaurum fidei tuæ commissum, dilationis innectens moras, reddere contemnis ? Unum ergo ex duobus tibi elige : aut Turonicis suum Martinum, dilationis cessante mora, restitue, aut te nullatenus redditurum responde. »

Cui episcopus, in his verbis stomachatus, ita respondit : « Non decet peregrinum cum armata manu loca sancta invisere, nec sanctorum pignora viribus et armis velle sibi vindicare ; hodie tamen cum tuis patienter sustine, et quid super hoc acturus sim crastina tibi declarabit dies. »

Communicato interim cum coepiscopis, qui tunc forte aderant, consilio, quis actionis hujus exitus vel finis esse valeat percunctatur. Cui Syagrius Æduensis, una cum Domnolo Tricacensi, id ipsum sapienter respondit : « Non decet episcopum aliena rapere vel cujuslibet depositum fraude vel violentia velle surripere. Beati siquidem Martini corpus, hostili gladio urgente, a Turonicis huc usque allatum et ab eis penes te depositum novimus. Quod ergo a fidelibus fideliter tibi commissum est, tu, quandoque fidelis, restitue et fidei læsæ damna resarciens, exasperato comiti, verbis eum lenibus et officiis demulcens, postulata concede; nisi enim spontanee et cito reddideris, ad tui dedecus et ignominiam ablatum protinus tibi invito videbis. Fac igitur de necessitate virtutem, et antequam imminens extorqueat necessitas, palliata prudens præstet liberalitas. » Acquiescit episcopus et Andegavensi, allocutione blanda delinito, optatum exponit thesaurum.

Affuit etiam et divinæ memoriæ abbas Herbernus coram episcopis, una cum Ingelgerio, jam sine sociis. Divina siquidem providentia et beati Martini oratione assidua mediante, jam promoti erant per universam Burgundiæ provinciam, omnes et singuli, in episcopatibus et abbatiis, scilicet ut qui cum exsulato exsules advenerant, ab ipso exsulato in ipso exilii solo divitiis et honoribus sublimarentur. Denique ipsis mandavit per veredarios sæpefatus abbas Herbernus ut interessent ducatui ad evehendum corpus sæpenominati antistitis : ut quem simplices monachi et exsules a loco proprio in exsilium adduxerant, jam episcopi et abbates constituti ipsum solum exsulem loco proprio et civitati restituerent ; quod et factum est.

Celebrata igitur propria de sancto Martino missa solemniter, Ingelgerius Andegavensis et Aimarius Autissiodorensis assumptum onus illud nobile, suis imponentes humeris, repatriandi aggrediuntur iter. Deducunt pontifices cum hymnis et laudibus sancti antistitis reliquias, et clerus devotus et vulgi undequaque concurrens frequentia. Reversis vero deductoribus illis, Martini exercitus aggressum capit iter optato potitus triumpho. Debitum servitii præsens ab abbate et monachis necnon et a clericis Deo in dies devotissime exhibebatur, et missa quotidie celebrabatur solemniter. In nobili illo exercitu nullus mollis vel effeminatus; nemo ibi feminam, nemo rapinam noverat, sed unusquisque ex mercato competenti vivebat.

Postquam igitur diocesis suæ fines attigerat sacratissimi præsulis Martini corpus, mirum in modum et oves morbidæ pastoris præsentiam et pastor recognovit quantam ovibus deberet curæ diligentiam. Quamvis enim peregrinus inter extraneos miraculorum floruisset copia, inter suos tamen, utpote sibi a Domino commendatos, et copiosior ei affuit sanitatum gratia et fidei sanctæ propensior benevolentia. Quicumque ergo qualicumque incommodo ægritudinis laborabant, etiam non apportati, etiam non rogantes, dextra lævaque per totam provinciam mirifice sanabantur. Quam vera promissio Salvatoris dicentis: *Opera*, inquit, *quæ ego facio qui credit in me et ipse faciet, et majora horum faciet* (1)! In signis enim et sanitatibus quæ ipse Dominus per se dignatus est exhibere, fidem etiam poscentium cooperari voluit, ut crebro evangelica probant, unde est illud : *Fides tua te salvam fecit* (2).

---

(1) Johann., X, 25.
(2) Matth., IX, 22.

Per Martinum vero et non petentibus et non accurrentibus, et quod majoris clementiæ est, etiam nolentibus subveniebat.

Dum enim talia tantaque virtutum insignia agerentur, quæ et si invideret occultare fama non potuit, ea præcurrente, duo paralytici qui in villa cui nomen de Edera est, a prætereuntibus eleemosinam petentes, victitabant, dixerunt alter ad alterum : « Ecce frater, sub molli otio vivimus. Nemo nos inquietat, omnes miserentur, solus est nobis labor petere quod optamus; licet cum libuerit somno indulgere, quieti vero jugiter; et, ut breviter dicam, ducimus in bonis dies nostros. Hoc autem totum vindicat nobis infirmitas hæc qua jacemus; quæ si curata fuerit, quod absit, necessario nobis incumbet labor manuum insolitus, quippe mendicare jam inutile erit. Ecce audivimus de Martino isto, in cujus diocesi nos degimus, quod revertens ab exsilio in toto suo episcopatu neminem decumbentem præterit non sanatum. Nunc ergo, frater, adquiesce consiliis meis, et dicto citius fugiamus Martinum, ab ejus diocesi exeuntes, ne forte nos sanitatum ejus copia comprehendat. » Novum sane consilium, vota prorsus eatenus inaudita, tanto nolle carere incommodo, se sibi reddi effugere! Quid moror ? placet utrique consilium, et, aptatis baculis sub utraque ascella, reptando potius quam gradiendo, fugam arripiunt; sed Martini pernix potentia prosequitur fugientes, comprehendit refugas, comprehensos et inventos invitos reparat sospitati. Quod illi in sese experientes, nec dissimulare poterant nec audebant silere; nimirum non nescii illum potentem perdere ingratos qui et nolentibus subvenisset. Exclamant igitur prædicantes miraculum, et homines loci illius quo id contigerat ad laudem invitant Martini. Nec sibi integrum fore arbitrati donec baculos, sui languoris indices, ad Martini matricem ecclesiam detulerunt, palam omnibus exponentes et suæ perfidiæ fugam et Martini etiam circa invitos clementiam. Porro accolæ mansionis in qua signum hoc sanitatis celebratum est, in honore signipotentis Martini ecclesiam condidere, quæ usque hodie Capella Alba nominatur.

Ingresso itaque beato archipræsule Martino prope parrochiæ fines, mirum in modum res inanimatæ et insensibiles, pastoris sui sentientes adventum, grata congratulationis suæ signa prætendunt. Universæ siquidem arbores et fruteta tempore brumali, repugnante licet natura, redivivis vestita foliis et floribus vernarunt et in sui ornatu quantæ meritorum excellentiæ sit pater patriæ repatrians demonstrarunt. Itidem dextra lævaque in ecclesiis ejusdem parrochiæ, sine humano adminiculo, signa divinitus pulsabantur, luminaria tam cereorum quam lampadum divinitus accendebantur; in duabus maxime ecclesiis quæ nomini ejus dicatæ dignoscuntur : in priore quæ Majus Monasterium nuncupatur, in qua vivens in corpore lectioni, meditationi, vigiliis, jejuniis et orationibus die noctuque Deo incumbebat; in altera quæ Sancti Martini Divitis Castri Novi dicitur, de quo primo, Rollonem fugiens, sublatus fuerat, in qua etiam ab universis episcopis diocesis suæ, a clero etiam et populo susceptus, in loco ubi nunc adoratur huc usque servatur.

Domino igitur, ut diximus, Turonensi Martino Turonim suam in millibus suis ingrediente tota civitas obviam ruit, et ab Adalaudo archipræsule Turonensi et fratre ejus Raimone Aurelianensi et Mainoldo Cenomannensi et sancto Lupo Andegavensi et a suffraganeis provinciæ totius episcopis ei congratulanter occurritur, et omnis sexus indifferenter, desiderato diu domino suo lætabundus occurrens, lacrymis quas gaudium extorserat perfunditur; ab episcopis siquidem et abbatibus, a clero et virginibus, a populis et baronibus, a pueris etiam et senibus in ecclesiâm suam cum cereis et crucibus, cum hymnis et laudibus gloriosus antistes gloriose deducitur et in propriæ sedis pristino gradu cum debito honore et summa reverentia collocatur.

Hæc est igitur gloriosa et solemnis Exceptio qua a Deo archipræsul Turonensis Martinus, ab exsilio revertens, ab alumnis suis officiose excipitur, et in propria, ut dictum est, sede residens, omni petenti se, ut sui moris est, plurimum suffragatur. Hujus autem exceptionis celebre festum anno DCCCLXXVII° (1) ab incarnatione Domini, a transvectione XXXI°, idibus decembris, celebriter agi ab Adalaudo archiepiscopo Turonensi et a comprovincialibus episcopis celebrata synodalis sancivit auctoritas; quæ quando recolitur a Danis facta destructio, et Martini repatriantis celebris et jucunda a suis memorialis Exceptio memoratur. Te igitur, o bone Martine, pie pater, pastor et patrone noster, nobis, obsecro, filiis et alumnis necnon et veneratoribus tuis, more tuo bona

---

(1) Le Traité de la Réversion porte DCCCLXXXVII°.

confer, noxia submove et orationum jugi instantia gaudia nobis vitæ interminabilis obtine, præstante Domino *et cætera* (1).

Absida siquidem (2) quam deferebant (3) erat fusilis ex auro et argento, quod dicitur electrum, spissitudine duorum digitorum, auctoremque operis beatum Perpetuum insculptor designarat, suffragio litterarum et versuum; nec erat rima, foramen, fenestra vel ostium in ea. Hanc autem fecerat beatus Perpetuus quando elevavit corpus ejus a terra, involutum prius in purpura rubea et diligenter consutum, sicque in hanc absidam posuit. Fecit etiam altare quadratum et concavum ex lapidibus tabulatis quod magna tabula cooperuit et cum aliis cæmentavit. Fecit præterea intus aliam absidam ex aurichalco, cupro et stanno fusilem, habentem palmum in spissitudinem, cum ostio fusili quod gumphis et vertevellis et quatuor clavibus firmabatur; ubi et hanc absidam electrinam posuit secundamque fredam desuper, auro optimo et lapidibus pretiosis ornatam, tanto sacerdote dignam.

Exceperunt sanctum corpus idibus decembris, anno ab incarnatione Domini DCCCLXXVII°, meruitque isdem consul [illud] cum venerabilibus episcopis Adalaudo Turonensi et sancto Lupo Andegavensi et Mainoldo Cenomannensi infra ambitum altaris in altera absida componere, ipsumque ostium cum absida ligaverunt ita ut ne pateret aditus vel introitus. Communi

---

(1) Le chroniqueur abandonne ici le Traité de la Réversion pour suivre l'auteur du récit des miracles de saint Martin, après son retour d'Auxerre. V. Baluze, *Miscellanea* in-fol., vol. 2, p. 300.

(2) Add. *ubi corpus B. Martini continebatur.*

(3) Add. *ab Autissiodoro.*

autem consilio dederunt Ingelgerio consuli præbendam Beati Martini, et ipsi et heredibus ejus in perpetuum.

Quia vero ecclesia ejusdem sancti tunc temporis carebat thesaurario vel æditue, consulem Ingelgerium inthronizaverunt et thesaurarium constituerunt et defensorem ecclesiæ fecerunt, et tutorem omnium possessionum ejus, ubicumque essent, delegaverunt : qui sedem thesaurarii et domos cum redditibus quamdiu advixit obtinuit. Omnes autem qui cum consule Ingelgerio ad corpus beati Martini reducendum fuerant evocati, maxime vero barones Turonici pagi, feodaverunt societatem et beneficium ecclesiæ largiti sunt.

Contigit autem eodem mense, dum esset consul Ingelgerius Turonis, Adalaudum confectum senio viam universæ carnis intrare. Ingelgerius vero consul, auxiliante Deo et intercedente beato Martino, opitulantibus etiam clericis necnon et consentientibus civibus Turonicæ civitatis, inthronizavit et in sede episcopali sublimavit Herbernum senem, sanctum Beati Martini Majoris Monasterii abbatem et ministrum.

Aliquantisper hic, quamdiu vixit, grassantium rabiem retorsit, quietem pacis in Andegavo, præter Transmeduanenses pagos, reddidit. Rotberto Haimonis filio, viro forti sibique fideli, Ambazium commendavit; qui tamen partem oppidi jure hereditario possidebat et Ingelgerio homo ligius erat.

Talia actitans Ingelgerius morte obiit, sepultusque est in ecclesia Beati Martini Castri Novi; cui filius ejus Fulco, ille qui cognominatus est Rufus, successit. Iste quoque consimilia patris actibus aut etiam majora adversus impugnatores exercuit.

DE FULCONE RUFO (1).

Mortuo itaque patre suo tempore Lodovici regis Nil Facientis, ad tutelam sui filii Karoli, parvi pupilli remanentis, atque ad defensionem regni jam labefacti, quod ille satis debile per invaletudinem suam fecerat, communi Francorum tractatu electus et accitus est Hugo dux Burgundiæ (2), qui orphani illius, ex parte matris, consanguineus erat. Sicut loquuntur historiæ, hic idem Hugo, vir et fidei spectabilis et virtutis, tutelæ suæ validius officium quam transactus princeps qui regnaverat administrare, pro liberatione patriæ, voluit et speravit; fecissetque si vitæ prolixitas annuisset. Nam recepta cum christiana devotione et fidelitate potestate illa quæ suo tempore, cum reverentia et pia humilitate, Abacomitatus dicta est, a successoribus vero ejus in arrogantius vocabulum, quod est Ducamen, mutata, adeptus est princeps ille idem in præmium et honorificentiam, pro labore suo, partem terrarum in regno; quod factum est per episcopos et nobiles totius regni qui ei, volente et concedente Karolo rege puero, dederunt Neustriam : quo nomine continetur quidquid a Parisiis et Aurelianis interjacet inter Ligerim et Sequanam inferius usque in Oceanum. Iste itaque tractus cum ei datus esset ad integrum, cum civitatibus et comitatibus et abbatiis castellisque, præter episcopatus solos qui in regia dominicatura retenti sunt, voluit comites et reliquos

(1) D'Achery, in-4°, X, 432; in-fol., III, 243.

(2) Add. du Spic. : *filius alterius Hugonis.*

proceres suos animosiores et fortiores ad propugnandam regionem efficere, ideoque omnes aut muneribus aut honoribus ampliavit.

Iste Fulconi Rufo, sibi per aviam suam consanguinitate, sicut prædictum est et nobis traditum, conjuncto, integrum comitatum Andegavensium, qui prius bipartitus erat, donavit. Similiter ei et abbatias Sancti Albini et Sancti Licini contulit, quæ ambæ antea regis dominicæ fuerant; quæ omnia Karolus Stultus, filius Lodovici Balbi qui Nihil Fecit, sibi concessit. Vastus animus istius immoderata et incredibilia nimis et alta sæpe faciebat. Nam ipse audax, patiens erat inediæ, algoris et vigiliæ; sed tamen ardens in cupiditatibus, parum subdolus, varius cujuslibet rei simulator ac dissimulator exstitit. Contra etiam istum pleraque nobilitas invidia æstuabat, et quasi pollui consulatum credebat si eum novus homo, quamvis esset egregius, adeptus totum foret. Sed licet diu disturbarent, ubi periculum Normannorum atque Britonum omnia turbantium advenit, invidia atque superbia postfuere: nam semper complures bonis invident, malos et inertes extollunt, nova optant, odio mutari plura turba atque seditionibus nituntur. Is vero, adepto toto consulatu, quoscumque moribus idoneos credebat et bello usui fore notos noverat, hos omnes sibi alliciebat.

Igitur iste Fulco uxorem nobilem de pago Turonico duxit nomine Roscillam, Warnerii filiam, cujus erant tunc tria castella in Turonico : illud quod dicimus Lochas, atque Villentrasti, et Haia; quorum duo postea Fulco, non bona ratione, adquisivit. Warnerius iste, cujus filiam Fulco duxit, filius Adalaudi fuit, illius scilicet cui Karolus Calvus Lochas dedit. Qui Ambazium sibi, similiter a rege datum Adalaudo episcopo, filio suo ex baptismo, et fratri suo (1), cum adhuc villa esset, reddiderat : nam jure hereditario eis contingebat, eisque pernimium parvulis prædictus rex abstulerat. Iste Fulco longævo tempore vixit filiosque suos adultos vidit. Quorum unus, nomine Guido, per Hugonem abacomitem Suessionis episcopus factus, quædam improbabiliter fecit; sed illud laudabile et clarum fuit quod Karolum Stultum, quem paulo ante dixi remansisse de Lodovico Nihil Fecit quem supramemoravimus, orphanum ipsum a Normannis captum, negligentibus aliis Francis, ipse Guido, obses spontanee factus pro eo, laudabiliter a vinculis abstraxit. Habuit et Fulco Rufus alium filium nomine Ingelgerium, adolescentem militarem et validum. Qui ubi primum adolevit, pollens viribus et ingenio decoraque facie, non se luxui neque inertiæ corrumpendum dedit; sed equitando plurima præclara faciebat et minimum ipse de se loquebatur: quibus actibus suis omnibus vehementissime carus, hostibus vero terrori habebatur. Sed iste Normannis resistendo multas præclaras pugnas perfecit : a quibus ad ultimum captus et occisus, lucem juvenis amisit. Necnon Fulco Rufus habuit et tertium, juniorem prædictorum, de quo post loquemur.

Rufus itaque Fulco ad senilem ætatem perductus, jam infestatione Normannorum aliquatenus sedata, cum, lumine visus imminuto, sibi propinquare sentiret mortem, de excessibus in quibus offenderat com-

---

(1) Add. du Spic. : *Rainoni.*

punctus et pœnitens, nam in libidinum petulantiam vitiosus fuisse narratur, per domnum Herveum Andegavensem episcopum, virum religiosum et timentem Deum, emendationem suarum culparum Deo obtulit. Qui, pro redemptione earum, thesaurum suum totum pauperibus erogavit; insuper et monasteriis Sancti Albini Sanctique Licini, in quibus utrisque tunc temporis clerici degebant, optimam curtem Chiriacum, super alveum Ligeris positam, in elemosinam eis in perpetuum tradidit. Clerici vero Sancti Martini, post donationem factam et scriptam, a duabus aliis congregationibus in partem sextam acciti sunt. Fulco senex et plenus dierum mortuus est in senectute bona, sepultusque in ecclesia Beati Martini juxta patrem suum Ingelgerium.

DE FULCONE BONO (1).

Post hæc mortuo Fulcone Rufo, alter Fulco, filius ejus junior, qui cognominatus est Bonus, successit. Nam tres filios habuisse legitur : Guidonem episcopum, Ingelgerium istumque Fulconem. Iste fuit pacifici et tranquilli et mitis ingenii. Optimus iste sua benefacta laudari quam aliorum ipse narrare malebat; boni ipsius mores domi et militiæ colebantur; jus bonum, concordia maxima, minima avaritia in ipso erat. Iste nutrivit secum Odonem et ei cellam juxta Beati Martini tribuit ecclesiam et quotidianum victum ex eadem canonica adquisivit eique concessit; qui vero postmo-

(1) D'Achery, in-4°, X, 434; in-fol., III, 244.

dum magister scholæ et præcentor ejusdem ecclesiæ, eodem consule adminiculante, constitutus est.

Factum (1) est autem postmodum ut præfatus comes Fulco, consilio deceptus juvenum qui cum eo nutriti fuerant, de thesauris Beati Martini, nescio quo pacto, tulerit duo vascula auri; sed chamo infrenatus avaritiæ dum ea reddere nollet, gravi plexus est ultione. Ad mortem vero usque perductus, ad beati Martini se jubet portari sepulcrum, ibique quamplurima promittens munera, nec sic sanitatis recipiebat munia. Præterea diutissime fatigatus adeo usque est defectus ut mortis tantum exspectaret exitum. Ad quem cum domnus Odo visitandi gratia venisset, dixit illi : « Redde, miser, vascula Beati Martini quæ infeliciter abstulisti, et protinus salvaberis. » Ille autem et illa reddere et alia spondet conferre si rei dictæ fidem actus probaret. Mox beati Odonis et obsequentium manibus elevatus, ad corpus beati Martini perductus terraque prostratus est, nec moram pati potuit subsidium sibi promissum; sed qui venerat manibus veluti vehiculo latus, recuperatis artubus, remeare cœpit suis gressibus. Siquidem ita factum est ut ille correptus de cætero talia non committeret et quæ promiserat fideliter adimpleret. Cœpit interea pater Odo eum admonere ut, relicto mundo, hoc tantum satageret quemadmodum soli Deo placeret. Ille autem respondit : « Mihi ista modo suadere non potes. Habeo tamen dilectissimum militem, Halengrinum

(1) Add. d'après le Spicilége et le manuscrit 6005, jusqu'à *Iste Fulco nulla*, p. 69. Cette addition est extraite textuellement de la vie de saint Odon par Jean son disciple, liv. I, § 21 et 22.

nomine, in armis strenuum et in consilio providum, qui, si te audiret, mox tuæ voluntati obediens esset. » Quod ita sequenti tempore factum est.

Intra vero paucos dies, recuperata virtute, domum suam reversus est. Confluentes ad eum undique sanitati ejus congratulantes, assumpto sermone, quæ et quanta pertulisset illis circumstantibus cœpit exponere, addens insuper quam citam virtutem in verbis domni Odonis comperisset. Unus autem ex assistentibus et auditor internus erat prædictus Halengrinus, qui mox corde compunctus, depositis omnibus quæ possidebat, concite venit ad eum. Deposita itaque capitis coma et sæculari militia, ex nunc Christi factus est agonista.

Ad hunc Odonem misit Fulco Bonus, de quo agimus, epistolam ubi obnixe deprecatur ut narrationem evectionis et revectionis corporis beati Martini Turonensis, quæ ab avo ejus Ingelgerio et per eum facta est, ex ordine et seriatim transcriberet : quod et fecit, ut in gestis ejusdem Ingelgerii consulis invenire poteris.

Iste Fulco nulla bella gessit, quia jam sua ætate pax cum Normannis facta fuerat. Namque baptizato eorum duce Rollone cum omnibus suis, concessa erat eis a rege Franciæ et duce Hugone, pactis pactionibus de servitio Francis reddendo et pace tenenda, terra illa quam ex illo tempore usque modo tenent. Nam Rollo christianus et catholicus effectus Gillam, filiam Karoli Stulti, duxit uxorem et deinceps terram sibi datam Normanniam vocari præcepit.

Britanni quoque eisdem Normannis, jussu regis et ducis, tributarii facti sunt; qui, pro perfidiis in eos antea commissis, ita ab eis comprimebantur ut non possent in vicinos suos, Andegavenses dico vel Pictavenses vel Cenomannenses, ullas infestationes prædarum sicut antea facere. Sed et etiam per totam Franciam pacis tranquillitas erat maxima.

Illis temporibus, totius bonitatis amator, Fulco secundus in pace degebat. Qui ecclesiastici decoris et religionis delectabatur; ecclesiæ Dei cultum et honorificum decorem diligens, ex suo proprio plures augmentabat : enim vero erga ecclesiam Beati Martini specialem amorem et reverentiam gerebat. Unde in monasterio Beati Martini apud Turonos collegio fratrum ascriptus, canonicus ibidem esse et dici gaudebat. In festis etiam ejusdem sancti in choro inter psallentes clericos, cum veste clericali et sub disciplina eorum, astabat. Illuc cum pergere ad certas per annum solemnitates celebrandas disponeret, copiosum et divitem apparatum expensarum sollicite præmittebat. Hospitabatur apud mediocrem aliquem ex clericis; et domum illam ubi mansurus esset magno ornamentorum cultu venustare, secundum consuetum morem, sæpe faciebat. Hoc autem eo consilio faciebat ut in discessu suo hospes ille, quamvis antea tenuis, ex rerum reliquiis sibi prorsus dimissis ditatus remaneret; quod ita de non paucis eum actitasse compertum est.

Contigit quodam tempore regem Franciæ apud Turonem civitatem, cum turma nobilium virorum, in vigilia festi æstivalis sancti Martini affore. Affuit autem tunc inter alios proconsulares et personatos viros præfatus consul, sicut stella radians, forma præclarus, statura procerus. Dum igitur vigiliarum solemnitas ab occasu solis apud Sanctum Martinum statim inciperetur, affuit in primis consul Andegavorum, mente devotus, habitu et veste clericalis, nulli in lectionibus et responsoriis et psalmodia secundus. Cumque alii nobiles, legibus ac edictis mundialibus, regis Franciæ seduli auditores astarent, ille præfatus consul, laudibus divinis necnon et vigiliarum et missarum sacramentis et solemnitatibus, in habitu clericali inter clericos quæ Dei sunt, cæteris devotior, celebrabat. Quod cum audissent quidam nobiles palatini, lateri regis adhærentes, religionem viri ostentui et monstro habentes, in regis præsentia deludentes, cœperunt dicere quia comes Andegavorum presbyter ordinatus fuerat et sicut presbyter canebat. Rex autem Franciæ, cum aliis deludens, nobile opus viri derisit; quo audito, comes Andegavorum litteras hujusmodi formam habentes scripsit : « Regi Francorum comes Andegavorum. Noveritis, domine, quia illitteratus rex est asinus coronatus. » Quibus litteris perlectis, rex Francorum, vero proverbio tactus, ingemuit dicens : « Verum est quia sapientia et eloquentia et litteræ maxime regibus et consulibus conveniunt ; quanto enim quis prælatior, tanto moribus et litteris debet esse lucidior. » Factumque est ut omnes qui in Deo dignum ac litteratum consulem ac strenuum militem illudendo caput agitabant, postmodum eum in reverentiam haberent. Qui licet litteris regulisque grammaticæ artis, Aristotelicis Ciceronianisque rationationibus perspicacius peritissime eruditus esset, inter majores et meliores ac strenuos milites optimus habebatur. Composuit autem isdem reverendæ memoriæ consul, cantu et dictamine, duodecim responsoriorum historiam, honore et amore beati Martini compulsus, dictamine præcipuam, cantu et melodia luculentam. Qualicumque vero ex parte Turono propinquans illud monasterium prospicere potuisset, mox equo desiliens et ibidem humili prostratus cum devotione orabat, veniam delictorum suorum sibi, per intercessionem sancti confessoris, expostulans.

Sicut pauper arrogans, merito suæ perversitatis, omnibus odiosus, sic procul dubio dives humilis, tantæ virtutis intuitu (1), cunctis sane sapientibus amabilis est et carus. Unde Fulco Bonus specialem gratiam apud Deum et homines obtinebat, quia, cum corpore, opibus, sanguine sanus, abundans et præclarus esset, non debilem, non pauperem, non abjectum aliquem despiciebat. Sæpe quidem numero offendens hujusmodi homines, liberali humilitatis benevolentia, nomen, patriam, modum, incommoda ab eis inquirebat. Hic deinde egentium relevans copiosis sumptibus egestatem, dicebat ad eos : « Ite modo ad gloriosum dominum meum dominum Martinum et dicetis ei : Servus vester, sancte et gloriose Martine, Fulco Bonus nos transmittit ad vos quatinus, solito vestræ pietatis beneficio, pro Dei et ipsius servi vestri amore subveniatis nobis. »

Nec facile frustrabatur sospitatis optata gratia quisquis Fulconis Boni ad Martinum præferebat nuntia. O viri fidelem conscientiam! O fidem bene meritam! O sanctissimam mortalem (2) adhuc ac jam cœlestem amicitiam, qui tanto amplius a Martino se præsume-

---

(1) Ms. 6005, *instinctu.* — (2) Ms. 6005, *mortalis.*

bat diligi quanto devotius ipse eum diligebat. Non igitur usquequaque a Martini miraculis expers erat Fulco Bonus, cujus fide et interventu obtinebatur ut fierent.

Hic forte dum, occasione pacis et justitiæ tenendæ, per terram suam equitaret agmine nobilium circumvallatus, per Portum Pilæ transiens usque ad Portum Cuurdonis devenit; cumque ecclesiam Beati Martini confessoris et antistitis procul aspiceret, sicut semper solitus fuerat, equo desiluit ac flexis genibus, toto corpore prostratus, in terram diutius oravit. Cæteri deferentes comiti honorem, exspectantes substiterunt. Orato diutius et devote, cum ab oratione surgeret, vidit a dextris hominem aspectu horribilem, totum sanie defluentem, corrosis manibus et præacutis pedibus, elephantinis pustulis ac leprosa impetigine totum miserabiliter occupatum ac misericordiam a comite petentem. Cæteri nobiles de familia comitis horrentes nec accedere nec aspicere volebant. Comes, cujus mens sanior erat, manus misit ad loculum, misericordiam leproso volens impendere. Cui leprosus subsequenter ait : « Non, domine mi, non indigeo modo hujuscemodi indulgentia; sed quia, pedibus lepra corrosis, nec ipse ire nec equo deferri ad ecclesiam confessoris præ nimia infirmitate possum, necessitas ac voluntas mihi esset quatenus tu ipse me deferres; forsitan ibi invenirem aliquem Dei hominem qui, pro redemptione peccaminum suorum, in conventu leprosorum mihi necessaria administrari juberet. » Quo audito, comes proprio mantello diligenter leprosum ac devote involvit ac, cæteris partim illudentibus partim stupentibus, propriis humeris pium pondus, fere per duas leugas deferens, ad ecclesiam Beati Martini devenit. Quo peracto, forma leprosi tam a pondere deferentis quam ab oculis intuentis evanuit. Comes vero intelligens Spiritus Sancti mysterium, cæteris illudentibus, tacendo dissimulavit; cumque peracto die noctisque medio transacto ad matutinas, sicut solitus fuerat, in clericali habitu in choro Beati Martini juxta decanum resideret, divinitus obdormivit. Interea quidam vir reverendus habitu, prætextus stola candida, vultu igneo, stellantibus oculis ac angelico vultu, habens in comitatu suo leprosum illum quem vir Deo devotus detulerat, astitit ac reverendo consuli de hujuscemodi visione admirabili dixit : « Ego sum Martinus dominus tuus. Iste leprosus est Christus quem tu sæpius in membris suis pie fovisti, sed hodie, in sua persona et capite humeris portans, honorasti. Noscas ergo quia, sicut non erubuit eum tua humilitas in terra, ita Christi bona humilitas te non erubescet in cœlo. » Quo viso, vir Dei non in gloriam est elatus humanam; sed bonitatem Dei in suo opere cognoscens, ex humili humilior redditus est.

Ejus autem tempore, pago Andegavensi, sicut supradictum est, pacis quiete divinitus concessa, idem comes, urbem et territorium illud ecclesias quoque reparare satagens, agriculturæ et animalium nutrituræ operam dabat. Ipse etiam cupiens, et alios suo exemplo incitans, inopiam præteritorum temporum, quam hostilitates diutinæ invexerant, abundanti opulentia bonorum terræ recompensare studuit. Tunc vero multi ex extraneis diversisque regionibus circumpositis incolæ in pagum istum commigrarunt, tam clementi bonitate principis quam ubertate glebæ huc evocati. Namque terra ista, per diutinam solitudinem sui et cessationem culturæ pinguefacta, mirabili tunc fertilitate fructuum et bonorum omnium resplendebat et respondebat; silvarum incrementis pleraque sui parte vestita, eas incidentibus et concidibus colonis ipsis locis viventibus facili labore satisfaciebat.

Contigit quodam tempore in festo beati Martini hiemalis, cum de manu episcopi missam canentis corpus et sanguinem Christi susciperet, rediensque in choro, levi tactus incommodo, inter manus clericorum sociorum suorum expiravit; sepultusque est in eadem ecclesia juxta patrem suum.

DE GOSFRIDO GRISA GONELLA (1).

Iste Fulco Pius tres filios habuit; quorum primogenitus Gosfridus consulatum rexit; alter, Guiddo nomine, episcopus Podii fuit; tertius junior, Drogo dictus, a Fulcone nimis dilectus quia eum in senectute genuerat, peritia litterarum et artium liberalium edoctus, benignitate Hugonis regis, in episcopatum Podii fratri suo successit.

Gosfridus consul more gallico militiæ peritus, pectore et brachio vir jure militario (2) efficacissimus, in multis expeditionibus singularis approbatus fuit. Serenitas in eo specialiter præfulgebat, clementia in eo florebat, dapsilitatem unice diligebat, hostibus hostiliter inimicabatur, suis viriliter patrocinabatur : quæ

(1) D'Achery, in-4°, X, 441; in-fol., III, 246. Sp. *Grisa Tunica*

(2) Sp., *in re militari.*

omnia præcipue optimos principes decent. Qui, ob insignia summi et singularis meriti, a rege in præliis signifer et in coronatione regum dapifer, tam ipse quam ejus heredes constituuntur; et agnomen Grisa Tunica referens, præmia maximæ probitatis sibi adquisivit.

Cum (1) autem voluisset Deus sublimare Robertum filium ducis in regem, Gosfridus prædictus cum tribus millibus armatorum subvenit domino regi suo. Otho siquidem rex Alemannorum, cum universis copiis suis Saxonum et Danorum, Montem Morentiaci obsederat et urbi Parisius multos assultus ignominiose faciebat. In hac re, necessitate prælii, rex Robertus, et pater suus, ducatum primæ cohortis prædicto comiti Gosfrido tradidit et ad persequendum exercitum Alemannorum ducem et consiliarium constituit. Persecutus est itaque rex Robertus Alemannos (2), eum præeunte Gosfrido, usque ad flumen Esnæ. Comes vero Gosfridus, gnarus pugnandi et assuetus, magnam stragem hostium super flumen dederat ante regis Roberti adventum, quod stagnum putares non flumen. Alemannis itaque fugatis, rex Robertus, congregato generali consilio patris sui episcoporum, comitum et baronum, dedit Gosfrido comiti quidquid rex Lotarius in episcopatibus suis habuerat, Andegavensi scilicet et Cenomannensi. Si qua vero alia ipse vel successores sui adquirere poterant, ea libertate qua ipse tenebat sibi, commendata concessit.

Siquidem nequitia Herberti, comitis Tricacensis,

---

(1) Add. d'après le Sp. et le ms. 6005, jusqu'à *In diebus illis*, p. 78.

(2) Ms. 6005, *regem Alemannorum*.

non potuit sustinere prosperitatem Roberti regis, sed ad ejus deprimendam perfidiam quem majorem potuit exercitum rex congregavit. Obsedit Meledunum : denique cum diu ibi sedisset vidissetque quod nihil proficeret, vocato Gosfrido, cum Andegavensibus suis sine mora ad consuetum obsequium properavit. Gosfridus vero præmisit conestabularios suos, ut regem interpellarent qua parte illum sedere præciperet. Illi vero reversi nuntiaverunt domino suo quod tantus esset exercitus ut nullus esset eis ad obsidendum competens locus. Prædictum vero oppidum in insula Sequanæ situm est, circumdatum undique muro. Videntes autem Andegavi quod nullum possent habere hospitium, induunt arma, prorumpunt per medium exercitum, transmeant fluctus Sequanæ, dant assultum oppido, virtute consueta capiunt castrum, et quod exercitus non potuit per septem menses, isti dimidiæ diei spatio adepti sunt. Franci vero, hujus gentis inauditam admirantes audaciam, ubicumque locorum ipsos omni laude magnificabant. Videns autem tanti principis strenuitatem et ipsum prævalere in regno, tam armis quam consilio, et quæ hic et alibi bene meruerat, sibi et successoribus suis, jure hereditario, majoratum regni et regiæ domus dapiferatum, cunctis plaudentibus et laudantibus, exinde donavit.

Etiam hujusmodi obsequium præstitit comes Gosfridus domino suo regi Roberto. David comes Cenomannicus et Gofredus comes Corbonensis (1) dedignabantur feodum recipere suum de prædicto rege,

(1) Ms. 6005, *Carboniensis.*

asserentes nullo modo se posse subjici generi Burgundionum. Audiens autem rex eorum superbiam et videns regni sui non parvam diminutionem, habito consilio cum comite Gosfrido et cum primatibus regni, tempore constituto et die nominato decrevit obsidere castrum Mauritoniæ. Comes vero Gosfridus prænoscens adventum exercitus regis, movens castra de Vindocino, dans assultum prædicto castro, virtute sua (1) et probitate gentis suæ (2), Gosfridum et oppidanos minus timentes cepit et domino suo regi reddidit.

David vero, dedignans ad colloquium regis venire, mandavit quod nullo modo se ei subjiceret, et quod nullo tempore rex Robertus Cenomannicam suam videre præsumeret. Audiens autem rex arrogantiam et indignationem prædicti comitis, ipsum David et Cenomannicam suam Gosfrido comiti et successoribus suis, ex dono regio, tribuit jure hereditario possidendam in perpetuum.

In diebus illis, Huasten Danus, tribus annis Gallias circa loca maritima maxime infestans, ad ultimum ad consobrinos suos Edwardum et Hilduinum, qui consules Flandriæ erant, cum quindecim millibus Danorum et Saxonum pervenit, secum habens Hethelwulfum, miræ magnitudinis et fortitudinis virum, quem Francisca lingua Haustuinum vocant. At vero Dani cum Suevis per regiones Francorum discurrebant, rapinis et incendiis quæque poterant oppida vel villas pessumdantes. Peragrata itaque armis atque in-

(1) Ms. 6005, *consueta*. — (2) Ms. 6005, *gestorum suorum*.

cendiis, auxilio Flandrensium, tota fere illa depopulataque regione quam prope Franci Flandriam habitant, consultum est Parisius transire terroremque suum ubique spargere. Ventum est itaque in vallem amœnam et pulcherrimam, inter locum qui Mons Morentius dicitur et Parisius; castellumque Montis Morentii captum munientes, diutius ibi immorari existimaverunt. Cujus præsumptionis timore, rex, in sollemnitate Pentecostes, proceres suos undequaque Parisius congregare disposuit, videns sibi nullam fieri tunc copiam pugnandi, cum Franci, intra mœnia urbis refugere compulsi, foras erumpere non erant ausi. Singulis igitur diebus Hethelwulfus Danus, veluti alter Goliath, agminibus Francorum exprobrans, ante urbem Parisiacam, singulare duellum ab aliquo Francorum exigens, veniebat. A quo cum complures milites, ex fortioribus et nobilioribus Francorum, duello devicti et perempti fuissent, rex, dolore commotus, ne quis amplius contra eum exiret prohibuit.

Gosfridus comes Andegavis, audito regis nuntio qui eum veniendi ad curiam in prædicto festo submonuit, Landonense Castro, quod suum erat, ante impositum sibi diem ire disponens, paucis diebus ante dominicam Ascensionem Aurelianis venit. Ubi cum certissime virtutem et crudelitatem prædicti Dani didicisset, fingens se, vir magnanimus, ad colloquium cujusdam amici sui abscondite ire, suis ut præirent et Landonense Castro eum exspectarent præcepit. Ipse vero, uno solo milite cum duobus armigeris secum retento, clam a suis discedens, sero Stampis hospitatus, sociis ne cuiquam se detegant monuit. In crastino, consul furtivus viator egreditur. Non longe a Parisiaca urbe, burgum Sancti Germani devitans, a molendinario qui molendinos Sequanæ custodiebat, dato de suo, habile navigium sibi parari impetravit. Volens adhuc consul se occultare, ea nocte in domo molendinarii dormit. Mane cum uno solo equo, milite suo sibi sociato, cum duobus molinariis navigio Sequanam transit. Viso Dano ejusque clamore audito, comes infremuit et armatus cito equum descendit. Relictis in nave sociis, amœna planitie solus ei obviavit; uterque autem, cornipedem calcaribus urgens, appropinquavit. Comes, perforato hostis pectore, ferro etiam inter armos foras emisso, Danum prostravit. Qui et illæsus recessit, licet Danus, gravissimo ictu dato, fracto clypeo scissaque lorica, juxta sinistrum latus consulis ferrum deducens, fracta hasta equum illius in postremo femore vulneravit.

Respiciens comes Danum gemebundum, torvis oculis adhuc minacem nitentemque exsurgere, festinus descendit, abstracto ipsius proprio gladio, velut alter David, caput abscidit. Iterum equo suo statim scandit et cum hostili equo et capite ad navem properat; fluvio enavigato, domino navis caput, ut in civitatem deferat, tradit. Ipse, clandestinus viator, Landonense Castro ad suos rediit; sociis in via ne se detegant obnixe præcepit.

Multi a murorum et propugnatorum (1) spectaculis et ab ecclesiarum apicibus prospectabant et, quamvis quis esset ignorarent, tamen prosperitati ejus invidebant. Lætabantur autem in Domino Jesu et, gratias agen-

(1) Sp., *propugnaculorum*.

tes, securius cives extra urbem cursitabant. Denique bajulus capitis venit in urbem et, rege præsente, nomen et militis personam se affirmat ignorare, uti eum quem nunquam viderat; tamen si videret cognoscere eum non dubitabat. Rex aliud animo deliberans, ad præsens siluit. Dani dolentes, magis in iram efferati, Francos ardentius impetebant et ab incursitationibus in eos nullatenus absistebant; et licet Monmorentium (1) spoliatum et combustum relinquerent, tamen loca omnia Silvanecto et Suessioni adjacentia, usque etiam Lauduno Clavato, perturbabant.

Venerunt statuto die Parisius convocati principes, duces videlicet et consules, et totius Franciæ magnates omnesque majores natu quorum peritia præminebat simul in aula regis convenerunt. Gosfridus, comes Andegavis, indutus tunica illius panni quem Franci Grisetum vocant, nos Andegavi Buretum, inter principes sedebat. Molendinarius ad hoc a rege evocatus, affixis oculis, ipsum agnovit et, licentia a rege postulata, vultu jocundus ad consulem accessit; qui genu flexo, arrepta comitis tunica, regi et cæteris ait : « Hic cum hac grisa tunica, sternendo Danum, Francorum opprobrium abstulit et exercitui eorum terrorem incussit. » Rex ut deinceps Gosfridus Grisa Tunica vocaretur edixit, cui omnis multitudo assensum præbuit.

Dum hæc agerentur, ecce ex improviso legati affuerunt qui Danos in valle Suessionis castra posuisse retulerunt; quibus adjuncti sunt innumeri milites

(1) Sp. *Montem Morentium.*

Flandrensium, in ducatu suo habentes populum quamplurimum. His auditis, locutus rex ad optimates sic demum ora resolvit : « Videtis, optimates, quod sine profundis singultibus enucleare non possum, quantis calamitatibus et incommoditatibus populus Francorum percellitur. Quid plebeios homines commemorem cum plures ex vobis, ex illustri sanguinis stemmate orti, inedia palleatis et gravis lues Danorum vestros labores (1) contaminet! Jamdudum agri vestri, in solitudinem redacti, vel nullo vel raro vomere excoluntur; ne, quæso, deturpetur propter nostram negligentiam laus Francorum. O genus infractum, o gens invictissima, ne terreamini! Res in arcto est, bellum ex adverso est, hostis multus in proximo est. Expergiscimini, fortissimi milites! ecce dimicandi tempus est : bellicosas manus exerite viresque avitas, dum tempus est, ostendite. Quid opus est verbis? Jam nunc sibi quisque loquatur! » Nobilitas igitur quid regi consuleret anxiabatur; quorum quidam responderunt : « Nullam ad præsens pugnandi dare possumus sententiam; sed volumus et collaudamus quatinus, ista re induciata, pugnam procrastinemus donec majores vires habeamus. » Gosfridus tamen Grisa Tunica, suum expromens consilium, adjecit : « Vos, domini consulares et illustres viri, lux et flos victoriosæ Franciæ, decus et speculum pugnatricis militiæ, pro vobis ipsis decertate et pro fratribus vestris animas ponite; nam quoad populum, qui se regi et nobis commisit, multum mori conspicabimur? Video vos, Deo gratias, omnes unanimes, nec aliquis

(1) Sp. *lares*.

in hac re debet ab alio dissidere. Quid refert dominus a servo, nobilis a plebeio, dives a paupere, miles a pedite nisi nostrum, qui præsidemus eis, prosit consilium et patrocinatur auxilium ? Si Dani mihi dominabuntur impune, nolo amplius vivere. Timendum est si moriamur inglorii ac si comparemur jumentis insipientibus, brutis assimiles animalibus. Omnes quidem anhelare debetis ad pugnam, quia omnes id ad communem creditis profuturum salutem. Ego vero id ipsum collaudo vehementerque efflagito : rogo ne sicut segnes moriamur vel imbecilles; non simus improperium vel omnium infamia gentium ! »

His dictis, non sine gravibus illorum quos relinquebant lamentis, processerunt. Nec isti nec illi sperabant se de cætero posse frui aspectu mutuo ; hii et illi proruebant in carorum oscula, et omnes in lacrymas ciebantur. Venerunt autem circa Suessionis regionem et intraverunt vallem unam formosa planitie venustam. Illic unusquisque suas acies gregatim ornaverunt et ordinaverunt. Locuti sunt optimates de bello ordinando et negotium illud commiserunt Andegavensi Gosfrido. « Eia, inquit Gosfridus, singuli vestros convocate et, signo dato, unusquisque cum vestra acie militate; ubi autem opus fuerit lanceis et gladiis rem peragite, et actuum et ictuum paternorum ne obliviscamini ! » Ordinatæ sunt itaque sex acies : quinque ex illis præcesserunt, quæ belli pondus sustinerent et inimicum agmen efficaciter feriendo repellerent; rex postremus cum acie sua gradiebatur omnibus provisurus et subventurus , et, si Dani prioribus prævalerent, totam belli ingruentiam excepturus.

Litui clangebant, buccinæ reboabant, utriusque

multitudinis clamor audiebatur et jam clypeo clypeus, jam umbone umbo repellebatur. Hastis confractis enses mutilabantur; et cominus utræque Danorum et Flandrensium instabant legiones, et ipsorum supervenere suscenturiæ quæ graviter primos cœperunt repellere. Nequibant enim impetum tot nationum sustinere, sed titubantes cogebantur cedere; tantus enim erat clamor et strepitus telorum et imber ut ipsum etiam aerem obnubilarent. Ingemuit rex, qui undique prospiciebat eis tanquam oculatus, et ait: « Christe, tuos sustenta Francos! » et Gosfrido, qui suum detulerat vexillum, per nuntium adjecit: « Gosfride, rapidum calcaribus urge cornipedem et Francis titillantibus esto juvamen. Memor esto, obsecro, parentum nostrorum; ne lividaveris (1) in aliquo titulum Francorum! »

Gosfridus sanctæ crucis signo munitus et auxiliaribus constipatus, manipulis propriis affuit Danisque miles audacissimus obstitit. Interdum enim perfidos aggressus est illos, ut vexilli regis lingulas in ore Danorum volitare faceret altoque clamore suo eos aliquantulum deterreret. Ad illius primipilaris impetum Franci, animo resumpto, in Danos irruunt unanimiter et, pugionibus vibratis, instabant efferatius instantes.

Fragor armorum multus erat et ab æreis cassidibus ignis elucubratus multus scintillabat; vulnera vulneribus illidebantur et campi nimio sanguine purpurabantur; intestina videres dependentia et cæsa capita et trunca corpora passim oppetentia. Exterriti sunt autem Dani præ timore nimio, et repente, cuneis

---

1) Sp. *lividemus*.

eorum labantibus, fugæ se commiserunt. Persecuti sunt eos Franci sternendo, proterendo, mactando; et cæsi sunt ibi multi milites et pedites, adeo ut duces ipsorum inventi sint postmodum mortui in medio quinque milium mortuorum. Magno autem trophæo Franci potiti, læti reversi sunt ad suos, secum adducentes equos multos spoliaque multa quæ sibi ipsi manu sua in prælio pepererant. Factum est igitur gaudium magnum in Francia Deoque dignas omnes edidere gratias.

Rursus a partibus Alemanniæ bellum novum exortum est. Quidam Theutonicus de Suevia, Edelthedus nomine, qui de genere Pharamundi et Clodovei descenderat, regnum Francorum jure hereditario exigebat; qui auxilio Othonis, regis Italiæ, Lothoringiam et superiores partes Franciæ impugnabat. Conquerebatur in propatulo de fœderatis pactionibus quas Hugo rex, in præsentia Henrici ducis Lothoringiæ et Ricardi comitis Normanniæ et Gosfridi Andegavis, in quodam colloquio fecerat : scilicet quod regnum Francorum Hugo sibi dimitteret, ita duntaxat ut sibi ducatum totius Franciæ daret, sicut dux Hugo olim possederat; quod prædicti principes, ut aiebat, et multi alii magnates fide sua pepigerant. Gosfridus Grisa Tunica, aliis dubitantibus, surrexit et ait : « Perjurii nusquam volo redargui, nec patiar ut nobis domineris; regem meque et socios de fide mentita defendo ! »

Bertholdus frater ducis Saxoniæ, vir factus ad unguem, pro Theutonico duellum arripit et adjecit : « Pares et coæquales nostri quod justum est dijudicent; altercatio enim hæc insopibilis est » Congregati sunt utriusque partis majores, auditæ sunt utriusque litigantis quæstiones, itum est in partem, et responderunt expectantibus judicium : « Communi judicio a nobis concordatum est quod qui victor exstiterit regnum in pace teneat; alter, consilii nostri auctoritate, regno dimisso viam, suam pacificus acceleret. » Id totum ita concessum est, et sic se simpliciter persecuturos, manu in manum episcoporum, firmatum est.

Regina, Gosfridi Andegavis consanguinea, partem zonæ beatæ Mariæ virginis quæ in capella sua erat, quam Karolus Calvus a Bizantio attulerat, ei misit et ut nuda colli ex ea ligaret præcepit, ei affirmans quod in hoc vinceret. Ad bellum igitur Gosfridus animatus jam majori fiducia procedebat. Bertholdus siquidem tantæ animositatis et stoliditatis erat ut nullum sibi audere venire obviam ad pugnam arbitraretur; aiebatque : « Sinite eum, exeat, veniat ! Ego illum contemptibilem caniculum, qui de bello ausus est præsumere, statim prævalens suffocabo. » Ventum est ad prælium; pugnatur viriliter. Primo impetu neuter cecidit; sed Bertholdus, dum equum giraret, a comite lancea graviter inter scapulas vulneratur. Sanguis illius funditur, utrinque irremeabiliter pugnabatur, cassides æneæ resonabant, nulla eis requies præstabatur, cum Bertholdus equo cadit citoque in pedes surgit. Consul animosus descendit. Tunc eorum corpora sudore et cruore liquentia conspiceres, cum manus manibus, pedes pedibus, corpora corporibus impingebant. Ad ultimum vero, rupta lorica Bertholdi, extis ejus fusis, ille præliator fortissimus Gosfridus Grisa Tunica victor exstitit. Franci Christo gratias egerunt diemque illum solemnem duxerunt Deoque dignam immolaverunt laudem; Theutonici cum duce suo Edelthedo confusi ad propria redierunt. Gosfridus licentiam redeundi a rege et regina poposcit zonamque sibi dari promeruit; quam in ecclesia beatæ virginis Mariæ Luchis posuit, ubi et canonicos ad simul vivendum constituit et ex propriis rebus multa eis dedit.

Post hæc Gosfridus, Deo favente, repulsis et repressis hostibus, plures annos vixit terramque suam in pace rexit; nullus enim contra eum mutire audebat. Genuit autem plures filios, quorum junior, Mauricius nomine, cæteris patre superstite mortuis, supervixit (1). Ipse vero mortuus sepultus est in ecclesia Beati Martini Castri Novi.

DE MAURICIO CONSULE (2).

Mauricius, Gosfridi Grisæ Tunicæ filius, vir prudens et honestus, bonorum et pacis amator, plus sapientia quam bello consulatum pacifice tenuit; qui quod fructus ingenii et virtutis omnisque præstantiæ tunc maximus capitur cum in proximum quemque confertur haud ignorabat. Igitur suis certis parentibus et vera amicitia sibi conjunctis multa beneficia contulit; quæ, teste Tullio, meminisse debet is in quem collata sunt, non commemorare qui contulit. Superiores exæquare se cum inferioribus amicis aliquando debere, inferiores vero non dolere se a suis, aut ingenio aut fortuna aut dignitate, superari Mauricius affirmabat. Qui hac opinione multos ex suis elevans, ad amplissimos honores perduxit. Ipse pe-

---

(1) Add. du Ms. 6005, et du Sp., de même que pour la sépulture de Maurice, p. 89, l. 17. — (2) D'Achery, in-4°, X, 450; in-fol., III, 249.

ritus in causis, oratoriis ornamentis sibi adhibitis, audacius cæteris in curiis eloquens vir loquebatur; et quæ esset erudita, quæ popularis oratio edocebat. Duxit autem uxorem de Alniensi pago, filiam Haimerici consulis Santonici, neptem Raimundi Pictavensis comitis, ex qua Fulconem Nerram genuit.

Surrexit in eum vir quidam iniquus, dolo et omni malicia repletus, Landricus Dunensis, qui in Andegavensi consulatu multa nefaria perpetravit; Ambaziaco vero et Luchis fideles consulis pluribus laboribus injuste vexavit. Hunc Landricum pater Mauricii, Gosfridus consul, Ambazio hereditaverat et domum munitissimam, a meridiana parte Novi Castri sitam, cum pluribus casamentis ei donaverat. Iste Mauricio filio ejus retributionem quam Deus nescit, scilicet mala pro bonis, sæpe reddidit. Existimabat enim Ambaziacum consuli auferre; confidens in auxilio Odonis Campaniensis qui Turonim, Blesim, Carnotum, Briam, Campaniam etiam cum urbe Treiciarum usque Lothoringiam possidebat (1). Itaque per Turonim et Lengiacum descendens Valeiam impugnabat, favente sibi Salmurensi Gelduino, qui Salmurium Ucceumque et alia multa in Turonia et Blesensi territorio de feodo prædicti Odonis tenebat. Resistebant tamen Landrico duo germani fratres, Archembauldus Busenchaiaci et Supplicius Beati Martini thesaurarius, ambo pernimium consuli fideles, qui partem Ambaziaci oppidi jure hereditario possidebant. Isti domum defensibilem Ambazio habebant, in loco ubi, post obitum

(1) Le Sp. répète ici les deux premiers paragraphes du chapitre *De Blesi chronica*, dans le *Liber de compositione castri Ambaziæ*, p. 15-16.

fratris sui, thesaurarius arcem lapideam composuit; qui a propria domo et a domicilio comitis sæpe Landricum et suos infestabant.

Mauricius, gravi morbo præoccupatus, Fulconem filium suum, jam adultum militemque fortissimum, sic alloquitur : « Fili, nulla domus est pusilla quæ amicos capit plurimos. Moneo igitur ut eos caros habeas qui mihi et tibi fideles amici fuerunt; malis hominibus, quibus utilissimum esset maliciam effugere, ne parcas. Semper mali bonis invident; teste vero Seneca : facilius est pauperi contemptum effugere quam diviti invidiam, bonis enim nocet qui malis parcit. Video te, Deo gratias, ab avita probitate non degenerare, propter quod nunc gaudeo et ut thesaurarium fratremque suum manuteneas præcipio. » His dictis, vir inclitus naturæ concessit sepultusque jacet in ecclesia Sancti Martini, juxta patrem suum.

DE FULCONE NERRA (1).

Fulco Nerra, cui consuetudo fuit Animas Dei jurare, juvenis haud modici pectoris, consulatum a multis hostibus viriliter aggressus est defendere; semper enim contra novum principem nova confestim bella emergunt. Monitu nempe pessimi Landrici, Odo Campaniensis et Gelduinus Salmurensis Fulconem a Turonia expellere tentaverunt, putantes Ambaziacum et Lochas comiti auferre. Suggerebat eis præsentis temporis opportunitas : nam Supplicius thesaurarius, fratre suo noviter mortuo, solus, sub

---

1) D'Achery, in-4°, X, 452; in-fol., III, 249.

consule tamen, Ambazium regebat; nec differt heros cordatissimus ad vindictam hostium properare seque periculo exponere. Collecto igitur quantum potuit exercitu, terram inimicorum audacter introivit; et ultra Blesim profectus, ad Castrum Dunum devenit. Habitatores illius castri, cingulis militaribus accincti armisque protecti, ad pugnam se more militum castrensium paraverunt et, mox conglobati, consulem et suos invaserunt. Sustinuerunt igitur Andegavi frequentes impetus eorum usque ad vesperam, et cum recedere attemptarent, concursus instantium devitare nequibant, cum Dunenses a tergo cedentibus insisterent. Postquam consulares nec laborem poterant amplius sustinere nec eos compescere, conglobati gradatim conati sunt redire et cum eis pugnare. Itaque præmissis Ambaziensibus, Andegavi undique eos aggredientes, coangustaverunt et prævaluerunt; Dunenses correpti timore disgregati fugere cœperunt; comes præliando in castrum suum ipsos fugavit. Multi itaque de gente plebeia capti, alii gladio necati sunt. Requieverunt ergo ea nocte in loco illo, tenentes milites viginti, et cum cæteris captis ligatos custodierunt; in crastino terram illam deprædati sunt et colonos illos humotenus pessundederunt. Potiti ergo gaudio victorum, Ambaziaco die tertio reversi sunt.

Consul Ambazio domum Landrici obsedit, et tam ardenter ad expugnationem illius domus sui convenerunt ut ipsos de domo ad resistendi desperationem compulerint. Scientes itaque se nec resistere posse nec, si caperentur, meritas pœnas et mortes evadere, ex dedenda comiti domo, si sibi vita concederetur, cœperunt per legatos tractare. Librato itaque consilio, visum est bonum omnibus ut, sine discrimine obsidentium, tam grande removeretur periculum. Itaque vita eis indulgetur, et domus recepta funditus deletur; Landricus, et sui, a castro illo expellitur.

Inde comes, Ligerim transiens, in domum suam quam ipse firmaverat, quæ antiquitus Caramentum vocabatur, nunc vero Villa Moranni, hospitabatur; deinde Semblenciacum, quam etiam firmaverat sibi, et per terram hominis et amici sui Hugonis de Aluia, qui dominus castri quod Castellum dicitur et Sancti Christophori erat, indeque Valeiam intrans, Andegavis, nolentibus civibus Turonicis, ad libitum descendebat. Mirebellum vero et Losdunum Fulco possidens, Kainonem, qui Odonis proprius erat, Salmurium et Monsorellum illosque de Insula Bucardi abhinc sæpe expugnabat et per terram Guennonis, qui dominus Noastri erat, Luchis redibat.

Denique (1) Fulco comes, negotia sua pertractans, virum quemdam bellicosum, militaribus armis efficacissimum Lisoium de Basogerio, nepotem vicecomitis de Sancta Susanna, Luchis et Ambaziaco præfecit, et militibus tam majoribus quam minoribus ut ei obedirent præcepit. Ipse fratres habebat, cognatos, notos et affines multos, qui omnes cum Lisoio spontanei remanserunt.

Quidquid, teste Boecio, certum deserit ordinem, lætos non habet exitus. Comes Britanniæ Conanus, ordinem sui consulatus cupiens excedere, spreto Ful-

---

(1) Les manuscrits 6004 et 6006, de même que le Spicilége, intercalent ici un long passage des *Gesta Ambaziensium dominorum*, de la page 162, *At Fulco, alter Cæsar*, à la page 164, *Namque Fulco*.

cone, virtute quatuor filiorum suorum confisus, fines Andegavorum vastare non destitit. Meduana est fluvius, inter occidentales amnes non ultimus, qui placidis undis Andegavim prælabitur; quem pons saxeus, hibernas passurus aquas, amplectitur. Usque ad hunc Conanus et filii consulatum habere volebant. Interea Conanus, Fulconem sciens ab Andegavis abscessisse, ad curiam regis Aurelianis ire disposuit; filiis suis ut Andegavim discurrerent, et interim languidiora terræ explorarent præcepit. Audientes autem filii Fulconem abesse, gavisi sunt sperantes se Andegavensibus prævalituros, utpote quos paucos et immunitos opinabantur.

Dum consules Aurelianis regem expectarent, in quadam domo, ut ventrem purgaret, (1) secessit. In thalamo ejusdem domus, a Fulcone solo pariete diviso, Conanus venit; suis ibi aperit quod filii sui, quarto die, usque ad portas Andegavis omnia demoliendo discurrerent. Quo audito, comes ad succursum suorum festinat, fingensque se Landonense Castro suo ire, nocte et die, equis sæpe mutatis equitat, suis in via ut se sequantur imperat; secundo die sero Andegavis abscondite intrat, multos milites et pedites extra urbem congregat.

Britones statuto die usque ad portas urbis securi impetuose currunt. Fulco et sui, latitantes, in eos securos celerrime irruunt, alios prosternunt, alios in fugam conversos insequuntur; nam regressu consulis cognito, resistendi nec ad momentum constantiam habuerunt inimici. Ita dispersi, quo quisque potuit citissime diffugerunt. Mortui sunt in illo conflictu duo

---

(1) Suppl. *Fulco*.

filii Conani innumerique pedites perempti; alii duo, cum multis baronibus et militibus et peditibus, capti. Fulco autem statim ad curiam regis citissime redit; et ipso die quo rex venerat, ipse et quidam suus miles, equitans varium equum Alani, primogeniti filii Conani, ante aulam regiam descenderunt. Quæsitum est a Britonibus quomodo equus ab illis habeatur, verumque auditur et Conano nunciatur. Deflet Conanus casum suorum, coram rege lamentatur; ab episcopis pax quæritur et, mediante Roberto rege et Ricardo Normannorum duce, qui Juditam filiam Conani habebat uxorem, concordia efficitur. Alanus primogenitus Conani cum fratre suo redimitur, omnes capti, dato competenti pretio, liberantur; et a Fulcone consulatus Ultra Meduanæ (1) quiete et pacifice possidetur.

Nunc de moribus Britonum quid Glaber Rodulfus, historiographus, in historia sua scripserit (2), et de Conano pseudo-rege facto, et de bello cum eodem Fulcone habito nostro, operi breviter inseramus.

Narrant siquidem plerique, disputantes de mundani orbis positione, quod situs regionis Galliæ quadra dimetiatur locatione; licet ergo a Rifeis montibus usque Hispaniarum terminos, in lævo habens Oceanum mare, in dextro vero passim juga Alpium, propria excedat longitudine mensuram rationis quadriformæ. Cujus etiam inferius finitimum ac proinde vilissimum Cornu Galliæ nuncupatur. Est enim illius

---

(1) Sp. *Ultra Meduanam.*

(2) Livre II, chap. 3. V. Duchesne, *Historiens de France*, vol. IV.

metropolis castrum Dolum (1); inhabitatur quoque diutius a gente Britonum, quorum solæ divitiæ primitus fuere libertas fisci publici et lactis copia; qui omni prorsus urbanitate vacui, suntque illis mores inculti (2) ac levis ira (3) et stulta garrulitas.

Horum scilicet Britonum aliquando princeps exstitit quidam, Conanus nomine, qui etiam, accepta in matrimonio Fulconis Andegavorum comitis sorore, ac demum insolentior cæteris suæ gentis principibus cœpit existere; nam more regio imposito sibi diademate, in sui anguli popello plurimam inconsulte exercuit tyrannidem.

Postmodum vero inter ipsum Conanum et prædictum Fulconem, Andegavorum videlicet comitem, exortum est indissolubile jurgium : ita ut crebris suorum invicem depopulationibus ac sanguineis effusionibus lacessiti, ad ultimum quoque, quanquam civile, tamen ineluctabile inirent cominus prælium. Cum igitur diu multumque vicissim sibi mala quæ poterant irrogassent, ab utroque decretum est ut in loco qui Concretus dicitur quisque illorum cum suo exercitu, die constituto advenientes, prælii certamen inirent; sed Britonum exercitus, excogitata fraudis decipula, partem Fulconis exercitus nequiter prostraverunt. In prædicto denique loco, scilicet ubi certamen ineundum fuerat, clam prævenientes plerique Britonum ibi, nimium astute, profondum atque perlongum fodere vallum, ramisque arborum densatim super

(1) Duchesne, *Civitas Redonum.* (2) Add. du Sp. *sed faciles coli.*
(3) It., ibid. *Sed cito placibilis.*

insertis, imposita videlicet hostibus muscipula, recesserunt.

Die igitur constituto juxta condictum, dum illuc uterque cum suo exercitu adveniret atque acies utraque jam in procinctu videretur informata, gens Britonum callida fraudisque propriæ conscia, simulans (1) se velle arripere fugam, scilicet ut avidius demergeret hostem in latentem muscipulam. Quod cernens Fulconis exercitus cupiensque expedite super eos irruere, corruit pars ex eis non modica in foveam, videlicet Britonum astu patratam; illico autem conversi Britones, qui prius fugam simulaverant, inhianterque super Fulconis exercitum irruentes, asperrima quamplures ex eis cæde prostraverunt. Ipsum etiam Fulconem pulsum de equo in terram loricatum dejecerunt; qui exsurgens nimio accensus furore, dictis relevans exacuensque suorum animos, ac velut turbo vehementissimus per densas segetes impellentes, omnem exercitum Britonum crudeli nimium cæde mactaverunt, deletoque pene universo exercitu Britonum, ipsum etiam Conanum, illorum principem, truncatum dextera, vivum capientes Fulconi reddiderunt. Qui potita victoria reversus ad propria, non illi postmodum quispiam Britonum molestus exstitit (2).

De eodem igitur Fulcone perplura dici potuissent ipsius gestorum, quæ scilicet, fastidium vitantes, silui-

---

(1) M eux *simulat*.

(2) Dans les ms. 6004 et 6006, ce qui suit, jusqu'à *cum autem regressus fuisset*, p. 103, forme un chapitre particulier, ayant en rubrique : De monasterio Lucacense. C'est encore un emprunt fait à Raoul Glaber, livre II, chap. iv.

mus : unum tamen restat memorabile quod inpræsentiarum relaturi sumus. Cum enim circumquaque in diversis præliorum eventibus plurimum humanum fudisset sanguinem, metu gehennæ territus, sepulchrum Salvatoris Hierosolimorum adiit; indeque, ut erat audacissimus, admodum exsultanter rediens, aliquantulum ad tempus a propria feritate est lenior redditus. Tunc ergo mente concepit ut, in optimo fundorum proprii juris loco, ecclesiam construeret ibidemque monachorum cœtum coadunaret, qui videlicet die noctuque pro illius animæ redemptione intervenirent. Qui etiam, ut semper curiose agebat, cœpit quosque percunctari religiosos in quorum potissimum memoria sanctorum eamdem ecclesiam fundare deberet, qui videlicet et pro ejus remedio animæ omnipotentem Dominum orarent. Cui inter cæteros a propria etiam uxore, quæ valde sano pollebat consilio, suggestum est ut in honore ac memoria illarum cœlestium virtutum quas Cherubin et Seraphin subliniores sacra testatur auctoritas, votum quod voverat expleret. Qui libentissime annuens, ædificavit ecclesiam admodum pulcherrimam, in pago scilicet Turonico, miliario interposito Lucacense castro. Expleto denique quantocius basilicæ opere, protinus misit ad Hugonem Turonorum archipræsulem, in cujus scilicet constituta erat diocesi, ut illam sacraturus quemadmodum decreverat adveniret. Qui venire distulit, dicens se minime posse, illius votum dicando, Domino committere, qui videlicet matri ecclesiæ sibi commissæ prædia et mancipia subripuerat non pauca; hocque potius illi videbatur competere ut primitus, si quid injuste diripuerat alicui, restitueret, sicque deinceps justo judici Deo propria quæ voverat offerri deberet.

Cum igitur ista Fulconi a suis perlata fuissent, diutina feritate resumpta, nimium indigne ferens episcopi responsa, insuper comminatus est illum valde, ac sublimius inde quod valuit adegit consilium. Mox denique, copiosa argenti et auri assumpta pecunia, Romam pergens, ac Johanni papæ causam suæ profectionis exposuit, ac deinde poscens quod ab illo optaverat, plurima ei munerum dona obtulit. Qui protinus misit cum eodem Fulcone, ad prædictam basilicam sacrandam, unum ex illis quos in Beati Petri, apostolorum principis, ecclesia Cardinales vocant, nomine Petrum; cui etiam præcepit, veluti Romani pontificis auctoritate assumpta, (1) quidquid agendum Fulconi videbatur intrepidus expleret. Quod utique audientes, Galliarum quique præsules præsumptionem sacrilegam cognoverunt ex cæca cupiditate processisse : dum videlicet unus rapiens alterque raptum suscipiens recens in Romana ecclesia schisma creavissent; universi etiam pariter detestantes, quoniam nimium indecens videbatur ut is qui apostolicam regebat sedem apostolicum primitus ac canonicum transgrediebatur tenorem : cum insuper multiplici sit antiquitus auctoritate roboratum ut non quispiam episcoporum in alterius diocesi istud præsumeret exercere, nisi præsule cujus fuerit compellente seu permittente.

Igitur die quadam mensis maii, congregata est innumerabilis populi multitudo, ad dedicationem sci-

(1) Suppl. *ut.*

licet prædictæ ecclesiæ, ex quibus multo etiam plures illuc Fulconis terror, ob suæ elationis pompam, venire compulit. Episcopi tantum qui ejus ditione premebantur coacti interfuere. Cœpta igitur, die constituto, satis pompatice hujusmodi dedicatione atque peracta, missarumque ex more solemniis celebratis, postmodum quique ad propria rediere.

Denique imminente ipsius diei hora nona, cum flabris lenibus serenum undique consisteret cœlum, repente supervenit a plaga australi vehementissimus turbo, ipsam impellens ecclesiam ac replens eam turbido aere, diu multumque concutiens; deinde vero solutis laquearibus, universæ ejusdem ecclesiæ trabes simulque tota teges per pignam (1) templi ejusdem occidentalem in terram corruentes eversum ierunt. Quod cum multi per regionem factum comperissent, nulli venit in dubium quoniam insolens præsumptionis audacia irritum constituisset votum; simulque præsentibus ac futuris quibusque, ne huic simile agerent evidens indicium fuit: licet namque pontifex Romanæ ecclesiæ, ob dignitatem apostolicæ sedis, cæteris in orbe constitutis reverentior habeatur, non tamen ei licet transgredi in aliquo canonici moderaminis tenorem. Sicut enim unusquisque orthodoxæ ecclesiæ pontifex ac sponsus propriæ sedis uniformiter speciem gerit Salvatoris, ita generaliter nulli convenit quippiam in alterius procaciter patrare episcopi diocesi.

Ædificatis (2) igitur religioni officiis utilibus, vir

---

(1) *Sic*, pour *pinnaculum*.

(2) Add. d'après le ms. 6005 et le Sp. jusqu'à *et acceptis*, page 101.

Deo devotus consilium de religione cum religiosis habens tandem ex definito sanctorum consilio evocat Sancti Genulfi Stratensis abbatem, nomine Odonem, cujus tunc in Dei rebus et sacra opinio et vita spectabilis habebatur. Hunc igitur supplicat ut sanctam domum, quam ipse ædificaverat, in suam suscipiat curam : providens ei non solum redditus necessarios, sed et quæque utensilia, videlicet libros, vestes sacras, vasa altaris, turibula, candelabra, cruces, phylacteria; et insuper portionem quam de ligno Dominicæ crucis, necnon et quod de Domini sepulcro, mirabiliter sibi favente Divinitate, ipse momorderat (1), ad Dei honorem, sicut diu optaverat, in eamdem ecclesiam reponens. Cujus viri illustris (2) devotionem sanctus abbas intelligens, etsi oneri sibi imposito, ut est mos sanctorum, se imparem judicaret, tamen, ne hominis sanctum retardaret propositum, adquievit. De suis igitur probatos eligens fratres, novam ecclesiam novo conventu publicat. Non tamen ibi novitas levitati succubuit . ibi siquidem lex fuit patris parere imperio, prævenire æquales obsequio humilitatis, supportare debiles, adgaudere fortibus, sibique quemque nullum esse, omnes omnibus.

Abbas autem qui hoc onus susceperat, ne affectasse videretur oneris honorem, cura temporalium aliis impertita, ac si tirocinii calore fervens, loci novitatem novo religionis exercitio decorabat. Sic igitur plantatio illa cœlestis, per manum illustris comitis Fulconis plantata, per Sancti Genulfi abbatis doctri-

(1) Voir, ci-après, page 103. — (2) Ms. 6005, *illustrem.*

nam irrigata, in paradisum voluptatis excrevit, ut de ea hodie non immerito dicatur : *Ecce odor agri pleni cui benedixit Dominus* (1).

Hic igitur abbas, quamdiu rebus humanis interfuit, utramque ecclesiam, Stratensem scilicet et Lochacensem, ut bonus pastor pio moderamine gubernavit. Ea tamen quæ ætate minor videbatur, et quæ de illa Stratensi, quasi de matris uberibus, lac doctrinarum suxerat et cœlestis infantiæ rudimenta, nunquam ab ejus sacris consuetudinibus resilivit; post cujus decessum utraque ecclesia, liberam sortita electionem, suum singularem pastorem habere promeruit. Idem utrobique tenor officii, idem rigor disciplinæ et ordinis, mox etiam idem in vestitu et victu necessariis, ac si matre et filia, lege inviolabili perseverat. Super hæc autem omnia quæque placita sunt Deo et hominibus vigent inter eos, videlicet concordia fratrum et amor proximorum.

Fulco siquidem ex uxore sua Gosfridum Martellum et filiam, Adelam nomine, genuit.

Vir Deum timens Fulco Romam, gratia peregrinationis, venit. Tunc temporis papa Sergius quartus, præsulatum Romanæ sedis sorte felici regebat; sciensque Fulconem virum justum et sapientem et annosum, conquestus est ei de Crescentio, Deo odibili, qui quotidianis assultibus populum Romanum et terram circum adjacentem depopulabatur. Nonnullos occidebat; alios capiens graviter redimebat; singulorum et omnium victum et vestimentum, sine prece vel pretio, vi auferebat; peregrinorum et negotiato-

(1) *Genesis*, cap. XXVII, v. 27.

rum itinera disturbabat et redimere faciebat. Nec erat aliquis in Langobardia qui posset contumaciam ejus edomare; et licet omnes eum timerent, nullus erat qui diligeret.

Audita querimonia apostolici, reverendus heros inquit ei : « Domine mi pater, ego aggressus sum viam Jerosolymitani itineris, quam, cum benedictione vestra, volo perficere. Denique adorata cruce et ejus reverendo sepulcro, revertar ad vos; et per vos tunc consilio vestro faciam satis, et præceptis in omnibus parebo, sicut decet filium patri obedire. »

Et acceptis cum benedictione a Romano papa litteris, iter eundi Jerusalem, quam tunc gentiles tenebant, arripuit. Qui Constantinopolim veniens, Robertum ducem Normanniæ, illud itidem iter aggressum, ibidem reperit.

Ricardus namque, dux Normannorum, ex Juditha filia Conani comitis Britanniæ, duos filios, Ricardum et Robertum, habuit. Ricardus primogenitus a fratre suo Roberto veneno necatus est; qui de perpetrato facinore Deo satisfaciens, anno ducatus sui septimo, nudipes hoc iter suscepit. Iste Robertus Willelmum virum probum, qui Angliam adquisivit, ex concubina ante hoc factum genuerat.

Quo invento Fulco et sibi sociato, litteras papæ imperatori tradidit. Isti ambo, viris Antiochenis qui forte ibi aderant adjuncti, jussu imperatoris, per terram Sarracenorum deducuntur. Robertus in itinere Bithiniæ obiit, ibidemque sepultus quievit (1); de quo

(1) Glaber, livre IV, chap. 6.

maximum apud suos idcirco exstitit justitium, quoniam non fuerat ei proles ex matrimonio aliqua ad regnum suscipiendum provinciæ, quamvis sororem Anglorum regis Cnuth manifestum est duxisse uxorem, quam odiendo divortium fecerat. Ex concubina tamen filium genuerat, Willelmi nomen atavi ei imponens. Cui, antequam proficisceretur, universos sui ducaminis principes militaribus adstrinxit sacramentis qualiter illum in principem pro se, si non rediret, eligerent; quod etiam statim, ex consensu regis Francorum Henrici, unanimiter postmodum firmaverunt.

Fuit enim usui, a primo adventu ipsius gentis in Gallias, ex hujusmodi concubinarum commixtione illorum principes exstitisse; sed et hoc ne supra modum putetur abominabile, libet comparationem de filiis concubinarum Jacob inducere : qui ob hoc non caruere paterna dignitate, inter cæteros fratres constituti patriarchæ; et longo post, inferiore tempore, singularis monarchiæ magnus imperii proto-christicola Constantinus ex concubina Helena legitur genitus fuisse.

Fulco siquidem sub conductu Jerusalem ducitur. Portam tamen urbis intrare non valuit ad quam peregrini, ut intrarent, violenter suas pecunias dare urgebantur. Dato autem pretio, tam pro se quam pro aliis christianis ad portam sibi prohibitam morantibus, urbem celeriter cum omnibus intravit; sed sepulcri claustra eis prohibuerunt. Nempe cognito quod vir alti sanguinis esset, deludendo dixerunt nullo alio modo ad sepulcrum optatum pervenire posse nisi super illud et crucem Dominicam mingeret; quod vir prudens, licet invitus, annuit. Quæsita igitur arietis vesica, purgata atque mundata et optimo albo vino repleta, quin etiam apte inter ejus femora posita est; et comes discalciatus ad sepulcrum Domini accessit, vinum super sepulcrum fudit; et sic ad libitum cum omnibus sociis intravit, et fusis multis lacrymis peroravit. Mox duritia lapidis, in molliciem versa, divinum sensit imperium; comesque deosculando sepulcrum dentibus maximum evellit et abscondit frustum quod, delusis et ignorantibus gentilibus, attulit secum. Qui et larga donaria pauperibus largiens, a Surianis sepulcrum Domini custodientibus de cruce Dominica sibi dari promeruit. Qui regressus Luchis, ultra Angerem fluvium, Bello Loco scilicet, ecclesiam in honore sancti Sepulcri, monachos cum abbate ibi imponens, construxit.

Cum (1) autem regressus fuisset Fulco, memor conquestionis domini papæ et sponsionis suæ quam ei fecerat, dum Hierosolimis iret et rediret, convocatis multis ex servientibus et archeriis suis quos in hujus-modi exercitio peritos esse noverat, fecit eos exercere ante se ad foramen cujusdam portæ, et sagittas jacere sive buzones. Ex quibus omnibus quatuor fratres uno patre geniti inventi sunt, qui a cognitione Prompti cognominantur, qui ita jacula per foramen emittebant ut nec in aliquo lignum foraminis tangerent. Fecit etiam eos balistis trahere. Qui sicut arcubus recte trahebant, ita balistis per foramen jacula

(1) Add. d'après le ms. 6005 et le Sp. (mais seulement dans l'édition in-folio) jusqu'à *Ambaziaco vero*, page 106.

emittebant. Quos ut vidit consul sapiens, vocavit eos dixitque eis : « Quinto decimo die parati estote mecum ad iter agendum; » motusque est consul cum privato comitatu et cum istis quatuor archeriis a castro Lochacensi et iter aggressus est Romam tendens, quam intravit tricesimo die qua motus est a castro Lochacensi; præsentavitque se Sergio papæ dixitque ei : « Domine mi pater, modo paratus sum ad vindictam malefactorum Crescentii, et inimici Dei et vestri, et ad liberandum vos populumque Romanum et peregrinorum et negociatorum euntium et redeuntium totiusque patriæ, et volo scrutemini consilium meum. Volo quidem eum morti tradere, sed peto a sanctitate vestra ut absolvetis me et meos a peccato homicidii et sceleris excogitati, si rem cœptam perficere potuero, quia amore Dei et vestri in hujus discriminis noxam me immitto. » Respondit ei papa : « Et a peccato absolvo et dignis muneribus, ut dignum est, te recompensabo. »

Tunc Fulco consul, quia extra turrim cum eo loqui non poterat nisi cum armata manu et militum multitudine, mandavit ei quia eum vellet videre. Ipse autem renuntiavit ei quod et eum videret et cum eo loqui posset : si mane ante turrim veniret, ille deintus ad fenestram Fulco deforis ex platea loqueretur. Quo audito, Fulco gavisus est valde, vocatisque quatuor archeriis qui Promptuli cognominabantur, dixit eis : « Vos soli egrediemini mecum ad colloquium Crescentii portabitisque vobiscum arcus et balistas. » Dixitque duobus primis : « Vos duo eritis circa pedem turris, tensis arcubus et sagittis incochiatis et præparatis ad jaciendum, ut dum ad fenestram inclinatus fuerit sagittis eum figatis. » Alios autem duos posuit post dorsum suum, balistis tensis et quarellis præparatis ad trajiciendum, cooperuitque eos ne ab anteriore parte viderentur, quia statura procerus erat et corpore amplo, dixitque eis : « Dum cum Crescentio confabulabor, vos ponite curbitatem balistarum super scapulas meas sicque quarellos juxta faciem meam trajicite, et videte, in pœna oculorum vestrorum sive in periculo omnium membrorum, ne evadat : quia nisi eum de fenestra mortuum ante pedes ruere feceritis, loco illius omnes vos quatuor moriemini. »

Venit autem mane hora prima Fulco in platea, descenderuntque de equis juxta quamdam domum non longe constitutam, ordinavitque quatuor archerios suos eo ordine quo pridie eos nominaverat. Ut autem erat clamosus, vocavit Crescentium voce magna. At ille ad fenestram egressus ostendit ei faciem suam, quam ille intuens : « Eia, inquit, domine mi, quam pulchra facies ! Quam pulchrum exigit corpus ! Ergo quia vidi faciem vestram sicut faciem angeli, ostendite corporis amplitudinem et membrorum lineamenta. » Statimque ascendit, et erecto corpore tabulatur (1). Tunc consul dedit archeriis suis signum. Illi autem qui ad radicem turris erant, trajicientes sagittas, percusserunt eum unus in inguine, alter in gutture. Illi vero qui a posteriori parte consulis erant, impingentes balistis quarellos, percusserunt eum unus sub mamilla sinistra, et sic intravit cor ejus, alter vero in dextra; et sic a fenestra cecidit in terram ante pedes Fulconis exanimis.

(1) Var. *tabulatum.*

Ipse vero consul cum suis ad palatium Lateranense, ubi papa cum omni clero et populo Romano missam et orationes agebant pro eo, advenit. Ut autem vidit eum papa sanum atque incolumem, et ad honorem Dei et ecclesiæ rem bene peractam, præcepit per omnes ecclesias *Te Deum laudamus* canere et signa pulsare. Cum autem ille absolutionem peteret sibi et suis, papa indicavit (1) eum nulla expiatione indigere, sed magis pro ipso orandum qui inimicum Dei dejecisset de culmine iniquitatis dum allevaretur, dixitque ei : « Quia ab inimico Dei Crescentio populum Romanum liberasti, amicis Dei donaberis et ditaberis, Daria videlicet et Chrisantio. » Conduxitque eum papa cum omni clero et populo Romano extra muros urbis milliario uno. Consul vero transvexit corpora sanctorum martyrum prædictorum usque Lochacense castrum, quæ suscepta sunt ab omni clero et populo et ab abbate et monachis Belli Loci, ecclesiæ videlicet Sancti Sepulcri, cum digna reverentia, et honorifice recondita, quæ ibi manent usque in hodiernum diem. Consul vero Fulco prædictos quatuor archerios feodavit, et terris ac vineis et multis aliis pecuniis ditavit.

Ambaziaco vero, in ecclesia sanctæ virginis Mariæ, de cruce Salvatoris posuit et parum corrigiæ ex qua manus Christi ligatæ fuerant; in qua ecclesia suo tempore corpus beati Florentini, presbyteri et confessoris, a pago Pictavensi translatum, positum fuerat, ubi et canonicos ipse et Supplicius, Beati Martini thesaurarius, constituerunt.

---

(1) Ou *judicavit*.

Conqueruntur homines Fulconis de Odone Campaniensi et Gelduino Salmurensi et de Gosfrido Juvene, Sancti Aniani domino, qui omnes, anno et dimidio quo Fulco moratus fuerat, terram et homines suos multis importunitatibus afflixerant. Quippe Gelduinus curiam Sancti Petri Pontilevis, utpote proprium fiscum, munierat; non ibi enim adhuc monachi erant. E contra Fulco in monte prope Carum fluvium, qui de propria terra Gelduini erat et de feudo archiepiscopi Turonis, villa Rebelli Nobilis (1), quæ inter ipsum montem et Carum erat, villaque Nantolii destructis, quæ ambæ de feodo Gelduini erant, oppidum quod Montricardum vocatur componit et Rogerio Diabolerio (2), domino Monthesauri, custodire mandavit.

Interea Odo ad delendum Montricardum multos milites et pedites Blesis congregat; quo audito, comes electissimos milites et pedites secum adducens, Herberto Cenomannensi consule sibi fœderato et adjuncto, ei occurrit. Viri isti probi et militiæ actibus erant periti; avos quorum rex Francorum, ad repellendam versutiam Normannorum et Britonum, in istis regionibus hereditaverat.

Odo, more suo, nimia multitudine confisus, fluvium Bevronis transit; Fulco, Ambaziaco discedens, prope Pontilevim venit; Herbertus, juxta ripas Cari equitans, Benregio (3) castra fixit. Quid plura? acies ordinantur. Odo attonitus gelato corde stat, non æstimans Andegavos secum ausos præliari, suisque : « Breviter, inquit, totas effundite vires! Quisquis

(1) Add. du Sp. *Bentergius*. — (2) Sp. *Diabolieo*. — (3) Sp. *Berengio*.

patriam carosque parentes, qui sobolem ac thalamos desertaque pignora quærit videre, ense petat. Causa jubet melior Deum sperare secundum. » Pugnatur; Fulco et sui pernimium gravantur; ipse Fulco, equo cadens, graviter verberatur. Pene Blesenses victoriam adepti sunt, nisi nuncius festinus ad Herbertum venisset qui Fulconem victum captumque nuntiat. Postquam rumor iste per totum percrebuit ejus exercitum, comes Herbertus, ut erat miles acerrimus, advolat cum suis commilitonibus. Adsunt repentini quos advocaverant socii, et a sinistro cornu inimicos præoccupant. Diu Andegavi ictus pugnantium sustinuerant; complacuit Christo virtutem illis conferre et inimicis confusionem inferre: nam milites Odonis, ferocissimos ictus Cenomannorum Andegavorumque impetus sustinere non ferentes, protinus in fugam versi, pedites suos in campo trucidandos dimiserunt. Quibus ad libitum detruncatis, Andegavi, quantum possunt vel audent, insequuntur fugientes, prosternentes omnes equites quos consequi prævalent. Ita fere sex millibus tam captis quam peremptis, reliqui quo quisque potuit evaserunt. Fuga et strage hostium peracta, victores ad castra diripienda veniunt, collectisque opimis spoliis, pretio et numero captorum ditati, Ambaziaco redeunt.

Sequenti anno, cum Odo Campaniensis a duce Lothoringiæ impugnaretur, vir prudens et modestus Fulco ad distringendam urbem Turonicam, quam multum desiderabat esse suam, oppidum in Monte Budelli statuit. Odo e contra, diversarum gentium multitudine secum adducta, accito cum omnibus suis Salmurensi Gelduino, munitionem illam obsedit. Similiter Fulco quos potuit in Valeiam adunat et, sapienti usus consilio, cum non posset nec auderet pugnare, Ligerim transmeat; et festinus tota nocte equitans, summo diliculo Salmurium, defensoribus vacuum, intrat, totumque confestim oppidum usque ad arcem cepit. Illis de arce nulla spes erat salutis, nullus locus effugii, præter dedecus deditionis. Noverant gentem Andegavorum ferocem et bellicosam, nec eos ab incœpto desistere donec eis omnia ex voto contingerent. Sciebant eos penitus immisericordes, ideo sub lege deditionis consuli satisfaciunt. « Impune, inquiunt, jubeas recedamus arcemque istam tibi trademus; tuere nos ab istis carnificibus, et liceat nos vivos tibi servire. » His auditis, comes illos honorificentia libertatis suscepit, magnis dapsilitatibus honoravit; quod idcirco fecisse dicitur quatenus et liberatos sibi affectaret aliosque ad deditionem invitaret. Reddita arce, satellitibus suis ibi dimissis imperavit ut de servando castro curiosi procurarent. Fulco, pro voto, Salmurio potitus alias ire disposuit; et ante Kainonem transiens, inter Noastrum et Insulam Bucardi, ponte facto de navibus, Vigennam transit et Montem Basonis obsidet. Odo ab obsidione Montis Budelli secessit, et ad Fulconis exercitum pedem dirigit. Ingeniosus Fulco, obsidione dimissa usque ad Locas recedens, in pratibus (1) sua tentoria collocavit. Sic uterque remisso exercitu quievit.

Igitur disponente Francorum regnum Roberto rege (2), plurimas ei intulere sui contumeliæ insolentias; illi maxime quos aut ex mediocri aut ex infimo ge-

(1) Sp. *pratis*. — (2) Glaber, livre III, chap. 2.

nere tam ipse quam uterque Hugo, ejus scilicet pater atque avus, fecerunt maximis honoribus sublimes. Inter quos fuit Odo rebellionum (1) maximus, qui fuit filius Tetbaldi Carnotensis, cognomento Fallacis, cæterique quamplures inferioris potentiæ, qui exinde exstiterunt ei rebelles, unde esse debuerant humiliores. Quorum non dispar fuit secundus Odo, filius scilicet prioris Odonis, qui quanto potentior tanto fraudulentior cæteris. Nam cum obiisset Stephanus, comes Trecorum et Meldorum, Herberti filius, ipsius regis consobrinus, absque liberis, arripuit idem Odo contra regis voluntatem universa quæque latifundia, in regis videlicet dominium jure cessura. Fuit etiam juge litigium et bella frequentia inter ipsum Odonem et Fulconem Andegavorum comitem, quoniam uterque tumidus superbia idcirco et pacis refuga.

Accepit autem supradictus rex neptam prædicti Fulconis, nomine et animo Constantiam, inclitam reginam, filiam Guillelmi Arelatensis comitis, natam de Blanca sorore ejus; ex qua etiam suscepit filios quatuor et filias duas. Exstitit tamen aliquando quidam Hugo, dictus Belvacensis, qui inter ipsum regem ejusque conjugem nequam semen odiis spargebat suique gratia præmii reginam ei fecerat odiosam; tantam denique insuper gratiam a rege consecutus fuerat ut comes palatii haberetur. Factumque est ut die quadam rex in sylva venatum iret idemque Hugo, ut semper solebat, cum illo; veneruntque missi a Fulcone Andegavorum comite, avunculo scilicet ejusdem reginæ, fortissimi milites duodecim qui supra-

(1) Sp. *rebellium.*

dictum Hugonem, ante regem, trucidaverunt. Ipse vero rex, licet aliquanto tempore tali facto tristis effectus, postea tamen ut decebat concors reginæ fuit.

Suscepit (1) igitur præfatus rex de suprascripta conjuge sua filios quatuor; providusque de regni successu, elegit regnare post se illorum primogenitum, Hugonem nomine, puerum adhuc, clarissimæ indolis illustrem. Cumque de ipsius sacrando sublimio primates regni sagaciores consuluisset, tale ei dedere responsum : « Sine puerum, rex, si placet, crescendo procedere in viriles annos; ne veluti de te gestum est, tanti regni pondus infirmæ committas ætati. » Erat autem isdem puer ferme decennis. Qui minime illorum adquiescens dictis, matre præcipue instigante, regio in Compendio adscitis regni primoribus, coronam, ut decreverat, ex more a pontificibus puero fecit imponi. Dum igitur incomparabili mentis simul ac corporis decore floreret, exigentibus majorum flagitiis, repente illum mors invida mundo subripuit; sed quale justitium contigit universis, nullo sermone valet exprimi. Qui in eadem qua primitus coronatus fuerat ecclesia, beati martyris Cornelii videlicet, regio in Compendio est sepultus. Post cujus obitum, cœpit iterum isdem rex tractare quis potissimum ex residuis filiis post se regnare deberet. Constituerat autem secundum Burgundiæ ducem, Henricum nomine, post Hugonem natum, ipsumque decrevit pro fratre in regnum sublimare; sed rursum mater, muliebri animositate agitata, tam a patre quam a cæteris qui parti illius favebant dissensit : dicens ter-

(1) Glaber, livre III, chap. 9.

tium ad regni moderamen præstantiorem fore filium, qui et Roberti patris nomine censebatur. Hoc quippe inter fratres seminarium discordiæ fuit. Coadunatis denique rex metropoli Remis regni primatibus, stabilivit regni coronæ Henricum, quem delegerat. Tunc demum, post aliquod temporis spatium, illi duo fratres firmato amicitiæ fœdere, præcipue ob insolentiam matris, cœpere invadere vicos et castella sui patris, ac circumcirca diripere quæ poterant bonorum ejus. Nam ille quem regem fecerat Drogas illi castrum subripuit; alter vero in Burgundiæ partibus Avalonem atque Bellensem (1); pro quibus rex, gravi turbatus mœrore, colligens exercitum, ascendit Burgundiam; bellum plus quam civile patratur.

Anno quoque sequenti, in mense julio, Robertus rex apud castrum Meledunense diem clausit extremum, delatumque est corpus ejus ad ecclesiam Sancti Dionisii martyris ac in eadem sepultum. Tunc rursus oritur inter matrem et filios rediviva discordiæ crudelitas, ac præteritarum irarum frena laxant inveterata odia. Diu multumque vastando res proprias debacchatum est, donec Fulco Andegavorum comes, avunculus scilicet ipsorum, matrem redarguens cur bestialem vesaniam erga filios exerceret, utrumque parentem in pace reduceret. Sequenti vero anno, eodem mense atque in eodem castro quo rex obierat, et ipsa obiit; indeque portata est ad Sancti Dionisii basilicam ac juxta regem sepulta.

Henricus nempe rex, paternis rebus potitus, germanum suum Robertum constituit Burgundiæ ducem.

---

(1) Sp. *Belnensem.*

Præterea cum idem rex rem publicam, vivaci menti et agili corpore, regni sui discuteret, tunc contigit ut Letoericus Senonensis (1) archipræsul obiret; illico vero unum de suæ gentis nobilibus consecrari mandavit, atque in ejus loco subrogari.

Sed Odo, rerum ditissimus licet fide pauper, alterum e contra delegerat, ne jus regium hac in parte foret integrum; nam qui viventi patri Roberto multa, tam vi quam calliditate, subripuerat, arte simili filiis facere cupiebat. Cum enim primitus civitates Trecorum videlicet ac Meldorum cum multiplicibus castris illi præripuisset, post mortem ejus conjugi et filiis illius Senonicam subripuit urbem, quam etiam tunc adversus illos, infamis possessor, vallaverat. Quod cernens Henricus, acri animi ferocitate tamdiu illum insecutus est debellando quousque, genu flectens, ei se subderet ejusque ditioni obediens pareret. Erat enim isdem Odo natus ex filia Chuonradi regis Austrasiorum, Berta nomine, licet a patris sui proavis obscuræ duxisset genus lineæ; et quoniam regi Rodulfo, avunculo scilicet ejus, non erat proles ulla quæ foret regni heres, præsumpsit ipso vivente, vi potius quam amore, regni habenas præripere, conferens insuper multa donaria, ut ei assensum præberent, primoribus patriæ; sed nequicquam : *Domini enim est regnum*(2), et cuicumque voluerit dabit illud. Est etiam proverbium: Secundum fidem hominis erit amicus illius; gens enim præcipue regni ejusdem assertionem fidei floccipendit et fœdus pro nihilo ducit.

Exstitit igitur, post mortem Henrici imperatoris qui

(1) Sp. *Leothericus Senonum*. — (2) Ps. XXI, 29.

fuit nepos regis Rodulfi, quod Chuonradus habens in conjugio neptam præfati Rodulfi, ob hoc maxime valenter resistens, contradicebat Odoni; quorum etiam lis acerrima regni utriusque maximam fecit depopulationem. Ad ultimum denique, cum jam in conspectu Dei excederet mensura tanti mali, collecto undecumque exercitu permaximo, conscendit Odo in Tullensem pagum quem jam sæpius depopulaverat; ibique oppugnans, cepit Barrense castrum, cum magna tamen diremptionis eversione totius provinciæ; cumque in eodem castro locatis militibus ad custodiam ferme quingentis, ut tamen ipse quantocius ad propria repedaret [decrevit], utpote qui curis agitabatur innumeris. Præstolabantur itaque illum legati ex Italia directi, deferentes ei arrham principatus, ut aiebant, totius Italiæ regionis. Contempserant enim suum principem, prædictum videlicet Chuonradum, Mediolanenses conjuratione facta adversus eum, junctis sibi quos poterant ex civitatibus in circuitu. Existimabant quoque eumdem Odonem posse percipere regnum Austrasiorum atque ad eos transire, ut illorum gereret principatum; sed, sicut ait manu fortis insignis præcentor bellorum Domini : *Dejecisti eos,* inquiens, *dum allevarentur* (1); ita contigit; nam subito Gocilo, dux totius primæ Reciæ regionis, Cirrenum (2) cum exercitu nimio in eum irruens, omnem Odonis exercitum in fugam vertit, licet ex utraque parte plurima multitudo moriens corruerit. Tunc denique et ipse Odo, capite plexus, miserrime interiit, cujus lacerum cadaver et

---

(1) Psalm. LXXII, 18. — (2) Sp. *Cis Rhenum.*

excapitatum Rogerius, Catalonorum præsul, habens secum virum venerabilem abbatem Ricardum, a cæde suscipiens uxori reddidit. Narrant etiam plerique quod corpus ejus, diu multumque quæsitum, invenire non potuit donec uxor ejus veniens tali intersigno invenit: habebat enim verrucam inter genitalia et anum. Quod sic inventum accipiens, direxit illud Turonis, ibique sepultum est juxta patrem suum in capitulo Sancti Martini Majoris Monasterii. Et quidem finis Odonis talis exstitit; quem idcirco huic seriei intexere voluimus, qualiter (1) inpræsentiarum cognosceretur rerum creator justissimus potenter explere quod olim thesmophoro suo Moysi promisit: *Ego*, inquiens, *Dominus, qui judico peccata patrum in filiis, in tertiam et quartam generationem* (2).

Tertius namque hic Odo, de quo a nobis sermo superior est habitus, trinepos fuit illius Theobaldi, Carnoti comitis, cui cognomen Tricator fuit. Hic nempe quondam, junctus Arnulfo Flandrensi comiti, expetens (3) per legatos Willelmum Rotomagorum ducem velut ad familiare pacis colloquium, promittens se ex parte regis Francorum, seu Hugonis Magni, qui fuerat filius Roberti regis, quem Otto dux Saxonum, postea vero imperator Romanorum, Suessionis interfecit, ei utilia esse dicturum; at ille quoque, ut erat vir innocens licet potentissimus, ubi ille constituerat, per fluvium Sequanæ evectus navigio, velociter illo affuit. Qui dum, simul convenientes, irruunt in amplexus, unus simplicitate revera, cæteri dolo illecti simulatæ

---

(1) *Sic*, pour *quatinus*. — (2) Exod. XX, 5 et Numeri XIV, 18.
(3) *Sic*, pour *expetiit*.

pacis atque amicitiæ, miscuere colloquia. Post finem vero insimulatorum verborum cœpto recessu, jam longiuscule progrediente Willelmo, revocavit eum Thedbaldus, quasi secretiora adhuc ei loquens crediturus seu carius valedicturus. At ille remum dextra accipiens, prohibuit ut nemo suorum exiens illum sequeretur, exilivit ad ripam; Thedbaldus quoque illum adpropinquans, quasi aliquid locuturus, illico exerta quam ad hoc tulerat sub pallio spatha, uno ictu caput a corpore decussit. Quod cernentes qui cum Willelmo venerant, remigando fugam arripiunt; nuntiavere Rotomagensibus ut contigerat. Erat enim Willelmo filius ex concubina, Ricardus nomine, tamen adhuc adolescens; quem accipientes sui, statuerunt pro patre principem regni. Thedbaldus nempe, patrato scelere, concitus perrexit ad Heribertum Trecorum comitem, petens ab eo sororem ipsius dari sibi in conjugium, uxorem scilicet prædicti Willelmi quem interfecerat; at ille statim promisit dari. Vocans eam ad colloquium sui, quæ nondum genuerat prolem, quasi consolaturus ex damno mariti, tradidit illam Thedbaldo detestabile satis in conjugium; ex qua genuit Odonem, patrem videlicet istius cujus finem teterrimum supradiximus.

Interim Fulco iterum Montem Basonis obsedit et cepit, et Guillelmo Mirebelli ad servandum tradidit. Arraudus Brustulii aliique proditores Gosfridum dominum suum, Sancti Aniani principem, Fulconi tradunt; qui postea, Fulcone absente, Luchis in carcere ab ipsis proditoribus strangulatus est. Comes senescallo suo Lisoio neptam Supplicii thesaurarii uxorem dedit, cui arcem Ambaziaci cum omnibus appendiciis ejus, Virnullium Maureacumque et vigiferiam (1) Campaniæ donavit. Ipsum ita retinens, filio suo Martello commendavit. Itaque terra usque ad obitum Fulconis in pace siluit, qui tamen non diu post vixit; cujus finis hujusmodi exstitit.

Bis jam Iherosolimis perrexerat. Tertio autem itinere in eundo peracto, adorata cruce Domini et sepulcro ejus et multis etiam lacrymis effusis, dispartita jam multa pecunia ibi et hospitali in aliis et sanctis locis Deo servientibus et multis egenis, veniensque Metensem urbem, levi tactus incommodo, diem clausit extremum; corpusque illius a medicis apertum et intestina illius sublata et in cimiterio ecclesiæ condita sunt, lapis etiam suppositus; unde usque hodie Sepulcrum Fulconis Andegavorum comitis ab incolis vocatur. Corpus autem illius, conditum aromatibus et honorifice usque Lucacense castrum translatum, ad monasterium quod ipse construxerat delatum est atque in eodem honorifice sepultum.

DE GOSFRIDO MARTELLO (2).

Gosfridus Martellus post mortem patris sui honorem consulatus adeptus est. Martellus, præ omnibus generis sui animosior, negotia sua omnia cum impetu peragebat. Plebs Andegavorum maxime dominum suum Martellum contra Theobaldum et contra Willelmum

---

(1) *Signiferiam.* — (2) D'Achery, in-4°, X, 472; in-fol., III, 255.

Pictavensem consulem incitabat. Ut autem illud Lucani referam (1):

Non erat is populus quem pax tranquilla juvaret,
Quem sua libertas immotis pasceret armis.

Erat etiam eis magnum

decus ferroque petendum
Plus patria potuisse sua, mensuraque juris
Vis erat.

Martellus sæpe multis vim faciebat. Cui cum diceretur : « Male de te loquuntur homines, » aiebat : « Faciunt quod solent, non quod mereor ; bene enim loqui nesciunt. »

Itaque Ambaziaco milites multos cum Lisoio posuit, qui Turonim Blesimque vastarent ; similiter illi de Monte Basonis quidquid erat usque Kainonem demoliti sunt ; Luchenses cum Rogerio Diabolerio terram Sancti Aniani, Pontilevim et Calvimontem usque ad Chussonem fluvium sæpe deprædabantur. Martellus ad ultimum, omnibus suis copiis congregatis, Turonicam urbem obsedit. Dimisit tamen Lisoium Ambaziaco, cum ducentis militibus et mille quingentis peditibus, qui vias custodirent ne Blesenses ad ejus exercitum libere descenderent. Audivit Lisoius, et certum erat, quod comes Theobaldus contra Martellum dominum suum bellum ingens præpararet. Quibus auditis et ad unguem singula diligenter rimatis, quæ gens cum eo esset, quid pararet et quo in loco se præliaturos disponerent, domino suo Gosfrido Martello, præsens in

(1) *Pharsalia*, liv. I, v. 171.

ipso exercitu, ita locutus est : « Bellum vobis imminet non incertum, et super conveniunt agmina Francorum et Burgundionum. Civitatem ergo quam obsedistis dimittite hominibusque vestris, ab omnibus munitionibus vocatis, de vobis tutandis expeditiores adestote ; et ego vobis die prælii quo volueritis occurram. Melius est nos convenire et pugnare quam nos a vobis separari et superari. In bellis mora modica est, sed vincentibus lucrum quammaximum est. Obsidiones multa consumunt tempora et vix obsessa subjugantur municipia ; bella nobis subdent nationes et oppida ; bello subacti evanescent tanquam fumus inimici ; bello peracto et hoste devicto, vastum imperium in Turonia vobis patebit. Bonum est ergo accelerare, ne nos inveniant inimici nostri et æmuli nostri, dum venerint, imparatos ; quoniam, si Deum poterimus promereri ducem et præambulum, non dubitanter statim de inimicis nostris triumphabimus. » His dictis, Lisoius Ambazio redit.

Comes Theobaldus, cum infinita gente per Pontilevim transiens, juxta Montricardum ad flumen Cari descendit et, copiosis boum et ovium armentis inventis, opima præda sui ditati, in pratibus (1) Sancti Quintini ante Blireium tentoria figentes, nocte ac die recreati sunt. Martellus, relicta obsidione, Laudiaco Monte prima die eis obvius venit. In crastino Blesenses catervatim ex castris proruunt, Andegavenses a Laudiaco eis e contra procedunt ; cumque jam se invicem contuerentur, ornatum per sex acies exercitum suum Martellus his affatur alloquiis : « Eia milites ! videtis

(1) Sp. *et partibus*.

et invenistis ad quod venistis; vos vero pugnaturi confortamini in Domino et in potentia virtutis ejus: potens est enim vos salvare Omnipotens. De fuga nullus cogitet unquam, quoniam longe nimis a nobis Andegavis abest. Metum omnem, qui etiam viros effeminat, abjicite et de vobis ipsis defensandis viriliter procurate; ictus impugnantium indefessi sustinete; confisi Dei adjutorio manus bellicosas exerite, viresque dum tempus est ostentate! Nunc armis et animis opus est, non est tempus socordiæ neque imperitiæ. »

His et talibus a consule dictis accensi, omnes ad pugnam procedunt, congressum ultra non ferre differentes. Nec mora, ante burgum Sancti Martini Belli ad pugnam conveniunt, in loco qui publice Noit vocatur. Roboant tubis et simul eia clamant; immergunt se latissimis confertissimisque hostium turmis; obvios quosque sternunt, nec imbecilles inveniunt hostes, immo vero totis viribus sibi obsistentes; nam duas acies quæ præcesserant multitudine nimia pene funditus consumunt. Corruunt multi, vulnerantur plures. Andegavi impetus sustinent improborum, vicissimque eos impetentes viriliter retro cedere compellunt. Martellus, qui in postrema parte cum acie sua substiterat, ubi densiores vidit hostium suorum acervos accurrit, totumque de comite transferens se in militem, alios lancea deturbat de caballis, alios ense dimidiat in sellis, convocat suos, instantes confortat et eis animatis in adversarios excurrit. Lisoius domino suo auxilium præbiturus, cum suis militibus et peditibus centum vexilla gerentibus, ab Ambaziaco advolat citissimus; qui, viso prælio, in dextro cornu habenas laxant et calcaribus cornipedes urgent et scutis pectoribus oppositis turbas (1) comitis depellunt et oppositos dissitiunt et unusquisque suum sternit humi.

Andegavi siquidem denuo eos invaserunt; quorum virtutem Theobauldini satellites diutius non sustinentes, pavore subito sibi immisso, in fugam versi, scapulas dederunt. Plures cuspidibus insequentium confossi sunt. Insecuti sunt eos et retinuerunt equites et pedites et equos multos vivos eisque parcendo paucos occidunt. Qui cum Martello erant omnes in ferrum ruunt, ipso præ omnibus fortissime et fugante fugientes et prosternente. Insequentes Ambazienses fugientibus insistunt et quos consequi prævalent omnes prosternunt; et in nemore quod Braium dicitur, juxta aulam Hastuini, comitem Theobaldum consequuntur et capiunt cum quingentis et octoginta militibus, non enim in Braio equi currere potuerunt; consulem ab Braio abstractum, sic nempe nemus vocatur, Martello reddunt. Hostibus, Deo favente, ita repulsis et repressis et diversis partibus turpiter fugatis, cum lætitia maxima redierunt et a turbinibus bellorum immunes eo anno quieverunt.

Iste Theobaldus, cum esset in vinculis et pro eo nullam argenti et auri Gosfridus Martellus redemptionem vellet accipere, captivus mori metuens et semetipsum plus quam sua diligens, anno Verbi incarnati MXLII°, pro sua deliberatione Turonim Gosfrido Martello in perpetuum habendam concessit. Martellus comes, Turonia quiete suscepta (nam sibi Theobaldus Kainonem et Lengiacum, quæ adhuc possidebat, cum

---

(1) Sp. *turmas*.

omnibus quæ eis jure appendebant reddidit), rege Francorum mediante, cum Theobaldo pacificatus est.

Quid Glaber Rodulphus, historiographus, de bello hoc in historia sua (1) scripserit nostro operi inseramus.

Fuerat orta grandis discordia usque ad effusionem multi sanguinis inter Henricum, Francorum regem, Roberti filium, et filios supra taxati Odonis, Theobaldum videlicet et Stephanum. Contigit enim, post multas strages cladis utrarumque partium, ut isdem rex, ablato ab eisdem dominio Turonicæ urbis, daret illud Gosfrido cognomento Tuditi, filio scilicet Fulconis jam dicti Andegavorum comitis. Qui, collecto magno exercitu, ipsam civitatem anno uno et eo amplius obsidione circumdedit; adversus quem tandem hostili manu pergentes dimicaturi, revera ut afflictæ indigentique alimoniis succurrerent urbi, ambo prædicti filii Odonis [processerunt]. Quod Gosfridus comperiens, expetivit auxilium beati Martini, promisitque se humiliter emendaturum quidquid in ipsius sancti confessoris cæterorumque sanctorum possessionibus raptu abstraxerat; indeque accepto sigillo, imponens illud propriæ hastæ, cum exercitu equitum peditumque multorum, obviam perrexit adversum se dimicaturis. Dumque venirent utræque partes in cominus, tantus terror invasit exercitum duorum fratrum, ac si vinctum (2) ligaminibus, omnes pariter imbelles exstiterunt. Stephanus autem, arrepta fuga, cum aliquibus militibus evasit; Theobaldus vero, cum cætera multitudine totius exercitus captus, ad Turonensem civita-

(1) Livre V, ch. 2. — (2) Sp. *vincti essent*.

tem deducitur, ipsamque Gosfrido reddidit atque cum suis omnibus huc illucque dispersis in captione remansit.

Nulli dubium est, beato Martino auxiliante, qui illum pie invocaverat, suorum inimicorum victorem exstitisse. Referebant enim aliqui ex acie fugientes quod tota phalanx militum Gosfridi in ipso procinctu belli, tam equites quam pedites, candidissimis indumentis videbantur adoperti; nam ex rapina pauperum ejusdem confessoris, ferebant supplementum suis filii Odonis. Præbuit enim universis audientibus formidolosum stuporem quod mille septingenti et eo amplius viri, armis instructi, absque sanguinis effusione in prælio capti sunt.

Quindecim sacramenta juravit Theobaldus propria manu consuli Gosfrido, et viginti barones castellenses cum eo et quadraginta milites vavassores eisdem verbis quibus et ipse; ex quibus omnibus quatuor nostro operi inseramus. Primum juravit et jurando concessit civitatem Turonensem cum castellis, munitionibus, feodis et casamentis; secundo juravit quod comitatus durabat ab occidente a fluvio Toedo nomine, qui inter Salmurium castrum et abbatiam Sancti Florentii effluit et sic in Ligerim influitur, usque ad haias Blimarcii, quæ et haiæ dicuntur Sancti Cirici; tertio juravit quod nec per se nec per alium aliquem quæreret quomodo (1) vel aliquam munitiunculam ex consulatu perderet; quarto juravit quod infra septem leucas munitionum suarum aliquam munitionem nec ipse faceret nec alicui suorum facere permitteret.

---

(1) Sp. *Unum vicum vel aliquam villam ex....*

Gelduino Salmurensi et filio ejus Gosfrido Calvi Montis Martellus omnes feodos quos habuerant citra Vigennæ fluvium et decimam Sancti Cirici reddidit; qui Salmurium tunc comiti concesserunt. Insuper etiam Gosfridus Calvi Montis pro prædictis Martello hominium fecit. Itaque Martellus facto hominagio pro suscepta terra, Theobaldo ipso deliberato, donaria militibus distribui constituit.

Hac præterea tempestate erant cum comite Gosfrido duo nobiles juvenes ephebi, filii domini Castri Gunterii, ex quibus primus vocabatur Rainaldus, nomine patris sui, alter Gosfridus, nomine consulis cujus et filiolus erat; ex quibus primum militem factum patri transmisit. Pater vero jam vetulus, cruce facta, licentia comitis Jerosolimis perrexit; filius vero ejus primogenitus Rainaldus, hominio consuli facto, terram suscepit et quinque annis, ut miles strenuus, nobiliter rexit. Frater vero ejus comiti serviens et probitates fratris sui audiens, cupidus gloriæ, aggressus [est] consulem, precibus suorum, ut eum militem constitueret et, causa filiolationis, modicum terræ ei largiretur quo posset eum gratiosius et aculantius (1) servire. Comes autem precibus juvenis et suorum delinitus, libentissime annuit, et militem constitutum domum suam Caramantum, quæ et Villa Moranni, quam pater ejus Fulco firmaverat, dedit, et totam terram ab haias Blimarcii, quæ et Sancti Cirici, usque ad Plesenciacum Ruinei, tali pacto ut in terra illa fortem domum sive castrum munitissimum firmaret; quippe qui ingressu et egressu Turonici comitatus et in mar-

(1) Sp. *accuratius*. — (2) Sp. *dominium*.

chia erat Blesensium, Vindocinensium, Ambaziacensium et Calvimontensium. Qui terram illam tali pacto suscepit, hominagio et leigiatione consuli facta.

Secundo autem anno quo miles constitutus est et terram a consule illam suscepit, mortuus est pater ejus et frater, utrique Rainaldi vocati, verno tempore et uno die, pater Iherosolimis, frater Castro Gunterii. Qui solus remanens, hominagio et leigiatione consuli facta, terram patris vel fratris defunctorum suscepit regendam cum illa quam ei comes, amore filiolatus, dederat. Dedit et ei conjugem neptam uxoris suæ, puellam nobilissimam, corpore et vultu pulcherrimam, nomine Beatricem. Facta est autem prægnans eodem anno quo eam duxerat; unde hilaris effectus statim cœpit ædificare nobiliter castrum. Cum autem ut quantocius ædificaretur elaboraret, natus est ei infans masculus. Qui, aliquantulum ex morte patris vel fratris confortatus et gaudio gavisus, puerum nomine patris sui vel fratris, Rainaldum videlicet, vocari præcepit; castrum autem novum, ex nomine filii sui, Castrum Rainaldi vocari præcepit; qui ex nobilibus ortus et nobiliter educatus, armis strenuus et miles acerrimus et in multis expeditionibus comprobatus, consilio profundissimus, statura procerus, vultu decorus, verbis facetus, amabilis omnibus; qui propter probitates suas a prædicto consule Theobaldo in tantum dilectus est ut ei magnam terram donaret, quæ vicina erat terræ supradicto castello adjacenti, cum villis, feodis et casamentis.

Siquidem eo tempore virum Cenomannicum qui multum sibi servierat, Fulchoium de Torneio, in curia sua Martellus secum habebat. Verum cum quid Fulchoio pro servitio recompensare vellet, quod sibi gratum fore debuisset diu præmeditaretur, domum munitissimam, quæ erat in loco qui usque hodie Mota Fulchoii a vulgo vocatur, terramque magnam ex suo proprio cum multis feodis Ambaziaco donavit.

Seneca affirmante, quietissimam vitam agerent homines in terris, si duo hæc verba a natura rerum tollerentur: meum et tuum. Hinc est quod Willelmus, Pictavensium comes, consulatum Santonicum suum esse volebat et vi præoccupatum tenebat, quia patrui sui fuerat. Martellus eumdem consulatum reclamabat quia avi sui fuerat, cujus heredes absque liberis mortui erant; et ideo ad heredes sororis avi sui honorem debere reverti affirmabat. Denique hujus litigii causa diu ventilata, multa mala in Andegavensi et Pictavensi pago perpetravit; et per quatuor annos terra tota circa Losdunum et Mirebellum, a Salmurio usque Pictavis, vastata et fere deleta fuit. Similiter Martellus quidquid erat circa Pictavis, citra Clinnonem fluvium et ultra, necnon suburbia ipsius civitatis succendit ac delevit.

Gosfridus igitur cum Willelmo pugnare disponens, Lisoium grandem natu huic negotio advocavit, in cujus consilio, auctoritate et sententia, uti illi qui in vario genere bellorum versatus fuerat, totius prælii ordinem commisit. Nam, teste Tullio (1), prudentes senes in re gerenda similes sunt navigatoribus qui, quamvis in navigando nihil agere dicantur, cum alii malos, scandant alii per foros cursent, alii sentinam exhauriant, ille clavum tenens sedeat in puppi quietus,

(1) M. T. Cicero, *de Senectute, dialogus.*

quamvis non faciat ea quæ juvenes, tamen multo majora et meliora facit : ut Lisoius in hoc prælio in quo dominus suus Pictavenses cum duce suo turpiter devicit. Non viribus solummodo aut velocitatibus aut celeritate corporum res magnæ geruntur; sed consilio et prudentia, quibus non orbari sed augeri senectus solet.

Santonici etiam et multi ejusdem consulatus proceres sæpe cum Martello fœdus pepigerunt fieri, et sui ipsius et ejus cui præsidebant urbis deditionem illi pacti sunt, si usque ad eos quoquo modo posset pervenire. Firmatis itaque amicitiis et fœderatus cum Radulfo viceconsule Thoarci, Martellus cum omni sua gente et amicorum et vicinorum copiis ad urbem Santonicam suscipiendam, tam ipse quam prædictus viceconsul, tetenderunt. E contra Willelmus Pictavorum dux, vir equidem bellicosus, nulli audacia secundus, prudentia præditus, divitiis copiosus, militaribus auxiliis constipatus, cupidus laudis, inflatus supercilio jactantiæ, magni nominis homo gentes maximas congregat, videlicet : Pictavenses, Lemovicenses, Angolimenses, Petragorenses, Arvernos, Guascones, Barros(1), Tholosenses; necnon alios innumeros coagulaverat et exercitum immensum conflaverat. Isti omnes, adventum Martelli exspectantes, ad oppidum quod Caput Vultonæ dicitur adunati subsistunt; quod oppidum, alta rupe situm, a capite Vultonæ fluvii sive a cavitate rupium nomen accepit, nam quidam Caput Vultonæ, alii Cavitonium nuncupant. Multi autem qui ibi substiterant, apud se deliberabant an discede-

(1) Sp. *Bascos.*

rent an propius ad bellum accederent. Discedere suadebat fama, quæ felices Andegavorum successus prænuntiabat et, ex felicibus de victoria Theobaldi et Francorum, feliciores fore auspicabantur; et idcirco metus quammaximus pectoribus singulorum inserebatur; accedere vero ad prælium eos exhortabatur ira pudorque peregrinorum, nullatenus adhuc repressa temeritate. Confidebant etiam in coagulatorum diffusa multitudine et in sua, sicut jactabant, animositate. Præterea inglorios se esse dicebant nisi multi paucorum stoliditatem compescerent, nisi alienigenas a suis finibus dissicerent.

Quoniam autem principes Aquitaniæ bellum pertrahi conquerebantur, dux eorum Willelmus, festinus in planitie Caput Vultonæ descendens, Martello et suis occurrit. Veniebant igitur Pictavi catervatim, congaudentes et victoriam in manibus autumantes et de spoliis inimicorum diripiendis jam lætantes. Afferebant itaque suos unusquisque funiculos, quibus vinctos ad sua captivatum (1) ducerent Andegavos. Qui cum se conspicerent, accurate quisque suam aciem instruxit. Martellus et sui sagittarios et pedites suos ordinaverunt, et ipsis præmissis pedetentim, ut mos est, pergebant. Edocebantur autem qualiter acclamarent, qualiter obstarent, qualiter impenetrabiles inimicos feriendo penetrarent; et ut ad signa sua, nihil reverentes, frequenter respicerent et se ipsos ad ictus hostiles sufferendos obdurarent, licet hæc omnia in aliis bellis bene gestis didicissent. Nec minus e regione Pictavenses cunctatim, stellis innumerabiliores, den-

(1) Sp. *ad sua tecta captivatos.*

sabantur et per agmina innumeræ legiones a latere in latus extentabantur, gerentes vincula quibus hostes ligare putabant. Porro manipuli eorum militares, prout erant instructi, loca condicta tenebant. Existimabant enim Andegavos statim fugam arripere; de fuga quippe sua nulla mentio fuerat, quoniam jam se vicisse putabant. Confidebant siquidem et in multitudinibus suis innumeris et in pectoribus gentium animosis, et in ducalibus ne unquam fugerent edictis.

Ergo bello utrinque parato, ut ventum est ad locum unde aliquantulum jam propiores se inspicerent, pari concurrunt agmina motu. Pictavenses ira metusque, Andegavenses spes adquirendi Santonicum consulatum incitabant. Vociferantur omnes et confusis clamoribus ipsum pulsatur cœlum; fragor nimius vel de collisionibus armorum vel de illisionibus cassidum resonat et gladiorum; plangores et ululatus undique vel morientium vel vulneratorum audiuntur. Martellus et Andegavi illos viriliter aggressi sunt acclamantes, et audacter per medias acies irruunt. Globus etiam Turonorum militum, subsequentium dominum suum, multos stravit et vexillum ipsius ducis prosternit; quod pedites viriliter equitesque sequentes rapuerunt et retinuerunt, quod non mediocrem eis incussit timorem.

Guascones omnes et Lemovicenses confestim fugam inierunt, quos cæteræ gentes insequuntur. Pictavenses stupefacti aliquantulum demorati substiterunt. Martellus et sui simul illic conversi, eos tanquam segetem in transverso gladiis secabant et eorum corpora detruncantes dimidiabant. Irrorabantur sed potius inundabantur sanguine campi. Pictavenses tremefacti, duce suo graviter vulnerato, respirandi locum non habebant nec aliquatenus respirabant. Insecuti sunt eos fugientes. Illi dumtaxat evaserunt qui effugere quoquo modo potuerunt. Multos capiunt Turonenses, sed Andegavi quos poterant cursu prævenire illis nullæ dabantur induciæ : alios lanceis transfodiebant, alios gladiis jugulabant, in commune nulli parcebant; et quoniam prædictum oppidum aliquatenus ab ipsis distabat, qui fatigati remanebant aut capiebantur aut in mortem ruebant. Dies itaque illa Pictavensibus nimium fuit adversa; fuit enim dies tribulationis et dispersionis, dies mortis et confusionis : cum vinculis, quos ad hostes suos ligandos advexerant, ligati sunt. Willelmus etiam consul vulneratur et capitur. Martellus et sui, cæde peracta, reversi sunt in campum et ibi intra tentoria nocte illa quieverunt et contra Boream, qui acriter sufflabat, corpora mortuorum congregaverunt.

Martellus posthæc, quam citius potuit, Santonas devenit. Obviam ei venientes qui in urbe erant, apertis portis, urbem ipsi tradiderunt. Itaque cum gaudio ibi requieverunt et Santonicum consulatum receperunt, quem Martellus, facta pace cum Pictavensi duce, quoad vixit tenuit. Nam dux, a plaga prælio facta sanus effectus, episcoporum et religiosorum consilio, hominio a Martello suscepto, prædictum consulatum quietum concessit; et multis pecuniis liber a captione qua illum Martellus, in prælio capiens, spatio trium annorum tenuerat, ad propria remeans, ipso in anno finem vitæ habuit. Factum est autem inenarrabile gaudium in Andegavia et Turonia, et cum gaudio in pace diu requieverunt et ubique terrarum, Deo gratias, multoties triumphatores exaltati sunt.

In diebus illis, Willelmus, dux Normannorum, Herbertum Cenomannicum consulem nimis impugnabat; cui Martellus auxiliator et tutor fuit, et idcirco Willelmus dux, qui postea Anglia adquisita rex Anglorum exstitit, multa a Martello mala perpessus est.

Gosfridus Martellus, filius Fulconis, cum filios non haberet comitatum suum, scilicet Andegaviam et Turoniam quam jam, sicut supradictum est, conquisierat, nepotibus suis Gosfrido Barbato et Fulconi Richin reliquit : Andegaviam et Santonas Fulconi, Turoniam cum Landonensi Castro Barbato donavit (1). Martellus morbo repentino occupatus irremediabiliter, languore per dies ingravescente, ad mortem usque perurgetur et inter suos, non sine grandi dolore, defungitur.

Ædificavit autem cœnobium Sanctæ Trinitatis apud Vindocinum castrum, monachosque posuit et abbatem constituit. Causa (2) autem ædificationis hujusce modi exstitit.

Quodam tempore, dominico die, aurora illucescente, contigit consulem una cum uxore ad fenestram aulæ, qua thalamus ejus illuminatur versus aquilonem, faciem posuisse. Erat autem aula in supercilio montis, ubi nunc ecclesia Beati Georgii habetur. Burgus autem, ubi habitantium multitudo, ex latere montis contra aquilonis flamen erat; extra burgum autem, contra orientem, erant pascua latissima, et in medio

(1) Dans le ms. 6218 il y a : « *Andegaviam et Santonas Barbato, Turoniam cum Landonensi Castro Fulconi.* »

(2) Add. d'après d'Achery et le ms. 6005, jusqu'à *Uxor vero*, p. 132.

fons latissimus ubi et ad quem pene universus populus castri veniebat haurire. Cum autem consul et ejus conjux, Agnes nomine, spatium aeris et stellarum multitudinem intuerentur et de multis confabularentur, subito viderunt ambo stellam longissimam ac si militis hastam, in ipso fonte cadere. Cum autem turbati essent, cecidit secunda; plus mirantibus et stupentibus, cecidit tertia. Denique consul festinus, cultioribus vestimentis indutus, una cum uxore de supercilio montis descendit et in ecclesia Beati Martini, quæ prope ipsum fontem erat, missam in honore sanctæ Trinitatis canere fecit. Hoc ipsum etiam quod viderat episcopis, abbatibus et aliis religiosissimis narrabat viris, et super hoc quid acturus foret quærebat. Omnes autem quos consulebat, uno animo et uno sermone, unum dedere consilium : ut in ipsis pascuis ecclesiam ædificaret in honore sanctæ Trinitatis, et altare ipsius ecclesiæ super ipsum fontem constitueret, servos inibi congregaret qui die noctuque Deo ibi servirent. Qui sano consilio adquiescens, cœpit juxta ecclesiam ædificare officinas utiles monachis. Elegit etiam ex religiosiori monasterio totius Galliæ, videlicet ex monasterio Beati Martini Majoris Monasterii, viginti quinque monachos, ex quibus unum ipsis præfecit abbatemque consecrari delegit.

Uxor vero ejus ædificavit, in supercilio montis, ecclesiam Sancti Georgii, canonicosque posuit et Capellam Consulis vocari præcepit.

Hic (1) et bona ecclesiæ Beati Laudi (2) valde am-

(1) Cette phrase est ajoutée par d'Achery et par le ms. 6005.

(2) La collégiale de Saint-Laud, dans le château d'Angers.

pliavit et undecim canonicos in ea posuit, cum tamen modo tres vel quatuor presbyteri tantum ibi essent, sicut continetur in privilegio ipsius quod est in eadem ecclesia.

Gaufredus autem comes perfecit ecclesiam Sancti Nicholai, in suburbio Andegavæ civitatis, quam pater ejus Fulco incœperat nec perfecerat; monachos et abbatem posuit multisque possessionibus ditavit, ibidemque sepultus quiescit.

DE GOSFRIDO BARBATO (1).

Dum Gosfridus Barbatus et frater suus Fulco Richin honorem Martelli possiderent, quæ et quanta mala consulatum involverint, et veritas historiæ jubet evolvere, et horror magnitudoque cladis prohibet referre. Sed nescio quid ipsis malis præstet eorum malorum verba subtrahere quorum illi facta pertulerunt, quin potius noceret etiam malis exempla eorum perditionis supprimere; quando quidem ipsis forsitan sit perversis utile, ipsorum exitio, alios ab eorum deterreri imitatione. Quod si forte ipsis malis nihil boni conferat, et quare eis adversa evenerint aut etiam quomodo et cur perierint nosse, sequentibus tamen saluberrimum esse potest, cognitis aliorum ruinis, a viis ruinosis cavere. Proinde non ignoretur fortunam suam invidiam, quam sæpe potentibus commodat, his fratribus accommodasse, quos communitas

(1) D'Achery, in-4°, X, 484; in-fol., III, 258.

consulatus in turbam misit et male concordes effecit. Nam Lucano teste (1) :

Nulla fides regni sociis, omnisque potestas
Impatiens consortis erit; nec gentibus ullis
Credite....

Gosfridus Barbatus, armis strenuus, cum Cenomannensibus est fœderatus; cujus auxilio Helias de Fisca Cenomannum recuperavit quod Willelmus rex Anglorum sibi auferebat. Guillelmus Cenomannum, concedente sibi Herberto, acceperat, et Heliæ, cui hereditario jure eveniebat, violenter auferebat.

Quantæ cupiditatis et avaritiæ, quantæ etiam crudelitatis et superbiæ, et quomodo Deus ei restiterit et humiliaverit ut legitur : *Deus superbis resistit* (2), et : *Frangit Deus omnem superbum*, locus in præsenti habetur. Diabolus cujus cibus et delectatio est, a mundi principio, sancta depravare, pacifica proturbare, bonis operibus obviare, electionem Bartholomei abbatis Majoris Monasterii atque benedictionem sincerissime factam molitus est, modis quibus potuit, infestare. Instigavit igitur comitem Andegavensium (3), nomine Gosfridum, cognomento Barbatum, ut locum Majoris Monasterii suo dominatui subjugaret et abbatem loci cogeret ut de manu illius baculum pastoralem reciperet.

Grex igitur Beati Martini Majoris Monasterii, stupefactus ac mente confusus ex tam inaudita hactenus ratione, cogitare cœpit ac dicere quo fieri posset ut

(1) *Pharsalia*, lib. I. — (2) Jacobi ep., IV, 6. — (3) Sp. *Turonensium.*

tanta et tam longa regalis potestas et specialis semper domni Martini gloria, ex priscis et ex suis etiam ipsis temporibus, qui dum adviveret proprium ibi abbatem esse constituit nomine Galbertum, qui nunc ibidem humatus quiescit, ab imperatoribus et regibus huc usque inviolabilis conservata, modernis temporibus alicujus dominio nisi regio, sicut semper, aut abbati proprio subderetur. Aiebant enim : « Habemus namque non minima imperatorum regumque præcepta, necnon et apostolicorum perplurima privilegia quibus hic noster locus, pro veneratione pii patris nostri domni Martini, qui eum fundavit, specialem obtinet dignitatem et gloriam; et nunquam ab aliquo regum, nisi aut regi aut abbati proprio Sancti Martini subjectus fuit; qualiter etiam ab omni præsulum est dominio, nisi quantum in ordinandis monachis necessitas cogit ecclesiæ, sequestratus; cum quibus, ne id fiat, satis defendere possumus. »

Una igitur mente atque decreto, venit idem grex ad prædictum comitem illique hæc omnia retulerunt : ut scilicet hanc abbatiam Majoris Monasterii nec ipsum monasterium in alicujus dominium, nisi in suum proprium, ullatenus unquam devenire permittat; ne honor et gloria tanti patris (1), quæ semper crescit in cœlis, aliquatenus minorari videatur in terris, a tantis hactenus inviolabiliter conservata regibus, patribus atque principibus.

Comes autem obstinate, immo fortiter, in sua sententia permanebat; et si hoc non fieret locum destruere minabatur. Monachi vero comitem sæpe et rationabi-

(1) C'est-à-dire saint Martin.

liter convenerunt, et per personas ecclesiasticas atque sæculares discreti sanique consilii nitebantur commotionem comitis tranquillare; comes autem, quanto magis videbat monachos suæ resistere voluntati, tanto vehementius turbabatur, tantoque indiscretius non jam loco solummodo sed et ipsis monachis minabatur. Dicebat, et minas crudeles crudeliori opere adimplebat: locum namque Majoris Monasterii et loco appendentia, ubicumque potestas ejus attigit, aggressus est funditus annullare, possessiones monachorum et substantias hominum monasterii rapere violenter et vastare, et quomodo sævitiam suam expleret, etiam in corpora monachorum, cœpit attentius observare, ut compleretur quod scriptum est (1) : *Observabit peccator justum, et stridebit super eum dentibus suis;* in tantumque desæviit persecutio et excrevit ut etiam sæculares homines comitis intemperantiam mirarentur et, imprecantes comiti, Deum pro monachis precarentur.

Monachi autem, cum hæc diu cum patientia tolerassent nec jam possent pericula imminentia sustinere, orationes quas pro suis persecutoribus, juxta evangelii effundebant præceptum, statuerunt devotius ampliare; nudatisque pedibus ad corpus patroni sui beati Martini processerunt, assumptis secum debilibus et leprosis quos de victu vel vestitu monasterii sustinebant et quorum preces apud Deum valere quam plurimum confidebant. Ubi unanimiter in orationibus persistentes, implorabant Deum et sancti merita ut pestem illam tam sævissimam sua misericordia tem-

(1) Psalm. XXXVII, 12.

peraret; ne locum illorum persecutor ille destrueret, unde ipse postmodum in infernum, pœnas luiturus, descenderet.

His peractis, etiam ad abbatem Cluniacensem recolendæ memoriæ virum, Hugonem nomine, suam petitionem direxerunt, suppliciter exorantes ut ipse et sancta Cluniacensis congregatio, pro tanta persecutione mitiganda, Dei clementiam precarentur; insuper ut ipse abbas locum Majoris Monasterii consolari sua præsentia dignaretur. Qui, benignus ut erat, petitioni eorum benigno animo adquievit; cumque Majus Monasterium pervenisset, consolatus est fratres, et Turonis ad comitem sunt profecti. Cujus pedibus prosternati, eum ut ab illa persecutione jam cessaret precabantur humiliter, sed incassum; nam comes, in suam sævitiam obstinatus, nec lacrymis flexus monachorum nec abbatis precibus adquievit nec se, vel modice, a persequendis monachis temperavit. Quibus ad monasterium redeuntibus, abbas quoque reversus est Cluniacum, abbate Majoris Monasterii comitante; qui videlicet abbas Majoris Monasterii, antequam inde rediret, suscepit sacros ordines sacerdotis, quando enim electus est in abbatem adhuc diaconi ministerio fungebatur.

Porro Deus, qui erigit elisos et sperantes in se non deserit, non dormitabat, custodiens Israel spiritualem; et affectioni servorum suorum qui, ut scriptum est, jam duplicia pro peccatis suis receperant, misereri ultra non distulit. Qui cum sit omnipotens atque justus, in caput comitis juste fecit ejus injustitiam redundare : nam ut manifestum fieret quam injustus comes ille adversus abbatem et illos monachos exstitisset, et ut appareret quam justa ultione puniendus erat qui sanctam illam ecclesiam tam irrationabiliter infestabat, Deus, qui semper est in sanctis suis mirabilis, pro suis fidelibus dignatus est insigne miraculum operari. Postquam enim comes contempsit abbatem Bartholomeum et abbatem Cluniacensem et monachos exaudire, parvo intervallo interposito, frater ejus, Fulco nomine, adversus eum cum manu valida insurrexit; nec ab ejus persecutione cessavit donec eum captum et ab honore privatum per multos annos in captionem detinuit; ibique diu afflictus et, divina ultione, datus etiam in reprobum sensum, vixit postea plus quam triginta annos in hac miseria, etiam hostibus miserandus. Certe justo judicio privatus est et corporis et animi libertate; juste tota vita sua miserabiliter oppressus est, unius hominis potestate, qui contra Deum sæviens nitebatur multos servos Dei injusta deprimere servitute; justo judicio amisit in perpetuum dominationem quam tenebat, qui in possessiones dominicas injusta tyrannide sæviebat.

DE FULCONE RICHIN (1).

Fulco subdolus frater suum nimium cœpit impugnare et consulatum totum turbare, et tunc totius comitatus barones unus in alium cœperunt insurgere, nunc Barbato nunc Fulconi favere, et tunc proditiones multæ inter eos exortæ sunt. Quo tempore fit proditio apud Andegavem. Anno Verbi incarnati

(1) D'Achery, in-4°, X, 488; in-fol., III, 259. — Var. Rechim.

MLXVI° proditores perimuntur. Tunc Gosfridus de Pruliaco occisus est, pater illius Gosfridi qui comes Vindocini fuit. Deleta (1) pene Andegavia et Turonia, Fulco Richin Barbatum, fratrem suum, subdole captum in vinculis posuit et utrumque comitatum veluti suum suscepit.

Comes Pictavensium, Willelmus uti pater suus vocatus, miles acerrimus, juvenis, astutus et laboriosus, prædictis fratribus sic discordantibus, Santonicum consulatum aggressus, cepit et possedit. Helias consul Cenomannicus et complures sui consulatus proceres Fulconem pro Barbato graviter expugnabant et ut Barbatum deliberaret petebant et, auxilio Philippi regis Francorum et Stephani comitis Blesis, ipsum vi abstrahere a carcere nitebantur; sed Fulco cum Stephano, hominagio sibi facto, concordatus, regem Francorum adiit, et cum eo fœderatus Philippo regi Landonense Castrum concessit. Rediens Fulco a Francia, Ambaziaco cum Arnulfo, qui custodiam Domicilii ab ipso in feodo habebat, hospitatus, feodum ei abstulit, et Domicilium, posita propria ad libitum custodia, sibi retinuit : sic Arnulfus de Magduno et filius ejus Leonius ab Ambazio expulsi sunt.

Sæpe Fulco talia actitans progeniem suam doli ream, licet injuste, accusare fecit. Est autem hæc quædam vis malis moribus ut innocentiam multitudinis devenustent scelera paucorum, cum tamen e diverso bonorum raritas flagitia multorum nequeat excusare virtutibus communicatis; sed quis non exacerbescat cum videat sordidari virtutum sinceritatem crimina-

(1) Cette phrase est ajoutée par le manuscrit 6218.

tione paucorum vitiorum? Erant enim tunc multi in bono administrando segnes, in malo obloquendo celeres, seditionibus occupati, caritate infirmi, factione robusti, in æmulationum conservatione stabiles; de quibus mentionem faciens, quod suum (1) est historiæ facio (2).

Fulco plures duxit uxores : filiam Lancelini de Baugenciaco ex qua orta est comitissa Britanniæ, illa quæ, post obitum viri sui, Jerusalem in ecclesia Sanctæ Annæ vitam monialem exercuit. Post mortem filiæ Lancelini, duxit Ermengardin filiam Archenbaldi Fortis de Borbono, ex qua genuit Gosfridum Martellum admirabilem virum, justitiæ insignem, totius boni cultorem, qui terror omnium inimicorum suorum fuit. Libidinosus Fulco sororem Amalrici de Monte Forti adamavit, cujus præter formam nihil unquam bonus laudavit (3), pro qua matrem Martelli dimisit, affirmans eam de genere suo fuisse; quam dimissam Guillelmus Jalinniacensis, vir ex nobilioribus Arvernorum, uxorem duxit. Ex sorore Amalrici, Fulco filium genuit qui, similiter ut pater, Fulco vocatus fuit, de quo in subsequentibus loquemur.

---

(1) Var. *Scitum.*

(2) Le Spicilegium intercale ici trois passages des *Gesta dominorum Ambaziensium* :

I. *Erant autem tunc Ambaziæ...*, p. 175.
II. *Non longe post hæc...*, p. 183.
III. *Namque velle suum cuique...*, p. 185.

(3) Sallustius, *Catilina*, XV.

DE GOSFRIDO MARTELLO SECUNDO (1).

Gosfridus Martellus secundus, jam adultus, juvenis prudens et animosus, videns terram turbatam et proceres totius consulatus contra patrem cornua erigere, eis viriliter resistebat, et quomodo patrem et suos ulcisceretur irrequietus cogitabat; qui omnibus prævaluit et ab intentione eos revocavit. Prudenter vero negotia sua agebat, nec nimis remisse nec insipienter militabat. Barbatus nepotis sui Martelli probitates audiens complacuit, eoque advocato ait illi : « Gaudeo te ab avorum probitate non degenerare : ideo terram meam, mihi a patre tuo injuste ablatam, tibi do, et ut deinceps possideas volo. » Martellus ipsum, vinculis solutum, per urbes et oppida, sua tamen sub custodia, libere ire permisit; ipse vero, in carcere turbato cerebro, sensu aliquantulum minutus erat, nec diu post hæc vixit.

In illo tempore, anno siquidem ab incarnatione Domini MXCVI°, synodus Arvernis habita est, et via eundi Jerusalem inchoata est.

Quippe anno subsequente Fulco et Martellus, filius ejus, Rupes Corbonis obsederunt et fumo ceperunt, quod municipium nemo putabat capi posse; et Robertus, Rupium dominus, super ipsas Rupes in monte, nolentibus consulibus, castellum componebat.

Iste Martellus Elisabeth sororem suam, ex matre sua et Guillelmo Jalinniaci ortam, Hugoni de Calvo Monte uxorem dedit, cum ea Ambaziacum totum ei

(1) D'Achery, in-4°, X, 496; in-fol, III, 262.

concessit. Huic Martello Helias comes unicam filiam suam, non adhuc matrimonio aptam, desponsavit, et Cenomannum cum omnibus appenditiis ejus tribuit. Sæpe Martellus cum rege Rufo (1) conflixit multaque municipia in Normanniam vastavit et succendit, dum rex in Angliam moraretur et Robertus comes, frater regis, in Jerosolimitano exercitu cum multis peregrinis maneret; nam Normanniam rex Rufus in vadimonio habebat.

Anno Verbi incarnati MCVI°, quadraginta diebus et eo amplius, cometa vespertinis semper horis apparens, stupore simul et terrore totum tunc replevit mundum. Nam splendoris alburni radium versus brumalem solis occasum producens, primis quidem diebus flammatior, postremis vero subobscurior, visebatur, donec paulatim attenuatus, post dies ut dictum est quadraginta, videri omnino desisteret. Sequenti anno Martellus insidiis suorum et novercæ, patre ut ferunt consentiente, Cande castro occisus est, sepultusque in ecclesia Beati Nicholai Andegavis. Incredibile mihi videtur patrem in nece tanti filii consensisse, cum et nimium senex esset et filius, si longinquitas vitæ sibi concederetur, quidquid amiserat recuperasset : nam et Landonense Castrum Philippo regi calumniabat, et Guillelmo Pictavensi Santonicum consulatum; qui, timore ejus, duas turres novas Pictavis constituit : unam in urbis ingressu et aliam prope aulam.

Rex libidinosus Philippus Turonis venit, et cum uxore Fulconis locutus, eam fieri reginam constituit.

(1) Guillaume le Roux.

Pessima illa, consule dimisso, nocte sequenti regem subsequitur qui Mindraio, prope pontem Beuronis, milites dimiserat qui eam Aurelianis duxerunt; sicque rex luxuriosus domum suam sceleratis nuptiis, sub anathemate factis, replevit, et duos ex ea filios, Philippum et Florium, genuit.

DE FULCONE REGE JERUSALEM (1).

Verum est: Pater non portabit iniquitatem filii nec filius iniquitatem patris (2). Hinc est quod, mortuo Fulcone Richin, filius ejus Fulco, vias patris et matris suæ deserens, honestam vitam deducens, prudenter terram suam rexit. Qui ab Helia, Cenomannensi comite, unicam filiam suam, quam Martellus frater suus, licet sibi promissam, non nupserat, dari sibi cum Cenomannico consulatu impetravit; sicque Cenomannicus et Andegavensis consulatus conjunctus esse disnoscitur.

Vir honestus Fulco, armis strenuus, fide catholicus, erga Dei cultores benevolus, adepto utroque consulatu, amicos exaltans, malignos et sibi adversarios opprimens, gloria et optima fama impar nulli in brevi effectus est. Qui Hugoni de Calvo Monte Ambazium totum, a fratre ejus Martello ei datum, accepto hominio, concessit; et ipsi Montricardum, antecessoribus suis olim injuste ablatum, reddidit. Is idem Pruliacum obsedit, sed non cepit; et tamen Eschivardum, ejus-

(1) D'Achery, in-4°, X, 498; in-fol., III, 262.

(2) Sp. *Filius non portabit iniquitatem patris*, etc., etc. V. Deuteron. XXIV. 16.

dem castri dominum, subjugavit et pacificum sibi effecit. Ipse Montem Basonis a Jehanne ipsius oppidi domino emit. Cum Jehannes, accepta jam parte pecuniæ, pœniteret, fortissimus Fulco oppidum illud obsedit et ad reddendum sibi coegit, redditaque promissa pecunia castellum obtinuit. Musteriolum obsedit et cepit; sed misericordia motus, propriis custodibus arci impositis, cætera omnia domino ipsius castri reddidit. Rex Anglorum Henricus Fulconem sibi exosum multoties impugnavit; sæpe etiam, data multa pecunia Andegavensis et Cenomannici pagi baronibus, in propria ipsius terra multas inopportunitates per eos et maxima damna Fulconi faciebat.

Dum esset isdem consul in pago Turonensi, in obsidione Montis Basonis, venit rex Henricus, qui semper ei infestus erat. Subito, ex improvisu et insperate ejectis custodibus consulis ex arce Alentionis castri, suos posuit; et quia sinistrum quid sperabat, ex burgensibus castri obsides, filios eorum et filias etiam lactentes, in arcem cum custodibus posuit. Turrenses autem, de arce descendentes et per castrum nocte et die delitescentes, burgensium uxores et filias dehonestabant, victum vero et vestitum, sine prece vel pretio, vi auferentes in turrem deferebant; qua de re commoti burgenses, miserunt nuntios consuli ut quantocius adjuvaret eos in tantis periculis constitutos. Consul vero, cum esset in obsidione supradicti castri, pacificatus est cum baronibus suis qui contra eum castrum munierant, ejectisque hostibus qui in arce erant et domesticis suis positis vexilloque ejus in eminentiori loco sublimato et tribus vicibus acclamatum:

« Consulis est castrum ! » movit exercitum tam inimicorum antea, modo pacificatorum, quam amicorum militum vel peditum versus Alentionis castrum. Misit etiam veredarios per totam Turoniam, Cenomanniam, Valeiam sive Andegavis, ut omnes eum prosequerentur loco prædicto et die denominato. Audiens autem hæc supradictus rex Anglorum Henricus, qui tunc morabatur in civitate Sagiensi, brevi tempore congregavit innumeræ multitudinis exercitum, tam militum quam peditum, qui cooperuerunt faciem terræ sicut locustæ. Erant autem post ipsum principes et magistratus (1) totius exercitus Stephanus comes Moritonii et frater ejus Theobaldus Blesensis, Willelmus comes Flandrensis, Radulfus de Peronia, Rotrodus comes Pertici, Robertus de Belismo et Willelmus Les Males (2) et multi alii Francigenæ, Angli, Normanni, Flandrenses, Britones cum adjutoriis suis. Rex autem in ultimo agmine sequebatur eos, cum innumera multitudine tam peditum quam equitum.

Sano autem consilio suo crediderat quod posset Fulconem, Andegavorum comitem, in parchio in modum coronæ cingere vel in modum castri obsidere et capere cum omnibus suis; quod et fecisset nis Deus, qui *superbis resistit et humilibus dat gratiam* (3), qui de sua virtute gloriantes humiliat, et cui semper humilium et mansuetorum placuit deprecatio, adjuvasset consulem Fulconem in ipso fiduciam habentem. Perfecisset autem voluntatem suam, quantum ad intuitum hominum, nisi prædicti juvenes Stephanus Moritonii, Theobaldus Blesensis et Willelmus Flan-

(1) Sp. *Magistri*. — (2) Sp. *Jesmales*. — (3) Petri epist. I, V, 5.

drensis consules et regis supradicti nepotes, cupidi gloriæ et probitates suas voluntarii ostendere, exercitum regis præcessissent. Qui viriliter parchium in quo consul cum suis morabatur aggredientes, balistis, sagittis, telis, lanceis et ensibus strictis impugnabant et assiliebant. Fulco autem consul, fiduciam habens in Domino et in amore baronum suorum, in parchio delitescebat, expectans adjutorium Dei et adventum hominum suorum. Erant autem cum eo Hugo de Mathafelonem et Theobaldus filius ejus, Fulco de Cande, Mauricius de Credunte, Petrus Cameliacensis, Jagelinus Malleacensis cum quatuor fratribus suis, Hugo de Aloia, Adelelmus de Samblanciaco, Hugo Ambaziacensis, Goscelinus de Sancta Maura cum duobus fratribus suis, et multi alii cum militibus et peditibus. Cenomannenses, videlicet dominus Sobolii et Suliacensis, Meduanensis et Lavallensis et multi alii, diem constitutum expectantes, nondum advenerant.

Ut autem viderunt illi qui cum comite erant exercitum venientem, dixerunt ei : « Quomodo pauci pugnare possumus ad multitudinem tantam, tam fortem? et nos fatigati sumus hodie! » Et ait consul : « Facile est concludi multos in manu paucorum, et non est differentia in conspectu Dei cœli liberare in multis aut in paucis, quia non in multitudine exercitus victoria belli, sed de cœlo fortitudo est. Ipsi veniunt ad nos in multitudine contumaci et superbia, ut disperdant nos et spolient; nos autem pugnemus pro justitia nostra, pro terra nostra et pro animabus nostris, et ipse Dominus conteret eos ante faciem nostram. Vos autem ne timueritis eos, sed illum timete qui non derelinquit præsumentes de se (1) et de sua virtute gloriantes humiliat. Dicunt non esse qui possit resistere virtuti eorum ; experiantur ergo ictus et actus Andegavensium, Cenomannensium et Turonensium quos despiciunt! Et adquiescite consiliis meis : ne expectemus robur exercitus; non enim expedit nobis, sed hos catulos, inconsulte et indiscrete latrantes, viriliter reprimamus. »

Vocavit autem ex omnibus primum Hugonem de Mathafelone cum filio suo Theobaldo, dixitque ei : « Egredere ad eos cum centum armatorum militum et ducentorum servientium sive archeriorum manu et tolle preces; quod petis arma dabunt. » Ille autem de parchio exiens, ut tantus miles, viriliter cum equitibus et peditibus suis eos aggressus est. Regales autem in fortitudine et numero confidentes viriliter resistebant, in tantum ut eos in parchio fugere compellerent. Fulco autem consul vocavit Rainaldum de Castro, Jagelinum de Malliaco, cum quatuor fratribus suis, et Adelelmum de Semblenciaco; traditis eis centum militibus et ducentis archeriis, duplicatis videlicet militibus et servientibus, monuit exire obviam hostibus. Illi autem, multiplicati virtute et numero, in tantum restiterunt ut eos, vellent nollent, in parchio fugere compellerent. His visis consul strenuus, magis in feritatem elevatus quoniam in desperationem dejectus, vocavit Hugonem Ambaziacensem, Goscelinum de Sancta Maura, Gaufredum de Monthesauro, Johannem de Aloia. Traditis autem trecentis militibus

(1) Sp. *Sperantes in eum.*

et ducentis peditibus, remisit eos cum supradictis contra hostes suos.

Dum autem esset in hac ultima militum ordinatione, veniebant Cenomannenses, videlicet Lisiardus Saboliensis, Robertus Suliacensis, Galterius Meduanensis, Guido Lavallensis et multi alii barones et milites cum adjutoriis suis. Cum autem essent quatuor miliariis ab utroque exercitu, audierunt clamorem ululantium et adhortantium ad bellum. Audierunt etiam, per internuntios, quod consul cum rege pugnaret cominus et multis infortuniis exercitus consulis debilitaretur, cum alii capti, alii vulnerati, alii mortui nuntiarentur. His auditis, ira et dolore perculsi aiebant : « Væ nobis miseris, inertibus et pigris quod non intersumus cum domino nostro et consodalibus, amicis et fratribus nostris in tanto conflictu! » Hæc dixerunt, et dicto factis acceleraverunt prout potuerunt ut interessent certamini, descenderuntque in quadam valle amœna et nemorosa. Dissellatis equis et recenciatis (1), induti etiam thoracibus, loricis et galeis, ordinaverunt acies suas. In prima acie erat Lisiardus, Sabolii dominus, cum militibus, archeriis et peditibus suis; in secunda Robertus Sulleii cum suis; in tertia Galterius de Meduana et Juellus filius ejus, miles strennus, cum suis; in quarta Guido de Lavalle cum suis. Cum autem appropinquassent, exclamavit unusquisque intersignum suum, et totis nisibus irruerunt in hostilem exercitum. Debilitabantur autem a sagittariis equi, milites et pedites regis. Contigit autem ut quidam

(1 Sp. *recreatis*.

jaceret in incerto sagittam, vulneraretque levi ictu in fronte consulem Theobaldum. Sanguis autem defluebat super oculum, nec videre poterat, ex illa parte, sanguine oculum cooperiente.

Fulco autem consul morabatur in parchio et cum eo comes Vindocinensis et vicecomes de Sancta Susanna et Petrus de Pruleio, Guillelmus Mirebellensis, Berlaius de Musterol, Gaufredus de Doe, Peloquinus de Insula Burcardi, Rainaldus de Ucheio et archerii multi et omnes pedites Andegavenses et robur exercitus. Mandavit autem militibus suis ut strenue et viriliter agerent, quia ipse egrediebatur ad succursum et adjutorium eorum. Necdum nuntius verba finierat, et ecce consul in una parte exercitus cum suis adveniens, ut erat clamosus in voce, exclamavit voce magna : « Eia milites, milites, ecce consul! Exerite manus et brachia, exhilarate animos, resumite vires! Ecce ego frater vester, dominus et magister; et quod videritis dominum facientem et vos facite similiter! » Milites autem archerii et pedites, videntes dominum suum lancea quosdam de sellis proturbare, ense in sellis nonnullos dimidiare, animati, exhilarati et confortati, valentiores exstiterunt et majores ictus dederunt lanceis, balistis, sagittis et gladiis. Hostes autem turbati et conterriti, pellem pro pelle dantes, ut facies tuerentur dorsa percutientibus præbuerunt; nec erat in tanto exercitu qui resisteret et multi erant qui persequebantur. Contigit autem et proverbium quod vulgo dicitur : *Sint qui fugiant; multi erunt qui persequentur*. Videns autem rex suos fugientes nec retinere eos prævalens nec verbis, ictibus vel actibus, compulsus est fugere et inter fugientes, licet ultimus, Sagiensi civitate ingressus est. Consul autem neminem ex suis perdidit, nisi tantum quatuor archerios et viginti quinque pedites qui, in acie præliantes vulnerati, gloriose mortui sunt. Rex autem multos tam milites [quam] archerios et pedites mortuos, vulneratos et captos amisit.

Consul autem reversus a cæde hostium, nocte jam cæca, multis spoliis ditatus, quievit nocte illa inter parchium, in papilionibus suis. Mane autem hora tertia surgens, mandavit monachis, qui infra castrum erant, ut honorifice præpararentur et missam in honorem beatæ Mariæ celebrarent, quia sabbatum erat, quo devotius a christianis memoria ejusdem Dei genitricis celebratur. Cum autem ad ecclesiam venisset, intrare non poterat, propter multitudinem captivorum qui ibi sub custodia tenebantur; cognovit autem eosdem esse qui pridem in expeditione capti fuerant. Conversus autem ad suos, graviter increpavit dicens : « O quid egistis, nec Deum timentes nec homines reverentes ? Non legistis hac de re Dominum Judeos graviter increpasse, et dixisse : *Domus mea domus orationis vocabitur, vos autem fecistis eam speluncam latronum* (1). Legitur etiam in libris gentilium, qui dæmonia pro Diis colebant :

« Recurrit sæpe templi violator ad aram.

« In canonibus etiam ecclesiæ, cujus filii vocamur et sumus, præceptum habemus ut quiscumque facinorosus ad ecclesiam confugerit liber a supplicio recedat; nos autem qui judicamus terram, diligamus ju-

(1) Luc., XIX, 46.

stitiam ut peccatis liberi justitiæ vivamus. » Vocavit autem dapiferum suum, præcepitque ut quantocius præpararet ciborum abundantiam et vini copiam ut, pane confirmationis confortati et vino lætitiæ exhilarati, ad propria sine aliqua redemptione liberi redirent. Erant autem fere quingenti. Arcem autem, ingenio suorum, tertio die, cum omni apparatu recepit.

Rex vero in hoc infortunio humiliatus, cupiebat cum Fulcone amicitias jungere et fœderatum eum habere, quod et obtinuit. Accepit enim filiam ejus, puellam pulcherrimam et sapientem, Matildam nomine, Willelmo filio suo, qui post eum regnaturus erat. Non post multum temporis, copulavit filiam suam imperatricem, uxorem quondam Henrici imperatoris Alemannici, filio ejus Gaufredo, pulcherrimo juveni et strenuissimo militi.

Rex Willelmus, qui Angliam adquisivit, terram suam tribus filiis ita dimisit : Willelmo Rufo Angliam, Roberto Normanniam, Henrico maternas possessiones donavit. Rege Rufo mortuo, Henricus regnum arripuit, Roberto fratre suo Jerusalem morante. Robertus, rediens a Jerusalem, ex uxore sua filium nomine Willelmum genuit. Robertus, die sancti Michaelis, a fratre suo Henrico capitur. Cujus filius Willelmus filiam Fulconis comitis Andegavis duxit; sed ab illa, propter cognationem, separatus, sororem reginæ Franciæ, uxoris Lodovici regis, duxit, data sibi Flandria post obitum Karoli consulis; sed Willelmus, lancea manu percussus, non diu post vixit. Henricus rex Angliæ filium habuit, Willelmum nomine, qui filiam Fulconis comitis duxit, accepto cum ea comitatu

Cenomannico; et Normanniam a Lodovico rege Francorum, facto sibi hominio suscepit. Qui decimo septimo ætatis suæ anno in Angliam rediens, in mare submersus periit multique nobiles cum eo, quorum corpora inventa non sunt.

Anno incarnati Verbi MCX°, Fulco ex filia comitis Heliæ, uxore sua, genuit Gosfridum qui adultus, miles armis præpotens effectus, Meltidem filiam Henrici regis Angliæ, quæ uxor fuerat imperatoris Alemanniæ, uxorem duxit. Ex eadem uxore Fulco alium filium, Heliam nomine, genuit.

Cum Fulco Andegavensem, Turonicum Cenomannicumque consulatum in prosperitate regeret, rex Jerusalem Bauduinus secundus nuntios in Franciam misit, qui, prudentium consilio, virum idoneum qui filiam cum Jerosolimitano regno duceret uxorem secum adducerent. Elegerunt itaque, consilio Lodovici regis et episcoporum et multorum peritorum, Fulconem Andegavensem qui uxore carebat.

Idem (1) autem Fulco comes, iturus Jerosolimam, in festo Pentecostes venit Turonim ut ei archiepiscopus sacræ crucis signum, pro more tantæ peregrinationis, imponeret. Quo facto, cum post missarum sollemnia commilitones et participes mensæ suæ præstolaretur, ad fenestras aulæ quæ Majus Monasterium respiciebant cum duobus presbyteris sese comitaturis stabat, nescio quid secretum confabulans, cum ecce respiciens videt pinnam Majoris Monasterii flammis nimiis ita succensam ac si funditus combureretur. Quo visu exterritus

(1) Nous reproduisons ce paragraphe d'après le *Spicilegium* seulement, parce que le ms. 6005 est incomplet.

est. « En, inquit, Majus Monasterium incendio concrematur! Videtis, ait, qualiter flamma jam in superioribus dominatur! » Videntes autem presbyteri, condolent pariter et mirantur. Nec mora vocatos de militibus suis nonnullos concito cursu jubet ire illo et sibi renuntiare quid ibi fieret. Ascensis equis, illi properant, Majus Monasterium veniunt, inquirunt de igne nec etiam mentionem reperiunt. Comes illos præstolatur. Quibus regressis nihilque tale se vel vidisse vel audisse renuntiantibus, sollicitus comes cum presbyteris suis de visione tractabat. Cui unus eorum: « Domine, ait, digna satis visio pro negotio quod cœpistis, pro sollemnitate præsenti, pro loci reverentia in quo apparuit vobis ostensa est. Nam et vos, Spiritu Sancto inspirante, dominicum signum vobis hodie imposuistis et ipse Spiritus Sanctus hodierna die super apostolos in igne descendit; et locus Majoris Monasterii dignus in quo idem se demonstret descendere, quem tamen conventus eodem spiritu inflammatus cohabitat. » Placuit viro illustri digna dignæ visionis interpretatio, nec moratus in crastino eo venit, visionem conventui refert, fratrem se et participem beneficii rogat effici. Locum illum et ejus incolas cum digna reverentia deinceps habuit.

Ipse vero cum maximis copiis mare transiens, filiæ regis matrimonio copulatus, rex Jerusalem effectus est. Olim quippe magnates Francorum, monitu Urbani papæ, Syriam, Mesopotamiam, Palestinamque subjugaverunt et ducem Godofredum in regem (1) elegerunt; qui anno uno in regno Jerosolimorum expleto,

(1) Le 23 juillet 1099.

xv° kalendas augusti obiit. Decretum est ab omni Jerosolimorum populo Balduinum fratrem ejus, comitem Rages, regni successorem esse. Itaque communicato cum amicis suis consilio, Rages cum omni terra sua cuidam propinquo suo, comiti Balduino de Monte Henno, regendam et custodiendam comittit; ipse vero rex efficitur. Igitur annis in regno Jerosolimorum decem et octo exactis, eo die quo Pascha Floridum celebrans populus Jerosolimorum solemnem processionem ageret, eum, in villa quæ Laris Jerusalem dicitur defunctum et lectica die prædicto Jerusalem allatum, regia ambitione in Golgotha, juxta germanum suum, regem videlicet Godefredum, sepelierunt. Deinde Jerosolimitæ, inito salubri consilio, alium Balduinum, consulem Rages, divina providentia Jerosolimis gratia colloquendi cum rege cognato suo tunc positum, illico regem sibi creaverunt. Ita cui colloqui, morte prævento, non potuit, communi electione, eo sepulto, in regnum successit: ipso quidem die electus ab omnibus, sequenti vero dominici Paschæ die regali unctione consecratus; videlicet præcaventes ne dilatione vel aliquid ab hostibus contra se præsumeretur audacius, vel ab ipsis christianis, ambitione instigante, malignius novaretur. Iste Balduinus, carens filiis ex uxore sua, filias genuit, quarum primogenitam Andegavensis Fulco, aliam Buamundus Juvenis, princeps Antiochenus, habuit uxorem; ex qua genuit filiam quam optimus Raimundus, frater comitis Pictavorum, cum Antiocheno principatu uxorem duxit. Buamundus filius Roberti Wiscardi, ex Constancia Philippi regis Francorum filia, istum genuit Buamundum qui a Damascenis occisus est.

Mortuo Balduino rege, Fulco rex Jerusalem regnum viriliter rexit, Damascenos Ascalonitasque sibi tributarios effecit diuque, antequam Raimundus filiam Buamundi duceret, Antiochenum principatum maximo labore contra Turcos absque ullo dampno manutenuit. Qui ex uxore sua duos filios, Balduinum et Amalricum, genuit; ipse vero, cum ad senilem pervenisset ætatem, vir bellicosus obiit sepultusque est cum aliis regibus in Golgotha; cujus filium Balduinum Jerosolimitæ regem sibi constituunt.

DE GOSFRIDO COMITE ANDEGAVORUM ET DUCE NORMANNORUM (1).

Et factum est dum Gosfridus, filius Fulconis regis Jerusalem, terram suam in pace regeret, monitu impiorum, Helyas frater ejus, Cenomannicum exigens consulatum, ipsum fratrem sæpe impugnabat. Quem captum Gosfridus multis diebus Turonis incarceratum tenuit; sed postea inde liberatus, gravi morbo a carcere contracto, juvenis obiit. Semper enim potentes fratres, male concordes nimiaque cupidine cæci, res suas in medio tenere nolentes, inter se dissident, et cum suas vires miscere juvat pereunt.

Fuit autem Gosfridus probitate admirabilis, justitiæ insignis, militiæ actibus deditus, optime litteratus, inter clericos et laicos facundissimus, fere omnibus bonis moribus repletus; et quamvis multas tribulationes a suis sit perpessus, tamen ab omnibus est di-

(1) D'Achery, in-4°, X, 508; in-fol., III, 265.

lectus, quod in adquisitu ducatus Normanniæ comprobatum est.

Anno incarnati Verbi MCXXXVII°, regni vero sui XXXV°, Henricus rex Angliæ obiit juxta Rotomagum, in loco qui Leons vocatur, ante Natale Domini; cujus corpus delatum et sepultum est in Anglia. Quo mortuo Stephanus comes, frater comitis Theobauldi, nepos regis defuncti, die Natalis Domini coronatus est in Anglia, Normanniam in suo dominio retinens.

Secundo anno, siccitas permaxima fuit a marcio usque septembris; quo tempore Gosfridus comes, coadunatis maximis copiis militum et peditum, adjuvantibus sibi baronibus suis cunctis, Normanniam intravit eamque totam adquisitam tenuit, excepto oppido quod dicitur Gisorz, quod regi Francorum Lodovico, ne sibi noceret, concessit. Sic vero dux Normannorum effectus est.

Quo autem labore quantaque cura Mosteriolum Berlai, obsessum hieme et æstate vixque etiam anno peracto captum, deleverit, quantaque misericordia in Giraudo Berlai et filio suo exercuerit omnibus notum est; ut ait Boetius : Quid dignum stolidis mentibus imprecer, nisi ut opes et honores ambiant : ita tamen ut, cum falsa bona paraverint, illis omissis ad cognitionem veri boni festinanter perveniant.

Gosfridus dum quodam tempore a colloquio regis Francorum, in confinio Normanniæ et Franciæ facto, rediret, nimio calore ipso urgente, balneo cujusdam fluvii usus, febri peracuta occupatus apud Castrum Lidii pervenit, ibique, non sine dolore et luctu suorum, interiit, corpusque ipsius Cenomannum delatum est. Cujus mausoleum tanti viri dignum, cum epitaphio compositum, honorifice exstat. Quid mirum si mors, quidem adversante et repugnante natura, Gosfrido adhuc adolescenti contigit, cum, teste Tullio (1), adolescentes sæpe sic mori videntur ut cum aquæ multitudine vis flammæ opprimitur; et quasi poma ex arboribus, cruda si sint, vi avelluntur, si matura et cocta, decidunt : sic vitam adolescentibus vis aufert, senibus maturitas.

Iste ex Meltide, uxore sua, tres filios genuerat : Henricum, Gaufredum et Willelmum, pueros speciosos et ab patris et avorum probitate non degenerantes, quod nunc eorum operibus comprobatur.

Hactenus mihi videtur sufficienter dictum esse de gestis et actibus Andegavorum consulum. Si qua præterea sunt, credo autem multa esse, ab his, si vobis videtur, qui ista melius sciunt quæritote.

Hæc ego, dum in voluminibus abditis invenissem scripta, non sum perpessus infructuoso silentio tegi. Ad honorem igitur dominorum nostrorum Andegavorum consulum, sicut gesta eorum agnovi, conscripsi et ad ædificationem successorum credidi destinanda : obsecrans ut labor noster, in optimorum antecessorum imitatione, a modernis valeat fructum invenire.

---

(1) *De Senectute dialogus.* Ce passage et plusieurs de ceux qui précèdent sont littéralement empruntés à l'histoire de Geoffroy le Bel.

GESTA

AMBAZIENSIUM DOMINORUM.

PROLOGUS (1).

Olim tibi, dilecte mi, quod quæris scribere concupiscebam; sed nec quidem maxime impellor, cum casus Supplicii et filiorum suorum me angit, nec dissimulare possum quin angat. Namque hic quoque cumulus nostris malis accedit, quod protervia comitis Theobaldi Blesis ipsos, ad colloquium vocatos, pessima et insidiosa proditione cepit, et incarceratos inhoneste tractavit. Scribendi etiam ista permaxima causa est quia Supplicius, fidelium consilia despiciens extraneisque servis pernimium credens, fortunæ ludibrium per omnia fuit. Nam diabolicis suggestionibus pessimorum credens, facillime dilapsus est : qui si ita divinis eloquiis prudentium adquiesceret, ad summa, ut cœperat, facile totus erigeretur; nec mirum quia bonæ arboris est bonos et suaves fructus afferre, in malæ vero arboris fructibus nulla bonitas, nulla prorsus suavitas reperitur. Discordiæ enim et superbiæ vitio congregata disgregantur, et disgregata destituuntur : sic e converso concordiæ et humilitatis

---

(1) D'Achery, in-4°, X, 536; in-fol., III, 273.

virtute disgregata congregantur, et congregata honestissime constituuntur; injusta enim et inhonesta petentibus nullus tribuendus est assensus, sed justa et idonea postulantibus nulla petitio deneganda est; unde quidam sapiens ait :

Est velut insolitum quæ sunt mala recta referre,
Sic ea quæ bona sunt non mala ferre solent.
Vix erit aut nunquam referat quod recta malignus,
Difficileque bonus quæ mala sunt faciet.

Quapropter omnes nobiles probique malignorum consortia vitare debent, nempe eorum maligno consilio Supplicius, proh dolor! cecidit. Sed hæc hactenus. Nunc quidem de genere ipsius, quæ quibusdam scriptis reperi et antiquorum relatione didici, tibi enucleare tentabo, qui Ambaziensium dominorum progeniem scire desideras.

DE HUGONE DE LAVARDINO (1).

Igitur regnante Lothario filio Lodovici Ultramarini, in curia Hugonis Capet, ducis Francorum, fuit vir illustris, dignus agnosci, nomine Hugo, filiolus prædicti ducis ex baptismo, cui Deus, arbiter et ratio naturæ, ita personam suam cumulaverat ut, ad capessenda militiæ munia, suo tempore fere cunctos excelleret. Quibus prædictis additur, quod Dei munere sibi congruit, ævi, corporis, animi vigor integer, et quod

(1) D'Achery, in-4°, X, 537; in-fol., III, 273. Les mss. portent *De Hugone* ou *De Hugone Capet*, que nous remplaçons par *De Hugone de Lavardino*, ce personnage étant la vraie tige des seigneurs d'Amboise et celui dont traite ce chapitre.

armis strenuus, veste et sumptu honesto instructus erat. Electo autem a Francis communi consilio, post obitum Lotharii, Hugone Capet in regem, regiæ potestatis dignitas quantum dilectionis et solicitudinis circa filiolum suum Hugonem haberet, patenter ostendit. Namque cum regnum suum circuiret, Turonisque descendens Cenomannensibusque consulem imponeret, dedit prædicto Hugoni Lavardinum cum appenditiis ipsius oppidi, multosque feodos in pago illo insuper ei addidit. Qui duxit uxorem nomine Helpes, cui oppidum illud hereditario jure contingebat, ex qua filiam nomine Avelinam genuit. Multa præclara acta et laudanda in eo viro fuere; nec vero in oculos solummodo extraneorum magnus, sed intus inter suos domique cæteris præstantior. Sermo illius jocundus, præcepta admirabilia, in causis agendis maximus, notitia antiquitatis nimia; et quasi litteratus non solum domestica, sed etiam extranea bella et facta omnia in memoria tenebat; nec vero in armis bellicis utilior quam in pace auctoritate sermonis erat.

Iste post obitum Halpes uxoris suæ duxit Odelinam, filiam Radulfi vicecomitis de Sancta Susanna, qui ei in conjugium Basogerium oppidum et terram Sanctæ Christinæ donavit. Ex hac vero Odelina genuit Lisoium, Algeriumque et Albericum, qui multos annos complevit, nec unquam a bono studio et opere eleganti cessavit; nec ut quidam insipientes, qui sua vitia et suam culpam in senectutem transferunt, ætatem illam accusavit. Sæpe etenim filios suos ammonens ut probitati insisterent, illud poeticum replicabat : Viribus utendum est; nam arma tenenti, si strenuus erit, omnia dat qui justa negat.

Cum vero senesceret, Avelinam filiam suam cuidam nobili viro, Sehebrando de Meduana, cum Lavardino in matrimonio copulavit; Lisoio autem Basogerium et terram Sanctæ Christinæ, quæ matris suæ fuerat, jure hereditario possidendam tribuit. Ex prædicta Avelina Salomon ortus est; ex Salomone, Guenmardus, qui cum jam senex esset, duxit uxorem Mariam, sororem Engelbaudi archiepiscopi et Bartholomæi de Vindocino; quæ filiam peperit, quam Nevolus de Fracta Valle duxit uxorem, ex qua heredes Lavardini qui modo sunt exstant. De his ista sufficiant; nunc vero ad Lisoium revertor.

DE LISOIO BASOGERII (1).

Post obitum Hugonis, Lisoius, decus militiæ Cenomannorum, cum fratribus suis Basogerio manebat. Erat enim vir illustrissimus, genere clarissimus, moribus conspicuus, armis strenuus; cujus corporis vigor animique ferocitas et virtutis præstantia etiam in remotis regionibus, fama prædicante, insignis habebatur. Illis temporibus Fulco probus comes, cujus consuetudo erat Animas Dei jurare, Andegaviam possidebat; quidam vero comes pernimium juvenis, Herbertus cognomento Evigilans Canem, Cenomannicum consulatum regebat : viri isti probi et militiæ periti erant, avos quorum rex Francorum, ad repellendam versutiam Normannorum, in istis regionibus hereditaverat. Eo siquidem tempore vir nobilissimus et animosus, Odo Campaniensis, Turonicam urbem, cas-

(1) D'Achery, in-4°, X, 538; in-fol., III, 273.

trum Cainonis, Lengiacum Montemque Basonis, totam etiam terram usque Salmurium quiete ut suam propriam tenebat. Erat nempe Odo consul pernimium possessione dives, possidens cum prædictis Blesensem et Carnotensem comitatum, Briam totam urbemque Treiciarum, totamque Campaniam simul usque Lothoringiam regebat. Nempe Odo de genere Hugonis ducis Burgundiæ, qui in tutelam Karoli parvi pupilli, filii Lodovici qui Nil Fecit, electus est, exstitit; fuit enim nepos ejus, ex illa filia quam Hugo Campaniensis duxit uxorem; de quorum moribus pauca aperiam.

Odo per omnia similis Catoni integritate vitæ, pauca nisi bonis largiendo, gloriam adeptus est: ipse pernicies malorum, constantiaque ipsius valde laudabatur; in eo studium modestiæ, decoris et maximæ severitatis erat; non divitiis cum divite, neque factione cum factioso, sed cum strenuo virtute, cum modesto pudore, cum innocente abstinentia certabat; esse autem quam videri bonus malebat.

At Fulco (1) alter Cæsar beneficiis, munificentia, mansuetudine, misericordia, dando, sublevando egenis, oppressis ignoscendo magnus habebatur. In eo miseris refugium. Negotiis amicorum intentus sæpe sua negligebat; qui etiam in animum induxerat laborare, vigilare, nihil denegare quod dono dignum esset: magnum imperium, bellum novum, ubi virtus enitescere posset, exoptabat.

Quibus temporibus, Gelduinus, vir nobilis, ex genere Danorum, castro Salmurensi, in fidelitatem Blesensis comitis, et omnibus appenditiis ejusdem castri domi-

(1) Sp. *indeque*.

nabatur. Fulco prædictus comes Herberto Cenomannensi, sibi fideli amicitiæ copula adjuncto, litigiosum certamen pugnandi cum Odone et Gelduino arripuit, cupiens eis Turoniam auferre. Ad hoc igitur peragendum Fulco comes, ut erat hujusce rei sagacissimus et bellator fortissimus, quoscumque probos potuit suæ fidelitati adjungere non distulit. Itaque prædictum Lisoium adscivit, inveniensque eum in his quæ deliberaverat consiliosissimum, suis familiaribus consiliis impertivit. Quid mirum? Veteri enim proverbio dicitur: Similis similem quærit; de talibusque Tullius ait (1): Amicitia proborum, nisi detestabili scelere, dirimi non potest. Consimilis enim sensus exstitit amoris, si aliquem nacti sumus, cujus moribus et natura congruamus, ita quod in eo quasi lumen probitatis aliquid virtutis perspicere videamus. Nihil est enim virtute amabilius, nihil quod magis alliciat ad diligendum; quippe cum propter virtutem et probitatem, etiam eos quos nunquam vidimus quodam modo diligamus.

Denique prædictus Fulco castrum Lochas et Ambaziacum oppidum Lisoio ad custodiendum tradens, ut omnes, tam nobiles quam ignobiles, jussibus suis obtemperarent et per omnia ei parerent præcepit. Lisoius ubi naturam domini sui et mores subditorum hostiumque cognovit, ut erat impigro et acri ingenio, multo labore multaque cura, præterea modestissime consuli parendo et sæpe eundo obviam periculis, in tantam claritudinem brevi pervenit, ut suis carus vehementissime, hostibusque maximo terrori esset. Quod autem difficillimum est, et prælio strenuus et bonus consilio

---

(1) *De Amicitia*, cap. 27.

erat : quorum alterum ex providentia timorem afferre solet, alterum ex audacia aliquid magnum sine consilio aggredi. Suscepto igitur regimine duorum castrorum, Lisoius impiger et irrequietus Blesenses, Calvimontenses, necnon terram Sancti Aniani habitantes quotidiana deprædatione et incensione vastabat, et comes Fulco ei sæpe auxiliabatur.

Namque Fulco dominum illius oppidi quod vulgariter Castellis dicitur, sibi fideli amicitia sociaverat, et per ejus terram Ambazio veniebat. Odo vero comes in Lothoringia cum Alemannis, qui sibi infesti erant, et cum Frerico Tullensi consule, qui eos in terram prædicti consulis adducebat, sæpe pugnans, diu his impeditus a Turonia et Blesis aberat. Hugo autem, pater Odonis, prope locum antiquitus Vaccaria Comitissæ dictum, ubi erat ecclesia ab antiquis in honore beati Martini constructa, in colle Calvimontem composuit. In hoc castello Odo comes Nevolum, quemdam militem suum, Blesis vero Burellum, ad resistendum Lisoio posuit. Aliud etiam oppidum idem pater Odonis super Carum fluvium, ubi erat Sancti Aniani ecclesia ab eremitis olim habitata, composuit; quod oppidum cuidam viro probissimo sibique familiarissimo, Gaufredo Juveni, Odo donavit.

Gaufredus, Sancti Aniani dominus constitutus, omnes Odoni resistentes viriliter impugnabat. Enimvero Crachaicum, Vilentrastum, Busenchaicum cæteraque loca munita, juxta Endriam sita, Fulconi favebant. Sed istum Gaufredum, Sancti Aniani dominum, quidam proditor Arraudus Brustulii, homo tamen suus, Fulconi consuli tradidit, qui Lochas incarceratus obiit; cujus corpus homines sui, Sancto Aniano deferentes, in latere ecclesiæ Sancti Johannis ab orientali parte sepelierunt.

Quo ita peracto, comes Fulco per prædictum Lisoium omnes fere feroces et asperas res agebat; nam eum in amicis habebat, quippe cujus consilium neque inceptum frustra erat : nempe in eo animi magnificentia et ingenii solertia erat, quibus rebus multos ex Andegavensibus familiari amicitia sibi conjunxerat. Fulco proverbialiter celebre esse sciens, nullam moram paratis esse inferendam, prope urbem Turonicam, quam multum esse suam cupiebat, oppidum in loco qui Mons Budelli dicitur constituit, et custodibus ad urbem distringendam munivit. Odo vero comes coadunato maximo exercitu, adjuncto sibi cum omnibus suis copiis Gelduino Salmurensi, Montem Budelli obsedit, ponens super Ligerim tentoria sua et super fluviolum qui Chosilium nuncupatur. Illi de munitione viriliter se defendebant, et auxilium a domino suo Fulcone per internuntios sæpe petebant; Fulco comes et Herbertus, congregato exercitu Andegavorum et Cenomannorum, ad auxilium suorum festinabant. Fulco autem, comperto quod castrum Salmurense omni defensore vacuum reperire poterat, mutato consilio, cum omni exercitu suo ex improviso ad Salmurium venit, castrum intravit, turrim et omnes munitiones, nullo defendente, cepit, et eas ut suas optime munivit; quo munito, exercitum suum ante Kainonem ducens, Vigennæ fluvio ponte de navibus facto transmeato, Montem Basonis obsedit. Quo facto, Odo comes, obsidionem Montis Budelli relinquens, Monti Basoni succurrens appropinquavit; sed ingeniosus Fulco, ei cedens, usque Locas recessit, simulans fugam, per Ambazium partem sui exercitus Andegaviam redire jussit, maximam partem per Noastrium Losdunum misit. Odo, audito nuntio Alemannos in Lothoringia esse terramque suam invasisse, per urbem Turonicam et Rupes Corbonis Blesis rediit.

Gelduinus itaque, sicut prædictum est, Salmurio expulsus, cum Odone Blesensium comite, pro cujus fidelitate terram suam perdiderat, Blesim venit, et Pontilevi, qui ejus fiscus proprius erat, mansionem accepit. Denique dum Blesi moraretur, cum multa in Briam et in Campaniam, pro terra sua perdita, Gelduino offerret, ut animosus armisque strenuus, omnia illa quæ sibi offerebantur pro nihilo reputans, nolebat enim ab inimicorum suorum, qui sibi terram abstulerant, vicinitate longe fieri, petivit Calvimontem, inter Blesim et Ambaziæ castrum situm, sibi dari; quod quia quodam modo nihil et indignum tanti viri videbatur, diu repugnans Odo tamen acquievit. Gelduinus, accepto Calvimonte, castrum ædificavit et munivit. Insuper consuetudinem quamdam Blesis, quæ brennagium dicitur, quarteriumque Blesis feodum Britonum, ac villam Barolli Odo illi donando accrevit.

Genuit autem Gelduinus filium, Gosfridum nomine, miræ strenuitatis virum, sapientissimum, qui, quia pulchritudine etiam puellas pulcherrimas excellebat, Gosfridus Puella vocatus refertur. Qui etiam ex eadem uxore Gosfrido unam sororem, Chanam nomine, addidit, quæ nuptui data Frangalo Filgeriarum domino, plures filios et filias peperit. Denique Gelduinus post multos labores, in extremis annis positus, omnia quæ sibi dederat Odo comes Blesensium Gosfrido filio suo relinquens, Pontilevi, qui alodius ejus erat, abbatiam in honore sanctæ Dei genitricis Mariæ construxit, et omnia quæ Pontilevi habebat monachis dedit, exceptis paucis feodis de Curia Sancti Petri, quos filio suo retinuit, ibique Gelduinus defunctus ipse et uxor ejus Aanordis sepulti sunt.

Postquam nobilis Odo a Carnotensi et Blesensi territorio recessit, Fulco iterum Montem Basonis obsedit atque cepit, et Guillelmo Mirebelli ad servandum commendavit. Sequenti anno, Fulco et Herbertus Cenomannorum comes Turonim obsedere; urbi obsessæ cupiens Odo succurrere, permaximas copias congregans, usque ad fluvium Bevronis venit, illumque transivit : prædicti consules urbem obsessam relinquentes, ac juxta Carum fluvium equitantes, prope villam quæ Benregium vocatur tentoria sua posuerunt. Festinantes autem, cum Odone prope Pontilevim pugnantes, ipsum turpiter victum usque ad prædictum fluvium fugaverunt. Postea Odo in Campaniam, quam inimici sui pernimium impugnabant, cito rediit.

Erat super Carum fluvium villa quæ Nantollium dicitur, et inter montem et Carum vicus Rabelli nobilis; mons proprius Gelduini erat, villæ vero de proprio feodo ejusdem, quæ omnia Fulco Gelduino et suis abstulit. Tunc Fulco in monte qui prius Gelduini erat oppidum constituit, quod Montricardum nuncupavit; et Rogerio Diabolerio ad custodiendum tradidit, ne inimici sui Ambazio vel Lochas libere descenderent. Rogerius iste oppidum, quod Mons Thesauri dicitur, quia de thesauro Beati Mauricii (1) erat, ut

(1) Ms. 6006, *Martini*, d'après une correction un peu postérieure au reste du manuscrit.

suum proprium possidebat. Itaque Blesenses et illos de Sancto Aniano a terra Fulconis sæpe repellebat.

Succedente paucorum annorum curriculo, Odo, cum Alemannis in Lothoringia pugnans, graviter vulneratus obiit, cujus honorem et terram totam Theobaudus filius ipsius obtinuit : quod Fulco comes irrequietus comperiens, adunato exercitu suo, Lengiacum obsidione vallavit et cepit. Quo peracto, locutus cum Kainonensibus, et ab illis etiam Kainone sibi tradito, quievit.

Ipse morbo atque ætate confectus, cum sibi finem vitæ adesse intelligeret, coram amicis et cognatis filium suum Gosfridum Martellum jam adultum vocavit; qui Martellus non degenerans a paternis moribus, virtute animi et corporis pollebat, cum quo pater suus hujusmodi verba dicitur habuisse : « Quoniam naturam et laborem finem vitæ mihi intelligo facere, moneo ne malis alienos tibi adjungere quam beneficio meo conjunctos retinere. Non exercitus neque thesauri solummodo præsidia tibi erunt, verum amici, quos non armis cogere, neque auro sic parare queas, quantum beneficio et amicitia, quibus rebus maxime pariuntur. Volo igitur consilio procerum meorum et tuo considerare quid pro multo servitio a Lisoio suscepto sibi possim dare : nam eum uti fidelem et mihi et tibi necessarium retinere cupio. »

Erat tunc apud Lochas prætor quidam, custos arcis, nomine Arardius, Lisoii amicus, qui consulendo consuli monuit ut filiam Archembaudi de Busenciacho (1) Lisoio daret, et Vernolium Maureacumque, et ea quæ jure hereditario Ambaziaco possidebat.

---

(1) Ms. 6218, *Busencaiacho*.

Supplicius, Beati Martini thesaurarius, de nobilioribus tam Turonorum quam Bituricensium ortus, ex prædicto Archembaudo fratre suo defuncto unum nepotem et duas neptas habebat, et totam terram quæ fratris sui fuerat manu tenebat. Quo intervallo Supplicius Ambaziaco, in loco ubi domus prædicti fratris lignea erat, arcem lapideam ad opus nepotis sui construxit. Verum cum prædictus Fulco quid Lisoio pro tanto servitio recompensare, quid sibi gratum fore debuisset diu præmeditaret, adquiescens Arardio, convenit Supplicium thesaurarium, virum sibi amicum, et genere et nobilitate nobilissimum, qui prædictas duas neptas habebat facie satis decoras, genere exspectabiles, moribus ingenuas, quarum major natu Hersendis vocabatur. Impetravit autem comes a Supplicio thesaurario Hersendim Lisoio dari et matrimonio copulari cum turre Ambaziæ lapidea, quam præfatus Supplicius suis propriis sumptibus exstruxerat, et cum omnibus quæ jure turri appendebant: similiter Virnollium cum omnibus feodis ipsi pertinentibus, domum etiam quam thesaurarius Lochas jure hereditario possidebat, Maureacumque Lisoio in conjugio donando addiderunt. Comes vero vigiferam Campaniæ et segreheriam, quæ ultra Carum fluvium est, ex sua parte, Lisoio pro servitio sui tribuit (1).

Post hæc Fulco consul naturæ concessit; cujus honorem Gosfridus Martellus filius ejus suscepit, qui vir probus a virtute patris non degenerans, irrequietus enim homo erat, adunato exercitu suo, adjunctis etiam

---

(1) Le Spicilége fait commencer ici un chapitre qu'il intitule *de Gofrido Martello*, dont on ne retrouve pas le titre dans les manuscrits.

Britonibus, Turonicam urbem obsidione vallavit. Quod comperiens Theobaudus Odonis filius, qui, sicut pater, Andagavenses semper exosos habebat, permaximas copias Francorum Burgundionumque adducens, urbi obsessæ succurrere disposuit : qui cum, Ligeris litus propter timorem Lisoii et Ambaziensium relinquens, juxta fluvium Cari festinaret, Gosfridus Martellus comes furibundus cum suis ei occurrit pugnando juxta villam quæ Sanctum Martinum Bellum vocatur, ipsum devincit, devictum fugavit. Lisoius autem, cum Ambaziensibus comitem fugientem prosequens, ipsum prope Aulam Hatuini cepit, et domino suo comiti reddidit, qui eum Lochas deduxit. Quo peracto, Turonenses expavefacti Gosfrido Martello pene urbem reddiderunt.

Iste Theobaudus, cum esset in vinculis et pro eo nullam redemptionem auri et argenti Gosfridus Martellus vellet accipere, captivus mori metuens, et semetipsum plus quam sua diligens, anno incarnati Verbi MXLII°, pro sua deliberatione, Turonum (1) Gosfrido Martello in perpetuum habendam concessit. Martellus itaque comes, Turonia quiete suscepta, rege Francorum Henrico mediante, factoque hominagio pro suscepta terra Theobaudo, ipsoque deliberato, res ad concordiam redacta est, et donaria multa militibus distribui constituit, et quadruvium Ambaziæ, qui sub arce erat, totum Lisoio concessit, quod proprium usque ad molinum Amatissæ tunc comitis erat : illa quæ erant a molino usque ad ecclesiam Sancti Dionysii, ipsamque ecclesiam cum totius parochiæ de-

(1) Sp. *Turoniam*.

cima, ut ea quæ uxori suæ hereditario jure erant, Lisoius propria possidebat.

In eodem oppido erat basilica in honore virginis Mariæ antiquitus fabricata, in qua supradictus Fulco comes et Supplicius thesaurarius sex præbendas, impositis totidem canonicis, olim constituerant, septimum capicerium eis præponentes. Illo nempe tempore duo clerici, ut fama refert et antiquorum auctoritas, in pago Pictavensi, in villa quæ Sacrum Martis nuncupatur, quæ in confinio Turonorum est sita, ossa beati Florentini presbyteri et confessoris rapientes, divino nutu usque Ambaziacum pervenerunt; quod quatuor capellani qui in ecclesia Beatæ Mariæ erant comperientes, consilio virorum castelli, corpus sancti in ecclesia Beatæ Mariæ in capsa lapidea posuerunt. Erat tunc in eodem oppido vir quidam, nomine Marchoardus de Salmurio, qui dedit canonicis ecclesiam Silviniaci, quam possidebat, et cimeterium; comes vero, terram et homines et illa omnia quæ circa villam habebat; thesaurarius autem, decimam parochiæ, quam ut propriam tenebat. Comes etiam terram quamdam prope Ambaziam illis donando accrevit : hæc terra circa Ulmum Casserii erat, quam quidam capicerius ecclesiæ abstulit, et post obitum Fulconis cuidam joculatori tribuit. Martellus consul, Fulconis filius, censum quem in veteri castello et aliis locis pluribus habebat, canonicis donavit; Lisoius vero ex omnibus illis terris sive vineis decimam, quæ sua erat, eis in perpetuum donavit, sicque duos canonicos addiderunt, et novem fuerunt.

Post hæc, Supplicius thesaurarius neptam suam minorem Fulconi cuidam, nobili viro Bituricorum et probissimo, cum oppido Villentrastri, in matrimonio conjunxit. Busenchaicus vero et illud de Castalione nepoti suo Roberto proprium remansit. Non longe post hoc thesaurarius obiit (1).

Lisoius de Ambaziaco, vir animosus, Algerio fratri suo et Hugoni filio ipsius, nepoti suo scilicet, Basogerium concessit; terram vero Sanctæ Christinæ, quam diu possederat, Alberico fratri suo quiete donavit. Lisoius genuit ex Hersendi duos filios Supplicium et Lisoium, et tres filias Eufemiam, Sibillam, et Elisabeth. Eufemiam Bucardus de Monthesaurio, filius Rogerii Diabolerii, uxorem duxit, et ex ea genuit Albericum. Sibillam autem habuit Theobaldus, filius Corbonis, de qua genuit Robertum de Rupibus. Elisabeth Fulchoius Juvenis, filius Fulchoii de Torinneio, uxorem duxit, ex qua filiam nomine Corliam genuit, quam Gosfridus Burellus uxorem duxit; sed eam absque herede manentem cum Jerusalem duceret, raptam a Paganis amisit; Elisabeth vero mater ejus post hæc Orricum Pejorem Lupo duxit, ex quo nullum heredem habuit, immo deinceps sterilis permansit.

Ut autem genus Hersendis breviter aperiatur, Haimo dominus Busenchaiaci genuit Supplicium cognomento Mille Clipeos; Supplicius genuit Robertum; Robertus Archembaudum et Supplicium thesaurarium; Archembaudus Robertum, Hersendim et Hermensendim uxorem Fulconis Villentrastri.

Lisoius de Ambazio, jam in extremis annis positus,

---

(1) Le ms. 6218 contient ici un passage commençant par ces mots *Gosfridus Martellus cum Willelmo*, et se terminant par *augeri senectus solet*, qui se trouve dans les *Gesta consulum Andegavorum*, plus haut, p. 126.

terram suam duobus filiis dividens, Supplicio primogenito suo illud de Ambaziaco et omnia quæ habebat inter Carum et Endriam, et etiam Maureacum ultra Andresium situm, quem de feodo archiepiscopi habebat, donavit; Lisoio autem illud quod Lochas tenebat et medietatem Virnolii, cum pluribus casamentis et aliis rebus quæ sibi propria retinuerat, ut in scriptis consuetudinum domini Ambaziæ continetur. Vixit autem Lisoius multis diebus, et, quamvis in decrepita ætate vires ejus consenuerint atque defecerint, tamen illa defectio virium non ex adolescentiæ vitiis fuit : nam, teste Tullio (1), libidinosa et intemperans adolescentia effetum corpus senectuti tradit. Nempe Lisoii adolescentia valde modesta et honesta exstitit; qui cum naturæ concessit, Villalupæ prope ecclesiam Sancti Salvatoris sepultus fuit.

DE SUPPLICIO LISOII FILIO (2).

Supplicio Lisoii filio Gosfridus de Calvo Monte, filius Gelduini, quamdam neptam suam, sororis suæ Chanæ filiam, nomine Dionisiam, quam parvulam nutrierat, quoniam summæ prudentiæ vir et armis strenuus habebatur, in matrimonio copulavit, eique medietatem Calvi Montis et omnium quæ possidebat in vita sua donavit, atque post obitum suum omnia ex integro habenda concessit; quod factum est assensu et voluntate comitis Theobaudi et Stephani filii

(1) Cicero, *De Finibus*, lib. V, 62.

(2) D'Achery, in-4°, X, 548; in-fol., III, 276.

sui, qui ambo hominagium a Supplicio pro honore Calvi Montis quiete et pacifice susceperunt. Sic dominatus Calvi Montis et Ambaziæ conjunctus agnoscitur.

Fulco comes, sicut jam supradictum est, terram suam Martello filio suo reliquit, qui cum heredem non haberet, duobus nepotibus suis Gosfrido Barbato et Fulconi Richin Turoniam et Andegaviam donavit et dimisit.

Temporibus eisdem, Willelmus, filius Roberti ex concubina, dux Normannorum, omnem militiæ valetudinem quam invenire potuit in arma commovens, regnum Anglorum, quod jure hereditario reclamabat, Haroldo tunc Angliæ imperante, invadere parabat; ad quem cum ex diversis regionibus optimi milites et bellicosi gregatim convenientes, inter eos etiam Gosfridus de Calvo Monte, filius Gelduini, qui neptam suam Dionisiam Supplicio Lisoii filio matrimonio copulaverat, venit. Is siquidem vir mirandæ pulchritudinis, staturæ congruentis, summæ prudentiæ, miræ facundiæ, ingentis eloquentiæ, armis strenuus, providus in consilio, in omnibus morigeratus, statim ut a Willelmo duce fuit agnitus, super omnes ei familiarior est habitus. O virum felicem, cui Dominus tot et tantarum virtutum gratiam conferre dignatus est! Qui ducem adire deliberans, quidquid sibi retinuerat in pago Blesensi et apud Calvimontem, illud similiter quod Turonis habebat in vigifera Castri Novi, censumque et ecclesiam Sancti Cirici et burgum cum decima totius parochiæ, totum Supplicio et nepti suæ Dionisiæ quiete et in dominio possidendum reliquit.

Paratis igitur navibus suis, Willelmus dux vela præbet ventis, et cursu prospero Angliæ appulerunt, qui egressi de navibus terram vastare cœperunt. Haroldo ex adverso resistere parante, pugna constituitur, pugnatur, Haroldus vincitur et vulneratur graviter, non multum post mortuus est; sicque Willelmus de hoste triumphans, ab Anglis suscipitur, in regem inungitur, coronatur, totamque regionem quietam tenuit, et in pace rexit. De militibus autem suis multos optime remuneratos remisit, nonnullos secum retinens, eis multa et amplissima donaria contulit; Gosfrido vero de Calvimonte auri et argenti copias multas, terræque possessiones amplissimas, quoniam illum in majori reverentia habebat, dedit.

Dum igitur sic in Anglia ageretur, et Gosfridus de Calvimonte in his quæ sibi dederat Willelmus rex Anglorum moraretur, duo fratres Fulco Richin et Barbatus inter se graviter discordaverunt.

Erant autem tunc Ambaziæ tres optimates, quorum nullus alii credebat fore secundus nec erat, et quorum nullum servitium alter alteri debebat, habentes singuli domos defensibiles : Supplicius, dominus turris lapideæ; et Fulcoius de Torinneio, quem comes Martellus primus ibi hereditaverat, qui dominus domus quæ Mota Fulcoii dicebatur erat; tertius erat Ernulfus filius Leonii de Magduno, custos domus consulis quæ vocabatur Domicilium, ad cujus jus pars major Ambaziensis castri pertinebat. Fulco comes, pater Martelli, Leonio de Magduno in feodo custodiam Domicilii et commendaticias Silvæ Longæ, quæ suæ erant usque Remorentino, olim donaverat. Nam Fulco cum Landonensem viceconsulatum possideret, sæpe per Magdunum, inter Aurelianum et Baugentiacum situm, transibat, et Leonium inter principales amicos habebat.

Supplicius vir prudens armisque strenuus fuit, cujus frater Lisoius non inferior virtute exstitit; qui ita naturali amicitia erant conjuncti, ut eorum vita ab omnibus laudaretur. Nam, teste Tullio, si exemeris ex natura rerum benevolentiæ junctionem, nec domus ulla nec urbs ulla stare poterit, nec agri cultus etiam permanebit. Id si minus intelligitur, quanta vis amicitiæ sit concordiæque, ex dissensionibus atque discordiis percipi potest, ut ex discordia Fulconis Richin et Barbati, quæ pene terram eis subditam totam delevit. Quæ enim domus tam stabilis, quæ tam firma civitas, quæ non odiis atque discidiis funditus possit everti? Ex Supplicio atque Lisoio quantum boni sit in amicitia judicari potest, qui, licet causa invidiæ a multis potentibus aggressi, viriliter se defendentes, nihil ex suo amiserunt, quamvis ipse Fulco Ambaziaco sæpe expellere tentasset.

Fulco Richin Barbatum fratrem suum captum tenuit et in vinculis Cainoni castro posuit, et utrumque comitatum in proprietatem sibi suscepit. Barbato Ernulfus, Fulconi Richin Fulcoius favebat, Supplicius neutri. Itaque Fulco Richin a rege Francorum utrumque comitatum suscepit, ipsique Landonense Castrum in perpetuum concessit. Dum a curia regis Fulco rediret, hospitatus cum Ernulfo in Domicilio, consilio Fulcoii, Domicilium abstulit et cuidam homini suo Rainardo Porcello ad custodiendum tradidit, ipsumque Arnulfum ratione satis debili, quia Barbatum dilexerat, Ambazio expulit. Post hæc, malitiosus Fulcoius nutu consulis Supplicium et suos impugnabat, existimans quod comes honorem Supplicii filio suo Fulcoio daret, qui Elisabeth sororem ejus uxorem duxerat, si eum ab Ambaziaco expellere posset.

Jam pridem consul Richin a probitate antecessorum deviaverat, veraque vocabula rerum amiserat. Nam aliena bona largiri, liberalitas, malarum rerum audacia, fortitudo, ab eo vocabatur; sed tamen misericors mansuetusque erat nimiumque ad credendum malis facilis. Quem Fulcoius aggrediens multis adulationibus, ut arma contra Supplicium sumeret impetravit. Similiter Bucardum de Monthesauro, qui Eufemiam Supplicii et Lisoii sororem habebat, contra ipsos ad omnia mala agenda incitavit. Sed Supplicius Lisoiusque a Calvo Monte comitem, Bucardum atque Fulcoium infestabant, illisque nolentibus totam terram usque Lochas et Turonim vastantes deprædantesque omnia incendebant. Munierant etiam Ambaziaco arcem suam, et sic sæpe in ipso oppido inter utriusque partis homines vulneratioque et occisio nimia erat. Erat autem Supplicio auxiliator sororius ejus Theobaudus, Rupium dominus, per cujus portum Supplicius et sui transmeantes maxima damna inimicis suis faciebant. Diu post hoc, comes consilio Ambaziensium cum Supplicio dolo inducias cepit; pace facta, terra siluit.

Supplicius in custodia cujusdam Ambaziensis militis, nomine Ebardi, arcem suam posuit : ipse cum uxore Calvo Monti mansit. Quadam vero die, dum Supplicius Ambaziaco esset, et in domo Cæsarii in pace securusque quiesceret, Fulcoius comiti qui Turonis erat mandavit; comes statim milites suos nocte misit, eumque in eadem domo turpiter captum Andegavis incarceravit.

Fulco Richin, exercitu suo congregato, arcem Ambazii expugnare adorsus est. Intravit autem comes juxta Domicilium suum in oppido, inde balistarii et sagitarii spicula illis de arce dirigebant; ab arce vero pila et sagittas immensosque lapides jactabant. Illi de Domicilio, quod turre porrectius erat, nimis eis nocebant, utpote super quos lapides a mangonellis jaculati desursum ruebant. Major pars exercitus, quæ in foro juxta ecclesiam Sancti Dionisii relicta erat, impetuose in burgum ruebant, quorum phalanges armatæ mœnia circumvallabant et classica lituorum tubarumque clangebant, ignemque cŏpiosum jacientes omnia incendebant. Illi de turre omnimodis eos impugnabant, percutientes in clypeis, in galeis, in capitibus, nihil otiosum omittere, ignem non cessant jacere, donec ab utrisque totum oppidum succensum, ipsaque ecclesia Sanctæ Mariæ cremata est. Post ignem, arietibus et petorritis comes eos aggressus, per quinque hebdomadas parum eis nocuit nihil proficiens, exercitum redire ad propria permisit.

Interea Lisoius, frater Supplicii, a Calvo Monte et ab ipsa arce repentinos concursus faciens, phalanges Turonorum sæpe palantes inveniens impugnabat. Multi dum impetum ejus evitare nesciunt, in repentinum mortis discrimen ceciderunt, quod ad luctum et magnum detrimentum hominibus comitis accidisse nemo sani capitis dubitat. Orta est igitur inter eos non modica tristitia, quoniam comes eis nullum auxilium conferre poterat. Dum enim unusquisque quod suum est quærit, a communi providentia tepescit; populi quoque usque ad communem perniciem desolantur, ubi principes se ipsos non consolantur. Vicini proceres de concordandis fratribus cum comite locuti sunt. Comes compunctus corde, animo suo liberaliter dominatus est; sic res ad effectum processit. Ebardus, qui turrim custodiebat, audiens Supplicium deliberatum, ipsam arcem, nesciente Lisoio, sine aliquo pacto, ut stultus, hominibus consulis tradidit : quod Supplicio et suis nimis displicuit. Supplicius et sui famuli Ambaziaco, in loco qui Vetus Roma dicitur, mansionem amissa turre accepit. Oppidani potita quoquo modo pace, ut mos est, lætati sunt.

Stephanus Blesensis comes, adjunctis sibi Cenomannensibus, de deliberatione Barbati cum Fulcone locutus, postquam res ad nullum effectum processit, principes Cenomannorum contristati, et comites discordantes ad sua irati redierunt. Fulco proceres suos Turonis confabulandi gratia convocat, maxime Supplicium heri et nudiustertius, ut sibi contra Stephanum auxiliaretur aggressus est, sed res illa ad nullum effectum processit, quoniam Supplicius absque causa cum domino suo Stephano disceptare nolebat, et sacramentum Stephano factum palam Fulconi coram omnibus prætendebat, quod prævaricari nullatenus volebat; sed tamen utrisque pacem debitam tenere cupiens, servitium decens utrisque facere non denegabat. Quamobrem comes dolo, ibidem habito consilio, Supplicium capere disposuit. At ille, quæ parabantur ab amicis edoctus, ecclesiam Beati Martini intravit; ex qua Salomon, Lavardini dominus, consobrinus ejus, extraxit et cum multis usque ad Rupes Corbonis deduxit. Sic auxilio Dei et beati Martini et amicorum suorum Supplicius evasit, Ambazio comitem antevenit, et suos, ne a comite caperentur, fugere hortatur. Ipse statim discedit, Salgionem munit et fugitivos ab Ambazio ibi posuit. Quibus præfectum suum virum animosum et viribus corporis pervalidum, nomine Gosfridum Mane Munitum, præfecit. Quos Supplicius sic allocutus est : « Fideles amici, non votis neque suppliciis muliebribus auxilia parantur ; vigilando, agendo, bene consulendo prospera omnia cedunt. Ubi socordiæ et ignaviæ vos tradideritis, nequidquam Deum implorabitis, nam ipse et sancti ejus irati vobis infestique sunt. » Sed in ea difficultate Supplicium non minus quam in rebus hostilibus magnum et sapientem virum fuisse comperior. Namque edicto præcepit ne quisquam suorum ibi degentium panem aut alium cibum alteri venderet, sed omnia eis essent communia, ne lixæ nec gregarii servi agmen eorum sequerentur, vigilias crebras ponere ac si hostes juxta adessent. Præterea pollicetur semet cum suis copiis sæpe affore. Ita omnibus compositis discedit. Illi de hac munitione quidquid erat inter Carum et Ligerim et etiam usque ad Angerem fluvium a Montricardo usque Turonis deprædantes, omnia, excepta propria terra Beati Martini, deleverunt. Similiter domini eorum Supplicius et Lisoius, per portum Rupium sæpe transmeantes, cuncta usque ad Sanctum Anianum demoliti sunt. Omnibus ita deletis, mortuoque Barbato, comes cum Supplicio concordatus, omnia sua sibi reddidit. Arcem tamen in custodia Roberti de Avessiaco posuerunt ; qui vir illustris, haud modici pectoris, de familiaribus comitis et amicus Supplicii erat. Suscepit igitur turris custodiam tali pacto quod si consul pactum frangeret, omnibus viribus ei nocumento esset ; quod si Supplicius idem non teneret, Robertus eum ab Ambaziaco expelleret arcemque in fidelitatem consulis custodiret. Omnes milites oppidi pactum illud tenendum sacramento firmaverunt. Insuper Supplicius filium suum Hugonem obsidem pacis tenendæ in manu comitis posuit, et comes cellarium, quod sub thalamo turris erat, Supplicio ad annonam et cætera necessaria ponenda concessit. Bucardus tamen de Monthesauro et Fulcoius extra pacem fuerunt, quos Supplicius ab Ambaziaco et Calvimonte viriliter impugnabat.

Quadam die, Calvimontenses venatorem Fulchoii cum equis et canibus et venatione ab ipso capta ceperunt; pannis quorum induti homines Supplicii, equosque eorum equitantes cum canibus et venatione, summo diluculo Ambazio ad domum Fulchoii pervenerunt. Qui cornibus clangentes ut eis aperirent, clamaverunt mentientes Fulchoium prope adesse; Supplicius cum multis Mala Valle absconsus erat, et Gosfridus, prætor Ambaziæ, in fossato non longe a domo cum viginti famulis insidiabatur. Existimantes homines Fulcoii dominum suum adesse, cum canes et equos cognoscerent, decepti portas aperuerunt. Intrant acclamantes Calvimontenses; Gosfridus Mane Munitus, prædictus prætor, eos subsecutus, portitore occiso, ad superiora domus ascendit, eamque captam sonitu buccinæ domino nuntiavit: Supplicius festinans accurrit, et impleto terra et lapidibus fossato et puteo domum illam omnino delevit. Quo peracto, Fulcoius Senex et filius ejus terram Supplicii, auxilio Bucardi, multis malis afflixerunt; nam Berengarius de Orcario domum cum rupe, quam apud Orcarium munierant, Fulcoio Juveni tradidit. Supplicius et sui domum illam variis assultibus aggressi sunt, et sæpe obstantibus defensoribus repulsi sunt, ad ultimum eam ceperunt et succenderunt. Berengario ibi occiso, filius ejus Lescelinus de Orcario evadens cum Fùlcoio Sene Montricardo aufugit. Cum vero milites Fulcoium Juvenem captum adducerent, rustici pedites inter manus militum eum frustatim detruncaverunt.

Placuit autem Deo tantis malis finem imponere : nam Bucardus de Monthesauro, morbo coactus, monachus efficitur. Qui convalescens monachum exuit, et Romæ, ante papam, quod ignorans effectus esset monachus, nec sė ordini acquievisse jurejurando affirmavit. Qui cum rediret in Longobardia, quamdam marchisiam uxorem duxit, et filio suo Alberico terram Turoniæ dimisit. Bucardus vero plures annos inibi vixit, et a quodam Longobardo proditione peremptus fuit. Albericus, cum avunculis suis Supplicio et Lisoio concordatus, hominium debitum Supplicio pro Montricardo et aliis feodis fecit; Senex Fulcoius cum Alberico Montricardo usque ad obitum suum mansit. Sic Supplicius Calvimontem et arcem Ambaziæ et omnia sua diu in pace possedit.

Supplicius de Calvimonte ex uxore sua Dionisia genuit Hugonem, et duas filias Aanordim et Emensendim. Senescente Supplicio omnes homines sui, Calvimonti quasi ad consilium congregati, filio suo Hugoni honorem et terram suam (1) juraverunt. Similiter Lisoius frater ejus quod nec honorem Hugonis nepotis sui minueret, neque terram auferret, neque damnum corporis membrorumque aut vitæ quæreret, jurejurando affirmavit.

(1) D'Achery ajoute : *dare curaverunt, fidelitatemque.*

Supplicii animus totis et cito sed infructuosius, Lisoii paucis et sero sed commodius aperiebatur, neuter aditu difficili, neuter sumptuoso; sed si utrumque coluisses, facilius a Supplicio familiaritatem, a Lisoio beneficium consequebare.

Non longe post hæc Supplicius, a curia comitis Andegavorum rediens, gravi morbo præoccupatus, Rupibus Corbonis, in thalamo sororis suæ Sibillæ, viam universæ carnis arripuit; qui extremum diem kalendis junii clausisse dignoscitur, maximoque mœrore militum, vir probus et honestus Pontilevi sepultus, Deo annuente, quievit. Lisoius frater ejus terram et homines, ut Supplicius jusserat, ad regendum suscepit.

DE HUGONE DE CALVO MONTE (1).

Erat tamen Calvimonti vir superbus, Mauricius Escarpellus, inter magnates ejusdem oppidi primus, dolo et astutia maximus, versutus, dominis suis semper infestus, cujus maligno consilio plures Calvimontensium Lisoio repugnabant. Istius versuta dolositas, nisi a prudentibus impediretur, Hugoni puero valde noceret. Duo pariter mala Calvimontenses sustinebant, mortem Supplicii et absentiam Gosfridi. Gosbertus prætor Calvi Montis, vir prudens, ad Gosfridum de Calvo Monte in Angliam misit, et rem omnem ei enucleavit. Quod comperiens Mauricius Escarpellus exarsit

---

(1) D'Achery, in-4°, X, 551; in-fol., III, 277. Nous commençons ici le chapitre de Hugues de Chaumont, parce que les événements racontés ici se sont passés après la mort de Sulpice, et lorsque Hugues de Chaumont était seigneur d'Amboise. Dans le ms. 6218, il ne commence qu'à la phrase *Quod sibi utile*, page 185.

in iram, et, quasi alter Catilina, itur in furias inque convitia absentis et nescientis Gosfridi, qui Gosbertum prætorem quasi novum hominem provocans, quod genus, unde domo si quis requisisset, municipaliter natum, claritatis initia non ab avo et patre, sed a se ipso habuisse fatebatur, et quod Gosbertus per fas et nefas crescere affectaretur. Sed quia familiaris Supplicio Gosbertus pernimium fuerat, Hugonem filium suum utpote dominum suum valde diligebat, quasi popularis persona levis turbæ facilitatem qua voluit contraxit, et tribunitiis flatibus in Mauricium crebro seditionem populi impellebat, eique resistebat.

Gosfridus de Calvo Monte, cum rege Willelmo loquens, ut filiam suam Stephano Blesensi comiti daret uxorem impetravit. Itaque Gosfridus veniens, a Calvimontensibus gaudenter recipitur : namque maligni, considerantes eum a consule Stephano amicabiliter susceptum et nimis familiarem esse, siluerunt. Gosfridus munitionem castelli Gosberto prætori tradidit, neptamque suam Dionisiam, cum filiabus suis in aula dimissam, ipsi servire et custodire præcepit, vocatoque ad se Lisoio, hominibus suis ut ei obedirent et ut suum dominum servarent imperavit. Ipse vero in Angliam rediit.

Interim Lisoius, dum Fulco Richin a consule Pictavensi et a Gosfrido Pruliaci et aliis pluribus impugnaretur, nepotem suum Hugonem, quem adhuc captum tenebat, petiit, et hominagium quem comes exigebat facere renuit. Videns consul Lisoium sibi fore necessarium, nepotem suum reddidit, et hominium comes ab eo suscepit. Gosfridus de Pruliaco, cum comite pacificatus, terram Lisoii inquietabat, Guicherium

Castri Raginaudi dominum auxiliatorem habens. Gosfridus Pruliaci, consul Vindocinensis effectus, consuetudines quæ vulgariter commendatitiæ vocantur, ab Ambaziensibus et Calvimontensibus olim captas, auferre eis cupiebat, et pro decima Sancti Cirici hominium exigebat : sed Lisoius, adjuncto sibi nepote suo Roberto Rupium et amico suo Hugone de Aluia, eis viriliter resistens, nec hominium fecit, neque commendatitias amisit; nam Hugo de Aluia Guicherium in suo oppido Castro Raginaudo cepit, et vinctum Castellis diu, donec res pacificata fuit, tenuit.

Interea Gosfridus Calvi Montis, cum rege Normanniam veniens, filiam regis, Alam nomine, cum Stephano Carnotensi consule in matrimonium copulavit, et Calvimonti veniens Hugonem nepotem suum gaudenter suscepit et nutrivit. Mortuo autem rege et regina, Gosfridus quod in Anglia possidebat, concedente rege Willelmi filio, Savarico nepoti suo præbuit; et Calvimonti cum maximo thesauro rediens, Stephano et Alæ comitissæ familiaris, in ipsorum curiam principaliter morabatur. Dionisia, pia filia, morigera conjux, domina clemens, utilis mater, quarto kalendas maii obiit, quæ Pontilevi, juxta parentes suos sepulta, in pace quiescit.

Quod sibi utile videtur quisquis agit :

..... Namque
Velle suum cuique est, nec voto vivitur uno (1).

Fulco comes Corbam Fulcoii filiam, consentiente

(1) Persii *Satyr.* V, 53.

Lisoio, cuidam viro de curia sua Haimerico de Currone in matrimonio copulavit; quod multi ad detrimentum Hugonis, qui tunc miles erat noviter, factum esse existimaverunt, cum comes custodiam Domicilii sui Haimerico de Currone præbuisset. Dum cæteri murmurarent, tres famuli Hugonis, Gosfridus Mane Munitus, Robertus Telonearius et Rainelmus Carpentarius, rem difficilem aggressi sunt, qui quanto cordis mentisque desiderio, quantisque sollicitudinibus, quantis curis ac laboribus pro fidelitate domini sui sæpe anxii exstiterint, rerum est testis effectus. Isti siquidem, adjunctis sibi aliis duobus, in cellario sub thalamo turris nocte absconsi, sesnerio perforato, summo diluculo, cavillis impositis, ad summa ascenderunt, dominæ clamorem, cum duabus ancillis ibi jacentis, minando gladiis oppresserunt; vigil somno oppressus capitur. Ex his tribus ad portam scalæ, quæ vulgo strapa vocatur, remanentibus, duo ad summa arcis ascenderunt, qui super fastigium in summitate turris quoddam vexillum exaltantes, arcem domini sui esse exclamant. Multi ex hominibus Hugonis cito accurrentes, ab illis suscepti, turrim intraverunt, et uxorem Roberti de Avessiaco, quæ intus parturierat, nec tempus purificationis ejus instabat, in lecto suo usque ad domum viri sui, quæ non longe a porta arcis erat, detulerunt. Robertus de Avessiaco et Haimericus de Currone se delusos dolentes, cum castrensibus conveniunt, undique finitimos homines consulis et intus inclusos observant sollicite ne quis eorum posset exire. Robertus et Haimericus, ipsis absentibus, Lisoio etiam nolente, arcem ab hominibus Hugonis captam consuli nuntiant. Hugo, sicut erat vir cordatissimus, adunatis hominibus et amicis suis, Ambazio veniens arcem et partem suam oppidi munit.

Interea dum comes aliis negotiis impeditus moraretur, homines sui qui aderant in castello ab infestatione hominum Hugonis nullatenus absistebant, sed tota sedulitate eos incursabant. Illi de turre viriliter tota die se defendebant, homines consulis graviter vulnerati sæpe recedebant; quos cum sui duces vocarent, non conveniebant; cum litui clangerent, in domibus latitabant, immo inermes et exanimi bellum detestabantur, et velut exanimes, imbelles et inglorii recedebant Demum ubi consul eo pervenit, licet invidiæ animo ardebat, cognitis hominibus Hugonis acres ad pugnam ex copia rerum, statuit sibi nihil agendum, sed cum eo in colloquio verba facit : « Juvenem te amisso patre sine opibus video, idcirco amicitia mea opportunior tibi certamine est. Ego, humanarum rerum memor, scio quod in omni certamine qui opulentior est, etiam si accipit injuriam, tamen quia plus potest injuriam facere videtur. » Itaque comes hominio accepto a Hugone, eoque cum Haimerico de Currone et Roberto de Avessiaco concordato, omnibus Ambaziensibus pacificatis, recessit. Lisoius vero, Virnolium et ea quæ ultra Andresium erant habens, cætera omnia nepoti suo Hugoni quiete in pace dimisit : qui ad senilem ætatem perveniens, Pontilevi monachus effectus est, qui usque ad decrepitam ætatem ibi vixit, ac juxta fratrem sepultus fuit.

Anno ab incarnatione Domini millesimo nonagesimo sexto Urbanus papa Romanus in Gallias venit, Arvernis cum multis Galliarum episcopis et abbatibus generalem synodum celebravit; et ut erat disertus seminiverbius, verbum Domini sæpe seminabat, ostendens multis potentibus et honoratis viris quantis calamitatibus, quantis incommoditatibus, quam diris constrictionibus in Jerusalem, in Antiochia et in cæteris Orientalis plagæ civitatibus Christiani, nostri fratres, nostri membra Christi flagellabantur, opprimebantur, injuriabantur; quibus verbis multi incitati ora lacrymis suffundebant, et genu flexo licentiam et benedictionem eundi poposcebant. Summus ille pontifex prædicabat Dominum dixisse sequentibus suis: *Si quis non bajulat crucem suam, et venit post me, non potest meus esse discipulus* (1). « Idcirco, inquit, debetis crucem vestris coaptare vestibus, quatenus et tutiores incedatis, et his qui viderint exemplum et incitamentum suggeratis. » Is rumor palatinos consules, regios tyrannos, viros consulares excivit: inter quos Hugonem de Calvo Monte et Haimericum de Currone commovit, qui in ecclesia Beati Martini Majoris Monasterii, in præsentia papæ, multis sibi adjunctis, vestibus super amictis sanctæ crucis vexillum consuerunt. Gosfridus de Calvo Monte Hugonem de Calvo Monte nepotem suum multo auro obrizo et argento ditavit; qui Hugo Roberto de Rupibus consobrino suo honorem Ambazii vadavit, arcemque suam in ejus custodia posuit. Haimericus de Currone in Nicæa obsidione gravi morbo præoccupatus fuit, in qua per septem hebdomadas tresque dies Christiani demorati, illam captam Alexio imperatori reddiderunt; qui cum pedem alias direxerant, Haimericum socii sui in feretro usque ad quemdam pontem, ubi Christianus exercitus duobus

(1) Lucas, XIV, 27.

diebus tentoria collocavit, vivum detulerunt, illum vero ibidem mortuum in introitu pontis honorifice sepelierunt.

Stephanus comes Blesensis cum multis, terrore non modico perterritus, sociis dimissis, ab obsidione Antiochiæ clandestinus discessit et festinanter fugam inivit. Sic Ambazienses per eum et per socios ejus de morte Haimerici de Currone certificati sunt. Quo audito, comes Fulco Richin ejus uxorem Corbam cuidam senissimo viro Accardo de Sanctis, qui ejus Domicilium custodiebat, accepta ab ipso Accardo pecunia, in matrimonio copulavit; quod absque consilio Elisabeth matris suæ, ignorante etiam consobrino suo Roberto Rupium, factum esse dignoscitur.

Hugo in exercitu Dei multis ærumnis cum aliis afflictus, duobus annis post hoc permansit : fuit enim in omnibus, et in Antiochia obsidione multa infortunia, sicut alii, perpessus, nunquam de fuga ut multi desperati cogitavit; immo magnates, in magna anxietate positi, illam quæ Porta Boamundi vocatur ipsi et Radulfo de Baugentiaco custodire mandaverunt. Marræ, Jerusalem cæterisque urbibus in capiendo non defuit, sed cum aliis fames laboresque sustinuit, et post captam Jerosolymam in prælio prope Ascalonem cum rege et populo Dei victor exstitit. Omnibus prædictis peractis, sepulcro Domini cæterisque locis sanctis deosculatis, ipse aliquantulum tamen ægritudine gravatus, in Natale Domini, ad curiam comitis Fulconis Andegavis, Lochas pervenit.

Accardus Santonicus, adventum Hugonis metuens, uxorem suam Corbam Turonis in domo fratris sui Willelmi de Sanctis, cellerarii Beati Martini, deduxit, quæ dum ibi moraretur, et singulis diebus ad ecclesiam Beati Martini sub custodia pergeret, cum quodam cliente Ambaziensi, nomine Ilgerio Calca Rusa, conquerendo locuta, quomodo eam rapere posset edocuit. Quodam die festo, dum matutinis horis insisteret, prædictus Ilgerius ecclesiam, dimissis viginti clientibus ad portam, intravit; itaque Corbam usque ad socios ductam et equo impositam, in vico qui Scalaria dicitur, in domo cujusdam fabri Calvi Montis, ubi Ilgerius hospitabatur, abscondit. Præterea, misso nuntio Rupibus Corbonis, Robertus Rupium dominus cum multis militibus et servientibus eam extra murum Turonicæ urbis, Rupibus et inde Calvomonti conduxit. Vir ejus Accardus, morbo et dolore amissæ conjugis vexatus, non longe post obiit. Postremo Gosfridus Burellus Corbam duxit uxorem.

Anno tertio post captam Jerusalem, Guillelmus comes Pictavensis iter sanctæ peregrinationis arripuit. Gosfridus Burellus cum uxore sua Corba ei adjunctus, usque in Romaniam pervenerunt, quibus Solimanus, memor Niceæ sibi a Francis ablatæ, cum maximis copiis Turcorum obviavit; qui Christianos superbe et cum multis lenociniis sævientes dissipans, fere centum millia peremptis aut captis, comes cum paucis, in quibus fuit Gosfridus Burellus, evasit. Turci quidquid in tentoriis Christianorum invenerunt rapientes, Corbam multasque alias uxores Francorum secum captivas duxerunt.

Sic honorem Fulcoii Hugo quiete possedit. Hugo autem Aanordim sororem suam Johanni, Lineriarum domino, in matrimonio copulavit, qui ex ea genuit Guillelmum, Odonem, Giraudum Beati Martini thesaurarium, Seguinum et Johannem. Ermesendim vero alteram sororem suam Archembaudus Bresis uxorem duxit, et ab ipsa genuit Ilgerium et Campaniam, quam Ridellus Riliaci sibi in matrimonio copulavit. Ilgerius Bresis absque herede obiit.

Fulco Richin pernimium libidinosus plures uxores habuit; duxit enim filiam Lancelini de Baugenciaco, ex qua genuit comitissam Britanniæ, illam quæ viro suo mortuo, Jerusalem, in ecclesia Beatæ Annæ, religiosam ducens vitam sepulta fuit. Alteram duxit Ermengardim, filiam Archembaudi Fortis de Borbono, ex hac genuit Gosfridum Martellum, illum cujus probitas cunctos sui temporis excellebat. Qui insignis justitiæ ab omnibus metuebatur; et ei plus quam patri totius consulatus omnes homines, etiam nobiles, obediebant, patrem propter vilia odio habentes. Qui, reperta cognatione, Ermengardim matrem Martelli, eo adhuc puero, dimisit; quam dimissam Hamo, cognomento Vacca Varia, dominus Borbonis, frater ejus, filius Archembaldi Fortis, secum in Arvernia ducens, Willelmo Jalinacensi domino, filio Uldini Barbæ, in conjugio copulavit. Hic ex ea genuit Uldinum et Elizabeth.

Postremo Fulco Richin, amore sororis Amalrici de Monteforti succensus, cujus præter formam nihil unquam bonus laudavit, domum suam sceleratis nuptiis replevit. Quæ mulier timens privignum adultum ætate, animus ipsius omnibus infestus neque quietibus neque vigiliis sedari poterat, sciscitans quomodo nocumento Martello esse posset. Sæpe color ejus exsanguis, incessus [modo] citus, modo tardus, prorsus in facie vultuque vecordia inerat, et illis quos multis modis ad se illexerat mala facinora edocebat. Gosfridus Martellus quemadmodum his resistatur discutiens, sciens quia sine sociis nemo quidquam tale conatur, cogitans quomodo amicitiam Hugonis (1) sibi contrahat et adjungat, in quo animus similis suo inerat, quod cum contigit, amor exoriatur necesse est, Elisabeth sororem suam, ex matre sua Ermengardi et Willelmo Jalinniacensi ortam, Hugoni in conjugium copulavit. Martellus Hugoni et uxori suæ Domicilium et quidquid Ambazio possidebat post obitum patris sui concessit; id quod post contigit. Hugo providens scilicet, si Martellus morte præoccuparetur, Domicilium frustra esse sibi datum, quomodo delere posset excogitabat, quod factum est anno tertio hujus conjugii, cum jam Elisabeth Supplicium primogenitum suum peperisset.

Ea tempestate, quidam miles, nomine Hugo de Vado, Domicilium custodiebat, qui sæpe a Sylva Longa prædas agere consuevit. Hic quadam die cum omnibus suis, exceptis tribus ad custodiam domus relictis, Remorentino causa prædandi perrexit; quod Hugo comperiens Domicilium sibi promissum invasit, cepit et delevit.

Eodem anno, vir probus Gosfridus Martellus insidiis suorum et novercæ, patre ut creditur consentiente, Cande castro occisus est. Cumque animus consulis pro factione deleti Domicilii conqueretur, sciens Ambazienses Hugoni assensum præbuisse, seque senem, actiones suas in tempus distulit. Rex Francorum Philippus Turonis venit, et cum pessima uxore Fulconis comitis locutus, eam furto nocte raptam deduxit et

(1) Suppl. *de Calvo Monte.*

tenuit. Itaque rex luxuriosus adulterium publicum exercuit.

Hugo vir disertissimus, equis, armis, veste, sumptu, famulitio honesto instructus erat. O quotiens sæpe ipse se adversa perpessum gloriabatur! dicens neminem in mundo esse felicem, certus post adversa sibi prospera contingere; cujus familiares, maxima rerum verborumque præditi copia, inter principales viros Turoniæ et Andegaviæ computabantur. Si in ejus convivium, quod privato simile erat, venitur, maximum tunc in verbis est pondus; quippe cum illic aut nulla narrantur aut seria, cibi plus arte quam pretio placent, fercula nitore non pondere. Videres ibi abundantiam Gallicanam, servientium celeritatem, publicam pompam, privatam diligentiam, regiam disciplinam. Illo dapibus expleto, somnus meridianus sæpe nullus, semper exiguus; raro in ejus domo lyristes aut saltria canit. O ter quaterque beatum, de cujus culmine datur amicis lætitia, lividis pœna, posteris gloria; qui probis est exemplum, desidibus et pigris incitamentum! Et tamen si qui sunt qui eum quocumque animo deinceps æmulabuntur, sibi forsitan si illum consequantur debeant, ipsi debebunt procul dubio quod sequentur, qui ab avorum virtute non degeneravit.

Igitur Hugo dominus Ambaziaci, nutu divino correptus, iram Dei animæque suæ periculum metuens incurrere, pravam consuetudinem simoniacæ hæreseos, in qua ipse et prædecessores sui veluti jumenta in stercore suo diu jacuerant, vendentes præbendas ecclesiæ Sanctæ Mariæ virginis Sanctique Florentini Ambaziaci, quas gratis bene morigeratis ultronei debuissent attribuere, pro Dei amore animæque suæ remedio, canonicis supradictæ ecclesiæ, omni dominatione procul remota, reliquit, tali conditione quod nec ipse nec aliquis sui generis per successionis seriem in supradicta ecclesia deinceps manus mittat. Nunc vero lues simoniæ adeo inolevit, quod in sancta ecclesia, proh dolor! aliquis, licet bonis moribus ornatus, aut vix aut nullatenus quidquam potest adipisci, nisi regina pecunia intervenerit. Nusquam enim in sancta ecclesia, cujus beneficia bene morigeratis gratis essent tribuenda, venditor deerit, nisi penuria emptoris adfuerit.

Qui etiam a capite jejunii usque in pascha tredecim pauperibus victum, et in die Cœnæ indumenta lanea et linea singulis annis sufficientes dare constituit. Mos iste bonus a dominis Ambaziæ tenetur, et Deo volente in perpetuum perseverabit.

Quoniam de moribus Hugonis pauca supra retuli, cujus mores domi militiæque boni colebantur, tempus admonet pulcherrima facta ipsius disserere. Incitavit comes Fulco contra Hugonem, quem pro Domicilio deleto odio habebat, Gosselinum et Hugonem filios Hugonis de Sancta Maura, eisque auxiliator fuit. Hugo de Sancta Maura Aanordim, filiam Berlai de Musteriolo, ortam ex sorore Gelduini de Salmurio, duxit uxorem, quæ, ex eo concipiens, peperit Gosselinum et Hugonem; quorum primogenitus duxit uxorem Quasimotam, cui jure hereditario oppidum Haiæ et viceconsulatus Turonis contingebat. Isti duo fratres, armis strenui, militiæ periti nimiumque superbi, auxilio comitis Fulconis freti, decimam Sancti Cirici villamque totam, quæ quia avi eorum Gelduini fuerant, violenter ab Hugone exigebant et auferre nitebantur. Hæc omnia Gosfridus de Calvo Monte, filius Gelduini, nepti suæ Dionisiæ in conjugio donaverat, et vir ejus Supplicius, pater Hugonis, in pace habuerat : sed Hugo illis viriliter resistebat, devastans suburbia civitatis usque ad arcem eorum, quæ ab orientali parte in ingressu Turonicæ urbis exstat; ultra Ligerim vero quidquid usque ad pontem erat, exceptis rebus monachorum, vastabat. Erat etiam eis auxilio Albericus de Monthesauro, filius Bucardi, Hugoni hominium debitum facere renuens. Archembaudus Bresis (1), cui comes oppidum suum abstulerat, Hugoni sororio suo favebat; qui omnia quæ erant circa Lochas et in confinio Montricardi et Monthesauri deleverunt. Duo illi fratres Gosselinus et Hugo ob sævitiam et superbiam suam a militibus Haiæ, quos multum deturpabant, occisi sunt.

Eodem anno, Fulco Richin comes protervus obiit. Cujus honorem Fulco filius ejus suscipiens, amicus Hugonis factus, totum Ambazium sibi concedens, hominagium ab ipso in pace recepit. Quo peracto, Hugo ad Albericum legatos de injuriis questum misit, cui contumeliosa dicta retulerunt. Et tunc Hugo bellum cum eo sumere decrevit; quippe ipse acer, bellicosus, at is quem petebat quietus, imbecillis, placido ingenio, opportunus injuriæ, metuens magis quam ipse metuendus, quem tamen malitiosi erga Hugonem incitabant. Itaque Hugo, non ut antea cum prædatoria manu, sed magno exercitu ab amicis comparato, bellum gerere cœpit, et aperte Montricardum petere,

(1) Sp. *Blesis.*

qua pergebat agros vastare, vineas exstirpare, prædas agere, suis armis (1) hostibus terrorem augere.

Interea comes Fulco Archembaudo Bresis oppidum suum reddidit, quod tunc Hugo totum, excepta domo motæ, succenderat. Postquam Archembaudus oppidum suum accepit, Hugonem cum suis copiis in terram inimicorum, inter Haiam et Sanctam Mauram, causa prædandi, conduxit : quod Albericus comperiens, coadunatis militibus, adjuncto etiam sibi prætore de Luchis, cum omnibus copiis peditum Hugoni obvius processit, existimans hostes siti et lassitudine deficere et armis diffidere : maxima namque planities ultra Endriam sita, quæ antiquo vocabulo Campania dicitur, eos nimis fatigaverat. Magna quidem multitudine hostes confisi, intrepidi unanimiter eos impetebant. Indignabantur quod pauci eorum possessiones depopularentur, nimisque ægre ferebant quod ipsos præsumpsissent expugnare. Videns Hugo innumerabilem eorum multitudinem suis ore et gladio minitantem et insultantem, quidquid deprædatus fuerat rusticis et mulieribus post se plorantibus, pœnitens illius mali facti, omnia reddidit, captosque solvit. Denique stetit imperterritus, suisque satis consulte dixit peditibus et militibus : « Fortissimi milites, ecce dimicandi tempus est. Metum omnem qui etiam viros effeminat abjicite, et de vobis ipsis defensandis viriliter procurate, ictus impugnantium indefessi sustinete, confisi Dei adjutorio manus bellicosas exerite, viresque dum tempus est ostentate; nunc armis et

---

(1) Les mss. portent *suis animum hostibus*.

animis opus est, non est tempus socordiæ neque imperitiæ! »

Interim hostes obclamantes adveniunt: sagittando, jaculando, cominus feriendo ipsos acerrime infestabant, nullaque requies fatigatis dabatur. Martis campus incanduerat, nam utrinque totis viribus certabatur; itaque multum diei processerat, cum etiam tum belli eventus in incerto erat. Deinde Hugo, dato signo, a sinistra ac dextra hostes invadit, quorum qui firmioribus animis fuerant, obvii suis resistendo sauciabantur, neque hostibus contra feriendi aut conserendi manum copia erat. Denique labore et æstu omnibus languidis, amisso loco, Albericus et sui fusi fugatique sunt. In illo conflictu pauci interiere, plerisque velocitas et regio Ambaziensibus ignara tutamento fuerunt. Itaque Hugo, captis quindecim militibus ducentisque (1) peditibus, victor rediit. Igitur pro metu gaudium repente exortum est, milites alius alium læti appellant, acta edocent atque audiunt, sua quisque fortia facta ad cœlum levant; quippe res humanæ ita sese habent, in victoria vel ignavis gloriari licet, adversæ res etiam bonos detractant.

In diebus illis, Gosfridus de Calvo Monte, quem referunt nullo imbre, nullo frigore, cum juvenis esset, posse adduci ut capite cooperto foret, propter (2) summam in eo corporis siccitatem, universæ carnis iter ingressus, Pontilevi sepultus est: qui centum annos complevit, nec sensum, nec scientiam, neque rerum cognitionem amisit, excepto quod oculos pulchros

---

(1) Sp. *centumque*. — (2) On lit dans les mss. *foret, et tamen summam*.

privatos lumine habuit. Cujus honorem totum nepos ejus Hugo possedit.

Verum est illud poeticum (1) :

> Invidus alterius macrescit rebus opimis.

Mauricius Escarpellus, de quo supra dixi, actibus bonis Hugonis invidens, licet ei esset familiaris, occasionibus pravis, ab ejus amicitia, quam dumtaxat ad tempus simulaverat, discessit; quod non est ingenui, teste Tullio qui ait (2) : « Aperte enim amare vel odisse magis ingenui est quam fronte occultare sententiam. » Mauricius existimans inter Halam comitissam et Hugonem discordias serere, pessimas criminationes de eo ad ipsam detulit, quæ, oblatas criminationes repellens, nec Mauricio credidit, neque Hugonem suspiciosum habuit. Eo siquidem tempore, Hala prudens comitissa Blesensem comitatum regebat, Stephano viro suo apud Ramulam Palestinæ urbem capto, et a Babiloniis Ascalone sagittando occiso; cum quo alii plures viri illustrissimi clari et nobiles perierunt, inter quos præcipui Stephanus Burgundionum consul et Gosfridus Pruliaci comes Vindocini, qui, Ascalone incarcerati, a quodam captivo sunt detecti, qui sic captivam vitam promeritus est, de quibus alibi dictum sufficienter constat. Mauricius, a comitissa repudiatus, Montricardo profectus, proximos Alberici muneribus et majoribus promissis ad studium sui perducit; qui similiter Herveum Sancti Aniani dominum aggressus, cum suis adjutoribus impellit uti adversum Hugonem bellum incipiat.

---

(1) Hor., *Epist.*, I, II, 57. — (2) *De Amic.*, 67.

Igitur Mauricius, solertissimus omnium, milites benigne appellare, multis rogantibus, aliis per se ipse dare; beneficia invitus accipere, sed ea properantius quam æs mutuum reddere; ad hoc laborabat ut illi quam plurimum deberent. Joca atque seria cum humillimis agebat. In operibus, in agmine atque ad vigilias multus aderat, neque cujusquam boni famam lædebat, quod prava ambitio facere solet : quibus rebus et artibus Herveo de Clanzeio militibusque cæteris carissimus fuit factus. Omnibus itaque viribus congregatis, quidquid erat in valle Amatissæ usque Ambaziaco succendit, et juxta ripas Cari fluminis usque Laudiaco omnia deprædatus est. Idcirco Hugo perfugos qui de terra sua ad Mauricium fugerant, cum capiebantur, aut oculis effossis lumine privabat, aut pede curtatis loripedes efficiebat; similiter Mauricius, eadem sævitia commotus, in hominibus Hugonis captis a se sæviebat.

Eadem tempestate, Raginaudus de Castro, auxilio Vindocinensium Hugonem impugnans, villam Moranni firmavit, domum in ipsa munivit, fere omnia usque ad ripas Ligeris vastavit. Sed Helias, Cenomannorum consul, consobrinus Hugonis, amore ipsius, prædictam villam munitam omnino delevit : cujus exercitus quidquid erat circa Castrum Raginaudi deprædatus est. Vir magnanimus Hugo, cum Radulfo de Baugenciaco, amico et cognato suo, fœderatus, quamdam villam, quam prope Baugenciacum possidebat, nomine Anaziacum, prædicto Radulfo donavit, tali pacto ut sibi fidelis auxiliator ad Montricardum acquirendum existeret. Igitur Radulfus cum suis copiis, adjunctis etiam sibi Blesensibus, Montricardum obsedit, simulque Hugo et Robertus Rupium affuerunt, qui nihil tunc perfecerunt, quia metu Fulconis consulis discesserunt, et tamen omnia usque ad Domicilium succenderunt. Videns Mauricius Escarpellus oppidum nimis debilitatum Albericumque cum suis fatigatum, per manum Radulfi de Baugenciaco cum Hugone concordatus est.

Interea Fulco, comes Andegavorum, post obitum Heliæ Cenomannensis, filiam ipsius duxit uxorem; quæ quia Radulfi et Hugonis cognata erat, utrique in celebrandis nuptiis affuerunt, quibus Fulco promisit quod non eis amplius noceret, imo amore uxoris suæ et pecuniæ sibi ab Hugone promissæ, quomodo Montricardum habeant auxiliaretur. Iterum Radulfus et Hugo cum suis auxiliis Montricardum obsederunt; postremo oppido petorritis et aliis machinis pene jam capto, Fulco comes usque Nantolio cum paucis militibus venit. Illi de oppido, scientes se non posse defendere, consuli oppidum tradiderunt; qui Archembaudo Bresis donec promissa haberet commendavit. Fulco comes, cum paucis diebus Turonis moraretur, pecunia recepta, Archembaudo Bresis advocato, Montricardum Hugoni reddere præcepit. Itaque Hugo Montricardum antecessoribus suis olim injuste ablatum recepit.

Dum hæc agerentur, Oldinus dominus Jalinniaci, frater Elizabeth, obiit. Jalinniacenses festinantur ad Hugonem, monentes ut terram quæ uxori suæ Elizabeth jure hereditario contingebat, quam extranei præoccupabant, festinanter reciperet. Quod Hugo renuens, Elizabeth uxorem suam abire permisit. Quæ mulier genere atque forma, viro atque liberis fortunata fuit, et sæpe multa virilis audaciæ facta commisit. Quæ in Arvernia veniens, auxilio Haimonis de Borbonio, inimicis tamen pluribus sibi resistentibus, terram suam, quæ antecessorum fuerat, viriliter adquisivit; multos vero labores tribulationesque pessimas in acquirendo perpessa est. Adquisitam autem terram Elizabeth quiete et in pace possedit, excepto Bethaico oppido, quod sibi Archembaudus de Borbonio, filius Haimonis, abstulit, quod castrum prædictus Haimo Ermengardi sorori suæ tribuit, cum eam Willelmus Jalinniaci uxorem duxit.

Ex Elizabeth uxore sua Hugo de Calvo Monte genuit Supplicium, Hugonem et Oldinûm, atque filiam nomine Dionisiam, quæ uxor fuit Ernulfi de Borbonio, sed illa sterilis obiit. Nec prætereundum æstimo, quod, mortua sorore Hugonis, Archembaudus Bresis Gillam, neptam Radulfi archiepiscopi, duxit uxorem. Illud Tullii sæpe replicans: « Nihil est turpius quam cum eo gerere bellum cum quo familiariter vixeris, » diu siluit, nolens Archembaudum familiarem suum impugnare, licet metueret ne filii Gillæ nepoti suo Ilgerio terram sibi juratam auferrent. Post obitum vero Radulfi, pars clericorum Gislebertum, fratrem Gillæ, in pastorem et procuratorem Turonensis ecclesiæ elegit, alia pars Gualterium (1), Beati Martini thesaurarium, virum genere nobilem, bonis moribus adplene imbutum, sanctæ matri ecclesiæ Turonensi episcopum destinavit; Gualterio episcopi totius diocesis et proceres Turonorum omnes, excepto Archembaudo Bresis, favebant.

(2) Sp. *Gaulterium*; ms. 6218. *Gauterium*.

Hugo tunc, Archembaudo ex amico factus inimicus, Bliriacum munit, milites et famulos ibidem ponit, quidquid circa Bresim invenit vastando delevit; Larchaiacum, Vernovum (1), vicos archiepiscopales, cremavit. E contra Gislebertus milites et clientes multos Bresis posuit, qui Campaniam fere totam usque ad Carum fluvium, excepto Bliriaco, vastaverunt. Quadam die, Archembaudus Bresis et sui, Caro flumine nocte evadato, terram Hugonis intraverunt; quod Hugo comperiens, eadem nocte copiis suis congregatis, summo mane illos terram suam deprædantes reperit, quos invadens, fusos fugatosque Carum transire coegit, multisque captis, reliquos usque ad Andresium fluvium fugavit. Archembaudus vero usque Lochas fugiens evasit. Non longo post tempore, Hugo Bresim iterum, excepto domicilio, totum succendit et cremavit.

Gislebertus habens secum Alveredum archidiaconum, virum prudentia inter clericos illius urbis pene singularem, personam insignem, bonitate morum per omnia pollentem, humilitate præditum, patientia perlustratum, divina et humana sapientia divinitus solertem, indulgentia domini Lodovici regis deliberante et favente omni populo, suffraganeis episcopis jussu domini papæ manum præbentibus, omnipotentis Dei auxilio cathedram episcopalem in pace possedit. Gislebertus tunc Hugoni ex inimico amicissimus effectus est, et cum Archembaudo Bresis firmiter concordatus est. Non valeo paucis verbis dicere quantacumque (2) fida devotione amicitiam utrorumque dominorum

(1) Sp. *Vernonum*. — (2) Dans les mss. *quantaquanque*.

suorum comitis Andegavorum et Blesensium sibi alliciebat : debitum namque servitium utrisque moderanter reddens, quanto vinculo fidelitatis eis astringebatur rerum protestatus est effectus. Ille consiliarios consulum familiaritate et sodalitate perenniter servabat. Vir namque erat in adversis constans, in dubiis fidus, in prosperis modestus, in habitu simplex, in sermone communis, in consilio præcellens; amicitias probatas enixe expetebat, constanter retinebat, honeste exercebat; adulantium dicta tarde credebat, celeriter deponebat; severis patribus comparandus, qui juvenum filiorum non tam cogitavit vota quam commoda, suis magis prodesse cupiens quam placere. Supplicio filio suo in matrimonio copulavit Agnetem, filiam Hervei de Danzeio, ut pacem perennem inter illos de Sancto Aniano et suos poneret : quæ mulier de Palladiorum stirpe descendit, et ex linea regii sanguinis excellentiam nobilitatemque generis in oculis hominum manifeste commendavit; sane morum probitas mentionem verecundæ matronæ succinctæque personæ ejus contulit.

Pene transieram quod præteriri non oportuerat, qualis forma lapidea turrium consurgeret, quarum unam Hugo Calvimonti, alteram Montricardo cum aula lapidea construxit. In diebus illis, Ambaziaco ecclesiam in honore Dei et sancti Thomæ ædificavit, solidasque vires populi in opere illo concussit, monachisque ibi degentibus proprium molinum, pratum Musterioli, culturam Fulcoii, plaseicum Corbæ tribuit, aliaque larga dona complura prædictis addidit, multosque suorum ad benefaciendum ecclesiæ huic monendo coegit. His ita transactis, Hugo quievit, diuque in pace terra ejus siluit; pontemque Ligeris idem composuit.

Quod prætereundum non erat præterivi, scilicet cum Hugo terram suam in pace regeret, filio suo Supplicio jam adulto, Guenno de Castalione, nepos Alberici de Monthesauro, Alberico avunculo suo Monthesaurum abstulit, quem expulsum Hugo cognatus suus suscepit, et pro eo bellum cum Guennone arripuit. Quodam itaque tempore, Guenno cum suis copiis Campaniam causa deprædandi aggressus est, et usque ad ripas Cari fluvii venit. Quod Hugo comperiens, coadunatis suis, eum devictum turpiter fugavit, diuque fugatum cepit, ipsum quoque tamdiu in carcere tenuit, donec avunculo suo Alberico Monthesaurum reddidit, et Supplicio filio Hugonis hominium debitum in pace et quiete fecit. Sic vero terra pacificata diu absque impugnatione siluit, quia prædictus Guenno quod in Montricardo reclamabat Supplicio in pace concessit.

Quid sollicitudinis et dilectionis ac diligentis prudentiæ circa filios Hugo haberet, ipsa naturalis juris constantia patienter declaravit. Nam cum Hugo filius ejus terram matris suæ quæ in Arvernia erat repudiasset, pater multa obtulit, quæ omnia repudiavit: maligno namque consilio pessimorum Hugo juvenis acquiescens, fratrem suum, post patris excessum, multis modis impugnare affectabat; quod pater providens terram suam totam Supplicio tribuit, et homines suos ipsi jurare coegit, eumque recedens dominis et amicis suis fida devotione commendavit. Quanta devotione ipsum in aula Montricardi commendavit suis fidelibus, ad ultimum non valeo paucis dicere. Dixit enim: « Fili, quantum caloris, algoris, vigiliarum pro tuis negotiis susceperim, ut terra mea tibi remaneret quieta, non utique de mea sicut de tua memoria dilabuntur : non enim summi laboris susceptio et perpessio ab ipso tolerante leviter oblivioni mandatur. Quidam suo filio cum bonis ambulare præcepit; hinc est utique quod rogo ut maxima cura magnoque studio factiosorum devites consortia, et meis fidelibus in consiliis maxime adquiescas; quod si feceris, victor inimicorum revera exstiteris. »

Eo autem tempore, legati regis Jerusalem, Balduini secundi, in Franciam ex improviso venerunt, quærentes virum qui filiam regis cum regno Jerosolimitano uxorem duceret; qui, consilio regis Francorum, Fulconem consulem Andegavorum, virum bellicosum, magni nominis et summæ ingenuitatis, elegerunt. Fulco vero licentiam eundi a rege et a suis omnibus poposcit; ab episcopis vero flexo genu benedictionem impetravit : qui cum crucem sibi adaptasset, adjuncti sunt ei milites et pedites innumeri multique consulares viri, inter quos Hugo dominus Ambazii affuit. Porro filium suum Supplicium Gosfrido comiti, filio Fulconis, tradidit, qui, patre suo jubente, hominium a Supplicio suscepit, et pacifice eum et res suas custodire promisit. Itaque Hugo, Fulconem subsecutus, in Damasceno exercitu cum eo affuit, qui inde rediens, gravi morbo præoccupatus, Jerusalem nono kalendas augusti obiit, et in Monte Oliveti prope ecclesiam sepultus est.

DE SUPPLICIO, HUGONIS FILIO (1).

Supplicius, dum in prosperitate floreret, sola invidia Vindocinenses primi ipsum ad iram incitaverunt; sæpe enim, teste Horatio (2),

Invidus alterius macrescit rebus opimis;

et

Invidia Siculi non invenere tyranni
Majus tormentum.

Hinc est quod Bucardus de Sancto Amando, senescallus comitis Vindocini, existimans Supplicio consuetudines quas pater ejus habuerat in pago Vindocinensi auferre, quæ vulgo commendatitiæ dicuntur, terram ipsius deprædando cœpit impugnare. Sed Supplicius, cujus erat in votum scire

Quæ sequenda forent et quæ vitanda vicissim,

amicos et consiliarios suos convocat, quorum maximi et principales erant Herbertus de Poliaco, Orricus Pejor Lupo, Hugo Ebardi filius, et de Sancto Aniano duo Petrus de Paludello et Gosfridus Guiterni. Isti verum consilium libere dare Supplicio gaudebant; nam, teste Tullio : Plurimum in amicitia bene suadentium valet auctoritas ea quæ adhibeatur ad admonendum eos non modo aperte, sed etiam si res postulabit acriter et acute; et oportet ut ei adhibite

---

(1) D'Achery, in-4°, X, 569; in-fol., III, 282.
(2) Hor., *Epist.*, I, II, 57-59.

pareatur. Supplicius, prædictorum consilio fultus, illud Lucani (1) suis ait:

Dii melius! belli tulimus quod damna priores;

et quod cœperit inde nefas, et quod sanguis nostrorum jam tetigit pollutos enses Vindocinensium. Itaque cum suis abscondite summo diluculo Cangiaco venit, qui Bucardum cum Vindocinensibus suis circa Sicciam devastantem turpiter fugavit, ipsumque cum septem aliis militibus captum victor Ambaziaco adduxit. Post hæc Vindocinenses, condolentes, terram Supplicii occulte et quasi per latrocinia sæpe deprædabantur.

Interim Supplicius, consilio cum suis habito, commodum duxit finitimam hostium terram intrare, commodius fore judicans hostes in terris suis aggredi, quam ad se aggrediendum eis ex dilatione cornua sineret erigi. Electa itaque militiæ manu paucisque peditibus, gentem illam sibi rebellem et æmulam expetiit : antiquitus nempe Ambazienses præliandi consuetudinem habebant, forsan ut puto, a Deo sibi permissam, ne per otium pejoribus inimicis expugnarentur, moribus scilicet vitiosis, juxta illud satirici garriendo veridici (2) :

Servabat castas humilis fortuna Latinas :
Et labor in noctes, et proximus Hannibal urbi.

---

(1) Voici le passage de *la Pharsale* (II, 536) auquel notre auteur fait allusion :

Jam tetigit sanguis pollutos Cæsaris enses.
Dii melius! belli tulimus quod damna priores;
Cæperit inde nefas.

(2) Juvenalis, VI, 287-291.

Nam laborum et bellorum assiduitate minus libet superbire, minus delectat mœchari illis qui etiam assidue timent mori. Bella itaque exteriora interiorum sunt sæpe peremptoria bellorum : hostes visibiles invisibilium sunt vel repressio vel oppressio inimicorum. Igitur Supplicius, eo quem ductabat cuneo per terram hostium effuso, qui tamen statim usque ad pedites refugere compulsi sunt, egressis adversus se hostibus impetuoso impetu restitit; namque comes Vindocinensium, comperto ejus adventu, in insidiis excubabat. Proinde Supplicius, videns sibi fieri necessariam congrediendi copiam, pugnando ipsum comitem cum quinque millibus de suis et peditibus non multis captum, victor cum gaudio ad sua rediit. Dehinc terrorem cæteris ingerens, favente sibi fortuna, multa insignia Deo patiente peregit, cupiens semper

Parcere subjectis et debellare superbos (1).

Quid plura ? His additur fraterna discordia duorum fratrum Supplicii et Hugonis, de qua quam verissime potero breviter referam. Malignorum consilio et pessimorum monitu, Hugo fraternam caritatem, quæ inter natos et parentes et fratres nisi detestabili scelere dirimi solet, primus rupit. Nempe hic Hugo speciosus forma erat, et in curiis principum valde facundus et notus, et Gosfrido comiti Andegavensium familiaris exstitit, qui ei in hac discordia auxiliator per omnia fuit. Eo siquidem tempore, controversia maxima inter Ambazienses milites fuit; non enim promptum est cuivis (2) murmur et susurros

---

(1) Virgilii *Æneid.* VI, 854. —(2) Sp. *cujusvis.*

tollere de curiis, et adulatoribus aperto vivere voto non licet. Omnis populus et illi ex militibus quibus erat mens bona, fama, fides, Supplicio favebant, cui et dicebant : « Si cum matre, quæ tibi adversatur, vivere et esse tendis, vitam tuam contentus perages. Et avarus esse noli, sed granaria tua quæ sunt referta emole, propriaque messe vive; sic vero poteris adversariis resistere. Quid metuis ? occa et dispende; nam seges alia in herba est. »

Jaguelinus de Malliaco et fratres sui Supplicio adversabantur : licet idem Jaguelinus debitum hominium dudum ante hoc Supplicio fecisset, tamen consulis imperium (1) prætendens se excusabat, qui ipsum cum fratribus suis et cum prædicto Hugone ad debellandum Supplicium Turonis posuerat. Mater eorum Elizabeth, furore succensa, diabolico stimulo admonita, a primogenito suo Supplicio irata discessit; quæ comitem Gosfridum adiit, querimoniamque lacrymabilem apud eum designans, multa de damno Supplicii filii sui quoad potuit deliberans, Turonis et Malliaco diu mansit. Ista vero, si apud se deliberaret quantum inter fratres necessaria sit pax et concordia, apostolo evidenter ostendente qui ait (2) : « *Sine pace impossibile est placere Deo,* » et iterum(3): « *Pacem sequimini cum omnibus et sanctimoniam sine qua nemo videbit Deum*, » nunquam conquerendo magnatibus graves discordias inter fratres seminaret, qui mutua se deberent caritate diligere, et malefactores suos animadversione debita coercere; quod omnino dignum

---

(1) Sp. *tam consiliis impiorum.* — (2) Pauli *epist. ad Hebræos*, XI, 6.
(3) *Ibid.*, XII, 14.

fratribus et conveniens est. Igitur vir magnanimus comes Gosfridus, coadunatis suis copiis, terram Supplicii citra et ultra Ligerim incendendo et deprædando potenter vastavit; deinceps etiam nimio impetu ante portas Ambaziaci oppidi transiens, seditione maximoque conflictu, in loco qui Pons Molendinorum vocatur, cum Ambaziensibus quadam die a mane usque ad vesperam pugnavit. Quod prælium cum nox dirimisset, comes, quibusdam ex suis captis et equis omnium militum suorum pene interfectis, inglorius discessit. Quippe Supplicio vicini proceres auxilio aderant, quorum hæc sunt nomina : Simon de Baugenciaco, Ernulfus de Virsone, Urso de Fracta Valle, Sanctus de Fertheia et Gosfridus Burrellus; cum his Bituricum, Aurelianensium, Carnotensiumque omnis fere expedita militia, Blesensium et Silvæ Longæ clientela erat. Sed quia non longe ab Adventu Domini hoc actum exstitit, consilio utriusque partis, Supplicio reddente homines consulis quos ceperat, res ad concordiam redacta est.

Succedente paucorum annorum curriculo, Hugo frater Supplicii iter Jerosolimitanæ peregrinationis affectans, crucem sibi aptavit, mare transiit, cum Fulcone rege Jerusalem, qui comes Andegavorum fuerat, aliquantis annis mansit; mater eorum Elizabeth Arverniam adiit. Itaque terra pacificata diu siluit.

Motum est rursum Supplicio odiosum bellum. Supradicto consule Vindocini apud Sanctum Ægidium mortuo, filius ejus Johannes, juvenis animosus, terram patris jure hereditario possedit, quem Raginaudus de Castro contra Supplicium fœderatum habuit, qui etiam hominium indebitum ei timore Supplicii pro solo suo auxilio fecit. Supplicius enim ad id Raginaudum coegerat, quod Gosfrido fratri suo suæ terræ partem nolens donaverat, quo dolore ipse nimis commotus erat. Supplicius gloriam suam dilatare laborans, in iram erga Raginaudum exarsit. Seneca namque teste (1), « Res inquieta est felicitas, » qua Supplicius eo tempore pollebat. Idcirco Supplicius, robore suorum confisus, sæpe prædictorum animos terram ipsorum vastando sollicitat; et quoniam otia semper variam mentem dant, et audendo magnus timor tegitur, agmina sua in terram Raginaudi emisit. Quæ postquam sunt a Johanne comite (2) audita, qui Castro Raginaudo cum suis copiis erat, æstimans quod gloria belli sibi reservata esset et victoria, lætus efficitur. Itaque agmina sua furtim rapit, atque per jussa silentia quoad potest obscurat. Ipse vero, ut prima prælia lacessat et eliciat, retentis majoribus viribus in cava valle, in primo agmine processit; Raginaudus vero de Castro cum cæteris pedetentim subsequitur. At Supplicius agmina suorum militum ex diversis partibus aggregata apertis campis instruxit, quorum agmine emisso campi sono statim tremuere, terraque soluta turbine pulveris tenebras traxit. Vindocinenses e contra, dum miscere manus et præcurrere licuit, parum stetere; sed cito agmen eorum frangitur, cum in primo impetu Johannes consul eorum capitur. Ut vero fortuna belli in pedites incubuit, qui fugere non potuerunt, ligati Supplicio et suis læta spectacula præbuerunt : sicque paucis peremp-

(1) *Epist.*, XX, 7. — (2) Les mss. donnent *Johanni comiti*.

tis multisque captis victores ad propria redierunt, et Johannem captum in arce Calvi Montis incluserunt.

Factum est autem post hæc, Hugone fratre Supplicii a Jerusalem jam reverso, ut comes Gosfridus, ob injurias sibi a Supplicio illatas, Ambazium obsidere pararet. Supplicius, oppido suo bene munito et Willelmo Lineriarum domino germano consobrino suo tradito, ipse et frater suus Calvimonti et Montricardo cum multis amicorum suorum manebant. Gosfridus consul, cui magno nihil erat magnum, cum exercitu suo Laudiaco venit ibique, mediante Hugone archiepiscopo, pax utrinque efficitur.

Enim vero Supplicius, opibus et deliciis affluens, arrogantius solito motus, dominos suos, comitem scilicet Blesis et Andegavis, sæpe offendebat; vicinos vero satrapas turbare, attentare et in terris eorum non cessabat incursare. Causæ simultatis et querelarum occasiones inter principes revera erant quod Supplicius fere omnes qui dominos suos offendebant recipiebat et, avaritiæ succumbens, manutenebat. Fertur etiam a multis ipse insanire, idcirco quod violenter in terris eorum irruens, rebus ex sententia forte perpetratis, quasi victor insultabat : quæ facta pavidam plebem et plures ex vicinis principibus satis terruerant; sic quisque pavendo famæ illius vires dabat, et licet non esset auctor multorum malorum, ea sæpe quæ finxere timebant. Nec mirum, nam terram ipsius consulis a Genilleio usque Lochas incendio vastavit, Bresim succendit, Bureium prope Blesim totum, excepta arce, cremavit. Sæva enim fortuna fertur more exæstuantis Euripi : multos proterit, victos sublevat, miseros non audit, non illorum fletus curat, sed ludit; et sic suas vires probat.

Supplicius ex uxore sua Agnete duos filios habuit, Hugonem et Herveum, et duas filias, Dionisiam uxorem Eboni Dolis, et Elizabeth uxorem Andreæ de Aluia. Postremo duo fratres Hugo et Supplicius, qui sæpe graves inter se habuerant discordias, firmiter concordati sunt. Hugo Lisoiam, filiam Gosfridi Rufi, uxorem duxit, et oppidum quod Columbarium vocatur, cum ea sibi datum, possedit, qui ex ea nullum heredem habuit. Hugo vir facundus et speciosus et a dominis suis nimis dilectus fuit et in curiis principum multos amicos habuit; cui Lodovicus rex Francorum, pro servitio suo, in Aurelianensi pago optimam terram tribuit. Multoties Supplicius consules ad iram incitavit, tum pro latronibus ab ipso susceptis et mercatoribus disturbatis, tum pro burgensibus Castri Novi captis et a rege (1) Francorum exhibitis.

Ad ultimum, comes Theobaudus, pro multis injuriis sibi illatis villam quæ Monticios dicitur munire disposuit. Quo tempore, comes Andegavis cum exercitu suo Turonis venit, et Theobaudus Cangiaco, villa ipsa cremata, castra fixit. Tandem per amicos utriusque partis concordia inter Supplicium et consules tentata (2) et confirmata est. Ibidem Theobaudus Blesis, præsente comite Andegavis, quod nullam munitionem deinceps inter Blesim et Calvimontem construeret promisit, nullumque eorum castrum aut aliud municipium illo intervallo licere componi affirmavit.

Quantis quibusque adversitatibus, quantis pressuris

(1) Mieux *regi*. — (2) Sp. *tractata*.

et angustiis, quanta rerum instabilitate præsentis vitæ prosperitas involvatur, ex ipsis rerum proventibus facile satis intuetur. Videmus enim quotidie diversas rerum mutationes fieri; nec est quidem prosperitas ulla durabilis, ipsa etiam quæ tenaciter videntur constantia, levius creditu dilabuntur. Igitur nemo fugacibus et caducis bonis fortunæ credat, cum, teste Boetio (1) constat æternaque lege propositum sit ut nihil genitum constet. Blanda enim fortuna, quæ sæpe fallit cum mentes fruentium specie mendacium bonorum ligat, Supplicium fefellit, quamvis ad ultimum amicorum certos vultus et ambiguos secrevit, mentesque fidelium detexit. Ille, divitiis affluens, inter abundantissimas opes hæc infortunia passus est. Quoniam avaritiæ nihil satis est, Calvimontenses equum ablatum cuidam peregrino redeunti a Sancto Jacobo Supplicio adduxerunt; qui dum ab ipso quadam die currendo calcaribus urgeretur, Supplicius cadens armum sibi fregit, nimioque dolore vexatus peregrino equum reddidit, et limina Beati Jacobi in Hispania visitans, Deo sibi propitio, sanus effectus votum persolvit.

Post hæc, Elizabeth filiam suam, uxorem Andreæ de Aluia, phthisis (2) consumpsit, quæ diu ante morbum parturiens viro suo Hugonem et Agnetem reliquit, morboque prædicto afflicta interiit; quæ sexto idus julii Pontilevi sepulta fuit. Soror istius Dionisia, Eboni Dolis uxor, fecunditate parens effecta, duos Radulfum et Odonem viro suo edidit; qui parvuli, si patrem suum sospite matre perdidis-

(1) *De Consolatione*, lib. II. — (2) Dans les mss. *tipsis*.

sent, minus pupilli existimarentur. Nam Dionisia bonitate sua et diversis probitatibus effecerat ne patri adhuc juveni soboles alterius sexus desideraretur; quæ, per subita suprema lienteria occupata, virum cœlibatu, patrem orbitate confudit (1). Ista vero, sacerdotum religiosorumque manibus excepta, perpetuis sedibus, dormienti similis quinto idus maii sepulcro illata est. Cum vero milites flentes ipsam ad sepulcrum deferrent, oppidani omnes neniam funebrem, quasi parentibus orbati, emittebant, cum etiam externi de villis ibi congregati Libitinam ipsam prensitarent, remorarentur, exoscularentur. Si quis haud incassum cadaveribus honor impenditur, hanc ministeria plurium sacerdotum, clericorum, abbatum et monachorum in claustro Dolensi, prope parietem ecclesiæ, tumulavere.

Nulla pestis efficacior est ad nocendum quam familiaris inimicus. Milites de Monte Basonis adulando, blandiendo, amici Hugonis fratris Supplicii effecti sunt; quanquam, teste Tullio (2), « Assentatio nemini nocere potest, nisi qui eam recepit atque ea delectatur, et amicus blandus a vero amico adhibita diligentia leviter internosci potest. » Isti tamen, ut complures ferunt, Hugonem venenata potione interfecerunt, et quamvis adhuc veritas rei lateat, illi tamen qui in morte ejus affuerunt, visis manifestis signis, ipsum toxico necato (3) affirmant : qui, postquam in hospitio cujusdam famuli eorum cum prædictis militibus comedit, discedens inde nihil amplius

(1) Ms. 6218, *confodit*. — (2) *De Amic.*, 25. — (3) Pour *necatum*.

edit, imo sero nimio dolore vexatus, quinto idus januarii obiit.

His ita transactis, Supplicius, iniquo monitu Raginaudi Rabelli et Gosfridi de Bello Videre, lites graves pugnandi cum Goscelino de Alneello, qui dominus Castri Raginaudi erat, arripuit. Quippe olim milites Castri Raginaudi Sibillam, filiam domini sui, Hugoni filio Supplicii pacti fuerant et Supplicio tradiderant; sed reperta cognatione, quam Robertus Rupium et filii sui jurejurando inter eos esse affirmaverunt, Supplicius a pontificibus et a comite Theobaudo coactus Sibillam reddidit, eamque filius Goscelini uxorem duxit. Idcirco Supplicius, Goscelinum et suos exosos habens, sanctæ ecclesiæ instituta contemnens, diabolico instinctu et pessimorum monitu, Castrum Raginaudi totum, excepta ecclesia et arce, in Quadragesima cremavit.

Sub eodem fere tempore, Theobaudus Bonus, comes Blesensium, obiit : qui, tribus filiis suis terram suam distribuens, Henrico primogenito Briam et Campaniam, Theobaudo Carnotum et Blesim, Stephano vero Sacrum Cæsaris cum ejus appenditiis tribuit. Sane mira Dei, ut credendum reor, ordinatione, elapso parvo tempore, Gosfridus, admirabilis Andegavorum consul, Cenomannis sepultus diem extremum clausisse dinoscitur. Surrexerunt novi principes, de qualibus antiquo proverbio dicitur : « Væ terræ cujus rex ætate aut sensu puer exstiterit! » Gosfridus enim comes Andegavorum tres filios, Henricum, Gosfridum, Willelmum ex Meltide filia Henrici regis Anglorum genuit : quorum Henricus primogenitus, consilio Supplicii, Theobaudo Blesis hominium sibi jure debitum facere recusavit. Quod similiter Supplicius, superbia et pessimorum monitu, ipsi facere renuit. Dedit enim Hugoni filio suo Çalvimontem et quidquid de feodo Theobaudi possidebat.

Enim vero cum crimen erroribus nostris sit additum, reor a Deo esse propositum non solum ob id velle perdere hominem illum, sed cuncta quæ ejus sunt, veluti Supplicium, qui cum Theobaudus Blesis humiliando ejus amicitias peteret, nocitura arma sumpsit, et seipsum cum aliis multis cladibus et diversis tormentis adnihilavit. Nam qualiter consiliis crudelium ac proditorum, quorum consortia sibi respuenda essent, adhæsit, nemo sub modicis verbis referre valet.

Erat autem pernimium familiaris Supplicio quidam collibertus Sancti Launomari (1), Crispinus de Mindraio, filius cujusdam spurii Radulfi Guiardi de Candeio, quorum genus infidum ingenio mobili dominis suis multum nocuit. Quodcumque consilium Supplicius in conclavi suo privatim tractabat, illud Crispinus consuli statim clam per aliquem cognatorum nuntiabat. Quippe ancillam Supplicii, filiam Garini de Chozeio, Crispinus uxorem duxerat, fratresque ipsius cum patre Blesis manebant. Consul Crispinum et suos paulatim tentando aggreditur : postquam eum sibi opportunum cognovit, multa pollicitando, persuadet uti Supplicium maxime vivum, si id parum procedat, necatum sibi traderet. Quæ cum cognita esse Supplicio Crispinus comperisset, Blesis transit, confestim ejusdem oppidi præpositus constituitur. Cujus rei Supplicius

(1) Mss. *Lannomari.*

stupidus effectus, nemini se credebat : motam tamen Mindraii munit.

Blesensis comes, gloriam et famam suam dilatare ac propagare laborans, ad delendum Mindraium multos milites et pedites ex diversis locis congregat : e contra, Supplicius, cupidus gloriæ, et optimorum fama meritorum, quoscumque potuit sibi allicere ad se defendendum in unum convocat. Maxima autem culpa sua Supplicius veritatem aspernabatur, et per fraudem ab adulatoribus in odium domini sui, quod est venenum amicitiæ, impellebatur. Scitum est enim quod assentatio vitiorum adjutrix est, quæ procul a tanto viro removenda erat, quia ne libero quidem homine digna est. Salus autem Supplicii desperanda erat, cujus aures veritati ita clausæ erant ut ab amico verum audire nequiret. Namque, teste Tullio, nullam pestem majorem esse scimus quam adulationem, blanditiam, assentationem, quod vitium est levium hominum atque fallacium, ad voluntatem omnia loquentium, nil ad veritatem : illi nempe molestiam quam capere debent non capiunt, illamque capiunt qua debent vacare; tales judicium veri tòllunt, idque adulterant.

Dum prædicta aguntur, Elizabeth mater Supplicii, senex et plena dierum, utpote præsaga futurorum, de his quæ audierat pro filio gemebunda, Ambazio in domo sua juxta ecclesiam Sancti Thomæ ipsum accivit; Flebilis igitur ad filium aiebat : « Ut quid me inconsulta, fili, negotium aggressus es bellicum? An quoniam sum decrepita me desipuisse putasti? Crede mihi, viget sensus effetis in visceribus, et laxa cutis et ruga senilis vivacem adhuc fovet animum. Denique nulli poteras reserare consilium quæ te vel arctius diligeret, vel quæ tibi discretius consuleret. Quid enim affectui materno comparari poterit? Robertus, frater regis Francorum, et alii multi proceres cum insuperabili militia, cum Theobaudo Blesis veniunt. Debueras præponderare quam grande aggressus es negotium; decuerat te metiri cum qua insuperabili gente dimicaturus es; oportuerat te perpendere quod copiæ quas undequaque corrogasti nullatenus tibi fideles sunt. Nostris in regionibus, os meum et caro mea, nomen tuum satis dilatatum est, sed brachium tuum in istis nondum approbatum est. Porro si matri consulenti adquiesceres, ab hac temeritate absisteres, teque gentemque tuam huic præsumptuoso labori subtraheres. Dubium enim cui parti potius Mars arriserit, nostris tamen magis timeo. »

Veterana illa, in lacrymis deficiens, loquendi finem fecerat, cum filius jactabundus sic paucis respondit : « Miror, mater, qua fronte de victoria prænuntiaris, cum ipsi animis genti nostræ non debeant comparari. Et ego viros potentes et bellicosos habeo; ipsi vero homines sunt sicut et nos. Idcirco, mater dulcissima, eventum rei meliora desiderans exspecta. »

Utriusque partis viribus congregatis, comes Supplicium in dolo ad colloquium vocat. Igitur dum inter se loquerentur, homines consulis, a dominis suis edocti, juxta Monticios Bevronem fluvium transmeantes, nemorisque Calvi Montis raritatem considerantes atque spissitudinem sepium Mindraii vitantes, lucum totum transeunt, comitique statim nuntiant. Quo audito, comes colloquium deserit, suos cito subsequitur. Mindraium ex improviso intrat, ubi homines Supplicii inermes et imparatos, utpote dominum suum exspectantes, reperit, qui obstupefacti, quoniam hostiliter a facie et a tergo inopine premebantur, fugæ se crediderunt. Supplicius a colloquio adhuc rediens capitur, filiique sui Hugo et Erveus, et eorum consobrini Johannes Lineriarum et Seguinus Raherius filius Ridelli ac Andreas de Alia, cum multis aliis militibus et peditibus capiuntur. Jaguelinus tamen de Malliaco Theobaudusque Rupium dominus et Ridellus Rilliaci cum multis nobilibus forte fortuna evaserunt, arcemque Calvi Montis cum superiori parte oppidi munierunt. Hostes vero eos subsecuti, omnia quæ in burgo erant rapientes, rapina hostiliter onusti redierunt. Cohors Ambaziensium peditum, in nemore latitans, ante horum maximam aciem venit, et licet fugiens hostibus præda oneratis pavendo occurrit, omnia quæ gerebant abstulit, et ex ipsis fere ducentis captis, Ambaziaco ligatos adducunt. Minatur comes improbus, et præcepit ne Supplicius filiique sui, donec omnes capti solvantur, comedant; quos omnes Agnes, uxor Supplicii, timore et stupore perterrita, absque consilio indiscrete reddidit. Blesis trepidum antea sollicitumque de belli eventu lætitias agere, de Theobaudo fama præclara erat.

Scribunt Ambazienses ad Uldinum fratrem Supplicii, Jalinniaci dominum, et per quemdam cursorem cum omni supplicatione lamentabiliter implorant, ut commendata terra sua alteri eis succurrat. Dolet Uldidus commune infortunium, et de ferendo auxilio quod petebatur satis anxie tractat, terram suam Archembaudo de Borbone commendat, cito Ambazio venit, terra illi tota traditur.

Igitur comes Theobaudus eo intentior omnibus modis festinare, cavere ne alicubi hosti opportunus fieret, meminisse invidiam post gloriam sequi. Itaque quo clarior erat, eo magis anxius, neque post victoriam effuse prædari sed cum valida manu volebat. Denique consul, quadam die, adducens secum gentem non modicam Calvimonti, Uldinum et suos undique circumseptos et circumventos immaniter aggressus est, virique consulares et pedites Calvimontem omnimoda telorum ingruentia expugnare moliti sunt. Igitur clamitabant in eos dentibus stridentes, et nunc sagittis, nunc ensibus, nunc lanceis, nunc missilibus eos impetebant, et a tectis domorum quæ vi occupaverant saxa ruebant, alii intus ignem apponebant. Eo die Calvimontenses viriliter se deffenderunt, et comes, quibusdam ex suis interfectis, vico tamen oppidi a parte occidentali extra fossatum cremato, paucis etiam ex Arvernis militibus captis, inglorius discessit.

Sæpe pro Supplicio populus suus lamentabatur, qui plaudente fortuna multoties triumphaverat : tales tamen sunt bellorum eventus, tales sunt vicissitudines et hominum et temporum, nulli unquam semper successit feliciter, nemo unquam de continua prosperitate vel lætabitur vel lætatus est. Hac de re et timenda et cavenda est in prosperis adversitas, et speranda et optanda est in adversis prosperitas. Proh nefas! hoc ipso Supplicius maleficio affinis esse videtur, quod omnibus bonis pulsus, dignitatibus exutus, existimatione plurium ob maleficium supplicium tulit. Nam, Boetio teste (1), hic cumulus nostris malis acce-

(1) *De Consolatione*, lib. I.

dit quod existimatio plurimorum non rerum merita, sed fortunæ spectat eventum, eaque tantum a Deo esse provisa judicat quæ felicitas commendaverit : quo fit ut existimatio bona prima omnium deserat infelices.

Qui nunc populi rumores, quam dissonæ et multiplices sententiæ sint de Supplicio piget reminisci : dum enim miseris aliquid crimen affigitur, quæ perferunt meruisse creduntur.

Supplicius Castro Duno incarceratus, cujusdam nequissimi servi, Bartholomæi Guinæ, custodiæ traditur, qui eum multis tormentis, diabolicis suggestionibus, afflixit. Exigebat comes ut Supplicius Calvimontem sibi redderet, aliter enim neque auri, neque argenti, neque alterius pecuniæ redemptionem pro ipso capere volebat. Quod quia amici et homines ejus facere renuebant, in catasta sæpe positus, paulatim deficiebat. Mœstissimus tibi denuntio : Supplicius non absque justitio gravissimo et exquisito tormento ab impiis servis consulis positus, nono kalendas septembris ab hac vita discessit. Cujus corpus cum monachi Pontilevi deferre vellent, ut juxta antecessores suos honorifice sepeliretur, consul qui tunc forte aderat prohibuit. Tunc vero corpus illius, in abdito patibulo frequenter vexatum, monachi prædicti oppidi in ecclesia Sancti Valeriani decentissimo mausoleo tumulaverunt. Supradictæ vero proditionis seriem veritatemque, ne latere posteros queat, scripto mandavi.

Interim Henricus, dux Normannorum et Aquitanorum comesque Andegavorum, consilio cum proceribus habito, commodum duxit contra Theobaudum, qui sibi feodum de Fracta Valle auferebat, cornua erigi. Itaque electa militiæ manu, contra Carnotensem Blesensemque gentem rebellem semper sibi et æmulam, inter Vindocinum et oppidum quod Fracta Vallis dicitur venit. Illi de oppido foras progressi obviaverunt eis ad resistendum parati, laxisque habenis hostes viriliter aggressi sunt. Utrinque acerrime dimicatum est. Milites ducis quoniam eis præter spem contigerat expavefacti, terga ferientibus præbuerunt, et fugiendo elabi voluerunt; igitur fuga inita Gosfridus, frater ducis, cum multis militibus captus est. Interea cum Uldinus satis strenue ageret principatum, communicato cum matre et amicis consilio, fidelibus custodibus oppidum Calvi Montis commisso, in terram suam quam cuidam propinquo suo Archembaudo de Borbone regendam et custodiendam commiserat rediit; ubi dum ex more gauderet, et aliquantula prosperitate frueretur, certis deferentibus nuntiis, arcem Calvi Montis esse deletam didicit.

Audito Uldinus tam miserabili infortunio vehementissime tristis efficitur. Supra memoratus dux Henricus, cum fratrem suum Gosfridum Theobaudus nullo modo redimi permitteret nisi prædicta arce deleta, monitu Meltidis matris suæ delere pepigit, tali tamen pacto ut fratrem suum et filios Supplicii cæterosque captos competenti redemptione accepta deliberaret. Dux cum Ambaziensibus et matre puerorum locutus desiderium suum, promissa restauratione oppidi, consummavit. Sic Gosfridus frater ducis, et filii Supplicii, Hugo et Herveus, cæterique capti omnes liberati sunt.

Verum non longe post dux cum comite Theobaudo pacificatur, mortuoque Stephano rege Anglorum jussu ducis naves parantur; transfretavit Henricus, ab Anglis gaudenter suscipitur et in regem inungitur. Eodem tempore, Uldinus, versutias suorum ignorans, iter peregrinationis eundi ad Sanctum Ægidium suscepit; quidam proditores, ligii homines ipsius, eum odio latenter habentes, angustias quorumdam locorum occupant, transitum ejus opperientes, qui ipsum immunitum undique concludunt et immisericorditer necant. Nuntius properat Hugoni innotescens de patrui nece et de decreta sibi ipsius terræ hereditate: dolet quidem de ejus-morte, sed non minus festinat, avia sua Elizabeth præcipiente; qui adveniens terram illam et omnium militum hominium suscepit ac possidet. Non longe post hæc, Elizabeth, quæ Hugoni nepoti suo Jalinniacum et quidquid in Arvernia diu possederat donavit, quam longo tempore arthetica passio vexaverat, quarto idus octobris obiit et Pontilevi sepulta fuit.

Mirum et verum est quod mens præsaga malorum homini data est. Nam sub quacumque parte mundi Ambaziensis affuit, eo die quo Supplicius capitur, mœret, et causas ignorat, animumque dolentem corripit, nesciens quid in proditione Mindraii perdat. Quidam namque juvenis ex nostris, qui hospes in Apulia manebat, et alter Andegavis, mulierque Calvi Montis in Biturico pago exsistens, hæc sibi contigisse mihi retulerunt.

Hactenus mihi videor de Hugone et filio suo Supplicio ea quæ oculis meis vidi et auribus audivi dixisse, de cæteris vero, quæ diversis scriptis reperi, in unum compilasse, et stilo ingenioli mei non satis expolito convenienter explicasse. Credo autem de his multa præterea esse, sed ab illis qui sciunt melius ista quæritote. Quid homines de filiis Supplicii Hugone et Herveo suspicentur videtis et scitis. Nos equidem quæ nota nobis sunt de facillimis moribus Hugonis, de pietate, liberalitate, bonitate in suos, ad præsens præterimus; Deoque opitulante librum istius historiæ claudimus, et sic soluto promisso quiescimus.

HISTORIA

GAUFREDI DUCIS NORMANNORUM

ET COMITIS ANDEGAVORUM

HISTORIA

GAUFREDI DUCIS NORMANNORUM

ET COMITIS ANDEGAVORUM

AUCTORE JOHANNE MONACHO MAJORIS MONASTERII.

PROLOGUS.

Domino Guillelmo reverendo episcopo Cenomannensi (1), specimini clericorum et speculo, frater Johannes, Majoris Monasterii humillimus monachorum, et per ipsum (2) clericorum, modicum id quod est.

Ad ædificationem sanctimoniæ et propagationem virtutis et fortitudinis incentivum, veterum fuit patrum industria ante oculos hominum sui temporis proponere [exempla eorum] qui vel prudentia perspicaces, vel justitia severi, vel fortitudine insuperabiles, vel modestia circumfusi, probitatis quodam speciali radio coruscarunt : quatenus ad eorum normam, si quid prava enormasset consuetudo, in melius refor-

---

(1) Guillaume de Passavant, successeur de Hugues de Saint-Calais en 1142, mort le 27 janvier 1186. — (2) Il faudrait peut-être *peripsema*.

marent, et quod melior conversatio tenuerat ad eorum speculum roborassent; unde non modicis consuevimus celebrare præconiis, qui de meritis aliorum venati sunt, quod nullatenus de propriis dotibus nanciscuntur. Nos igitur, licet de aridi vena ingenii, licet de tenuissimo rivulo scientiæ hauriamus, militamus amori, non servimus facultati : quod enim evacuat facultas, caritas subministrat; nihil enim arduum ad disturbationem occurrit, dum desiderio æstuat vis amoris.

Aggredimur onus nostris impar humeris, sed onus exonerat vis amoris. Cum enim alii in externis peregrinentur actibus describendis, nos facta de proximo, gesta domestica viri singularis, ducis Normannorum et comitis Andegavorum Gaufredi, suscepimus sub compilationis compendio describere, et ad exemplum laudabilis operis celebrare. Et cum multorum aliorum principum historias collegerimus, circa hunc affectuosius immoramur qui, quodam specularis radio virtutis, mundum quasi sole altero illustravit. Et licet multa de illo laude non vacantia, occulta fide, perceperimus, in re tamen necessaria, multorum auctoritatis non parvæ testimonia non necessaria præ manibus habemus. Quis enim non noverit vel clementiam prædicti viri in prostratos, vel in miseros misericordiam, vel justitiam in rebelles, vel in hostes fortitudinem, vel in rebus gerendis astutiam? Tantus erat ut hostis superatus commendaret in eo quod ipse victor facere non posset; et qui vicinus eum noverat amicus, novi operis præconium ejus titulis quotidie aggregaret. Legem, fateor, præmii dum commendationi milito, præterivi: sed quod artis regula inculpat, veritatis affectio excusat : ubi enim amor imperat, prolixitatis linguæ fastidium vis castigat.

De virtute et actibus principis Andegavorum et ducis Normannorum Gaufredi, Matheus Andegavensis decanus nos docuit, Ingengerius de Bohon nobis legit, Jordanus Tesson nos monuit, Obertus de Ocrea nobis enarravit, Rainnaudus Ruffus nos refecit, Gauferius de Brueria satiavit; qui circa eum quotidie nova, quotidie admirantes (1) meliora, frequentiam virtutum pro miraculo jam non haberent quæ in aliis personis pro miraculo celebrarent. Hoc igitur nostri laboris opusculum, magnis vigiliis lucubratum, multis in locis perscrutatum, tibi commendare decrevi, et merito : qui vivum dilexisti, et mortuum semper præ oculis habens, in mente cum eo semper es spiritu et amore. Tu enim justiore recides justitio et benigniore manu corrodere curabis, vel si quid abundat ad luxuriem, vel adulationem deservit, vel gratiæ subministrat, qui ferventem caritatem, quam circa vivum exercuisti, in eadem puritate animi circa defunctum, nihilominus refrigescentem, conservas et custodis : claritas enim nulla fuit si longius oculo non processit; vera enim dilectio, quæ circa patrem cujuspiam exstitit, post paternos etiam cineres filios non relinquit.

---

(1) Ms. 6005, *eum quotidie admirantes.*

LIBER PRIMUS.

Andegavorum gentem magnanimis et bellicosis principibus valuisse et terrori exstitisse circumfusis nationibus celebre percognitum est; siquidem principes ipsos suis viribus finitimos fulminasse et sibi subjugasse terras pene nulli dubium est. Andegaviæ siquidem monarchia minime contentis, Turonorum fines, Campaniensi Odone a Fulcone Palmerio, cognomento Nerra, in Brayo belli confecto, itemque filio ejus Theobaldo comite a Gaufredo Martello primo, præfati Fulconis filio, confecto et lege belli devicto et capto, bellicus labor adquisivit. De quorum principum nobili prosapia exstitit oriundus Gaufredus, Fulconis regis Jerusalem filius.

Sane multa præclara et laudanda in eo fuere : militari gloria summus, fortuna par et industria, civilibus armis et studiis liberalibus deditus, affector justi amoris, in amicos egregius; nec vero in oculis solummodo extraneorum magnus, sed intus inter suos domique præstantior cæteris erat. Sermo illius jocundus præceptaque admirabilia et amabilia. In causis agendis maximus, notitiaque antiquitatis nimia; et quia litteratus, non solum domestica sed etiam extranea bella et facta omnium in memoria tenebat. Nec vero in armis bellicis solummodo utilior, sed etiam in pace regum et principum et quiete populorum reformanda auctoritate sermonis præstantior erat hic vir : armis quidem strenuus et, ut ita dicam, simplicitatem protendendo sagacissimus, optime litteratus, liberalis omnibus, corpore procerus, pulcher aspectu et rufus, macer ac nervosus, oculis fulmineus, pater patriæ et terror superbiæ, militiæ actibus deditus, inter cleros et laicos facundissimus, justitia insignis, probitate admirabilis et fere omnibus bonis moribus repletus; qui suis temporibus ab optimis in nullo deviavit principibus, et quamvis multas tribulationes a suis sit perpessus, tamen ab omnibus est dilectus. Qui ubi primum adolevit, pollens moribus et ingenio, non se luxui et inertiæ corrumpendum dedit, sed equitando et ubique discurrendo plurima præclara faciebat, et minime ipse de se loquebatur; quibus actibus suis omnibus vehementissime carus, hostibus terrori habebatur. Fuit igitur mitis, gratus, civilis (1) animi; in cives clemens, offensarum et injuriarum immemor (2) fuit. Convicia sibi a multis illata audiens, patienter dissimulavit; omnibus universaliter, militibus maxime, amabilis et jocundus exstitit: tantæ etiam bonitatis et benignitatis fuit ut, quos armis subegerat, clementia magis vicerit, ut sermo subsequens declarabit.

Excedens itaque pueritiæ metas, adolescentiæ primævo flore vernans, quindecim annorum factus est. Fama igitur, uberioris materiæ suffulta suffragio, bonæ indolis adolescentem longe lateque personans, usque ad gloriosissimi Anglorum regis Henrici aures illius celebre nomen evexit. Rex vero adolescentis patres ab antiquo genere exspectabiles, probos moribus et armis strenuos noverat. Audiens illum, quantum ætas

(1) Ms. 6005, *benignissimi*. — (2) Ms. 6005, *indultor*.

patitur et posse suppeditat, non degenerare, quoniam de se meliora promittebat, unicam ei filiam lege connubii jungere affectabat. Allegantibus igitur nuntiis, regia voluntas Fulconi comiti Andegavorum impetitionibus suis innotescit. Ipse vero, vir per omnia sagax et industrius, regiis legatis dignum deferens honorem, regis petitionem effectui se mancipaturum gratanter promisit. Datur utrinque fides, et res sacramentis firmata omne dubietatis scrupulum tollit. Ex præcepto insuper regis exactum est a comite ut filium suum, nondum militem, ad ipsam imminentem Pentecosten Rothomagum honorifice mitteret ut ibidem, cum coæquævis suis arma suscepturus, regalibus gaudiis interesset. Nulla in his obtinendis fuit difficultas, justa enim petitio facilem meretur assensum.

Ex imperio itaque patris, futurus regis gener cum quinque baronibus, Jaquelino videlicet de Malliaco Roberto de Sembleceyaco, Harduino de Sancto Medardo, Roberto de Boloio (1), Pagano de Clarevallis, et viginti quinque coætaneis suis, multo etiam stipatus milite, Rothomagum dirigitur. Fama vero præcurrente, nuntiatum est regi quia comitis Andegavorum filius advenisset; lætatus est itaque rex in his quæ dicta sunt ei super generi sui adventum, mittitque a latere suo nobiliores quosque, ut eum cum debito honore et reverentia ante regiam deducerent majestatem.

Introgresso autem aulæ regiæ atrium interius, suis et regiis militibus circumsepto, vulgi etiam stante corona (2), rex, qui antea nulli assurgere consueverat,

(1) Mieux, *Bloio*. — (2) Ms. 6005, *caterva*.

ipsi assurgens, obviam procedit, pio stringit amplexu, dulcia tanquam filio infigens oscula; propria enim manu deducens, sibi consedere facit. Rex adolescentem multiplici affatur alloquio, multa ei proponens ut, ex mutua confabulatione, respondentis prudentiam experiretur. Adolescens vero, ut sapientium moris est, verborum compendio studens, eadem etiam verba rhetoricis exornans coloribus, paucis innotescere satagebat. Rex satis superque admirans, admodum delectatus est super prudentia et responsis ejus. Tota ergo dies illa in gaudio et exsultatione expenditur. Illucescente die altera, balneorum usus, uti tyrocinii suscipiendi consuetudo expostulat, paratus est. Comperto rex a cubiculariis quod Andegavensis et qui cum eo venerant ascendissent de lavacro, jussit eos ad se vocari. Post corporis ablutionem, ascendens de balneorum lavacro, comitis Andegavorum generosa proles, Gaufredus bysso retorta ad carnem induitur, cyclade auro texta supervestitur, chlamyde conchylii et muricis sanguine tincta tegitur, caligis holosericis calciatur, pedes ejus sotularibus in superficie leunculos aureos habentibus muniuntur; ejus vero consodales, qui cum eo militiæ suscipiendæ munus exspectabant, universi bysso et purpura induuntur.

Talibus itaque, ut prætaxatum est, ornamentis decoratus regius gener, quasi flos lilii candens roseoque superfusus rubore, cum illo suo nobili collectaneo comitatu, de secreto thalami processit in publicum. Adducti sunt equi, allata sunt arma, distribuuntur singulis prout opus erat. Andegavensi vero adductus est miri decoris equus Hispaniensis, qui tantæ, ut aiunt, velocitatis erat ut multæ aves in volando eo tardiores essent. Induitur lorica incomparabili, quæ, maculis duplicibus intexta, nullius lanceæ vel jaculi cujuslibet ictibus transforabilis haberetur; calciatus est caligis ferreis, ex maculis itidem duplicibus compactis; calcaribus aureis pedes ejus astricti sunt; clypeus, leunculos aureos imaginarios habens, collo ejus suspenditur; imposita est capiti ejus cassis multo lapide pretioso relucens, quæ talis temperaturæ erat ut nullius ensis acumine incidi vel falsificari valeret; allata est ei hasta fraxinea, ferrum Pictavense prætendens; ad ultimum allatus est ei ensis de thesauro regio, ab antiquo ibidem signatus, in quo fabricando fabrorum superlativus Galaunus multa opera et studio desudavit. Taliter ergo armatus tyro noster, novus militiæ postmodum flos futurus, mira agilitate absque stapia, gratia invelocitatis, equum prosilit. Quid plura? dies illa, tyrocinii honori et gaudio dicata, tota in ludi bellici exercitio et procurandis splendide corporibus elapsa est. Septem ex integro dies apud regem tyrocinii celebre gaudium continuavit.

Iterato mittuntur a rege nuncii ad Fulconem Andegavensem ut, in octavis Pentecostes, Cenomannis honorifice, filii sui nuptias celebraturus, occurrat; qui libenter annuens ire non distulit, sed cum magno, ut imperatum fuerat, apparatu, ad locum et diem assignatum advenit. Rex vero a Rothomago pedes extulit, et cum Fulconis filio et filia sua Imperatrice (imperatoris (1) siquidem uxor exstiterat), Cenoman-

(1) Mathilde, veuve de Henri V, empereur d'Allemagne, surnommée l'*Impératrice*, même après son mariage avec le comte d'Anjou.

nicis itidem die assignata affuit. Convenerunt ex diversis partibus, ad sacramentum nuptiale peragendum, archiepiscopi, episcopi, abbates et ecclesiastici ordinis diversi gradus. Traditur itaque nuptui filia regis Andegavorum comitis filio, fit ab episcopis mutui consensus scrutinium. In consensu siquidem conjugii tota vis et efficacia consistit, consensus etenim conjugium facit: consentit uterque, alter alteri fidem se servaturum pollicetur. Celebrantur igitur missarum solemnia, celebratur etiam benedictio nuptialis, fit gaudium in clero, tripudium in populo, et clamatum est voce præconis ne quis indigena vel advena, dives, mediocris vel pauper, nobilis vel plebeius, miles vel colonus ex hac regali lætitia se subtraheret; qui autem gaudiis nuptialibus minime interesset, regiæ procul dubio majestatis reus esset. Impletæ sunt igitur nuptiæ discumbentium, et variis ferculorum generibus omnis utriusque sexus reficitur. Per tres igitur hebdomadas nuptialis indifferenter continuata est celebritas; peractis nuptiis, nemo militum a regio munere vacuus abscessit.

Rex vero, genero suo et filiæ suæ pacis relinquens oscula, ad alia agenda se convertit; consul vero Andegavensis cum filio suo et filii uxore Andegavis abiit. Quibus adhuc aliquantisper longe positis, tota civitas ruit, pulsantur signa, parietes ecclesiarum cortinis et palliis adornantur; universus vero clerus in albis et cappis, cum cereis et textis et crucibus, cum hymnis et laudibus obviam devotus procedit. Susceptus est itaque dominus novus et domina nova cum maximo cleri plebisque tripudio. Duxerunt deinceps in bonis dies suos, et Britanniæ Majoris insulam et transmaritimas partes magnifici germinis successione nobilitaverunt.

Cum igitur Fulco Andegavensem, Turonicum, Cenomannicumque consulatum in prosperitate regeret, rex Jerusalem, Balduinus secundus, nuncios in Franciam misit qui, prudentium consilio, virum idoneum qui filiam suam, cum Jerosolimitano regno, duceret uxorem, secum abducerent. Elegerunt itaque, consilio Ludovici regis et episcoporum et multorum peritorum, Fulconem Andegavensem, virum bellicosum; qui uxore carebat. Ipse vero, cum maximis copiis mare transiens, filiæ regis matrimonio copulatus, rex Jerusalem effectus est.

Sublimato, ut diximus, patre ejus Fulcone in Jerosolimitanum regem, consul Gaufredus armorum exercitiis et laudi adipiscendæ operam dedit. Nonnullo tempore elapso, in arenosa montis planitie a Britonibus et Normannis torneamenti dies assignata est. Conveniunt ad Normannorum partis subsidia Willelmus comes Flandrensis, Theobaldus comes Blesensis, et ejus frater Stephanus Moritoniæ dominus; hii tres Henrici regis Anglorum nepotes erant. Convenit et ipse consul cum suis, eorum numerum accrescens. Stabant ex adverso Britannorum acies, armis quidem et animis strenuæ sed numero pauciores. Videns itaque consul Andegavensis Gaufredus Britannicæ cohortis imparem congressum, avulsus a multitudine, ad paucos se contulit ipsis opem laturus. Fit congressus, commiscentur acies, fit multus armorum strepitus, sonant æditui, tubæ multiplicis varia vox intonat, dant destrales dissonos hinnitus, a clypeis aureis sole relucentibus Mons ipse Michaelineus resplenduit, adunantur viri ad certamen, franguntur hastæ fraxineæ, emutilantur enses. Jam pede pes teritur, umbone repellitur umbo, evacuantur sellæ, supinantur equites, equi, dejectis sessoribus suis, ruptis habenis hinniendo vagantur. Partis adversæ singularis terror, Gaufredus adversarios impetit, huc atque illuc discurrens suis subvenire satagit, lancea multos dejicit, ense ictus ingeminans innumeros vita expellit. Sequuntur Britones spem victoriæ, ducem prævium, varia mortium genera in adversariis inferentes; instat Andegavensis leone ferocior, instat phalanx Britannica jam de victoria præsumens. Normanni siquidem, immenso certamine fatigati, terga dantes fugam arripiunt, et multitudo a paucis confecta ad castra repedare compellitur.

Normanni vero, confusione inopinata dejecti, singulare certamen Britonibus proponunt. A transmarinis namque partibus, torneamenti fama deducente, miles Saxonicus giganteæ magnitudinis advenerat, in cujus viribus et audacia confidentes de victoria præsumebant. De castris igitur Normannorum homo ille, humanas excedens metas, progrediens, stans in loco eminentiori, agminibus Britonum improperans, provocat eos ut quilibet eorum singulari congressu cum ipso decertaret. Expalluit vultus audientium et fortium robur emarcuit; verebantur quippe singuli cum tantæ enormitatis bellua singulare inire certamen. Intuens vero gener regis magnanimos anima viros, ad invitationis unicæ vocem, tanquam enerves et ejulatos dissolvi, infremuit spiritu et, objecti impatiens improperii, prosilit in equum, arma corripit et, spectantibus undequaque catervis, singularem cum giganteo milite iniit congressum. Fit altercatio dura : vir etenim ille, humanæ virtutis modum excedens, lanceam quasi liciatorium habens, Andegavensem impetit et ejus scutum et loricam, non sine sanguinis effusione, perforat. Stat Andegavensis, tanquam equo radicatus, immobilis, et impetitorem suum lancea transverberans dejecit, et dejecto desuper stans ense caput abscidit; equum vero victi victrici manu deducens, cum Normannorum ignominia et suorum gloria, trophæo potitus, gloriosus victor abscedit. Zelant probum invidi comites et eum, tanquam regis generum, inter suos securius agere aiunt, ubi nulla capturæ formido titillet.

Hac igitur ex causa militiæ speculum singulare Gaufredus, dulce de se famæ pabulum præbens, ludi cupidus, in confinio Flandrensium et longe positis terris cœpit torneamenta perquirere et laudis cupitæ ex bene gestis rebus in dies emolumenta percipere.

Venationi etiam deditus erat, cum sibi vacabat et negotia patiebantur; hoc enim exercitium, quibus libet et licet, curas noxias expellere consuevit et, quadam recreatione percepta, ad necessaria reducere promptiores. Quadam igitur die ivit, ut sæpe, venatum. Igitur sylvam ingressus, venatores, de more, sagacibus catulis copulas relaxarunt, qui mirum in modum, odoratu sensifico, e vestigio feram sequentes, sub momento reperiunt. Comperit hoc comes ex ipsorum latratibus. Canum et feræ fugientis flexuosos circuitus anticipare contendens, compendia viarum aggreditur, sed res in contrarium cedit; nam, dum arctatur a canibus bestia secus quam speraverat, comes in partes alias fugitare cogitur, et quo se putabat tam sociis quam canibus fore propinquiorem eo remotior factus est. Solus itaque comes, solitarias sylvas perlustrans, tota die oberrat, non socios nec canes nec aliquos qui eos vidisset reperiens.

Tandem, jam sole ruente quo clauderet diem, inter avia nemoris conspicatur rusticum, qui, multum infectus fuligine, reliquam corporis partem vix usque ad renes nigerrimo obumbrabat habitu : congrua plane persona officio quod gerebat; insudabat siquidem in faciendis carbonibus in usus fabrorum, unde et vultus et habitus colorem contraxerat. Quem videns liberalis Gaufredus, non ut pauperem dives contempsit, sed, ut homo hominem recognoscens, in unius miseria communem hominum calamitatem deplorat, elogium illud primi hominis reminiscens : *In sudore*, inquit, *vultus tui vesceris pane tuo* (1). Ergo salutat eum benigne, eum salutatus hoc subinfert : « Dic mihi, vir bone, si viam nosti quæ castrum Locas ducit? » Tunc ille : « Domine, inquit, si non nossem, non tam frequenter illuc carbonem meum venum deferrem. » Et consul : « Ergo, inquit, vir bone, deduc me per semitas tuas quoad usque veniam ad publicum iter, ne errare incipiam per invia sylvarum istarum. » Et rusticus : « Domine, ait, vos insidetis caballo vestro, nec estis, ut puto, sollicitus animæ vestræ quid manducetis neque corpori vestro quid induamini; ego autem, si laborem meum intermisero, cum tota familiola mea fame deperibo. » Et comes : « Noli inquit, cunctari, sed veni, quæso, quo postulo; quia mercedem itineris tui persolvam. » Tunc homo, in eum respiciens et nescio quid divinum deprehendens, in obse-

(1) Genes. III, 19.

quendo ait : « Amodo non formido fore mihi jacturam. Pergo tecum quocumque jusseris. » Quod comes gratanter amplexus, de trunco facit eum retro se caballum scandere.

Hic aliquantulum libet orationis sistere cursum et principis humilitatem attentius intueri, mirari mansuetudinem. Comes rusticum prior salutat, rogat supplex qui jubere debuerat, repulsam passus a precibus non desistit, præmium spondet cui debetur obsequium ; impetrato quod voluit, consedere facit pariter in caballo ; sed cœptum prosequamur.

Jam tunc inter eundum familiariter comes cum rustico fabulatur. At inter cætera : « Dic, ait, bone vir, de comite nostro quid aiunt homines? Quæ magnorum sententia ; quæ vulgi opinio ? » Et ille : « Quantum, inquit, ad ipsum spectat vel ad ea quæ coram geruntur, de eo quidquam mali nec dicimus nec sentimus. Nam juris amicus, custos pacis, hostium debellator, quod plurimum in principe nitet, oppressorum benignus auxiliator est ; sed væ nobis, domine, qui eo nesciente multos hostes patimur, hoc ipso utique graviores quo occultiores : domestico enim hoste nihil vel promptius ad lædendum vel difficilius ad cavendum, et hii præcipue quibus nec audemus resistere nec effugere prævalemus ! » — « Et posset, inquit comes, dominus noster vel istorum hostium reprimere sententiam vel ipsos deturbare? » Et ille : « Posset utique, domine mi, quippe sub obtentu obsequii ipsius hæc omnia mala operantur. » — « Tunc, inquit comes, diligentius et ipsos hostes detege et eorum mihi expone malitiam : fortasse, cum tempestivum fuerit, comiti non tacebo. » — « Domine, ait rusticus, hostes nostri sunt præpositi aulici cæterique ministri domini nostri consulis. Cum igitur dominus comes uspiam castrorum suorum venerit, ministri ejus expensas, quocumque venales reperiunt, sine prece vel pretio rapiunt; tacent interim qui venalia habebant, discedit consul, repetunt creditores pretium expensarum : tum, domine, miserabile dictu, vel omnino negatur vel differtur ultra modum, adeo ut creditores dimidium pretium libenter accipiant. » Tunc vir prudens, dissimulata ira, nec enim poterat non irasci audiens sese sibi tam crudelibus pasci, subridens ad rusticum ait : « Vere hi pro nihilo habuerunt terram desiderabilem, qui et redditus comitis sibi usurpant et ipsum nescientem de rapina faciunt vivere. » Comes utique dixit : « Pax, pax ! Et non est pax, quum domesticis hostibus terra ejus gravius devastaretur. » Et rusticus : « Necdum, domine, inquit, totum audistis ! » Et consul : « Totum, ait, libenter audiam; tu modo æque totum diligenter explica. Diligo, ait, consulem et ad ipsum, ausu familiaritatis, referendi quæ libuerint non ultimum locum habeo. »

« Forsan, ait rusticus, volente Deo actum est ut vestris auribus hodie ista deponerem, ut, quod per me non poteram, per vos comiti non lateret. Audite ergo, domine, et nil gravemini. Post messes collectas, exeunt præpositi consulis ad villas et, coactis nimium agricolis, nova lege, imo violentia, frumentariam exactionem eis imponunt. Tum, miserabile dictu, hi unum, hi duo frumenti exigunt sextaria, alius amplius, si speratur reddere posse. Si quis forte fuit, quod tamen raro contingit, qui huic exactioni audeat contraire, ille, accusantibus satellitibus, trahitur in causam; falsa ei crimina impinguntur, nec iniquorum judicum unquam manus avaras evadit, donec, exhausta bursa, sero pœniteat miserum perversis legibus contraisse. » Et consul silenter : « Væ, inquit, cui condit leges iniquas! » Et addidit : « Mea est ultio, et ego eis retribuam in proximo tempore. » Ad rusticum autem : « Dic, ait, ne sileas, si quid adhuc superest, de illustribus viris. Utinam comes, de se autem dicebat, opera ipsorum cognosceret ! »

« Mirum est, domine mi, rusticus inquit, quonammodo dominum nostrum comitem latent quæ coram cunctis aguntur, nisi quia domini solent mala domus suæ scire novissimi. Unum addam relatis et tunc finem loquendi faciam, ne rusticano more balbutiens facetis displiceam auribus. » Et comes : « Refer, ait, nil verearis : nemo facetior vera dicente. »

« Cum aliqua, ut sæpe, bellorum opinio, vel vera vel ab ipsis ficta, audiri cœperit, tum præpositi isti cum ingenti strepitu, missis satellitibus, famam exagerant et, sub voce præconis, per publicum edictum ruricolas undecumque congregant (1), sub obtentu custodiæ, replere castella, rura deserere. Tum prolocutores, clam missi, clam singulos alloquuntur et, velut jacturæ condolentes ac diutinæ moræ, pro bono consilio exhortantur quatenus, privatis muneribus, redeundi licentiam a præpositis redimant ; quod qui facit redire permittitur, sin alias, gravati expensis, alieni æris debitores in castellis miseri ruricolæ coguntur existere. Hæc sunt, inquit rusticus, domine mi, qui-

(1) Mieux *cogunt*.

bus populus aggravatus infelicius fere in pace laborat quam in bello deficeret. »

Finis erat dictis, et ecce introeunt portam primam oppidi. Nec prætereundum sane quam miserabile murmur de comitis absentia increbrescebat : in aula singuli singulos de consule requirebant, nemo quod bonum est respondebat, et hoc præcipue dolorem augebat quod solus abesse videbatur. Nec jam aulici celare poterant tam durum rumorem. Vere, ait poeta :

> Fama, malum qua non aliud velocius ullum,
> Mobilitate viget, viresque adquirit eundo (1).

Hoc igitur aulæ septa invisa satis jam penetraverat, murmur etiam miserabile diffundebat in populos ; quodque dictu difficile est, quod sine dolore gravissimo nemo audiebat, nemo auditum poterat reticere, scilicet comitem solum a venatu cum sociis non rediisse. Erat igitur tristis quædam rerum facies : ibi nullus curam agebat domesticam, communi mœstitia omnibus imminente, suspensi omnes arrectis auribus in ostiis excubabant, positi nimirum inter spem et timorem, aut redeuntem videlicet comitem de sylva præstolantes aut de redeunte quidpiam certius audituri. Ut scriptum est : *Ubi amor, ibi oculus*, attonitis oculis de via per quam redire de sylva consueverat pendebant immobiles universi et singuli, cum ecce desideratus adveniens quem primum offendit, suo primo more, affatur liberaliter; cujus voce agnita nil respondens, præ gaudio, præcucurrit ille et, voce qua

---

Virgilii *Æneid.*, IV, 174, 175.

poterat, consulem clamabat advenisse et digito ostendebat. Turba ruunt, ætas omnis et sexus uterque gaudentes pariter et clamantes : « Benedictus qui venit! » Quam copiosis luminaribus nox ipsa obstupuit; tenebras cujus ut faces densissimæ effugabant, sic comitis adventus mœstitiam!

Tum primum agnoscit rusticus cujus ductor exstiterat, cum quo fuerat collocutus, nec passus hærere diutius dorso consulis, ad terram subito desilire nititur. Quod consul sentiens, retroacta manu retinet renitentem et subridens : « Siccine, ait, ductorem meum abjicere debeo, cujus beneficio ad meos usque deductus sum? non ita erit. » Turbis igitur comitantibus et utrumque latus consulis catervatim ambientibus, velit nolit, rusticus usque in aulam sublimis fertur in equo cum consule. Venitur ad convivium. Mutatis vestibus, munificentia consulis, medius procerum discumbit rusticus; ferculis splendidissimis rusticus honoratur; rusticus bibit in auro, et tota fere fabula convivii vel de rustico vel cum rustico agitatur. Sternitur ei lectus mollior sane, ut reor, et mundior quam vel in sylva vel penes se habere consueverat.

Crastinus illuxerat dies cum comes, regressus a missis, ductorem suum præcipit evocari et eum, inter proceres consedere faciens, sic exorsus est : « Non est, inquit, æquum ut ductor meus iste, qui opus suum propter me intermisit ut me vobis redderet, pro opere intermisso talionem non habeat, præsertim cum in sudore vultus sui vescatur pane suo. » Et conversus ad ipsius castri præpositum : « Age, inquit, reddituum meorum estne aliquid apud te? » At ille genu flexo : « Domine, inquit, mille solidi de redditibus vestris penes me vobis conservantur. » Et consul : « Vade, inquit, et quingentos solidos reconsigna huic ductori meo, ne totum opus quod, mei gratia, omisit incassum amisisse videatur; sed sicut fuit socius ad tempus itineris, ita fiat particeps et redditus. » Quo facto iterum consul, rustico accersito, coram omnibus : « Te, inquit, et tuos heredes in perpetuum ab omni exactione et servitute absolvo atque libertos, imo liberos, fore constituo. Regredere ergo ad familiolam et jam aliquantulum levius te habeto. » Quo dicto jubet eum in propria deduci.

Jam vero non immemor consul eorum quæ a ductore suo didicerat, sub voce præconaria edici mandat ut quicumque essent quibus, pro ipsius expensis, aliquid deberetur coram assisterent. Quo edicto, etsi terror jubentis non cogeret, cupiditas, imo justa querimonia, invitabat. Sine mora igitur adveniunt undique debitores (1), reposcituri quæ fraus eatenus præpositorum distulerat. Quorum multitudinem consul miratus, ingemuit graviter; nec tamen tædio affectus est, sed singulorum causas diligenter [audiens], didicit ab eis summam debiti quod unicuique debebatur. Tum etiam, vocatis præpositis coram eadem multitudine, infremuit et ait : « Optimos vos custodes terræ meæ constitui! » At illi : « Quid, inquiunt, domine? » Et consul ad turbam : « Edicite, inquit, confidenter, singuli sigillatim, quantum pro meis expensis unicuique debeatur. Nolite metuere : ego sum qui præcipio vobis! » Quibus sua debita recitantibus, consul iterum ad præpositos ait :

(1) Mieux *creditores*.

« Me miserum, quem de pauperum sanguine huc usque pavistis! Putabam me tenere pacem, et ecce turbatio! » Et illi : « Cognoscimus, domine, inquiunt, impietates nostras, quia peccavimus tibi. » Et comes : « Ex ore vestro vos judico, servi nequam! Sciebatis me totis viribus in pace quærenda et custodienda versari, et vobis commiseram ut, vice mea, populum mihi commissum pacifice regeretis; vos autem pro pace murmur, pro legibus injurias promulgastis, et me, proh dolor! odiosum fecistis pauperibus populi mei! Nisi igitur hanc in vobis ulciscar malitiam, hactenus consensisse videbor. At contra, quia verecunda criminis confessio proximum tenet ab innocentia locum, et vos, vel verecunde vel timide, confessi estis, temporabo vindictam et, ut ait poeta :

Medio tutissimus ibo (1);

ita scilicet ut nec faveam sceleribus, nec sponte confessos penitus exterminem. Nunc igitur, quod quidem primum est, omni semota dilatione, ex integro reddite singulis quæ pro meis expensis illis debetis. Quo facto ad me continuo redietis, ut de vobis judicetur. » Nulla mora interposita paruerunt, nam comitis urgebat imperium.

Redditis igitur, et sine mora et sine typo, debitis omnibus, absque fere illis duntaxat quæ pro expensa comitis debebantur, redeunt ad eum præpositi, non

(1) Ovidii *Metamorphos.*, II, 136, 137.

Altius egressus cœlestia tecta cremabis,
Inferius terras; medio tutissimus ibis.

sine timore, sed submissis vultibus; nam, ut ait poeta :

Difficile est crimen non prodere vultu (1).

« Domine, inquiunt, factum est ut imperasti. Quid nobis locus est? » Quo dicto, sese timore agente, ultra quam liceret locutos, timentes pariter et silentes, dum vellent occultari, prodebant : hinc enim eos arguebat conscientia, qua nullus testis crudelior; hinc amor, imo fervor justitiæ, quem in comite sentiebant, pœnis addicebat. His taliter affectis, quo (2) consul, diu multumque secum deliberans, tandem vultum erigens terrificum, dixit ad eos : « Quid opus judicibus est? Ipsi de vobis ferte sententiam. » At illi, voce pariter et vultu tremendo : « Domine, aiunt, non est nobis aperire os præ confusione. Unum et solum est unde, si quod erit, capimus solatium : quia, cum iratus fueris, misericórdiæ recordaberis; alioquin si locuti fuerimus, os nostrum condemnabit nos. » Et consul ad hæc : « Nunc, ait, si mortem, quam quidem merueratis, vultis evadere, quidquid ex hoc genere fraudis acquisistis coram me deponite, quo, ea in usus bonos expendentes, etiam de malis vestris faciamus bona. » Jubentis vocem eorum executio comitatur. Si qui tamen dissimulavere quod verum erat, nec comitem latuit, nec eis impune cessit; ipse enim eos etsi invitos effecit veraces.

Accepta igitur pecunia, consul quam servi nequam sub prætextu obsequii ejus injuste adquisierant juste

---

(1) Ovidii *Metamorphos.*, II, 447.

(2) Probablement on a écrit *quo* pour *Gau*, abréviation de *Gaufredus*.

dispensavit, ac deinde, ne quid simile in terra ejus contingere posset, et sollicite prudens et prudenter sollicitus, amputavit. Omnes enim ministros suos, non modo ibi sed ubique, jurare coegit ut expensæ suæ de redditibus suis, quocumque terræ suæ adveniret, antequam inde discederet redderentur; quod si minus forte redditus sui sufficerent, quocumque modo, etiam ad usuram, mutuaretur suarum expensarum pretium. Ipse quoque coram omnibus juravit quod si quis ministrorum ejus hoc statutum ipsius aliquo modo transgredi præsumpsisset, publicata substantia ejus, ipse transgressor de vita periclitaretur. Quid plura? Simili modo cum cæteris egit, qui pacem terræ illius et populi quietem corruperant per avaritiam.

Patet luce clarius quam prudens, quam discretus vir iste fuerit, quam juste pius, quam pie justus exstiterit qui, quodam juris et pietatis temperamento, vitia sanans, nec remissus exstitit inulta relinquendo (1) nec in feriendo crudelis. Procul dubio non surda præterierat aure quod scriptum est: *Diligite justitiam qui judicatis terram* (2). Utinam nostri principes temporis hujus, principis nostri exemplo erudirentur in nulla parte se exhibere nimios, ut nec avaritiæ studerent, nec inclinarentur ignavia, nec furore debaccharentur in subditos.

Inter innumera jam dicti comitis liberalitatis opera, illud in sole poni dignum (3) censeo quod apud Locas circa quemdam clericum clementer operatus est.

---

(1) Ms. Saint-Victor 732, *jura reddendo*. — (2) Sapientia, I, 1.
(3) Ms. Saint-Victor, *non insulse haud silendum esse*.

Quodam enim tempore, dum Turonici pagi amœna perlustrans oculis suis oblectamenti pabulum præberet, Locas, nobile castrum, devenit. Mane itaque facto, ut ei moris erat, ad ecclesiam canonicalem, cui abbatis vice fungens præerat, missæ devotus auditor accessit. Contigit autem quod quidam clericus, tunc temporis admodum pauper, tractum illum qui *de Necessitatibus* dicitur decantans, necessitatum suarum, quas in eo diutina paupertas congesserat, recordatione permotus, in fletum vehementem erupit; et tractum inchoatum lacrimis et singultibus interrumpens, alternas singultuum vices, lacrimosis comitantibus suspiriis, in hunc modum ad finem usque perduxit. Ad hominis igitur inopis et compuncti compassionem cor principis inflectitur, et eo post missarum solemnia coram canonicis evocato, quæ ploratus tam vehementis occasio fuit sciscitatur. Cui pauper ille, demisso vultu, ait : « Dum tractum illum qui *de Necessitatibus* inscribitur, domine mi, decantarem, in necessitate semper positus, de paupertatis meæ exitu et peccatorum indulgentia recogitans, flevi. » — « De peccatorum, ait comes, necessitate periculosa eruere vos vel quemlibet non mea interest, sed solius Dei singulare munus est. Ut autem de necessitatibus quæ ad temporalem spectant substantiam vos eruam, do vobis inpræsentiarum in ecclesia ista præbendam unam; do insuper ecclesiam Beati Ursi, et ad ejus titulum in sacerdotem vos ordinari; tertio tres præbendas Andegavis : primam in ecclesia Sancti Mauricii, secundam in ecclesia Beati Martini, tertiam in ecclesia Sancti Laudi, capellæ meæ, et decaniam ejusdem ecclesiæ. » Sic liberalis comes, sic misericordis Dei misericors minister, pauperem ditavit et, eum de stercore et opprobrio paupertatis erigens, sublimavit.

At vero circa ecclesias quam devotus exstiterit, quam pie etiam præsumens de ipsarum ecclesiarum privilegiis, brevitatis amore, uno saltem exemplo aperiam. Controversia frequens et plurima inter ipsum comitem et Turonensem archipræsulem versabatur. Contigit ergo aliquando ipsos palam contendere. Archipræsul itaque, felle commoto, dixit ad comitem : « Quia rebus ecclesiæ cui, Deo auctore, præsum, has et has irrogastis injurias, pro certo sciatis quia vos excommunicabo. » At comes nil motus, tam voce serena quam facie : « Quid me, ait, domine præsul, injuriarum arguitis? Aut purgare enim aut emendare, convictus, non renuo; porro quas subjungitis minas vestræ excommunicationis penitus non formido! » Quo audito, episcopus graviter (1) contemptu quam de injuriis dolens : « Meam, inquit, sententiam non timetis! Illatas injurias augetis insolentia et in nostro contemptu divinam majestatem offenditis! Nunquid noster parochianus non estis? Nunquid animæ vestræ curam, ut pastor vester, habere non debeo? » Ad hæc comes, subridens : « Bone pastor, ait, præsto quibus debes, et de illis habeto curam qui tibi commissi sunt. Canonicis porro Beati Martini et monachis Majoris Monasterii nunquid dominaris? Ego autem et canonicus sum Sancti Martini et monachus Majoris Monasterii. Ergo refrena iram, cohibe potestatem et quam mihi sententiam

(1) Mieux *gravius de*.

minabaris super tuos exerce. » Sic vir sapiens et injustam pontificis evasit sententiam, et quanti haberet ecclesiarum privilegia comprobavit.

Fama apud homines, apud Dominum virtutum præmiis vivunt quibus vivere virtus erat,

Quique sui memores alios fecere merendo;

quo contra bestiam vivunt et hominem diffitentur quibus Deus venter est, et gloria carnis occasio vitæ; qui, si æqua lance sese metirentur, illud Flacci sibi non merito poterant usurpare :

Nos numerus sumus, et fruges consumere nati (1),

sed sicut pravorum vita exemplum inertiæ est, sic priorum memoria virtutis incrementum. Relinquentes igitur fœdam pravorum memoriam, de bonis sumamus exempla; inter quos Andegavorum comes Gaufredus clariori quodam fulgore probitatis enituit. Cumque mirum in modum virtutum insignia elucerent in eo, et tanquam sibi natum certatim vindicarent, specialiter tamen suum fecit operibus antiquum :

Parcere subjectis et debellare superbos.

Grata virtus utraque in principe, quem nec ignavum pusillanimitas hostibus, nec subditis duritia exhibuit inhumanum; cujus utriusque rei evidens argumentum sub exemplo monstrabimus.

Pictavenses igitur, finitimi ejus, gens scilicet effera nimis et plus ausu temerario quam virtutis conscientia (2) præsumens, crebris assultibus in eum irruebant; quorum audaciæ vir strenuus in nullo

(1) Horatii, 1. *Epist.*, II, 28. — (2) Ms. Saint-Victor, *constantia*.

cedens, duplicem talionem illis rependebat, et sua scilicet ad integrum defensans et quæ hostium erant viriliter devastans. Denique partibus utrisque, ut fieri solet, sibi hostiliter obviantibus, quatuor milites de parte hostium capiuntur. Super quibus comitis consulit voluntatem Goslenus de Turonis (in ipsius quippe custodia habebantur), quidnam scilicet fieret de illis : utrumne datis obsidibus ad tempus, an certe nominatæ redemptionis data fide abire sinerentur. Cui comes : « Neutrum, inquit, dum res est in pendulo, faciemus. Serventur sollicite qui capti sunt, et prout guerræ nostræ exitus se habebit de ipsis disponemus. » Dum igitur intercedit dilatio, Goslenus, affectusve tædio an motus misericordia super captis, dubium est, piæ tamen fraudis excogitat libertatem. Captos itaque milites allocutus, sic ait : « Velletisne liberari de manu comitis, aut forte placet vobis ista captivitas ? » Qui primo quidem irrideri se putantes, nec audentes reddere vicem, ora continuerunt. Quibus iterum Goslenus sic inquit : « Induruistis in malitia, ut nec mihi respondeatis ? » Tum illi : « Non irascatur, inquiunt, dominus noster. Proposuistis enim nobis quod plane derisio videbatur, ideoque reddere verba distulimus. Quis enim captus, et captus merito, præsertim sub tanto principe non formidet ? Fatemur enim, etiam cum mortis discrimine, si fieri posset, nos velle liberari. » Tum heros : « Adquiescite consiliis meis et vivetis, dominum enim multum timeo. » — « Domine, inquiunt, jube quod vis et fac quod jubes, nos parati erimus parere per omnia; tantum de nostra liberatione tractetur. » « Nunc ergo, ait, de probitatibus consulis aliquem componite rimulum, quod genti vestræ de facili et velut ex natura decurrit; ego autem cum opportunum fuerit ipsum hic hospitabor, quo cum pervenerit, dabo vobis locum ut in auribus ejus possitis cantu citare (1) quæ dictata fuerint. Spero de domino, et de ipsius bonitate præsumo quia vestri miserebitur. » Nec plura. Hii ergo, inter metum et spem constituti, jocula dictabant quibus aberat jocus; cogebantur de lætitia cogitare quos premebat tristitia; sed, credo, conceperant de viri responsione lætitiæ primitias, alioquin musica in luctu importuna illis erat narratio.

Nec mora comes invitatur, spondet adventum, statutus advenit dies, affuit ex condicto. In cujus sane adventu construitur convivium apparatu largissimo. Prætereo domesticorum animalium carnes. Sylva feras, volucres aer, flumina pisces copiosissime ministrarunt; larga Ceres affuit Bacchusque diffusior qui, non suo sapore contentus, pretiosis et variis speciebus sese condivit ut pigmenta conficeret. Cum igitur circa frequens ministerium satagunt quibus id curæ erat, comes cum comitibus in atriis spatiatur. Tunc vir prudens Goslenus, qui eum invitaverat, tempestivum ratus ut captis succurreret, clam cunctis ad eos ingreditur carcere reserato : « Exite, inquit, et, deambulatoria turris conscendentes, prominete ad fenestras superius, et quod de comite composuistis canticum ne taceatis et ne detis silentium ei : vincite tristitiam, præsumite quod optatis, frequentate canticum, forsitan miserebitur vestri. » Quibus dictis heros, reseratis ostiis, egressus, comiti obambulabat de more.

(1) Ms. Saint-Victor, *cantare ea*.

Illi vero, dicto citius progredientes, in fenestris steterunt, rhythmum quem in laudem comitis composuerant clara, ut poterant, voce concinentes. Consul cum comitibus oculos sursum erigens, cœpit audire, attentius perpendere quid audiret, et, conversus ad Goslenum, quinam erant inquivit. « Domine, inquit ille, captivi vestri sunt, milites scilicet illi quos de hostibus vestris captos jam diu in carcere custodimus. Hodie vero, pro adventus vestri gloria, tantum refrigerii concessimus ut viderent lucem. » « Bene, ait, fecistis. » Et iterum iterumque in eos respiciens squalidos, incultos, macilentos vultu, habitu, corpore deprehendit. Tum intra se graviter ingemiscens : « Inhumani, inquit, cordis est qui suæ non compatitur professioni. Si nos milites sumus, militibus debemus compassionem, præsertim subactis. Educite ergo milites, expedite a vinculis, lavate et comite et vestibus novis induite, ut mecum hodie sedeant ad mensam. » Et factum est ita. Quibus ad se post prandium accersitis : « Injuste, inquit, me infestastis et vastastis terram meam, et ecce conclusit vos Dominus in manibus meis; nunc poteram, si vellem, vicem vobis rependere, sed parcam. Ecce feci vos vestiri, denuo restituo vobis equos et arma, expensas etiam largior in reditu. Abite liberi, et hac vice tenete mihi pacem. » Quibus jurare et fidem dare volentibus se nunquam amplius contra eum arma movere, sed in pace et bello illi fideliter deservire : « Tale, ait comes, jusjurandum aut fidem a vobis non accipiam; fortassis enim non possetis tenere : de hac tamen terra fidem mihi dabitis. » Quo facto, restitutis omnibus et muneribus impertitis, liberos illos permisit abire. Acta sunt hæc in castello Gosleni sinescalci, quod dicitur Fons Milonis.

Duo itidem milites, homines ipsius consulis, conquesti ab ipso se pati injuriam, exierunt de terra ejus, et, conglobata sibi manu prædonum, irruptiones faciebant in proprias comitis possessiones, captivabant homines, prædas adducebant, incendio cætera devastantes. Contigit igitur in una dierum ut, regressi ab hujusmodi negotio, in castro Sancti Aniani, quod eis erat in arcem, residerent. Ventum erat ad epulas et forte unus eorum qui, in deliciis convivii, panem ex simila conspersa ovis et contuso pipere aspersa solent, ad gulæ irritamenta, componere, aderat, et his panibus, quos oblatas appellant, conficiendis pariter et coquendis exhibebat ministerium. Cumque ille instrumentum ferreum, ut sæpe vidistis, hujusmodi panibus coquendis calefecisset et illas ferri patenas quæ, sibi concathenatæ, artificiosa diligentia nunc aperiuntur nunc relaxantur, suscipiendis quæ coquenda erant, aperuisset, unus militum qui comitem infestabant, inter vina et epulas, hæc ructavit : « O, inquit, utinam modo hic tenerem Ruffum illum, Gaufredum comitem! Hercle collum ejus hac ferri candentis inquassatura tamdiu stringerem donec, pinguedine ejus, totus ferri fervor exstingueretur. » Quod alter audiens, nimis indoluit et furibundum illum his vocibus increpare cœpit, dicens : « Quid est hoc quod loqueris ? Nunquid non dominus noster est comes Gaufredus, et nos homines ejus ? Et utique si verum fateamur, quamvis modo contra ipsum habeamus querimoniam, in terræ principibus non est similis ei in terra. Esto : justa est nobis causa odiorum, est in illo causa odiorum; est in illo quod jure culpari debeat, sed non satis digna ultio est gladio linguæ oppetere inimicum! Cæterum, ut quod sentio absolute diffiniam, nemo mihi adeo carus est quin ejus abrumpam amicitias, si de domino meo comite obloquatur. » Conticuit ille profecto, non reperiens aures quæ libenter acciperent verba detrahentium.

Non multum fluxerat tempus cum hic idem qui in deliciosis illis panibus prædonibus ministraverat, assistebat comiti sub eodem ministerio. Inter cætera, in convivio comitis de illis prædonibus forte sermo habitus est. Tum scurra ille, comiti placere gestiens : « Domine, ait, si me audire dignemini, de illis et vera referam et digna relatu. » Et comes, ut vere liberalis erat : « Dic, ait, si quid habes unde placere debeas, et, qui gulæ servisti, servito et auribus; sum (1) etenim, et profiteor me tibi debitorem. » Tunc ille coram comite et convivis ejus quæ supra retulimus seriatim exposuit : scilicet qualiter alter prædonum ejus exarsit injuriam, qualiter alter eum compescuerit. At vir prudens, nil penitus motus, quamvis utriusque in se noverat affectum, in alia quædam derivavit sermonem.

Interea supramemorati milites, quibus mali consuetudo fecerat audaciam, complicibus suis accitis, de more terram comitis ingrediuntur, ferro, flamma vastantes quæ asportare nequibant. Quos insecuti qui pro comite tutelæ patriæ invigilabant, in alto deprehendunt, et, vexillum comitis inclamantes, non segniter

(1) Ms. Saint-Vict., *scio*.

appetunt armis. Captivis liberatis, præda reducta, illos duos qui comitem infestabant capiunt et ei præsentant. Tunc comes ad eum qui vicem suam contra obloquentem doluerat sermonem prius convertit et ait : « Inquietasti me et terram meam pro posse devastasti et, ni fallor, injuste. Jam nunc, vel comprehensus, innotesce quas tibi fecerim injurias quidve tuum abstulerim? » Et ille tremens, quia captus : « Domine, inquit, non est mihi modo tempus querelæ; ut enim in luctu importuna narratio, sic in captione intempestiva ratio. » Et comes : « Noli, inquit, sed causam tuam securus edissere, quia, quamvis a capto, nec audire fastidiam nec dissimulabor corrigere. » Tum ille jussus, quamvis multum tremens, injurias suas comiti breviter assignavit, et assignatis ait : « Domine, inquit, captus sum, jam non de injuriis queror, sed solam misericordiam quæro. » — « Tum, inquit comes, misericordiam quæris et eam plenissime consequeris. » Et advocatis officialibus : « Ite, inquit, et militi huic equos et arma et quæcumque ipsius fuerunt reddite. Præpositis meis sub meo mandate nomine ut quidquid uspiam juris ejus exstitit ex integro illi absque dilatione restituant; ipse enim et inter odia pacem conservavit, et fidei debitæ tenorem, cum hostis putaretur, non læsit, unde justum est ut bonæ fidei talionem a nobis consequatur. » Et conversus ad eum : « Vade, inquit, et tuarum recipe possessionum investituram; et rebus, ut utile judicaveris, ordinatis, ad me fiducialiter redito ut, a secretis meorum unus effectus, arma, vestes et equos de meo plenarie accipias, et experiaris etiam in præsenti quam bonum sit non deserere fidei puritatem. »

Deinde in alterum torvis intendens luminibus, ut in ipso affectu flammas irarum deprehenderes, collum suum manu feriens : « Eia, inquit, bone miles, en collum quod ferri candentis machina optabatis perstringere! Si perfecta, ut dicitur, voluntas reputatur pro opere facti, mortis meæ vindictam in vos possum expendere. Ut quid hoc? Ut quid tanta in corde vestro malitia ut non solum de morte mea cogitaretis, sed etiam inter vina et epulas, coram cunctis, mortem mihi turpissinam imprecaremini? Et ecce, nutu Dei, in manus meas incidistis! » Tum ille vultu demisso, teste conscientia devictus, a comite jus habuit respondere, sed hæc solum trementibus vix elicuit labiis : « Scio, inquit, domine, quia morti me trades, si quod merui rependas. Illud solum excusare valeo quia, quamvis contra te verbis excesserim, non tamen in corde maledicta gerebam; nunc autem de me facies quod bonum est in oculis tuis. »

Tum vero consul, intra se paulisper deliberans, in hæc verba prorupit : « O, inquit, vita hominis, tentatio super terram! Si [bona] reddidero retribuentibus mihi mala, decidam merito ab inimicis meis inanis! » Tunc ad militem : « Absit, inquit, a me ut subacto non parcam, capto non miserear, afflicto non condoleam. Vade, inquit, et quæ tua sunt posside; de quibus autem disceptatio erat, coram me securus rediens, habebis quidquid dictabit justitia. » O nobilis ira leonis! O grata elephantis clementia! Hæc enim animalia resistentes feriunt, fugientes sectantur, parcunt prostratis. Sic procul dubio, sic liberalis Gaufredus et intolerabilis erat hostibus et paris impatiens in miserando subactis; præclarum utrumque facinus, et in diebus nostris rarissime frequentatum.

Ita comes præclarus suum esse fecerat *parcere subjectis;* jam nunc quædam subjiciamus exempla quomodo noverat *debellare superbos.*

Comes Theobaldus, vir illustris [fuit] et quo, suo in tempore, in regno Francorum ditior opibus, fide præstantior et æquior censura nullus exstitit. Sub hujus itaque dominio comes Nivernensis et Hugo cognomento Cenomannicus sese infestabant, quos, ut suos homines, comes Theobaldus ad jus in curia sua sæpius invitabat. Porro Nivernensis ille, ut superior, hostem potius viribus obtinere quam ad jus descendere volens, comitis Theobaldi curiam subterfugiebat. Dum igitur lentis et jugibus inimicitiis utrinque certatur, comes ille Nivernensis, volens ad unguem hostem conterere, regem Francorum et Eduensem episcopum, utrumque cum copioso exercitu, super eum adducit. Nec minus ille, cum quanta militum peditumque manu valet, in hostem procedit. Tribus igitur exercitibus congregatis, rex, præsul, comes Hugonem obsident in castro Cona dicto. Spes nulla penitus evadendi: convallato undique castro ab hostibus, nullus posset ingredi, egredi nullus. In arcto itaque constitutus Cenomannicus, ad comitem Theobaldum legatos transmisit, discrimen suggerens, flagitans auxilium. Nec mora, vir proprius, quia in mora periculum esset, suos homines jussu, affines precibus conducit, pariter et amicos.

Quos inter et præ cunctis, Andegavorum comitem Gaufredum obnixius orat, postulat confidentius, de cujus nimirum auxilio fiducialius præsumit; nec cunctatur ille, ut semper promptissimus in subveniendo amicis, pollicetur opem, fidem coarctatur. Selectos itaque comites et probatos militia centum quadringinta sibi concopulat, satellites trecentos cum his tamen properans. Juncti ergo pariter comes Theobaldus et Andegavus noster, obsesso Cenomannico festinant succurrere. Quorum adventum, fama prævolante, rex Francorum audiens, sano sane consilio, sedem solvit, linquit obsidionem. At comitem Nivernensem odium inimici ad fugam paululum efficit tardiorem, in quem persequendum Gaufredus comes invehitur, comite Theobaldo occupato in reliquis. Tum vero videres virum illustrem, sicut dignitate socios, sic præcedere probitate; pictos leones præferens in clypeo, veris leonibus nulla erat inferior feritudo. Consecutus igitur fugientes, modus ei fuit absque modo in hostem desævire. Ad primum, velut quoddam militiæ fulmen, primus eos penetrat; socii subsequuntur : hos detruncat gladio, illos impetu sternit, nemo illæsus effugit subsequentem. Quid plura? Necatis quam pluribus, cæterisque fugatis, ipsum Nivernensem comitem consul capit captumque reddidit comiti Theobaldo. Talibus insignis virtutibus tantisque probitatibus clarus, consul noster Gaufredus, sicut humanus erat et dulcis misericorditer, sic probus et fortis et animosus viriliter. Unde consequens est quod vere suum erat :

Parcere subjectis et debellare superbos.

Verum quia, ut assolet, novis rebus antequam convalescant infertur pernicies, barones ejus Guido de

Lavalle, Giraudus Briais (1), Toarcensis, Mirebellensis, Ambaziacensis, Partiniacensis, Saboliensis et multi alii perduellionem meditati sunt, et adversus dominum novum in mentis incude veteri nova machinamenta cudere cœperunt.

Qui in talibus autumans non esse procrastinandum sciensque proverbialiter celebre esse dictum : nullam moram paratis esse inferendam ; collectis undique viribus, castellum Guidonis de Lavalle quod Merlay dicitur, tertia sabbati die illucescente, obsidet. Dumque de modo captionis cum domesticis suis ageret, plebeia manus, avida ultionis, muros disruit, fores effringit, confractisque seris et reductis portarum repagulis, usque ad fortitudinis munimen irrumpit; municipii vero domum terræ coæquans, custodes intus repertos internecioni et villam combustioni tradit. Auditis comes assalientium tumultuosis clamoribus, de militum salute sollicitus, ut eos de rusticana manu eriperet tardus subventor accurrit. His incommodis Guido Lavallensis afflictus, majora pertimescens, comiti supplicat, rogat quæ pacis sunt ; et licet facilitas veniæ incentivum tribuat delinquenti, apud ipsum tamen facilis indulgentiæ patet aditus et pristinæ concordiæ bonum, pacis osculo reintegrans, confirmat.

Hac igitur facta compositione, urgente causa consimili, exercitum movens Toarcium obsidet. Obsessi autem, tam de turrium et murorum fortitudine quam de suorum non modica probitate præsumentes, nullo quatiebantur timoris incursu ; liberum enim habentes

---

(1) Mieux *Berlais* ou *Berlaii*.

discursum, frequenter exibant et de obsessoribus suis frequenti congressu gloriose triumphabant. Assuetis autem successibus insolentiores effecti, quadam die, spe abundantioris victoriæ ducti, solito plures exierunt, sed præter spem illud evenit. Comperto siquidem consulares eorum accessu, quingentos milites, in vicini nemoris umbrosa opacitate, in insidiis posuerunt, ipsi vero, tanquam contra eos congressuri, obviam processerunt. Instant oppidani, cedunt ex industria consulares, et ultra insidiarum loca fuga fallaci protrahunt. Illi vero qui latebras fovebant, de latibulis suis caute progredientes, eos qui ausu temerario suos insequebantur insequuntur; illi autem qui simulatoriam fugam arripuerant, sentientes suos adesse, vertunt habenas et ensibus strictis et lanceis in insecutores suos desæviunt. Cæduntur oppidani a facie et a tergo, pars capitur, pars gladio occubuit, reliqui fugæ subsidio elabuntur. Patent portæ fugientibus; ingerunt se, nullo renitente, consulares mixti pariter cum oppidanis, et vicos oppidi violenter occupant. Fortunæ sibi arridentis beneficio exhilaratus consul ocius advolat, subsequentis exercitus multitudine replentur omnia. Vicecomes vero, qui se intra turrem cum paucis receperat, videns fortunam nubilo vultu sibi adversari et se rotæ volubilis in infimo devolutum, offert comiti sui et suorum deditionem; et quia, sicut mos est bonorum principum, *debellare superbos*, par est et *parcere subjectis*, liberalis comes humiliato condescendit, indulget offensum et bono pacis et pristino honore fungi permittit. Turrem tamen subvertens, partem ejus intactam, factæ ultionis memoriale, relinquit.

Amoto inde exercitu, Parteniacum, injuriæ gratia ulciscendæ, proficiscitur. Parteniensis vero dominus, auditis aliorum infortuniis, sibi amplius pertimescens, per internuncios rogat quæ ad pacem sunt; et, facta deditione, a liberalitatis principe pacem et gratiam optatam assecutus est.

Parteniacensi indulta, ut dictum est, venia, castra movet et in Blazonensem Theobaudum, quem conspirationis reum noverat, vultum iræ superborum indefessus satagit expugnator. Blazone itaque succenso et ejus pertinentiis in favilla redactis, fugientem ad Mirebellum, tutiora ad loca, Theobaudum persequitur. Theobaudus vero, magnanimus vir et rei militaris per omnia gnarus, collecta militum non minima multitudine, defensioni se parat. Instat sagacis industriæ comes et, circumfuso exercitu, castellum obsidet, struit aggeres, aspera complanat et quæ oppido capiendo congrua essent ordinat. Obsessi vero obsedentibus, pro viribus, mala moliuntur et frequente discursu castra perturbant. Comes vero æquanimiter sustinebat, sciens quia victus paucitas intus illata a tanta multitudine in brevi consumeretur et, ex eduliorum defectu, obsessorum defectio sequeretur. Id Theobaudus sagaci animo perpendens, Pictavensem comitem ad sui subventionem per internuntios invitat. Adest comes festinus, cui militum et peditum multitudo innumera victoriæ facilitatem pollicetur. Obsidetur obsessorum obsessor Andegavensis et utrobique, vicissitudine varia, ab hostibus angustiatur. Impatiens itaque tantæ importunitatis, dum hostes membra sopori dedissent, suos pernoctare studet. Intempestæ igitur noctis silentio, in fossatis faciendis summopere desudant, quorum tuitione protecti cursantis comitis impetum inhibere queant. Illucescente die crastina, more solito, in exercitum ruunt; sed aggere inopinato præpediti, discurrendi libertate sublata, nocturni laboris instantiam obtupescunt. Elapsis itaque quadraginta diebus, obsessis consumpti elabuntur cibi; nullis aliis introducendis patet introitus, quippe nec semipedalis tutus egressus. Quid plura ? urgente famis inedia, Tbeobaudus, salva sui suorumque vita, offert deditionem; adquiescit comes, et, dimissis illis quorum vultus attenuati fame, pallidi et exsangues emarcuerant, oppidum in jus proprium redigit. Pictavensis vero, in his quæ acciderant obstupefactus, plenus ignominiæ et confusionis abscessit. Ordinavit ibidem victoriosus comes senescallos et præpositos quibus castellum et totius castella terræ curam delegavit. In hunc modum soluta est obsidio, et universi ad propria cum gaudio reversi sunt.

Obsidente Andegavensi comite Mirebellum et eodem in ipsa obsidione a Pictavensi obsesso, barones sui, inito consilio, importuna opportunitate adepta, conveniunt comitem ut eis, absque dilationis mora, super injuriis sibi ab eo illatis satisfaciat. Comes temporis angustias et guerræ suæ importunitatem prætendens, inducias quærit, et eis, soluta obsidione, de omnibus satisfacturum prout ratio dictaverit pollicetur. Illi inducias renuunt et, in verbis diffidentiæ discedentes, terram comitis deprædantur, homines captioni, villas depopulationi tradunt. Paucis denique evolutis diebus, reverendi principis spe dilata pro voto in effectu, et diuturnus labor cessit in triumphum.

Habita siquidem de Mirebellensibus victoria, eorum castello, Deo juvante, in jus proprium redacto, Insulæ Bucardi insperatus appropinquat. Consulares, ultionis avidi et rapinæ lucris inhiantes, omni pretiosa supellectili in proprios usus assumpta, burgos Sanctorum Mauricii et Leonardi et quidquid pons primus postposuerat incendunt. His inimicitiarum datis intersignis, reflectunt habenas et, transeuntes Viennam, Cainonis nocte illa quieverunt. Prænuntia vero diei aurora illucescente, Insulam ex improviso regressi sunt et, hesterni instar incendii, burgum Esmantiæ et quidquid pons primus circa Vigennam reliquerat in cineres redigunt. Die vero crastina, Insulani, ponte tornatili deposito exeuntes, exercitui in multis multa inferunt detrimenta. Denique urgente consularium insectatu, cum festinatione infra firmitatis suæ septa [sese] recepissent, consulares, firmitatis primæ cum burgo adjacenti immunitione capta, eos ad castelli interioris tutiora fugere compellunt. Sentiens consul sibi arridentis fortunæ favorem, nonnullos militaris ordinis et pedestris assumens, transvectus navigio, a parte prius exusta Insulam obsidet; in locis vero secretioribus milites occultans, insidiarum furtis exeuntes concludere parat, nec spes eum fefellit : concepti siquidem doloris malum ultionis remedio lenire cupientes, suis doloribus dolores aggerant. Mane etenim facto exeuntes in hostem, ab his qui latebras fovebant comprehensi sunt, et supervenienti exercitui patens oppidum, nullo renitente, diripitur. Insulani namque, more sibi non cognito, fugæ consulunt. Castri interioris municipium, quod aquarum biviis et muro cingitur, navali remigio obsidetur; cumque nullus obsessis pateret exitus, Peloquinus et prætaxati superius viri, animis viribusque diffidentes, sacramento astricti, ne simile quid adjicerent, dederunt se et castellum, comiti se reddentes libertati.

Quia vero de similibus idem fit judicium, Gaufredus consul, cui magno nihil erat magnum, recepto exercitu, Lisiardo Sabloiensi, simile quid promerenti, Brioleto cum adjacentiis suis abolito, quidquid a Sablois spectare videtur depopulatus est, ipso indemni permanente. Inde et pedem efferens, in Susensem pagum ducit exercitum; quem petroritis, mangonellis et aliis machinis captum, tamdiu tenuit quamdiu Lisiardus præsentem vitam duxit. Mortuo siquidem Lisiardo, collactaneo et commilitoni suo Roberto Susam et omnem terram patrum suorum restituit, quoadusque, consilio impiorum arma corripiendo et guerram movendo, consulem ad iracundiam provocavit.

Robertus igitur, præfati Lisiardi filius, terram suam de manu consulis suscepit, hominagio et leigiatione facta, et sacramentis juratis non servaturus accessit. Siquidem ipso anno quo terram de manu consulis suscepit, consilio Hugonis de Mathafelone et Theobaldi filii ejus, guerram movens, quidquid a Brioleto usque Andegavis, a Sabolio et Susa usque Cenomannis, ferro et igne aggrediendo, depopulatus est. Sed quia præfatus Robertus collactaneus consulis fuerat et cum eo altus et nutritus familiariter vixerat, diu siluit, nolens familiarem suum impugnare, illud Tullii sæpe replicans : « Nihil est turpius quam cum eo gerere bellum cum quo familiariter vixeris. » Sed quia idem Tullius (1) ait : « Aperte enim amare vel odisse magis ingenuum est quam fronte occultare sententiam », exercitum movet, arma corripit, Brioletum cum adjacentiis suis delevit, Susam capit, et, hominagio et leigiatione tam a militibus quam a burgensibus accepta, hominibus suis custodiendum tradidit. Videns autem Robertus et sui contra martium comitem non posse resistere, accitis venerabilibus episcopis Ulgerio Andegavensi et Hugone de Sancto Carilerfo, Cenomannensi, ipsis mediantibus, cum suis complicibus ante pedes consulis humiliter prostratus indulgentiam petens, ab ipso apud quem non erat labor iste difficilis, quin ignosceret supplicanti veniam obtinuit.

Elapsis denique aliquantis annis, dum præfatus consul in prosperitate floreret, iterum tertio Robertus cum suis complicibus guerram movet, totius consulatus barones sacramentis fœderatos sibi facit obnoxios. Monitu etiam impiorum, Helyas frater consulis, Cenomannicum exigens consulatum, ipsum sæpe impugnabat, quem captum Gaufridus multis diebus Turonis incarceratum tenuit; sed postea inde liberatus, gravi morbo a carcere contracto, juvenis obiit. Semper enim potentes fratres, male concordes nimiaque cupidine cæci, res suas in medio tenere nolentes, inter se dissident, et, cum suas res miscere juvat, pereunt.

Consul vero, cujus erat in votum scire quæ sequenda forent, quæ vitanda vicissim, amicos et consulares suos convocat, quorum maximi et principales erant Hugo de Cleeriis et duo fratres ejus Gaufridus et Fulco,

---

(1) *De Amicitia*, 65 et 77.

Paganus de Clara Valle, Goslenus de Bloio, Harduinus de Sancto Medardo et multi alii. Isti vero consilium libere dare Gaufrido gaudebant, quia, teste Tullio, plurimum in amicitia amicorum bene suadentium valet auctoritas ea quæ adhibeatur ad monendum eos non modo aperte sed etiam, si res postulat, acriter et acute; et oportet ut ei adhibite pareatur. Consul, præfatorum consilio fultus, illud Lucani suis ait :

Di melius belli tulimus quod damna priores;

Et quod cœperit inde nefas; et quod sanguis nostrorum jam tetigit pollutos enses Saboliensium.

Hæc dixit facetus comes, et cum lætiorem se solito suis exhiberet, typico ridiculi commonitorio eos alloquens, ait : « Sicut cuilibet ægrotanti tussis individua comes inhæret, sic, totius proditionis fomes, incentivum Saboliensis omni impugnanti me ultroneum se ingerit adjutorem. » Eapropter providus consul, ut terra hostium patens incursibus tutior esset, Castellum Novum super Sartam, re et nomine, ædificavit, quod, situs sui et decore, inimicis invidiam, suis oblectamentum parit et securitatem.

Interim, consilio cum suis habito, commodum duxit hostium terram intrare, commodius fore judicans hostes in terris suis aggredi, quam ad se aggrediendum eis ex dilatione cornua sineret erigi. Electa itaque militiæ manu multisque peditibus, gentem illam sibi rebellem et æmulam expetiit : antiquitus nempe Andegavenses præliandi consuetudinem habebant, for-

---

(1) Notre auteur copie ici le passage des *Gesta dominorum Ambaziensium*, relatif à Sulpice et aux Vendômois. V. pages 207, 208.

san, ut puto, a Deo sibi permissam, ne per otium pejoribus inimicis expugnarentur, moribus scilicet vitiosis, juxta illud satyrici garriendo veridici :

« Servabat castas humilis fortuna Latinas,
Et labor in noctes, et proximus Hannibal urbis (1). »

Nam laborum et bellorum assiduitate minus libet superbire, minus delectat mœchari illis qui etiam assidue timent mori. Bella itaque exteriora interiorum sunt sæpe peremptoria bellorum et oppressio inimicorum.

Igitur consul reverendus, eo quem ductabat cuneo per terram hostium effuso, qui tamen statim usque ad pedites fugere compulsi sunt, egressis adversus se hostibus, impetuoso impetu restitit; namque Sabolienses, comperto ejus adventu, in insidiis excubabant. Proinde consul, videns sibi fieri necessariam congrediendi copiam pugnando, ipsum Robertum, cum suis multis vulneratis et occisis, nonnullis captis, infra ambitum castelli fugere compulit; ipse vero victor cum gaudio ad sua rediit. Demum terrorem cæteris ingerens, favente sibi fortuna, multa insignia, Deo permittente, peregit, cupiens semper

Parcere subjectis et debellare superbos.

Quid plura? Robertus et sui, qui primi guerram mo-

---

(1) C'est une réminiscence de Juvénal :

Præstabat castas humilis fortuna Latinas
Quondam nec vitiis contingi parva sinebat
Tecta labor, somnique breves et vellere Thusco
Vexatæ duræque manus, ac proximus urbi
Annibal....

Satyra VII, 286-290.

verant, confecti et confusi, per internuncios pacem quærere sunt compulsi. Consul vero bellicosus, rogantibus quæ ad pacem sunt, pacem dedit, sciens sapientis dictum (1) :

> Vincere cum possis, interdum cede sodali.

Et alibi :

> Constans et lenis, ut res expostulat, esto.

Qui constans exstitit debellando superbos, guerram movendo (2); lenis factus est parcendo subjectis, pacem offerentibus et requirentibus.

[Profec]turus (3) consulis pater Jerusalem, Hugonis Ambaziacensis, viæ suæ socii, filium nomine Sulpicium consul ejus tuitioni et fidei commendavit. Habito illius hominio, ut ei diutius deferret, paternæ preces plurimum obtinuerunt; sed Sulpicius juvenis juvenilem sequebatur animum, cujus aures veritati ita clausæ erant ut ab amico verum audire nequiret. Majoris siquidem assentatio nemini nocere potest nisi ei qui eam recipit atque ea delectabitur; et amicus blandus a vero amico, adhibita diligentia, leviter dignosci potest. Namque, teste Tullio (4), nullam pestem majorem esse scimus quam adulationem, blanditiam, assentationem; quod vitium est levium hominum atque fallacium, ad voluntatem omnia loquentium, nil ad veritatem. Illi nempe modestiam quam capere debent non capiunt, illamque capiunt qua debent vacare; tales judicium veri tollunt idque adulterant.

---

(1) *Catonis Disticha*, lib. I. — (2) Mieux *moventes*. — (3) Le ms. et Bochel mettent *Turus consulis pater....* — (4) *De Amicitia*, 91.

Siquidem Sulpicius multoties consulem ad iram incitavit, tum pro latronibus ab ipso susceptis et mercatoribus disturbatis, tum pro burgensibus Castri Novi [Turonensis] captis et a rege Francorum exhibitis. Denique evolutis temporum intervallis, ante comitem, super dotalitii sui imminutione, Sulpicii matris adversus filium querimonia dependenti, convenit Sulpicium comes per internuntios, semel et iterum, ut matri sublata restituat. Dissimulat ille. Stomachatus autem consul de contemptu sui et injuriarum a Sulpicio sibi illatarum, post diffidentiæ allegationem, Jaguelinum de Malliaco cum quatuor fratribus suis et Hugonem Sulpicii fratrem, cui militiæ cingulum imposuerat, ad Sulpicii impugnationem Turonis posuit. Sulpicius vero, frequenti eorum incursu in multis multa sustinens detrimenta, in consulares ulciscens, vicissitudini vicem rependit. Exasperatus inde comes, contractis viribus, quidquid Ambaziacus, Calvus Mons et Montricardus (1) a se locis diversis excluserant depopulatus est. Deinde recepto exercitu, Ambazium veniens, burgum Sancti Dionisii et quidquid molendinorum pons a septis sejunxerat succendit. Sulpicius vero arma potius quam pacem desiderabat; sed Hugonis archiepiscopi (2) et baronum quos ad sui tuitionem collegerat consilio corripitur, et ne adversus martium comitem impar viribus insolescat dissuadetur. Adquiescit Sulpicius, matri prærepta restaurat et, mediantibus cum archiepiscopo viris, inter consulem et Sulpicium pace reformata, injuriarum liberalis indultor abscedit.

(1) Ms. 6005, *Mons Richardus.* — (2) De Tours.

Conspicientes itaque cuncti optimates qui a consulis deviaverant fidelitate illum omne præsidium fugæ partim destruxisse, partim interclusisse, datis obsidibus, colla rigida ei, ut domino suo, subdiderunt; sicque, eversis castris ubique, nullus ultra ausus est contra eum rebellem animum detegere.

Advenerat comes Cenomannis, Nativitatem Dominicam ibidem acturus, et, ut ipsius exigebat nobilitas et liberalitas, imperabat. Evocati confluxerant ad eum, pro reverentia solemnitatis, principes provinciarum cæterorumque militum non minima multitudo. Est autem ecclesia Cenomannis Beati Petri, cognomento de Curia, quæ Cenomannorum comitum proprie capella est; hanc enim liberalis illa progenies tantis dotavit muneribus ut de ipsorum comitum redditibus quinquaginta (1) ferme canonici ad serviendum Deo in ecclesia eadem et sufficienter et honorifice sustententur. In hac igitur capella sua comes, comitatu militiæ stipatus frequentissimo, sanctissimæ noctis exegit vigilias; et jam lux advenerat matutina ut in episcopali matrice ecclesia, de more, processionis mysteria agerentur. Procedit igitur comes, proceres subsequuntur, cætera militum manus ei simul et eis reverenter obambulat, cum ipse, primus incedens, in ipso introitu ecclesiæ clericulum offendit in tenui satis habitu, pauper enim erat, sese clero ecclesiæ immiscere volentem.

At comes liberalis, liberali suo more, eum prior affatur, et salutato subintulit : « Dic, inquit jocando, o clerice, scisne aliquos rumores? » Et puer etiam

(1) Le chiffre manque dans le ms. 6005.

ait . « Domine, valde optimos ! » Ad quod suspensus comes et attonitus, et quod nesciret se auditurum putans : « Dic, ait, bone puer, nec me suspensum differas. » Et ille : « Puer, inquit, natus est nobis, et filius datus est nobis. » Quo responso pueri de puero comes accepto, non vile tenuit, neque a quo sed de quo audisset pensans, ait ad puerum : « Cujus filius es? » — « Domine, ait, illius hominis vestri admodum pauperis » et nominavit patrem suum. Et comes, non jam jocando sed serio, vulneraverat enim cor ejus caritas nati pueri, puero respondit : « Vade, inquit, in clerum, et obsequere puer puero cujus mihi prænuntius exstitisti : potens est enim ille, et si non ego, tanti nuntii mercedem tibi restituere. » Peractis igitur processionis mysteriis et celebratis missarum solemniis, comes episcopum adit. Cui assurgens et occurrens episcopus : « Bene, ait, fecistis, domine, veniendo, ut cum sacerdote vestro hodie reficiatis. » Et comes ait : « Nec votum domini et patris respuo, nec tamen voto valeo parere, tanta mecum militia congregata, sed postulationem unam postulaturus adveni. » Et præsul : « Vestrum est, ait, non petere, sed jubere. Edicite tamen quod placet; nullam prorsus patiemini repulsam. » Et comes : « Pro amore, inquit, illius qui hodie natus est nobis, et filius datus est nobis, date mihi unam præbendam in ista ecclesia. » Quo benignissime ab episcopo concesso, comes puerum manu tenens, qui puer sibi Nativitatem Domini nuntiaverat : « Hunc, inquit, vice mei, investite de dono, et eum canonicum loco mei suscipite. » Et ad ipsum puerum vertens vocem et vultum : « Et ego, inquit, in ecclesia Sancti Petri de Curia tibi dono præbendam quæ prima vacaverit. » Admirati qui aderant tantam principis in pauperem puerum benignitatem, tam largam munificentiam, tum præsul ab ipso comite, ausu familiaritatis, perquirere causam tantæ gratiæ vel mumerum. Coram cunctis comes liberalis eam liberaliter explicuit. Obstupuere pariter universi et singuli, non minus clementiam ejus in pauperem puerum quam circa Summum Puerum devotionem; satisque agnitum et quam sibi familiare esset subvenire egentibus [et] quanti haberet Summi Pueri nuntiata sibi natalitia.

Quibus sane studiis in hanc virtutum eminentiam vir illustris excreverit, clarum ei est qui diligentius pensavit vitam ejus. Cum enim ab ineunte ætate scientiam litterarum degustasset, tanto ardore in his versabatur ut nec inter arma pateretur dehærere litterarum doctorem. Suum igitur fecerat illud sapientis de sapientia dictum : Hanc adamavi a juventute mea, et quæsivi assumere mihi sponsam, et amator factus sum formæ illius (1). Nec solum in sacris litteris versabatur, sed nunc de auctoribus, nunc de philosophis quæque digna memoriæ sibi recondebat, præclarum dicens clavam Herculis de manu ejus rapere et Goliam suo ipsius perimere gladio. Vir igitur admirabilis, inter Ægyptios habitans, spoliabat Ægyptum, vasa inde aurea et argentea rapiens, profutura utique in usus Israelitarum. Et cum in sacris litteris legisset (2), de rebus mundanis : *Vanitas vanitatum et omnia vanitas!* » Admiratione quadam non modica

(1) Cicero, *de Universo*, 43. — (2) Ecclesiast., I, 2.

afficiebatur, illud idem apud sæculares reperiens, ut est illud :

O curas hominum! O quanti est in rebus inane (1)!

Cumque in sacris litteris Jacob discretionem cerneret, dicentis : *Si greges meos plus in ambulando fecero laborare, morientur cuncti simul una die* (2); nihilominus a sæcularibus audiebat :

Est modus in rebus, sunt certi denique fines (3).

Audiebat in divinis litteris : *Declina a malo et fac bonum* (4); audiebat a sæcularibus :

Est quoddam prodire tenus, si non datur ultra (5).

Audiebat in divinis : *Omnia mensurate fiant propter pusillanimes;* audiebat a sæcularibus :

Virtus est vitium fugere, et sapientia prima
Stultitia caruisse (6).

Sed quo delabor, oblitus propositi? Quid enim, quod ad bonos duntaxat mores valeat, in sæcularibus litteris non reperitur? Quæ legens vir nobilis et secum ruminans, nimia afficiebatur verecundia si non impleret, christianus, quæ et exemplis et documentis gentiles monstraverant. Vere, ut ait Boetius, beatas, respublicas, si vel sapientes earum tenere regimen, vel earum rectores studere sapientiæ contigisset (7).

Anno igitur uxoratus sui quarto, memoratus consul

(1) Persii, *Sat.* I, 1. — (2) Genes., XXXIII, 13. — (3) Horatii, I. *Sat.* I, 106. — (4) Psalm., XXXVI, 27. — (5) Horatii, I. *Epist.*, I, 32 — (6) Id., *ibid.*, 41, 42. — (7) *Consolationes philosophicæ*, lib. I.

Gaufredus genuit filium suum primogenitum Henricum, quinto Gaufredum, sexto Willelmum.

Anno eodem, ab incarnatione videlicet Domini MCXXXVII°, regni vero sui trigesimo quinto et quatuor mensibus, ætatis vero suæ septuagesimo secundo, prima die decembris, Henricus rex obiit juxta Rothomagum, in loco qui Leuns dicitur. Ejus intestina Normanni, reliquum vero corpus Angli sepulturæ tradiderunt. Defuncto igitur eo, libera, ut in mortuo solent, judicia populi depromebantur. Alii eum tribus vehementer irradiasse splendoribus asserebant: sapientia summa, nam et consilio profundissimus et providentia conspicuus et eloquentia clarus habebatur; victoria etiam qua, exceptis aliis quæ egregie gesserat, regem Francorum lege belli superaverat; divitiis quoque, quibus omnes antecessores suos lateque longeque præcesserat. Alii autem, diverso studio, tribus illum vitiis asserebant infectum: cupiditate nimia, qua, ut omnes parentes sui, pauperes opulentus, tributis exactionibusque inhians, dilatoriis hamis intercipiebat; crudelitate etiam qua consulem Moretanii, cognatum suum, in captione positum exoculavit, nec sciri facinus tam horrendum potuit usquequo mors secretum regis aperuit; nec minus et alia proponebant exempla quæ tacemus; luxuria quoque qua mulieres ditioni regis, more Salomonis, continue subjacebant.

Talia vulgus liberum diversificabat; successu vero temporis atrocissimi, qui postea per Normannorum rabiosas proditiones exarsit, quidquid Henricus fecerat tyrannice vel regie, comparatione deteriorum, visum est peroptimum. Venit enim sine mora Stephanus, Theobaldi Blesensis consulis frater junior, eo ut, vir magnæ strenuitatis et audaciæ, quamvis jurasset sacramentum fidelitatis Anglici regni filiæ regis Henrici, fretus tamen vigore et impudentia, regni diadema, Dominum tentans, invasit. Guillelmus Cantuariensis archiepisopus, qui primus sacramentum filiæ regis fecerat, eum, proh dolor! in regem benedixit; unde judicium illud Deus in eum statuit quod sacerdoti magno Jeremiæ percussori statuerat, scilicet ne post annum viveret. Rogerius magnus Salexberiensis episcopus, qui secundus sacramentum illud fecerat et omnibus aliis prædicaverat, diadema ei et vires auxilii sui tribuit; unde postea, justo Dei judicio, ab eodem quem creavit in regem captus et excruciatus, miserandum sortitus est exterminium. Quid plura? Omnes qui sacramentum juraverant, tam præsules quam consules, et principes qui assensum Stephano præbuerunt et hominium fecerunt, præsentem vitam misera morte finierunt. Hoc vero signum malum fuit quod tam repente omnis Anglia, sine mora, sine labore, quasi in nictu oculi ei subjecta est. Diadematus, curiam suam tenuit ad Natale, apud Londoniam.

Corpus regis Henrici adhuc insepultum erat in Normannia, rex namque Henricus prima die decembris obierat. Cujus corpus Rothomagum allatum est, et ibi viscera ejus et cerebrum et oculi consepulta sunt; reliquum autem corpus, cultellis circumquaque dissecatum et multo sale aspersum, coriis taurinis reconditum est, causa fetoris evitandi, qui multus et infinitus jam circumstantes inficiebat. Unde et ipse qui, magno pretio conductus, securi caput ejus exciderat, ut fetidissimum cerebrum extraheret, quamvis in linteaminibus caput suum obvolvisset, mortuus tamen ea causa, pretio male gavisus est. Hic est ultimus ex multis quem rex Henricus occidit, multos enim occiderát vivus, hunc ultimum occidit mortuus. Inde siquidem corpus regium Chadomi sui deportaverunt ubi diu, in ecclesia in qua pater ejus sepultus fuerat, quamvis multo sale repletum esset et multis coriis reconditum, tamen continue ex corpore niger humor et horribilis, coria pertransiens, decurrebat et, vasis sub feretro susceptus, a ministris horrore fatiscentibus adjiciebatur. Vide igitur, quicumque legis, quomodo regis potentissimi corpus, cujús cervix diademate auro, argento et gemmis electissimi quasi Dei splendore vernaverat, cujus utraque manus sceptris præradiaverat, cujus reliqua superficies auro argentoque textili tota rutilaverat, cujus os tam deliciosissimis et exquisitis cibis pasci solebat, cui omnes assurgere, omnes expavescere, omnes gaudere, omnes admirari solebant; vide, inquam, quo corpus illius devenerit, quam horribiliter delituerit, quam miserabiliter objectum fuerit! Vide rerum eventum ex quo semper pendet judicium, et disce contemnere quidquid sic determinatur, quidquid sic adnihilatur! Tandem reliquiæ regalis cadaveris ablatæ sunt in Angliam et sepultæ, infra duodecim dies Natalis Domini, apud abbatiam Redingæ, quam præfatus rex Henricus fundaverat et multis possessionibus ditaverat.

Mortuo, ut diximus, rege Henrico, Stephanus comes Moritonii, frater comitis Theobaldi, nepos regis defuncti, in regem extraordinarie sublimatus est et coronatus in Angliam. Quod videns consul Andegavensis Gaufredus, qui summus hostis ejus erat, qui nimirum filiam regis Henrici duxerat, quæ imperatrix Alemaniæ fuerat, et sacramenta de regno Angliæ acceperat, unde Angliam calumniabantur sponsus et sponsa, cepit tamen inducias cum rege: videbat enim se ad præsens regias vires non posse perfringere, tam pro multitudine probitatis quam pecuniæ quæ adhuc, ex abundantia thesauri defuncti regis, superaverat. Transactis autem duobus annis induciarum, filia regis Henrici, cui Anglia juramento addicta fuerat, venit in Angliam. Quam cum rex obsedisset apud Arundel, vel perfida credens consilia vel quia castrum videbat inexpugnabile, ire permisit ad Britoue.

Eodem anno, Rogerius prædictus episcopus, tam mœrore quam senio confectus, demarcuit. Stupebunt autem omnes lecturi tantam, tam subitam rerum permutationem : viro namque præfato tot, a juventutis exordio, bona contigerant et sine interpellatione in cumulum creverant ut diceremus omnes in eo fortunam suæ volubilitatis oblitam; nec aliquibus adversis in tota vita potuit affici, donec tantæ miseriæ cumulus simul confluens in extremis eum præfocavit. Nullus igitur de felicitatis assiduitate confidat, nullus de fortunæ stabilitate præsumat, nullus in rota volubili sedem confixam diu superesse contendat.

Secundo siquidem anno a morte Henrici regis, siccitas permaxima fuit, a martio usque septembrem.

Ipso anno, Mathildis Imperatrix transfretavit in Angliam; Gaufridus vero comes, coadunatis maximis copiis militum et peditum, adjuvantibus sibi baronibus suis cunctis, maxime autem Guillelmo Aquitaniæ duce, Normanniam intravit eamque totam acquisitam tenuit, excepto oppido quod dicitur Gisoret (1), quod regi Francorum Ludovico, ne sibi noceret concessit, sicque dux Normannorum effectus est.

Quo autem labore quantaque diligentia Mustriolum Bellai, obsessum in hyeme et æstate, vixque etiam anno peracto captum, deleverit, quantamque misericordiam in Giraudo Bellaii et filio suo exercuerit, sermo subsequens declarabit. Quid dignum, ut, ait Boetius, stolidis mentibus imprecer nisi ut opes et honores ambiant : ita tamen ut, cum falsa bona paraverint, illis omissis, ad cognitionem veri boni festinanter perveniant ?

Cæterum siluit terra in conspectu consulis Gaufredi annis circiter decem, quæ temporum intervalla non in vacuum ducens subjectos sibi populos in æquitatis virga rexit; quibus etsi non præesse, prodesse tamen affectans, misericordiæ et veritati, justitiæ et paci propagandæ operam dedit.

Evoluto autem decennovenali circulo, Giraudus Bellais redivivæ conspirationis intentor et auctor exstitit; baronum siquidem suorum animos sollicitans, a domini sui amore et servitio, iniquitatis abundantiam subministrans, refrigescere fecit. Eum quippe Gaufredus, sua prævalens industria, in regis Francorum Ludovici notitiam et, post notitiam, in amorem devinxerat [ita] ut ipsum, inter do-

(1) Ms. 6005, *Gisorit*.

mesticos magis dilectum, totius Pictaviæ senescalcia insigniret. Regiæ in eo fiducia familiaritatis superbiæ fomitem ministrabat. Fastu igitur elationis intumescens, cum complicibus suis, Andrea videlicet de Doe, Rogone de Choe, Haimerico d'Aveir, Pagano Bafer et multis aliis, quos malitiæ suæ veneno infecerat, Losduni, Salmurii et Andegavorum partes, frequenti discursu depopulans, ausu temerario infestabat. Habita ad comitem relatio eum in ultionem armavit. Sagaci igitur usus consilio, ut discurrentium obstrueret iter, duo oppida, Buthanum (1) et Rupem a nominum impositoribus dicta, inter Losdunum et Musteriolum firmavit, firmata milite munivit. Inter Psalmurium (2) vero et Andegavum alia item duo, quæ Platea et Cosdretus nuncupata sunt, difficultate locorum et valida militum manu hostibus invisa, construxit, et a partibus itidem illis hostilis incursus impetum impedivit.

Cum vero brumæ glaciali vernum tempus, et veri florida æstas serena succederet, et jam prata falces et messes falciculas exoptarent, considerata consul grata arridentis temporis opportunitate, coacto undequaque exercitu, Doe venit, hujus muros turremque ruina, domos incendio biduani laboris instantia pessumdedit. Crastina illucescente, acies tanquam ad bellum processurus ordinans, Musteriolo proficiscitur. Militaris ordo et pedestris modo et forma qua eos comes instruxèrat incedebat, non ad dextram neque ad sinistram inclinans. De castello autem quod contra eos erat exivit cohors armata militum, ad torniamen-

(1) Ms. 6005, *Burbanum*. — (2) Pour *Salmurium*.

tum eos provocans. Ordinatæ acies incedunt, et nemo metæ sibi constitutæ limitem excedit. Indignati tres barones magnanimi Rogo de Choe, Hamericus de Aver, Paganus Bafer, quod bellicosæ gentis acies diligenter instructas perturbare nequissent, in consulem, qui primam aciem præibat, unanimiter irruunt. Tribus lanceis ejus scutum pariter perforantes eum dejicere indubitanter æstimabant; manet consul inconcussus et, licet tantorum procerum validis ictibus impelleretur, nec a stapho pes ejus avulsus est. Obstupefacti inusitato rei miraculo, versis habenis, intra castelli castra sese recipiunt. Videns consul fortunæ eventum sibi blandientem, adepta opportunitate, cum suis eos persequitur; et primo adventus sui die, forum cum forensi burgo et universas domos quas murorum ambitus excluserat in favillam redigens, castra metatus est.

Castellum illud, situs sui difficultate, obsessoribus suis de sui captione desperationem pariebat. Duplici siquidem muro et antemurali cingebatur, et turrem miræ fortitudinis usque ad sidera porrigebat. Arcebat autem machinamentis cujuslibet jactus, a muro et a turre longe posita, abyssi præruptæ quædam prærogativa, quæ Vallis Judæ appellabatur. In his Gaufridus plurimum spei suæ posuerat. Videns itaque consul sibi tempus in vacuum elabi et gentem suam longæ obsidionis tædio nauseare, ad callida convertitur argumenta. Ex ejus quippe imperio Salmurenses nundinæ ad Monasteriolum translatæ sunt. Infra quindecim vero dies, tam a castrensibus quam ab eis qui ad nundinas confluxerant, vallis illa, præter spem impleta, in planitiem deducitur; quæ res obsessoribus lætitiæ, obsessis mœstitiæ causa fuit. Fiunt igitur, jubente artifice et artis lignariæ perito comite præcipiente, tantæ sublimitatis turres ligneæ quæ murorum et turris altitudinem despicerent; et suppositis rotulis tractæ muris admoventur et a militibus et a sagittariis intro positis vagandi per oppidi vias ejus habitatoribus securitas tollitur. Habito igitur libero et securo accessu militum pariter et peditum, acies armatæ pari voto dant assultum, clangunt buccinis, intonant tubis. Attollitur in cœlum utrobique clamor tumultuosus; isti audacter assaliunt, illi viriliter se defendunt. Consulares, antemurali primitus everso, reliquos violenter subruunt muros. Oppidani lapidibus, sagittis et missilibus impetitores suos impetunt, vulnerant et vulnerantur. Fit utrinque maxima strages, et alternatim variis mortium generibus sese prosternunt. Invalescit bellicus labor, et altercatio dura percipit incrementum, ita ut sola vexatio det intellectum auditui. Hi vero qui in turribus ligneis erant, sagittarum grandine præmissa, græcum jaculantur ignem, qui in brevi in flammarum globos sese subrigens totius castelli incendium fuit. Oppidani, fortunæ adversantis omine sinistro confracti, incendii trepidantis et sagittarum urgente molestia, ad turris tutiora confugiunt.

Dantur unius diei induciæ, sepeliunt hinc et inde mortuos suos et medentur vulneratis. Invitatur interim Giraudus ad deditionem; sed magnanimus vir, de turris fortitudine præsumens et in auxilio regis Ludovici et peregrini exercitus habens fiduciam, deditionis dedecus execratur. Mandat in his exasperatus consul petroritas, fundibularias, mangonellos et arietes erigi. Jaciunt fundibulariæ et petroritæ, mangonelli jaculantur et arcis oppositum latus crebro quatitur ariete, jamjamque frequenti lapidum jactu latere turris perforato nonnulli introrsus vulnerantur. Damna vero et scissuras quas in turre malitia diei fecerat, quercinis roboribus subinductis, nocturnus labor satagit resarcire. Consulit super hoc litteratus consul legendo Vegecium Renatum, qui de re dixit militari.

Adsunt interim monachi Majoris Monasterii, ecclesiæ suæ responsa comiti delegantes. Reverendus vero consul, ob monachorum reverentiam, librum quem præ manibus habebat posuit seorsum, ut eos attentius audiret. Quem arripiens unus ex monachis qui dicebatur G. (1), vir authenticus, bonæ opinionis et melioris vitæ, acer ingenio et perspicax in scripturis, legere cœpit. Occurrit autem ei locus ille in quo Vegecius Renatus plenius instruit qualiter turris connexis roboribus resarcita festinæ pateat captioni. Considerans discretus comes maturitatis virum sedulum et sollicitum circa lectionem ait : « Dilecte in Domino frater G., sicut invenis in lectione, ita usque in crastinum videbis exhiberi in opere. » Jussit igitur cadum ferreum ligaminibus ferreis astrictum, forti dependente catena, nucum et seminis canabi et lini oleo impleri, et cadi patentia opportuna itidem ferri clavo forti ferreo fortiter cavillato sigillari. Taliter autem impletum jubet in fornace ignea tamdiu reponi donec, nimio ardore, totus incandesceret et oleum intus fervescens ebulliret; qui extractus, catena prius super-

---

(1) Peut-être Gautier de Compiègne, nommé par le moine Jean dans son prologue de l'*Historia abbreviata consulum Andegavorum*. V. plus bas, page 353.

jectis aquis refrigerata, mangonelli conto innectitur et a fundibulariis, summa vi et cautela directus, in connexum foraminis robur, sicut igneus erat, infigitur. Solvitur impetu, subjectæ materiæ fit incentivum. Oleum vero effusum, ignis alimenta subministrans, in flammarum globos coalescit. Lambens flamma unice (1) evomens incrementa, tribus introrsum mansionibus combustis, vix homines ab incendio immunes dimittit. Tot igitur fractus infortuniis Giraudus, omnimoda spe renitendi destitutus, offert deditionem. Liberalis itaque consul, jam subacti commoditatibus consulens, dimissis primo Andegavensibus, ne violenter raptum perderent, dedentem se cum suis Giraudum suscipit, ipsoque Andegavis in arce sub diligenti custodia reposito, cæteros per loca diversa carcerali mancipat custodiæ. Turrem vero subvertens, partem ejus intactam, factæ ultionis memoriale, reliquit, solutaque obsidione dimisit exercitum.

At vero Ludovicus rex Francorum, Giraudi infortunio compatiens, mandat comiti ut in confinio Franciæ atque Normanniæ veniat ad colloquium, secum ducens Giraudum una cum cæteris captivis. Rege igitur mediante, amoris identitate redintegrata, talis eos compositio pacis univit ut comes Giraudo et coadjutoribus suis terras suas restitueret, ea exceptione habita ne Giraudus vel successura ex eo posteritas turrem Musterioli vel quamlibet fortitudinis (2) calce vel sabulo deinceps ædificaret.

Giraudus Berlai homo sævus erat et multæ malitiæ; cumque nulli bonus esset, quippe quia is nequam in

(1) Mieux *ignis*. — (2) Mieux *fortitudinem*.

sacræ professionis homines nimia debacchabatur vesania, utpote qui nec Deum timebat nec homines reverebatur, inter cæteros autem Beati Albini monachos et injuriis afficiebat et spoliabat rebus. Habebant siquidem iidem monachi quamdam mansionem, cui Merum nomen est, vicinam nimis castro illius, cui Virgilianum illud, mutatis nominibus, jure posset aptari :

Mantua væ miseræ nimium vicina Cremonæ (1).

Hinc enim victus proprios monachorum rapiebat, abducebat prædas, homines captivabat, trudens eos in carcerem donec redderent ei substantiam suam usque ad novissimum quadrantem. Reclamabant monachi ad episcopi sedem; evocabat episcopus raptorem ad justitiam, ille spernebat; excommunicabatur, ducebat pro nihilo; convertebant se monachi ad comitis justitiam, sed quid hæc? ipsum enim comitem, de castri sui firmissima munitione præsumens, idem tyrannus manifestis odiis infestabat. Nusquam igitur monachi a tanto hoste reperientes præsidium, cum ipse et materialem vindictam, castri munimine, declinaret, et pro nihilo duceret ecclesiasticam, profligati damnis et affecti tædio, tandem cum tyranno composuerunt, annuatim et se et suos homines constituentes tributarios : ex duobus scilicet levius judicantes dare partem quam amittere totum; cujus etiam compositionis, sub chirographi testimonio, scriptum ipsius comitis, abbatis Sancti Albini sed et tyranni ipsius sigillis munitum et roboratum est. Sed deinde, quia

---

(1) Virg. *Ecloga*, IX, 28.

illius Giraudi, velut Amorrheorum, iniquitates necdum completæ erant, induravit Dominus cor ejus [ita] ut contra ipsum comitem guerram moveret. Quod comes non diutius passus, coacto in unum exercitu, militum legionibus ordinatis, tyranni terram ingreditur, ferro flammaque omnia devastans. At vero ille, electa militum manu, intra munitionem se recipit, in tempora multa comparato sibi viatico. Nec mora, campestribus devastatis, ipsum castrum obsidet comes quo tyrannus tenebatur inclusus; et quamvis difficile, expugnari, tandem, eo devastato, tyrannum cum uxore et liberis et complicibus sorte capit bellica, et in sua, gaudens, regreditur cum captis.

Venitur ipso die ad oppidum Saumurum; et factum est, cum post laborem et convivium comes somno sese dedisset, ecce beatus Albinus, pontificali decoratus infula, visus est ei astitisse, dicens : « Gaufride! » Et ille : « Quis es, domine? » Et sanctus : « Ego sum Albinus, ait, Andegavorum episcopus. Ecce de hoste tuo potitus es victoria ; sed ne tuis viribus id ascribas. Noveris quod ego a Domino dominantium, in cujus manu sunt omnia jura regnorum, hanc tibi impetravi et obtinui victoriam. Ille enim tyrannus in monachos meos nimia grassabatur nequitia, et eapropter ipsum movi et impuli ut in te arma moveret, quo, justam habens causam, me a Domino obtinente, eum contereres. Nunc igitur prudens esto, nec victoriam, quam meis precibus per Domini gratiam obtinuisti, vel negligenter inutilem facias, vel insolenter superbia abuteris. De cætero, summa cura et diligentia, moneo te quatinus scriptum illud quod de compositione facta inter ipsum tyrannum et monachos penes eum repositum est, extorquere ab illo prudenter satagas; non enim consilio meo facta est compositio illa, quippe in ecclesiæ meæ destructionem. »

His dictis, sanctus disparuit. At comes evigilans primo quidem visionem somnium reputabat; et sese interim concedens quieti, obdormivit, cum protinus eadem persona, in eo habitu eidem assistens, eadem iterat verba. Ille rursum excitus somno admirabatur visum, sed verens ne Malignus ille, transfigurans se in angelum lucis, talia machinaretur, indulget somno iterum; sanctus vero, tertio apparens, eadem replicavit. Jam vero comes dissimulare non poterat se moneri divinitus.

Expergefactus igitur, barones excitat qui propter eum jacebant, et, visionem referens, consulit eos quid facto opus sit. At illi : « Domine, inquiunt, vos bene nostis hominem quam sit versipellis, nec vobis opus est ut a quoquam doceamini qualiter sit agendum cum eo. » Mane igitur facto, comes advocari ad se Giraudum præcipit, quem, velle suo dissimulato, sic alloquitur : « En, inquit, Giraude, sorte bellica vos captum teneo, et terræ vestræ redditus interim in manu mea erunt. Volo itaque et jubeo vos quatinus ipsos redditus mihi diligenter assignetis, ne vel ipse quamdiu eos tenebo possim in aliquo defraudari, vel vos cum mecum habita pace terram vestram recuperabitis; et in primis volo referatis quid cum monachis Sancti Albini apud Merum habetis. » Quod cum exposuisset et cætera vellet edicere, comes : « Estne, ait, hujus compositionis aliquid scriptum ? » Et ille : « Est, inquit, domine, quod etiam, vestræ auctoritatis sigillo roboratum, chirographi etiam attestatione, tam a me quam a monachis pariter conservatur. » Tum comes : « Vestram, ait, partem ostendite mihi, ut per me ipse probem qualiter inter vos composuistis. » Et Giraudus : « Cum aliis, inquit, domine, scriptis meis in abbatia et hic habetur, ne sine mei præsentia alicui redderetur. » Tum comes, vultu demutato, in tyrannum intendens : « Una est de vobis, inquit, sententia, Giraude. Per ipsum sanctum Albinum, quem hostiliter interemistis, non manducabitis nec bibetis donec ipse manibus meis scriptum illud tenuero. » Et conversus ad suos : « Ligatis, inquit, manibus et pedibus, trudite eum in carcerem inferiorem. » Quibus jussa explere volentibus, sciens tyrannus principis animos inflexibiles : « Domine, inquit ad ipsum, jubete me eo usque deduci. Ego libenter vel scriptum illud vel quæ habuerit (1) reportabo. Tantum ne irascatur dominus in captum suum. » — « Ego ipse, inquit comes, vos illuc adducam. » Et continuo, ascensis caballis, iter arripiunt. Quo cum pervenissent, extracta Giraudus de lumbari suo clave parvula, scrinium in quo ejus scripta servabantur reserat et scriptum quod comes postularat inde extractum ipsi tradit.

Et ecce prior de Sancto Albino eadem hora ingreditur. Missus ad comitem, vice abbatis et conventus, salutat eum; dehinc preces deponit simplices quatinus scriptum illud, pro amore Dei et sancti Albini, a tyranno quem dominus in manibus ejus concluserat extorqueret et transmitteret ecclesiæ ; valde se gravatos compositione illa, irritam debere

(1) Mieux *libuerit*.

fieri pactionem per quam libertas ecclesiæ deprimitur; tyranni violentia velut in jus vertitur, præsertim cum dominus ei ex ipso tyranno tantam victoriam præstitisset. Quo talia perorante, comes alacri vultu arridens : « Modo en, inquit, in manibus meis scriptum illud pro quo postulastis. Nolite timere; ego ipse portabo et reddam ecclesiæ. Redite citius, lætificate conventum, et dicite abbati quia cras veniam in capitulum et dicam vobis mirabilia. » Eodem igitur die, lætus de victoria venit comes Andegavis, captos hostes et catenatos ante se ducens. Taceo quam læta facile civitas tota sereno domino suo, congaudens, venit obviam, quanta lætitia de hoste capto tripudiat, quantum de domini sui tanto talique triumpho gloriatur. Crastinus illuxit dies, et comes juxta condictum ad Sanctum Albinum properat; et ingressus capitulum, præsente conventu, propter abbatem residens, seriatim explicat visionem superius memoratam, quæque sibi sanctus dixerit audientibus cunctis pandit. Deinde scriptum illud ostendens omnibus, coram eis minutatim desecat, jus suum ecclesiæ reddens et restituens libertatem, et scripti illius minutias manu propria in ignem projiciens.

Anno igitur ab incarnatione Domini MCLI°, ætatis vero suæ quadragesimo primo, VII° idus septembris, victoriosus dux Normannorum, Andegavorum, Turonorum et Cenomannorum comes Gaufredus, a regali revertens colloquio, febri peracuta in eo invalescente, apud Castrum Ledi cecidit in lectum. Terræ vero suæ et genti, spiritu præsago, in posterum prævidens, Henrico heredi suo interdixit ne Normanniæ vel Angliæ consuetudines in consulatus sui terram, vel e converso, variæ vicissitudinis altercatione, permutaret. Dispositis ergo et distributis elemosinarum largitatibus et beneficiis, cometa tanti principis occasum præsignante, terræ corpus, spiritum cœlo reddidit. Quid mirum si mors, quidem adversante et repugnante natura, Gaufredo adhuc adolescenti contigit, cum, teste Tullio, adolescentes sæpe sic mori videntur ut cum aquæ multitudine vis flammæ opprimitur; et quasi poma ex arboribus, cruda si sint, vi avelluntur, si matura et cocta, decidunt : sic vitam adolescentibus vis aufert, senibus maturitas.

Humatus est autem in sanctissima Beati Juliani Cenomannensis ecclesia, in nobilissimo mausoleo quod ei nobilitatis episcopus, piæ recordationis Guillelmus, nobiliter exstruxerat. Ibi siquidem effigiati comitis reverenda imago, ex auro et lapidibus decenter impressa, superbis ruinam, humilibus gratiam distribuere videtur. Altari vero crucifixi, cui comes inclitus adjacet, deputatus est, cum reddituum sufficentia, ab episcopo in perpetuum capellanus, qui quotidianum pro eo offerat Deo sacrificium, ut pius et misericors Dominus misericordis comitis misereri dignetur, qui vivit et regnat perpetualiter (1).

---

(1) *De Senectute*, 71. — (1) Ms. 6005, *Per omnia sæcula sæculorum.*

LIBER SECUNDUS.

Defuncto, ut superiore diximus libro (1), rege Henrico, Stephanus, defuncti nepos, in regem extraordinarie sublimatur; consul vero Andegavensis Gaufredus, contractis viribus, Normanniam, ut filii sui hereditatem vindicet, ingreditur. Argentomagum et Damfruntum, non sine discriminis difficultate captos, Ingelgerio de Bohon et Alexandro, duobus fratribus, commendavit. Hii frequenti excursu in valle Moritonii et in Constantiniensi pago et in circumadjacenti Normannia ferro, flamma, rapinis, stragem non minimam exoptantibus faciebant. Petit interim Stephanus rex inducias. Habito comes consilio, ut Normanni, qui acephali et sine principe erant, inter se dissidendo, divitiis elapsis, paupertati facilius subigerentur, petitas indulget inducias.

Duobus ergo annis induciarum elapsis, ab Anglia in Normanniam Stephanus rex transfretavit; qui, coactis in unum copiis, castella quæ comes ceperat expugnare disponit, ipsum etiam vel bello vincere vel de Normannia exturbare. Itaque dispositis exercitibus, movet iter, præsumit victoriam, negotium tractat. Cum inter eumdem, inter Guillelmun de Ypre et Rainaldum de Sancto Galerico contentio gravis de primiceria dignitate exoritur, verba su-

(1) V. pages 278 et suiv.

perba litem, lis exæstuans furorem, furor incitus arma ministrat. Res gladiis agitur, cædeque domestica perimuntur qui, paulo ante, necem hostibus minitabant. Qua seditione confusus rex expeditionem solvit, Chodomum regressus.

Interea Imperatrix, quæ et uxor comitis, mari transmisso cum copiosa militum manu, etsi sexu fœmina, virili animo Anglos invadit et de jure sibi debitam hereditatem armis vindicare contendit. Fama volat et, ad regis aures delata, rem esse nuntiatur in periculo, Imperatricem multos Anglorum vi subdere, multos eorum sponte illi se dedere, regni coronam amittere illum, nisi citius Anglis succurrat. Sinistris rex perexcitus nuntiis, cum quanta valet multitudine bellatorum navigat.

At comes impiger, qui coacto in unum exercitu regis pugnam moliebatur, comperto qualiter impii regis castris Deus pro eo pugnasset, ejusque cognito recessu, temporis prosperitate non incassum abutitur, properat, terram ingreditur, Mauritianum (1) obsidet, vicos et plana capit, indigenas in pace suscipit, humane tractat, res eorum illæsas ab exercitu conservans. Inde regis milites in municipio inclusos prima die oppugnat, expugnat altera, expugnatos sine gravi discrimine sibi in pace conciliat, eos in hominium recipit, eorumque fidem et sacramenta contra adversarios.

Hinc progressus ulterius, Sanctum Hilarium, loci natura et artificio firmum, victualium copiis militumque caterva munitum, aggreditur; et illi, præsu-

---

(1) Mieux *Mauritonium*.

mentes de Britonum auxiliis, qui eis opem se laturos spoponderant, repugnare fortiter, pertinaciter obsistere, armis arma repellere, opponere discrimen discrimini. Comes autem in hujusmodi et usu exercitus et animo fortis, primo quidem Britonum intercludens auxilia, dispositis in itinere militum turmis, ubi locorum angustiæ difficiliorem transitum faciebant; quo Britones comperto, offerendo obsessis auxilio, saniore consilio usi, animum revocarunt. Tunc jam comes gravius arcet inclusos, adaptat machinas, egressum inclusis volentibusque ingredi introitum negans. Nec diu res protelatur. Quodam siquidem die ipse comes armatur et, armatos suos tam virtute procedens quam potentia, assultu gravi irruit in obsessos. Non illi sufferre diutius; quis enim toleraret comitem Gaufredum? Municipium seque dedentes, tam benigne sunt ab eo spontanea deditione recepti, quam graviter puniendi erant si caperentur inviti.

Inde ergo, alacritate prosperorum eventuum non inflatus inaniter sed fortis humiliter, ad Pontem Urso (1) properat, obsessurus si resisterent. Sed qui intus erant, quamvis a tempore Henrici regis obtinuissent illud, audito tamen quam liberalis exstiterit comes erga captos, nec ad modicum resistunt. Municipes igitur, oppidani, viri nobiles et matronæ vulgusque promiscuum, pari consensu obviam procedentes, pacificum dominum summa cum pace suscipiunt, celerius obtinente liberalitate sine cæde victoriam quam bellicosus impetus solet evincere pugnam.

(1) Ms. 6005, *Pontem Ursum*.

His auditis, Britones qui finitimi erant, Henricus scilicet de Fulgeriis et complices ejus, metu non modico percelluntur; volentes tamen aut eum fraudulenter decipere, ut in facie erat, aut sibi propitium facere, ut nonnulli arbitrantur. Postularunt igitur per internuntios a comite ut eis supradictum Pontem Urso ad custodiendum committeret; quo facto et ei fidelius ad cætera adquirenda per totam Normanniam obsequerentur, et de bona ejus ad se voluntate securius auderent præsumere. Super quorum petitione comes cum proceribus communicato consilio, quid super hæc eis videretur quærebat. Quibus, pro humani ingenii varietate diversa respondentibus, vir illustris, apud se non inconsultus, ait : « Sentio quidem vos de conscientiæ vestræ et fidei puritate Britannos metiri, sed non me decipient animi sub vulpe latentes. Vident me, per Dei gratiam, obtinuisse oppidum quod eis quasi clavus in oculo est, ideoque mihi auxilium pollicentur quia verentur inimicum. Si eis subjecero illos qui mihi se, non vi sed sponte, tradiderunt, videbor utique et istorum gratiæ degeneranter ingratus et illorum timori inconstanter subjectus. Porro si eos coadjutores suscepero, et Deus prosperaverit opus in manibus meis, non divino adjutorio nec vestris, o barones, viribus nostram ascribent victoriam, sed more suo, vento inflati jactantiæ, se mihi Normanniam acquisisse jactabunt. » Ait ergo : « Dicite nuntiis eorum quod nec eis castellum trado, nec eos susceptæ expeditionis adjutores excipio. Consulant sibi : si pacem mihi renuerint, salvo jure meo non renuo; si in me arma moverint, vestrum erit, o proceres, meam delere injuriam! » Britones igitur, tam viri prudentia quam viribus turbati, siluerunt.

Ipse autem, movens exercitum, Cerentias venit; quo sine ferro in deditionem recepto, ad Bricatim civitatem festinat accedere. Cujus adventum tam cives quam pontifex audientes, non ut hostes hostibus, sed ut domino quidem suo laica manus, ut tutori, avo et patrono ecclesiæ clerus, cum præsule, obviam processerunt. Quorum videns spontaneam subjectionem, et collatam sibi magni habens reverentiam, et istos ut pacificus dominus in hominium recepit, et illorum reverentiæ cum digna humilitate vicem rependit. Siquidem ipse primus, cæteri subsequenter de equis descenderunt, et præcedentes gaudentem populum, cum clero pedestres ad ecclesiam usque pervenerunt, ubi coram altari facta suppliciter oratione, non habens comes quid offerret, pallium quo utebatur, vice oblationis ad aram deposuit; similiter nonnulli ex baronibus, domini sui et exemplum imitantes et morem ei gerentes pro domino. Inde, solemni comitatu totius civitatis, episcopo præcedente, in aulas regias deducitur. Nec mora Bricatenses castellanos unumquemque ad se venire mandat, eos duntaxat qui ejus dominium suscipere non recusarent; qui omnes pari concordia advenerunt, et eum gaudentes in dominum susceperunt, fidem ei et sacramenta contra omnes adversarios facientes.

A Bricate movens, comes Sanctum Laudum petiit, quod contra eum muniverat episcopus Constantiensis, de cujus dominio est. Milites qui erant intus (erant ferme ducenti), e contra exeuntes ad prælium, ipso primo impetu refugere ad municipium coguntur. Prima die resistentes et altera, tertia sese dedentes portas aperiunt, pacem petunt, hominium faciunt, fidem et sacramenta comiti contra hostes jurantes.

Inde Constantiam civitatem venitur, quæ a Constantio, Constantis filio, fundata, ejus memoriam opere simul et nomine repræsentat. Hanc nemine resistente (aberat enim episcopus), ingreditur, capit, civium fidelitatem petitam excipit, loca milite complet et escis. Constantianæ provinciæ barones evocat, fidem ab eis postulans : omnes ultro veniunt, postulata facessunt, præter Radulfum et fratrem ejus Richardum de La Haia, quorum prior, castella sua contra comitem muniens, rebellare conatur, alter cum grandi militum copia, ducentorum et eo amplius, Cæsaris Burgum occupat, exinde comiti se posse resistere ratus. Sed comes magnanimus prioris terram devastans, castella obsidet, vi bellica capit ipsumque Radulfum, vel sero pœnitentem quod ultra vires tentasset, in deditionem captum pacifice recepit.

Hinc ad Cæsaris Burgum, bellico apparatu sollicite procurato, militum aciebus dispositis, machinis provide et sollerter aptatis, properatur; de cujus castri vocabulo, situ, artificiosa firmitate, multum quod loqueremur erat, sed ad exitum festinamus.

Siquidem Cæsar Majorem Britanniam, quæ nunc Anglia dicitur, armis invasurus, ibi castra posuit, loci procul dubio plurima aptitudine explorata : primo quidem situ naturali locus munitissimus, nativo lapide et solidissimo fundatus; inde mare adjacens, non minus munitum quam fertile tam suo accessu quam navali commercio reddit; sylvarum etiam vallatus vicinia, et ferarum copiam et nonnullum exinde contrahit munimentum. Quibus exploratis vir perspicax, naturæ junxit artificium. Castrum igitur illic constituit quod muris cinxit firmissimis, turribus exstructis tam frequentibus in ipso muri ambitu ut vix hasta militis inter turrim possit extendi; interius autem, in loco munitiori, turrim cæteris eminentiorem et aulam regiam collocavit. In quo etiam castro, fugatus primo impetu a Britannis, habuisse refugium dicitur : unde Lucanus :

Territa quæsitis ostendit terga Britannis.

Hinc itaque non immerito ipsum castrum Cæsaris Burgum antiquitas nominavit.

Quo ut prædiximus occupato, Richardus de La Haia militibus, satellitibus, armis virisque competentibus victualibusque copiosis complevit, ut viriliter comiti resisterent exhortatur. Ipse vero, navigio se committens, ad regem Stephanum properat, copias inde militum adducturus quibus comitis obsidionem solveret ipsumque compelleret in fugam. Interim qui in castro comiti rebellabant, confisi in virtute sua et in multitudine divitiarum quas inibi tyrannus congregaverat, sed et in turrium munitione inexpugnabili, insuper in transmarinis auxiliis, non solum armorum verum etiam conviciorum jaculis ipsum impetebant. Ille quidem tela telis, non verba verbis hostium rependebat, nolens respondere stultis juxta stultitiam illorum. Dominus autem, in cujus manu sunt omnium potestates et omnia regna terrarum, pugnabat pro eo, hostes ejus detinens et eum exaltans : nam ecce dumRichardus navigat, capitur a piratis, et cum suis captivus in exteras nationes adducitur. Rumor lethalis ad eos qui comiti repugnabant defertur : tum vultus eorum decidit pro mœrore, spes quassata elabitur, de sola fuga cogitant, sed non patet effugium. Tandem comitis collaterales, afflicti lacrymis, pulsant quatenus vel solo intuitu liberalitatis et militiæ solam sibi vitam a comite impetrent; nec fuit gravis labor liberali comiti indulgere pœnitentibus. Mediantibus autem illis qui pro eis intercesserant, scilicet Ingergerio de Bohun, Alexandro fratre ejus, Jordano Thesson, Guillelmo de Vernuillo (1), faciem principis videre merentur, admittuntur colloquio, donatis injuriis pace potiuntur. Cui sibi præter spem facto propitio, non ingrati castrum munitum, victualibus refertum, reddunt; ipsi vero se ejus dominio sponte subdentes, legitimam fidelitatem, sub fidei sponsione, promittunt sacramento. His itaque peractis, hiemi imminenti cedendum arbitratur; munitis quæ cœperat castris, solvit comes expeditionem.

Facta est longa concertatio inter Stephanum pseudoregem et Gaufredum Andegavorum consulem : Gaufredus proficiens et semper in seipso robustior; Stephanus decrescens quotidie, siquidem transfretavit, ut diximus, in Angliam. In ipso autem ingressu Angliæ, fugavit Nigellum episcopum Eliensem, quia nepos episcopi Salesburiensis erat a quo odii incentivum in progeniem ejus traxerat. Obsedit autem, in vigilia Natalis Domini et usque in Purificatione beatæ Mariæ, Linconiæ urbem, quod Deo et hominibus displicuisse visum est, quia solemnitates divinas parvipendebat.

---

(1) Ms. 6005, *Vernullio.*

De curia autem ejus in Natale Domini dicere non attinet. Jam quippe curiæ solemnes et ornatus regii stemmatis, ab antiqua serie descendentes, prorsus evanuerant, ingens thesauri copia deperierat, pax in regno nulla, cædibus, incendiis, rapinis omnia exterminabantur, clamor et luctus et horror ubique.

Circa Purificationem autem beatæ Mariæ, consul (1) Ranulfus adduxit secum Robertum filium (2) regis Henrici, Nohertum socerum suum et proceres alios validissimos, ad obsidionem regis dissolvendam. Cum autem consul audacissimus paludem pene intransibilem vix transiisset, in ipsa die, aciebus dispositis, regem bello aggressus est. Ipse cum suis aciem primam construxerat, secundam illi quos Stephanus rex dehereditaverat, tertiam Robertus dux magnus cum suis. A latere vero erat turma Wallensium, magis audaciæ quam armis instructa. Tunc consul Cestrensis, vir bellicosus et armis insignibus coruscans, Robertum consulem proceresque reliquos sic alloquitur : « Gratias igitur multas, dux invictissime, vobisque, proceres et commilitones mei, cum summa devotione persolvo, qui, usque ad vitæ periculum, amoris affectum mihi magnanimiter exhibuistis. Cum igitur sim vobis causa periculi, dignum est ut periculo me plus ingeram et infidissimi regis, qui datis induciis pacem fregit, aciem prius illidam. Ego quidem, tam de regis injustitia quam de mea confidens virtute, jamjam regalem cuneum diffindam gladio, mihi viam per hostes medios parabo. Vestræ virtutis est sequi præeuntem et imitari percutientem; jam videor, animo mihi

(1) Comte de Chester. — (2) Fils naturel.

præsago, regias acies transvolare, proceres pedibus conculcare, regem ipsum gladio transverberare. »

Dixerat; dux autem Robertus sic juveni respondit, et, in loco stans eminenti, hujuscemodi orationem habuit : « Non indignum est quod ictus primi dignitatem poscis, tam ex nobilitate quam præcellentia. Si tamen de nobilitate contendas, ego, filius nobilissimi et nepos summi regis, non antecellor; si de virtute, hic multi sunt electissimi, quibus nemo viventium probitate potest præferri; sed longe alia me movet ratio. Rex enim, post sacramentum quod sorori meæ fecit, regnum crudeliter usurpavit, et, omnia conturbans, multis millibus causa necis exstitit, et, exemplo sui, nihil juris habentibus terras distribuit, jure possidentibus diripuit. Ab ipsis ergo nequiter dehereditatis, summo judice Deo cooperante et vindictam subministrante, prius aggrediendus est. Respiciet qui judicat populos in æquitate de excelso cœlorum habitaculo, et injustum juste appetentes in hac tanta necessitate nequaquam relinquet. Unum vero est, proceres fortissimi militesque universi, quod vobis animo firmiter ingerere volo, quod per paludes quas pertransistis nulla potest esse fugientibus reversio. Hic igitur vel vincendum vel occumbendum, spes fugæ nulla, hoc solum superest ut in urbem gladiis viam paretis. Si quid autem veri conjecturat animus mihi, hoc est quod fugere nusquam potestis, illud est quod hodie, Deo vobis adjuvante, victoriam præstabit; necesse est enim ut ad probitatem confugiat cui non potest aliud esse diffugium. Cives autem Linconienses, qui stant urbi suæ, proximi in impetus gravedine animis languescentibus, ad domos suas transfugere victoriosi videbitis. Verumtamen contra quos bellum geratis attenditis : Alanus, Britonum dux, contra vos, imo contra Deum, procedit armatus; vir nefandus et omnium genere scelerum pollutus, malitia parum nescius, cui nunquam nocendi defuit affectus, cui se non esse crudelitate comparabilem solum et supremum videtur opprobrium. Procedit quoque contra vos Galerannus comes Mellenti, doli callidus, fallendi artifex, cui innata est in corde nequitia, in ore fallacia, in opere pigritia; corde gloriosus, ore magnificus, opere pusillanimus, ad congrediendum ultimus, ad disgrediendum primus, tardus ad pugnam, velox ad fugam. Procedunt cæteri consules et proceres latrociniis assueti, rapinis delibuti, homicidiis signati, omnes tandem perjuro contaminati. Vos igitur, viri fortissimi (quos magnus rex Henricus erexit, iste dejecit, ille instruxit, iste destruxit), erigite animos, et, de Dei justitia confisi, vindictam vobis a Deo oblatam de facinorosis præsumite, et gloriam immarcescibilem vobis et posteris vestris præfigite. Et jam, si vobis idem animus est ad hoc Dei judicium perpetrandum, progressionem vovete, fugam abjurate, erectis in cœlum unanimiter dextris! » Vix finierat, et omnes, extensis in cœlum manibus, terribili clamore fugam abjuraverunt, et se in armis colligentes in hostem splendide progrediuntur.

Rex interea Stephanus, curarum magnis exæstuans fluctibus, missam in tanta solemnitate audierat. Cum autem, [ex] more, cereum rege dignum Deo offerens, manibus Alexandri episcopi imponeret, confractum est. Hoc fuit regi signum contritionis. Cecidit etiam super altare pixis cui corpus Domini inerat, abrupto vinculo, præsente episcopo. Hoc fuit regi signum ruinæ. Primum rex strenuissimus egreditur aciesque, cum summa securitate, bello disponit. Ipse pedes omnem circa se multitudinem loricatorum, equis abductis, strictissime collocavit; consules cum suis in duabus aciebus equis pugnaturos instituit. Sed admodum parvæ equestres acies illæ comparuerunt; acies autem regalis maxima erat, uno tantum, scilicet ipsius regis, insignita vexillo.

Tunc, quia rex Stephanus festina carebat voce, Balduino, magnæ nobilitatis viro et militi fortissimo, sermo exhortationis ad universum cœtum injunctus est. Qui loco stans, omnium oculis in eum erectis, ubi attentionem eorum modesta taciturninate stimulavit, sic exorsus est : « Omnes qui, aciebus dispositis, conflicturi sunt, tria prævidisse oportet : primum justitiam causæ, deinde militum copiam, postremo astantium probitatem; justitiam causæ, ne periculum animæ incurratur; copiam militum, ne hostium numerositate comprimatur; probitatem astantium, ne numero confidat, debilibus tamen innixa subruatur. In omnibus his negotium quo tenemur expeditum conspicimus. Causæ namque nostræ justitia est, quod regi ea quæ coram Deo vovimus servantes contra suos, in eum perjuros, in periculo mortis astamus; numerus vero nobis in equitibus non inferior, in peditibus confertior; probitatem vero tot consulum, tum procerum, militum quoque bello semper assuetorum, quis vocibus exæquet? Virtus autem ipsius regis infinita vobis loco præstat militum. Cum igitur sit in medio vestrum dominus noster unctus Domini, cui fidem devovistis, votum Deo persolvite;

tanto donativum majus a Deo accepturi, quanto fidelius et constantius pro rege vestro, fidi contra infidos, legitimi contra perjuros, impugnaveritis, securi quin etiam et summa repleti confidentia, contra quos bellum geratis perpendite. Roberti ducis vires notæ sunt : ipse quidem de morte multum minatur, parum operatur, ore leoninus, corde leporinus, clarus eloquentia, obscurus inertia. Consul autem Cestrensis, vir audaciæ irrationabilis, promptus ad conspirandum, inconstans ad perficiendum, ad bellum impetuosus, periculi improvidus, altiora se machinans, impossibilibus anhelans, assiduorum paucos adducens, convenarum dispersam multitudinem congregans, nihil habet quod timeri debeat; semper enim quidquid viriliter incepit effeminate reliquit. In omnibus quippe gestis suis infortunate rem agens, vel in congressibus victus aufugit, vel, si raro victor exstitit, majora victis detrimenta sustinuit. Wallenses autem, quos secum adducit, scilicet vobis despectui sunt, qui inermem bello præferunt temeritatem, et, arte et usu belli carentes, quasi pecora decurrunt in venabula. Alii vero, tam proceres quam milites, transfugæ et girovagi, utinam numero plures adducerentur, qui quanto numero plures, tanto effectu deteriores. Vos igitur consules et viri consulares, meminisse namque decet vestræ virtutis et nobilitatis, hodie probitates vestras numerosas in cacumen florentissimum extollite, et, patrum imitatores, filiis vestris splendorem sempiternum relinquite! Assiduitas infortuniorum incentivum fiet illis ad fugiendum : jam siquidem, nec fallor, eos advenisse pœnitet; jam de fuga meditantur, si locorum asperitas admittat. Cum ergo nec illis confligere, nec confugere sit possibile, quid aliud egerunt nisi quod vobis, Dei nutu, et se et impedimenta sua obtulerunt? Equos itaque eorum et arma et ipsorum corpora ditioni vestræ subjecta conspicitis. Extendite igitur animos vestros et dexteras inexpugnabiles, viri bellicosi, ad diripiendum cum summo tripudio quod ipse vobis obtulit Deus! »

Sed jam antequam orationis seriem terminaret, clamor adest hostium, clamor lituorum, equorum fremitus, terræ sonitus. Principium pugnæ acies exheredatorum, quæ præibat, percussit aciem regalem, in qua consul Alanus et ille de Meslend et Hugo consul de Estangle et Simon comes et ille de Varenna inerat, tanto impetu quod statim, quasi in nictu oculi, dissipata est, et divisio eorum in tria devenit : alii namque eorum occisi sunt, alii capti, alii aufugerunt. Acies cui principabatur consul de Albamarde et Willelmus Yprensis percussit Wallenses qui a latere procedebant, et in fugam coegit; sed acies consulis Cestrensis perculit cohortem prædicti consulis, et dissipata est in momento sicut acies prior; fugerunt igitur omnes equites regis. Willelmus Yprensis, Flandria oriundus, vir exconsularis et magnæ probitatis, qui, cum esset belli peritissimus, videns impossibilatem, regi distulit auxilium suum in tempora meliora.

Rex itaque Stephanus cum acie sua pedestri relictus est in medio hostium. Circuierunt igitur undique aciem regalem et totam in circuitu expugnabant, sicut castelletum (1) solet assiliri. Tunc vero hor–

---

(1) Ms. 6005, *castellum*.

rendam belli faciem videres in omni circuitu regalis aciei, ignem prosilientem ex galearum et gladiorum collisione, stridorem horrendum, clamorem terrificum. Resonabant colles, resonabant urbis muralia. Impetu igitur equorum regalem turmam offendentes, quosdam cædebant, alios sternebant, nonnullos abstractos capiebant. Nulla eis quies, nulla respiratio dabatur, nisi in ea parte qua rex fortissimus stabat, verentibus inimicis incomparabilem ictuum ejus immanitatem. Quod ubi comes Cestrensis comperit, regis invidens gloriæ, cum omni pondere armatorum irruit in eum. Tunc apparuit vis in regis fulminea bipenni maxima, cædens hos, diruens illos. Tunc novus oritur clamor, omnes in eum, ipse in omnes. Tandem regia bipennis ex ictuum frequentia confracta est; ipse gladio abstracto, dextra regis digno, rem mirabiliter agit, donec et gladius confractus est. Quod videns Guillelmus de Kahaine, miles validissimus, irruit in regem, et eum galea arripiens, voce magna clamavit : « Huc omnes, huc regem teneo! » Advolant eo omnes, et capitur rex. Capitur etiam Balduinus, qui orationem fecerat persuasivam, multis confossus vulneribus, multis contritus ictibus, ubi egregie resistendo gloriam promeruit sempiternam. Capitur etiam Richardus, filius Ursi, qui in ictibus dandis et recipiendis clarus et gloriosus comparuit. Adhuc capto rege pugnabat acies regalis, nec enim circumventi fugere poterant, donec omnes vel capti vel cæsi sunt. Civitas ergo hostili lege direpta est, et rex in eam miserabiliter introductus.

Dei igitur judicio circa regem paracto, ducitur ad

Imperatricem et in turri de Bristowe (1) captivus ponitur. Imperatrix ab omni gente Anglorum suscipitur in dominam, exceptis Kantensibus, ubi regina et Willelmus Yprensis contra eam pro viribus repugnabant. Suscepta prius est a legato Romano, Wintoniensi episcopo, et mox a Londoniensibus. Erecta est autem in superbiam intolerabilem, quia suis incerta belli prosperavissent, et omnium fere corda a se alienavit. Igitur sive subditorum (2) instinctu, sive Dei nutu, imo quidquid homines egerint Dei nutu egerint, Dei nutu expulsa est a Londonia. Irritata igitur muliebri angore, regem unctum Domini in compedibus poni jussit.

Post dies autem paucos, cum avunculo suo rege Scotorum et fratre suo Roberto, viribus coactis, veniens, obsedit turrim Wintoniensis episcopi. Episcopus autem misit pro regina et Willelmo Yprensi et pro universis fere Angliæ proceribus. Factus est igitur exercitus utrinque magnus. Dimicabant quotidie, non congressibus acierum sed militarium anfractuum circuitionibus; non igitur sicut in belli cæcitate confundebantur gesta, sed patebat cujusque probitas et gloria pro meritis aderat, [ita] ut mora illa pro his omnibus voluptuosa videretur, in illustrium splendoribus excelsis. Venit tandem exercitus Londoniensis, et alii numerose, qui contra Imperatricem contendebant, fugere eam compulerunt. Capti sunt in fuga multi; captus est etiam Robertus frater Imperatricis, in cujus turri rex captivus erat, cujus sola captione rex evadere poterat. Absolutus est uterque. Sic igitur rex, Dei justitia

(1) Ms. 6005, *Bristo urbe.* — (2) Ms. 6005, *subdolorum.*

miserabiliter captus, Dei misericordia miserabiliter liberatus est.

Facta est ergo, ut diximus, longa concertatio inter Stephanum pseudoregem, et Gaufredum Andegavorum comitem : Gaufredus proficiens et semper in seipso robustior, Stephanus decrescens quotidie. Eo autem tempore quo solent reges et principes ad bella procedere, videlicet post asperitatem nimbosæ hiemis, cum placida veris clementia temperaret auras redolentesque arbusta prorumperent in flores et nudata dudum roseta redivivis adornarentur rosis, mirantesque oculos erumpentium candor reverberaret liliorum...

Cætera desiderantur.

STEPHANI ROTHOMAGENSIS,

MONACHI BECCENSIS,

CARMEN

DE GAUFRIDO, COMITE ANDEGAVENSI.

PROLOGUS.

Noscere quærens
Quis fuit auctor
Carminis hujus,
Quisve sit ille
Qui celebratur
Laudibus istis,
Sedulus audi
Quæ tibi, caro (1),
Pandere curo.

Possidet auctor
Nominis arcem,
Officiumque
Martyris almi
Qui celebravit
Primus in orbe,
Sanguine fuso,
Prælia Christi.
Hunc volo noscas
Sub Benedicti
Patris amanda
Vivere norma,
In speciali
Virginis almæ
Degere cella,
Inter eorum
Fortia castra
Relligionis
Dogmata quorum
Climata cœli
Scandere norunt.

Quem tamen istud
Carmen honoret

---

(1) Sous-entendu *lectori*.

Vocibus istis
Inspice, si vis.
Hic fuit ille
Andegavensis
Consul in armis
Maximus, alto
Sanguine cretus.
Regia proles
Exstitit ejus
Qui sibi regnum
Constituisse
Noscitur illic
Est ubi passus
Conditor orbis.
Hujus et uxor
Exstitit illa
Filia regis
Quo super Anglos
Non fuit ullus
Altior alter;
Quæ decorata
Pignore trino
Gaudet, adempto
Conjuge, natos
Cernere patris
Regna subisse.
Noscere nomen
Si cupis hujus,
Taliter ipse
Discere quibis :
Clauditur istud
Octo figuris;
Adde sed unam
Partibus istis.
In tribus actis
Has volo ternas
Consociari;
Ac simul istas
Jam sociando
Ordine facto
Conspice nomen
Sic sociatum :

GAUFRIDUS.

CARMEN.

QUIS, QUANTUS, QUALIS CONSUL FUIT ANDEGAVENSIS,
EDIDIT HIC TALIS DESCRIPTOR ROTHOMAGENSIS.

Militiæ decus et patriæ dux en subit astra
Ecclesiæ pacisque piæ fortissima castra,
Qui patrium ferus imperium non extenuavit,
Sed ducibus vel consulibus prior amplificavit;

Qui Paridis seu Tindaridis faciem renovabat,
Hectoreum cunctis in eum corpus rutilabat;
Qui clypeatus vel galeatus Mars fuit alter,
Palladis hastam sanguine pastam gessit et alter.
Pectus Achillis protulit illis et feritatem
Qui cupierunt aut statuerunt asperitatem
Pectoris ejus seu patriæ jus prævaricari.
His animosum seque perosum scivit amari.
Hunc sapientia necne scientia lætificabant,
Terrea gloria, celsa palatia condecorabant.
Non fuit altior aut sapientior ullus in istis
Quos tegit ætheris aula vel aeris hæc plaga tristis.
Novit amabilis et venerabilis esse benignis,
Impenetrabilis, inviolabilis atque malignis.
Sceptriger insignis consul fuit Andegavensis,
Quem titulis dignis celebret plebs Pictaviensis;
Nec minus hæc referat Normannia terra celebris,
Bellis jam dederat subjectam quam sibi crebris.
Hujus fama soli pertransit culmina quæque
Scandit et alta poli, super æthera prosilit æque.
Terret et hæc reges, populos premit ipsa feroces,
Angit et atroces, cupientes frangere leges
Quas hic sancivit; quas temnens qui violavit
Pœnis mulctavit, quas devitare nequivit.
Justitiæ cultor, sincerus pacis amator,
Juris sectator, legum firmissimus ultor,
Sola salus patriæ, speculum lux atque sophiæ.
Artibus imbutus septenis, sensus acutus,
Præclivis orator, logicæ nec segnis amator,
Rhetoricos flores edoctus sive colores,
Cautus et a puero falsum discernere vero,
Multimoda specie perfusus philosophiæ.
In prosa Cicero, versu Maro cederet illi,
In logica Socrates, armis æquandus Achilli,
Huic quidquid sciri potuit credo patuere.

Gloria, divitiæ, sapientia tanta fuere
Quanta nec exponi possit sed nec meditari.
Munde, sed immunde, cunctos tibi qui sociari
Quæris et in ventrem transfundere perditionis,
Quam fallax fidei nullæ vel relligionis
Sis, hic agnovit cum tu super alta tulisti
Æquoris, ac mortis potum ridens tribuisti.
Parcæ, non parcæ, quia nulli parcere scistis,
Cedere cur superis hunc tam cito sic voluistis?
Ast tamen huic cymbam Stygii deferte Caronis
Qua Flegeton fluvius tranetur perditionis;
Nec saltem videat quæ sit domus atra Plutonis:
Ælisiis campis quin transeat, ut regionis
Incola florigeræ, vitæ sociusque perennis
Gaudeat, arescat donec Langia perennis,
Donec sol lunæ, vel solis luna laborem
Arripiat, donec perdant utrique colorem,
Donec sol radiis, Phœbes umbra vacuetur,
Ac æther stellis cœlisque solum relevetur;
Sidera vel recubent in aquis piscesque natabunt
Æthere, seu volucres ipsi super astra meabunt.
Pestis amara nimis, viventibus insidiosa,
  Mors metuenda malis, pestis amara nimis;
Ultima sors superis, lex irrevocabilis ævi,
  Jus patrium cunctis, ultima sors superis;
Nec genus aut species sexus te movit et ætas,
  Aurum non movit, nec genus aut species.
Subditur omne tibi quod vescitur aeris aura,
  Quidquid in orbe sapit subditur omne tibi;
Cogitur omnis homo descendere per tua jura,
  Flectere colla tibi cogitur omnis homo;
Nomen in orbe tuum præcellit nomina cuncta,
  Nam genus omne tremit nomen in orbe tuum.
Huic aliud simile mihi non monstraret Homerus,
  Non fuit in terris huic aliud simile.

Hæc domat et populos, reges prosternit atroces,
  Obruit insanos, hæc domat et populos.
Legibus atra tuis, mors, obstat nulla potestas,
  Aurum non obstat legibus atra tuis.
Per tua regna cadit quidquid natura creavit,
  Auras qui carpit per tua regna cadit.
Quis, precor, ille fuit qui te contemnere quivit,
  Te qui non sensit quis, precor, ille fuit?
Summus et ipse Deus voluit tua jura subire :
  Factus homo moritur summus et ipse Deus.
Quem tibi non subicis talem quæ flectere quisti?
  Christum quæ flectis quem tibi non subicis?
Ut tibi cedit inops, ut cedit servus, et auri
  Dives sic cedit ut tibi cedit inops.
Cedit et insipiens, cedit dialecticus arte,
  Cedit rhetoricus, cedit et insipiens,
Cedit et omne tibi quod sese vivere sentit,
  Quod sub sole jacet cedit et omne tibi.
Cessit et ipse tibi quem carmen personat istud,
  Laus cujus fremit hic, cessit et ipse tibi.
  Virginis in thalamo Phœbus jam clauserat horas
Bis decies denas, ter sexaginta, ter octo,
Bis quadragenas, semel octo sed et duodenas,
Sirius ac totidem, bis septem bisque duabus,
Bis quinis, bis sex, bis quattuor inde remotis,
Imbrifer a Marte mensis septenus, in arcem
Cœlestis sedis mentem cum consulis hujus
Sustulit, ipsius septena luce suborta.

HISTORIA

COMITUM ANDEGAVENSIUM

HISTORIA

COMITUM ANDEGAVENSIUM

AUCTORE THOMA PACTIO,

LOCHENSI PRIORE.

DE ORIGINE COMITUM ANDEGAVENSIUM.

Anno Domini DCCCXLIII. — Fuit vir quidam de Armorica Gallia, in pago Redonico, nomine Torquatius, quem Karolus Calvus illius forestæ quæ Nidus Merulæ nuncupatur forestarium constituit. Hic genuit Tertullum.

Tertullus quidem acer ingenio, fortunam suam animi amplitudine supervadens, in Franciam abiit, sub rege Karolo militaturus. Quem Karolus Calvus, ob merita sua carissimum habens, uxorem ei dedit filiam ducis Burgundiæ, nomine Petronillam, cum beneficio in Landonensi Castro et aliis terris in pago Gastinensi et aliis locis per Franciam. Qui genuit Ingelgerium.

[DE INGELGERIO.]

DCCCLXXX. — Ingelgerius juvenis alacer, miles optimus, dominam pagi Gastinensis, matrem sibi spiritualem, de adulterio falso impetitam, monomachico certamine liberavit, et ob id factum egregium, apud Landonense Castrum, casamentum ejus plurimum augmentatum est. Postea vero Ludovicus, filius Karoli Calvi, vicecomitatum Aurelianensem et præfecturam Turonorum et dimidium Andegavis comitatum ei in casamento donavit; ultra Meduanam alter comes habebatur. Rursus Adelardus et Raymo, ambo germani fratres, Turonensium et Andegavensium pontifices, neptem suam, Aelendim nomine, cum alodiis suis, scilicet Ambazio, Busenciaco et Castellione, ei in conjugium copularunt. Qui post gravia bella insignesque victorias concessit in fatum, sepultusque est in ecclesia Beati Martini Castri Novi.

[DE FULCONE RUFO.]

DCCCCXII. — Fulco Rufus, secundus comes, filius Ingelgerii, integrum comitatum Andegavensium et abbatias Sancti Albini et Sancti Sergii, quæ antea regis dominicæ fuerant, adeptus est. Qui duxit uxorem nomine Rocillam, Garnerii filiam, cum tribus castellis, scilicet Lochis, Villentras et La Haye. Iste genuit tres filios : Guidonem qui factus est episcopus Suessionensis, Ingelgerium qui interfectus est a Normannis et Fulconem qui vocatus est Bonus. Fulco Rufus senex et plenus dierum mortuus est et sepultus in ecclesia Beati Martini, juxta patrem suum.

[DE FULCONE BONO.]

DCCCCLX. — Fulco Bonus, tertius comes Andegavensium, in ecclesia Sancti Martini in Castello Novo canonicus ascriptus fuit. In festis sancti ejusdem in choro, inter psallentes clericos, cum veste clericali et sub disciplina eorum, astabat. Hospitabatur apud mediocrem aliquem ex clericis, et domum ipsius magno cultu et sumptu venustabat, ut in discessu suo tenuis hospes ditatus remaneret.

Contigit quodam tempore regem Francorum Lotharium apud Turonem civitatem in festo sancti Martini æstivalis affore; affuit autem et comes Andegavorum in habitu clericali, et quæ Dei sunt in choro, cæteris devotior, celebrabat. Ob hoc nobiles palatini, lateri regis adhærentes, cum ipso rege cœperunt deludendo dicere quod comes Andegavorum sicut presbyter canebat. Rex autem Franciæ, cum aliis deludens, nobile opus viri derisit; quo audito, comes Andegavorum litteras hujusmodi formam habentes scripsit : « Regi Francorum, comes Andegavorum. Noveritis, domine, quod rex illiteratus est asinus coronatus. »

Composuit idem reverendæ memoriæ consul historiam duodecim responsoriorum, cantu et melodia luculentam, in honore beati Martini. Quodam tempore, cum ecclesiam Beati Martini procul aspiceret, sicut semper solitus fuerat, equo desiliit, ac flexis genibus toto tempore prostratus in terra diutius oravit. Cum surgeret ab oratione, vidit a dextris hominem aspectu horribilem, leprosa impetigine miserabiliter occupatum, et manum mittens ad loculum, misericordiam leproso volebat impendere; cui leprosus ait : « Non, domine mi, non indigeo modo hujuscemodi indulgentia; sed quia, pedibus lepra corrosis, nec ipse ire nec ab alio deferri ad ecclesiam confessoris, præ nimia infirmitate, possum, necessitas mihi ac voluntas esset quatinus tu ipse me deferres. Forsitan ibi invenirem aliquem Dei hominem qui, pro redemptione peccaminum, in conventu leprosorum mihi necessaria administrari juberet. » Quo audito, comes proprio mantello diligenter leprosum ac devote involvit, ac cæteris partim illudentibus, partim stupentibus, propriis humeris pium pondus fere per duas leugas deferens, ad ecclesiam Beati Martini devenit. Quo peracto, forma leprosi tam a pondere deferentis quam ab oculis intuentis evanuit; cumque comes sequenti nocte in clericali habitu in choro Beati Martini juxta decanum resideret, divinitus obdormivit. Interea quidam vir reverendus habitu, prætextus stola candida, habens in comitatu leprosum, dixit: « Ego sum Martinus, dominus tuus; iste leprosus est Christus, quem tu sæpius in membris suis pie fovisti, sed hodie in sua persona et capite, humeris portans, honorasti. »

Dum rediret Andegaviam, sicut dicitur, apparuit ei angelus, dicens successores suos usque ad nonam generationem dominationis suæ fines semper in universum extendere. Ipse Fulco Pius tres filios habuit, quorum primogenitus Gaufridus consulatum rexit. Alter, Guido nomine, episcopus Podii fuit, cui etiam Drogo junior, benignitate Hugonis regis, in episcopatu Podii successit. Contigit quodam tempore in festo sancti Martini hyemalis, cum de manu episcopi, missam canentis, corpus et sanguinem Christi acciperet, rediens in choro, levi tactus incommodo, inter manus clericorum sociorum suorum exspiravit, sepultusque est in eadem ecclesia, juxta patrem suum.

[DE GAUFRIDO GRISA TUNICA.]

DCCCCLXXVIII. — Gaufridus, quartus comes Andegavensium. Hic filius Fulconis Boni, ob insignia summi et singularis meriti, a rege Roberto in præliis signifer et in coronatione regum dapifer, tam ipse quam ejus heredes constituuntur.

In diebus illis Huastem Danus, tribus annis Gallias infestans, tandem in vallem amœnam et pulcherrimam, inter locum qui Mons Morentius dicitur et Parisius, cum quindecim millibus Danorum fixit tentoria; cujus præsumptionis timore rex Robertus, in solemnitate Penthecostes, proceres suos undequaque Parisius congregare disposuit, videns sibi nullam fieri cum illo copiam pugnandi, cum Franci, intra mœnia urbis refugere compulsi, foras erumpere non erant ausi. Singulis igitur diebus Ethelvulfus Danus, veluti alter Goliath, agminibus Francorum exprobrans, ante urbem Parisiacam singulare duellum ab aliquo Francorum exigens veniebat; a quo cum complures milites, ex fortioribus et nobilioribus Francorum, duello devicti et perempti fuissent, rex, dolore commotus, ne quis amplius contra eum exiret prohibuit.

Gaufridus comes Andegavensis, cum certissime virtutem et crudelitatem prædicti Dani didicisset, fingens se ad colloquium cujusdam amici sui abscondite ire, suis ut eum in Landonensi Castro, quod suum erat, exspectarent præcepit. In crastino consul furtivus viator egreditur, uno solo milite cum duobus armigeris secum retento, et non longe a Parisiaca urbe, burgum Sancti Germani devitans, a molendinario quodam navigium sibi parari impetravit, in cujus domo nocte illa dormivit. Facto mane, clamore Dani audito comes infremuit, et armatus cito equum ascendit, relictis in nave sociis, solus ei obviavit. Comes itaque, perforato hostis pectore, Danum prostravit, et abstracto ipsius proprio gladio, velut alter David, caput abscidit, et domino navis, qui eum transvexerat, caput ut in civitate deferat tradidit; ipse clandestinus in Landonensi Castro ad suos rediit. Bajulus capitis venit in urbem, et, rege præsente, nomen et personam militis qui Danum interfecerat se firmat ignorare. Dani recesserunt confusi. Venerunt itaque principes convocati Parisius. Gaufridus comes, indutus tunica illius panni quem Franci grisetum vocant, inter principes sedebat. Molendinarius, ad hoc convocatus a rege, comitem agnovit, cujus arrepta tunica, regi et cæteris ait : « Hic cum hac griseta tunica, sternendo Danum, Francorum opprobrium abstulit. » Rex deinceps ut Gaufridus Grisa Tunica vocaretur edixit.

Venerunt Dani circa Suessionis regionem, secuti sunt Franci, et cum de bello tractarent ordinando, negotium illud Andegavensi commiserunt Gaufrido. Ordinatæ sunt itaque sex acies, rex postremus cum acie sua gradiebatur. Gaufridus, qui suum deferebat vexillum, properus affuit, Danisque miles audacissimus obstitit. Ad illius primipilaris impetum Franci, animo resumpto, in Danos irruunt unanimiter; exterriti sunt autem Dani præ timore nimio, et repente, cuneis eorum labantibus, fugæ se commiserunt.

Rursus quidam Theutonicus de Suevia, Edelthedus

nomine, qui de genere Pharamundi et Clodovei descenderat, regnum Francorum jure hereditario exigebat; qui auxilio Othonis, regis Italiæ, Lotharingiam et superiores partes Franciæ impugnabat. Conquerebatur in propatulo de fœderatis pactionibus quas Hugo rex, in præsentia Henrici ducis Lotharingiæ et Ricardi comitis Normanniæ et Gaufridi Andegavis, in quodam colloquio fecerat: scilicet quod regnum Francorum Hugo sibi dimitteret ita dumtaxat ut sibi ducatum totius Franciæ daret, sicut dux Hugo olim possederat; quod prædicti principes, ut aiebat, et multi alii magnates fide sua pepigerant. Gaufridus Grisa Tunica, aliis dubitantibus, surrexit et ait : « Perjurii nusquam volo redargui, nec patiar ut nobis domineris! Regem meque et socios meos de fide mentita defendo. » Bertholdus frater ducis Saxoniæ, vir factus ad unguem, pro Theutonico duellum arripit. Ventum est ad prælium. Primo impetu neuter cecidit, sed Bertholdus, dum equum giraret, a comite lancea graviter inter scapulas vulneratur. Ad ultimum rupta lorica Bertholdi, Gaufridus Grisa Tunica victor exstitit; qui zonam beatæ Mariæ Virginis, quam regina Franciæ, consanguinea ejusdem, eidem pugnaturo contulerat, Luchis posuit.

Genuit autem plures filios, quorum junior, Mauricius nomine, cæteris patre superstite mortuis, supervixit. Ipse vero Gaufridus Grisa Tunica, viam universæ carnis ingrediens, sepultus est in ecclesia Beati Albini Andegavis.

[DE MAURICIO.]

DCCCCXCVI. — Mauricius, quintus comes Andegavensium, duxit uxorem de Alverniensi (1) pago, filiam Haimerici consulis Sanctonici, neptem Raimundi Pictavensis comitis, ex qua Fulconem Nerram genuit. Surrexit in eum Landricus Dunensis, auxilio Odonis Campaniensis, auxilio etiam Geldoini Salmuriensis. Qui cum eis viriliter restitisset, præoccupatus morbo, naturæ concessit, sepultusque jacet in ecclesia Sancti Albini, juxta patrem suum.

[DE FULCONE NERRA.]

MX. — Fulco Nerra, cui consuetudo fuit Animas Dei jurare, juvenis adhuc, collecto exercitu, ultra Blesim profectus, ad Castrum Dunum devenit. Itaque præmissis Ambaziensibus, Andegavi Dunenses coangustaverunt et plurimos gladio necaverunt. Victor igitur rediens Fulco Ambazio, domum Landrici obsedit, quam Gaufridus Grisa Tunica eidem hereditario possidendam contulerat. Landricus et sui ab Ambazio expelluntur, et domus Landrici recepta funditus deletur. Fulco castrum Lochas et Ambaziacum Lisoio ad custodiendum tradidit.

Interea Conanus comes Britanniæ, Fulconem sciens ab Andegavi abscessisse, ad curiam regis Aurelianis ire disposuit, filiis suis ut Andegavim infestarent præcepit. Dum Fulco et Conanus Aurelianis regem exspectarent, Fulco in quadam domo, ad requisita naturæ,

---

(1) Mieux *Alniensi*.

secessit. In thalamo ejusdem domus, a Fulcone solo pariete diviso, Conanus venit, qui sibi aperit quod filii sui quarto die usque ad portas Andegavis, omnia demoliendo, discurrent. Quo audito, comes ad succursum suorum festinat, fingensque se Landonensi Castro suo ire, nocte et die equis mutatis, equitat, suis in via ut se sequantur imperat. Britones statuto die usque ad portas urbis securi et impetuose currunt. Fulco et latitantes sui in eos securos celerrime irruunt, alios prosternunt, alios in fugam commissos insequuntur : nam, regressu consulis cognito, resistendi nec ad momentum constantiam habuerunt inimici; ita dispersi, quo quisque potuit citissime diffugerunt. Mortui sunt in illo conflictu duo filii Conani, innumerique pedites perempti; alii duo cum multis aliis baronibus et militibus et peditibus capti. Fulco autem statim ad curiam regis citissime redit, et ipso die quo rex venerat, ipse et quidam suus miles, equitans varium equum Alani primogeniti filii Conani, ante aulam regiam descenderunt. Quæsitum est a Britonibus quomodo equus ab illis habeatur, verumque auditur et Conano nuntiatur. Deflet Conanus casum suorum, coram rege lamentatur. Ab episcopis pax quæritur, et mediante rege Roberto et Ricardo Normanniæ duce, qui Juditam filiam Conani habebat uxorem, concordia efficitur. Alanus primogenitus Conani cum fratre suo redimitur; omnes capti, dato competenti pretio, liberantur, et a Fulcone consulatus ultra Meduanam quiete et pacifice possidetur.

Postmodum vero inter ipsum Conanum et prædictum Fulconem, Andegavorum comitem, exortum est indissolubile jurgium, ita ut crebris suorum invicem depopulationibus ac sanguinis effusionibus lacessiti, ad ultimum inirent cominus prælium. Cum igitur diu multumque vicissim sibi mala quæ poterant irrogassent, ab utroque decretum est ut in loco qui Concretus dicitur, quisque illorum cum suo exercitu, die constituto advenientes, prælii certamen inirent. Sed Britonum exercitus, cogitata fraudis decipula, partem Fulconis exercitus nequiter prostraverunt. In prædicto denique loco ubi certamen ineundum fuerat, clam prævenientes plerique Britonum, ibique nimium astute profundum atque perlongum fodere vallum, ramisque arborum densatim super insertis, imposita videlicet hostibus muscipula, recesserunt. Die igitur constituto juxta condictum, dum illuc uterque cum suo exercitu adveniret atque acies utriusque jam in procinctu videretur informata, gens Britonum callida fraudisque propriæ conscia, simulat se velle fugam arripere, ut avidius demergerent hostem in latentem muscipulam. Quod cernens Fulconis exercitus, cupiensque expedite super eos irruere, corruit pars ex eis non modica in foveam Britonum astu patratam. Illico autem conversi Britones, qui prius fugam simulaverant, inhianterque super Fulconis exercitum irruentes, asperrima quam plures ex eis cæde necaverunt, ipsum etiam Fulconem pulsum de equo in terram loricatum dejecerunt. Qui exsurgens, nimio accensus furore, dictis suos relevat exacuitque suorum animos. Hii vero, velut turbo vehementissimus per densas segetes, impellentes omnem exercitum Britonum, eos crudeli nimium cæde mactaverunt, deletoque pene universo exercitu Britonum, ipsum etiam Conanum illorum principem truncatum dextera vivum capientes, Fulconi reddiderunt; quo potito victoria et reverso ad propria, non illi postmodum quispiam Britonum molestus exstitit.

Cum circumquaque in diversis præliorum eventibus humanum fudisset sanguinem, metu gehennæ territus, sepulchrum Salvatoris Jerosolimis adiit; et inde rediens, ex uxore sua Gaufridum Martellum et filiam Adelam nomine genuit. Postea idem Fulco, gratia peregrinationis, Romam venit, et a papa Sergio benedictione accepta, iter eundi Jerusalem rursus arripuit. Sub conductu vero Jerusalem ducitur; portam tamen urbis intrare non potuit, ad quam peregrini ut intrarent violenter dare urgebantur. Dato autem pretio, tam pro se quam pro aliis christianis ad portam sibi prohibitam morantibus, urbem celeriter cum omnibus intravit, sed sepulchri claustra eis prohibuerunt. Nempe cognito quod vir alti sanguinis esset, deludendo dixerunt nullo modo alio ad sepulchrum optatum pervenire posse, nisi super illud et crucem dominicam mingeret; quod vir prudens, licet invitus, annuit. Quæsita igitur arietis vesica, purgata atque mundata et optimo albo vino repleta, quin etiam apte inter ejus femora posita est; et comes discalciatus ad sepulchrum Domini accessit, vinum super sepulchrum fudit, et sic ad libitum cum omnibus sociis intravit, et fusis multis lacrimis peroravit.

Interim dum esset in peregrinatione, Gaufridus Martellus, filius ejus, quem custodem comitatus reliquerat, adversus patrem insurgit, munitiones Andegavorum usurpat, patrem redeuntem excludit. Controversia protacta diutius, tandem viris intercurrentibus religiosis, filius patri reconciliatur.

Ut autem Fulco quæ fecerat mala corrigeret et Deo gratum munus offerret, Lochis juxta Angerem fluvium, Bellocoso (1) scilicet, ecclesiam in honore sancti Sepulchri, monachos cum abbate imponens ibi, construxit.

Anno et dimidio quo Fulco moratus fuerat in peregrinatione, Odo Campaniensis et Geldoinus Salmuriensis terram et homines Fulconis afflixerunt. Fulco oppidum quod Monstricardum vocatur componit; ad cujus deletionem Odo multos milites et pedites Blesis congregat. Fulco ab Ambazio discedens prope Pontilevium venit. Herbertus Cenomannensis comes, amicus Fulconis, juxta ripas Cari equitans, Benregio castra fixit. Quid plura? Acies ordinantur. Milites Odonis impetus Andegavorum et ictus Cenomannorum sustinere non ferentes, protinus versi sunt in fugam. Ita fere sex millibus tam captis quam peremptis, reliqui evaserunt. Sequenti anno, Fulco, ad distringendam urbem Turonicam, oppidum in Monte Budelli statuit. Odo Campaniensis, adjuncto sibi Salmuriense Geldoino, munitionem illam obsedit. Fulco Ligerim transmeat et festinus, tota nocte equitans, summo diluculo Salmurium defensoribus vacuum intrat, ac totum oppidum confestim cepit et arcem postmodum. Fulco inde abiens, Viennam transit et Montem Basonis obsedit. Odo ab obsidione Montis Budelli secessit, Fulco ad Lochas rediit, sic uterque remisso exercitu quievit.

Rex Robertus Constantiam, filiam Guillelmi Arelatensis comitis, natam de Blanca sorore Fulconis, ac-

(1) Mieux *Bello Loco*.

cepit uxorem; quam idem rex, consilio Hugonis Belvacensis comitis, odiosam habebat. Factum est ut die quadam rex in silvam venatum iret, et Hugo comes cum illo; duodecim igitur milites missi a Fulcone Andegavorum comite, avunculo scilicet reginæ Constantiæ, Hugonem supradictum ante regem trucidaverunt.

Rursus Fulco Montem Basonis obsedit et cepit, et senescallo suo Lisoio neptem Supplicii thesaurarii uxorem dedit, cui etiam Ambazium cum omnibus appendiciis suis donavit; et sic terra Fulconis usque ad obitum suum in pace siluit. Bis jam Jerosolimam perrexerat; tertio autem itinere peracto rediens, intra Metensem urbem diem clausit extremum. Corpus autem illius, conditum aromatibus, apud Luchas sepultum est.

[DE GAUFRIDO MARTELLO PRIMO.]

MXL. — Gaufridus Martellus post mortem patris sui consulatum adeptus est, et in Ambaziaco milites multos cum Lisoio posuit, qui Turonim Blesimque vastarent; et ad ultimum omnibus copiis suis congregatis Turonicam urbem obsedit, quam Henricus rex Francorum, ablatam a filiis Odonis Campaniensis Theobaldo et Stephano, eidem Martello contulerat. Dimisit tamen Martellus Lisoium senescallum suum Ambaziaco, cum ducentis militibus et mille quingentis peditibus, qui vias custodirent ne Blesenses ad ejus exercitum libere descenderent. Comes Theobaldus cum infinita gente, per Pontilevium transiens, juxta Monstricardum ad flumen Cari descendit, et in pratis Sancti

Quintini ante Bluream (1) tentoria fixit. Martellus, relicta obsidione, Laudiaco Monte prima die eis obvius venit. In crastino Blesenses ex castris proruunt, Andegavenses a Laudiaco eis e contra procedunt. Cumque jam se invicem contuerentur, Martellus per sex acies exercitum suum distribuit, totumque de comite transferens se in militem, alios lancea, alios ense prosequitur. Theobaldini, impetus Andegavorum non ferentes, in fugam versi, scapulas dederunt. Qui cum Martello erant omnes in ferrum ruunt, ipso præ omnibus fortissime et fugante fugientes et prosternente. Theobaldus itaque cum quingentis et octoginta militibus in nemore quod Braium dicitur capitur et abstrahitur; Stephanus, frater Theobaldi, arrepta fuga cum aliquibus militibus, evasit. Theobaldus cum esset in vinculis, et pro eo nullam argenti et auri Martellus redemptionem vellet accipere, Turonim pro sua liberatione concessit. Quindecim sacramenta juravit Theobaldus propria manu Gaufrido, et viginti barones castellenses cum eo et quadraginta milites vavassores, eisdem verbis quibus et ipse.

Guillelmus Pictavensium comes consulatum Sanctonicum suum esse dicebat, et vi occupatum tenebat, quia patrui sui fuerat. Martellus eumdem consulatum reclamabat, quia avi sui fuerat, cujus heredes absque liberis mortui erant, et ideo ad heredes sororis avi sui honorem debere reverti affirmabat. Denique, hujus litigii causa, Martellus cum Guillelmo pugnare disponens, oppidum quod Caput Vuiltonæ dicitur cum exercitu adiit. Guillelmus Martello et suis occurrit.

---

(1) Mieux *Blireium.*

Pictavenses tremefacti, duce suo graviter vulnerato, respirandi locum non habebant. Martellus igitur fugientes insequitur; Pictavensis comes vulneratur et capitur; Andegavenses cæde peracta reversi sunt in campo, et ibi intra tentoria nocte illa quieverunt. Pictavensis comes consulatum Sanctonicum quietum concessit Gaufrido Martello, et, multis pecuniis datis liber a captione qua illum Martellus spatio trium annorum tenuerat, ad propria remeans, ipso in anno finem vitæ habuit.

In diebus illis Guillelmus dux Normannorum Herebertum Cenomannicum consulem nimis impugnabat; cui Martellus auxiliator et tutator fuit, et idcirco dux Normannorum, qui Angliam acquisivit, multa perpessus est a Martello.

Gaufridus Martellus, cum filios non haberet, nepotibus suis, Gaufrido Barbato et Fulconi Rechin, filiis scilicet Adhelæ sororis suæ et Alberici comitis de Gastineis, bona sua dereliquit: Andegaviam et Sanctonas Fulconi, Turoniam cum Landonensi Castro Barbato donavit.

Ædificavit autem cœnobium Sanctæ Trinitatis apud Vindocinum castrum. Uxor vero ejus ædificavit ibidem, in supercilio montis, ecclesiam Sancti Georgii, canonicos imposuit, et capellam consulis vocari præcepit. Gaufridus etiam comes perfecit ecclesiam Sancti Nicolai, in suburbio urbis Andegavis, quam pater ejus Fulco inceperat, nec perfecerat; ibidemque sepultus quiescit.

Fulco Nerra (1), comes Andegavensium, in Jeroso-

(1) Dans le ms. ce paragraphe est attribué à l'an 1173 et copié sous cette date. Nous le croyons mieux placé ici.

limam proficiscens, Gaufrido Martello filio suo comitatum usque ad reditum custodiendum commisit. Filius itaque proceres, equites, cives et populum animavit in patrem. Votis orationum completis, pater rediens est repulsus a filio. Fit discursus per patriam; cædibus et rapinis instatur. Pater in angustia positus castella, villas et prædia suis fautoribus se daturum spopondit, et ut totum reciperet, totum quod filius possidebat, fere totum, distribuit; quod in suum revocare dominium sibi postmodum vel adhuc alicui successorum suorum non licuit. Filius tandem, patri reconciliatus, patri successit, scilicet anno MXL; sed parricidii quod excogitaverat pœnas luens, sine liberis, ut supra ponitur, decessit.

Helias, filius Johannis de Fleca, Sibillam, filiam cujusdam comitis Longobardiæ, neptem scilicet Hereberti quondam Cenomannorum comitis, duxit uxorem, et cum ea comitatum Cenomanniæ suscepit. De Sibila vero genuit Sibillam, quam Fulco, filius Fulconis Rechin, postmodum rex Jerosolimorum, duxit uxorem; de qua genuit Gaufridum Plantegenest et Sibillam Flandriæ comitissam.

[DE FULCONE RECHIN.]

MLXVII. — Fulco Rechin primus Stephano Blesensi homagium fecit, et Philippo regi Francorum Landonense Castrum et totum comitatum de Gastineis concessit. Fulco plures duxit uxores : filiam Lancelini de Balgenceio, ex qua orta est comitissa Britanniæ; post mortem filiæ Lancelini duxit Ermengardim, filiam Archenbaldi Fortis de Borbono, ex qua genuit Gaufridum Martellum; qua dimissa, ex sorore Almarici de Monte Forti, comitis Ebroicarum, Fulco Rechin genuit Fulconem.

[DE GAUFRIDO MARTELLO SECUNDO.]

Gaufridus Martellus, filius Fulconis Rechin, cum patre suo Rupes Corbonis obsedit et fumo cepit. Elizabeth sororem suam, ex matre sua et Willelmo comite Galinniaci ortam, Hugoni de Calvo Monte uxorem dedit, et cum ea Ambaziacum totum ei concessit. Idem Martellus cum rege Angliæ Willelmo Rufo sæpe conflixit, multaque municipia in Normannia vastavit et succendit. Idem, insidiis novercæ, apud Cande castrum occisus, adhuc patre suo vivente, sepultus est in ecclesia Sancti Nicolai Andegavis.

[DE FULCONE JEROSOLIMORUM REGE.]

MCX. — Fulco comes Andegavorum filiam Heliæ comitis Cenomannensium, quam unicam et heredem reliquerat, accepit uxorem, et comitatum cum illa. Sic igitur Andegaviam dominationem in populos circumquaque diffusos extendens, dotaliciis incrementis multo felicius terminos dilatavit quam cædibus luctuosis; ad affinium namque bona hereditario possidenda sic civiliter aspiravit ut, fœdus iniens cum finitimis et per sanguinem iniens etiam et cum sanguine, sic in adquirendo rerum dominio feliciter triumphavit ut manus immunes conservaret a sanguine. Felix jactura, dum, maribus sublatis de medio, sexus muliebris in copulum transiret Andegavensium et bonæ pacis stabilitate perpetua firmaretur : Moysis legislatoris instituta recensens, qui, jubente Domino, quinque filiabus Saphaat paternam hereditatem pro virili portione distribuit, et inter alias tribus in funiculo distributionis numerari decrevit (1).

MCXIX. — Regni principes Jerosolimitani, directis nuntiis, Fulconem Andegavensium comitem sollicitaverunt quatinus loca Dominicæ passionis adiret, filiam regis Baldewini, quam unicam et heredem reliquerat, uxorem accepturus. Quibus acquiescens comes, filio suo Gaufrido Plantegenest hereditatem reliquit, Jerosolimam adiit, super solium David regis in Jerusalem collocatus est, Christi crucis inimicos attrivit. Quod igitur incepit viriliter, sui successores suo tempore suppleverunt. Quorum strenuitas, ordine successorio gubernacula regni Jerosolimitani nanciscens, et Ydumeorum compescuit ferocitatem, et Babilonem factam rebellem subditione redegit, et Alexandriam reddidit tributariam, et in novissimis sui celebritate totius populos Orientis effecit attonitos.

[DE GAUFRIDO PLANTEGENEST.]

MCXLIX. — Everso Monasteriolo, quod tribus annis obsessum fuerat, Gaufridus Plantegenest reddit ducatum Normanniæ Henrico filio suo. Ludovicus rex Francorum accepit homagium Henrici filii Gaufridi Plantegenest, de ducatu Normanniæ et comitatu Andegaviæ.

Civitas igitur Andegavensium, antiquorum indu-

(1) *Numeri*, XXVII et XXXVI.

stria montis in edito collocata, consistit in mœnibus vetustissimis, gloriam fundatorum recensens, in quadris lapidibus, modernorum parcitatem accusans, in tenaciori cemento, sabuli condiendi peritiam penitus deperiisse prætendens. Pars urbis hominum manu facta munitior vergit ad nothum. Natura loci pars inexpugnabilis respicit ad occasum; quoque latus occidentale vicinatur australi, domus surgit spatiosissima, digna satis in nomen transire palatii si thalami, regio sumptu, regia disciplina, regio moderamine recenter exstructi, non excrescerent in immensum, hinc ad aquas præterfluas, hinc ad montana vitibus conservata prospectum habentes. Rursus ut civitas multo capacior millia hominum concurrentia sub una confœderatione concluderet, montem positum in vicino populis ad inhabitandum exposuit; quorum si fortunam attendimus, felicius incolunt suburbana quam urbem. Quod si devotionem quam erga Deum, erga sacrosanctam ecclesiam, ea gens exhibuit ab antiquo revolvatur attentius suorum memoriæ, plurimorum ibidem in Christo quiescentium celebres illis habentur in locis; nec adeo facile quoquam reperies tot domos religiosas et piis deputatas collegiis, et principum liberalitate ditatas, et in regularibus disciplinis informatas attente. Rursus ut opportunitatem loci commoditas aquarum illustret, si de quantula Ligeris remotione queraris, inter medium montium quos memoravimus, nobilis fluvius influit Meduana, qui cum intumuerit instar maris in hieme, sub æstate rarescit arenosis angustatus in alveis. Ut autem liberum civibus commeatum offerret, terra, lignis, lapidibus comportatis, construi super aquas in habitaculis ergasteria toleravit, sic ex opposito sibi respondentia, sic fere sub æqua contiguatione disposita, quod pontem medium, ex maxima parte ligneum, quasi solidam redigant in plateam, transeuntibus quidem assidue patefactam sed Phæbo non perviam, in qua quid usus desideret, quid luxus deposcat, abunde reperiet transitus per eam compendiosus.

Anno Domini MCL°, Theobaldus comes Blesensis donavit cingulo militari Gaufridum, filium Gaufridi Plantegenest comitis Andegavorum; qui comes Gaufridus, dum eodem anno a curia regis Francorum Parisius rediret, concessit in fata apud Castrum Lidii. Sepultus autem est Cenomannis, in ecclesia Sancti Juliani.

[DE HENRICO REGE ANGLORUM.]

MCLIV. — Rex Stephanus VIII° kalendas novembris obiit et sepultus est apud Faveresham, quod monasterium ipse a fundamentis ædificaverat. Quo audito, dux Normannorum Henricus venit Barbefluvium, et ibidem per unum mensem ventum exspectavit, et VII° idus decembris in Angliam veniens, XIV° kalendas januarii, die dominica ante Nativitatem Domini, apud Westmonasterium ab omnibus electus et in regem unctus est a Theobaldo archiepiscopo Cantuariensi, præsente archiepiscopo Eboraci et aliis episcopis Angliæ. Rogerius Eboracensis archiepiscopus manum non apposuit.

Hic Henricus, anno MCLI°, Alienor relictam regis Francorum duxit in uxorem, et sic eo medio factus est dux Aquitanorum. Hic est Henricus secundus, rex Anglorum, cujus mater Matildis Imperatrix, cujus mater Matildis regina Anglorum, cujus mater Margarita regina Scotorum, cujus pater Eduardus, cujus pater Eadmundus Ferreum Latus, cujus pater Adelred, cujus pater Eadgarus Pacificus, cujus pater Eadmundus, cujus pater Eadwardus senior, cujus pater nobilis Alvredus, qui fuit filius Eadwlfi regis, qui fuit filius regis Egbachti, cujus pater Altmundus, cujus pater Effa, cujus pater Eppa, cujus pater Ingels, cujus pater fuit famosissimus rex Ine nomine, quorum pater Keonred, qui fuit filius Ceovuald, qui fuit Cutha, qui fuit Cuthwimin, qui fuit Chelulm, qui fuit Cheuric, qui fuit Creoda, qui fuit Ceordic, qui fuit Elesu, qui fuit Ecla, qui fuit Gewis. Iste fuit caput gentis suæ, a quo et tota illa gens nomen accepit. Hujus pater fuit Wig, cujus pater fuit Frewine, cujus pater Freodegar, cujus pater Brand, cujus pater Bealdaes, cujus pater Woden, qui fuit Frendenbald, qui fuit Freolof, qui fuit Fredewlf, qui fuit Frimgoldwlf, qui fuit Jecta, qui fuit Geatwa, qui fuit Beu, qui fuit Steldwa, qui fuit Heremod, qui fuit Itermod, qui fuit Bathka, qui fuit Wala, qui fuit Beadwid, qui fuit Sem, cujus pater Noe.

MCLXX. — XIV° kalendas julii, Henricus, primogenitus filius Henrici regis Angliæ, consecratus est in regem apud Westmonasterium, a Rogero Eboraci archiepiscopo.

MCLXXIV. — Gaufridus Plantegenest comes Andegavensium, cum quadam Cenomannici generis consuetudinem habens, non usquequam licitam, filiam genuit Emmam; quam David, Norwalensium princeps, regis Anglorum Henrici sororem intelligens, eam uxorem a fratre sibi dari summa precum instantia, vix tandem, obtinuit, volens suæ posteritati, si filios procreaverit, fastum quemdan ex regali stirpe descendere et terrorem incutere Walensibus aliis, affinitatis novæ pretextu.

[DE COMITIBUS ANDEGAVORUM ET DE MORTE REGIS HENRICI JUNIORIS, FILII REGIS HENRICI.]

MCLXXXIII. — Quinque Fulcones fuerunt comites in Andegavia : Fulco Rufus filius Ingelgerii, Fulco Bonus filius Fulconis Rufi, Fulco Nerra filius Mauricii comitis, Fulco Rechin filius Alberici comitis de Gastineis.

Fulco filius Fulconis Rechin affinitate conjunctus est Helyæ comiti Cenomannensium, Sibillam filiam ejus unicam et heredem ducens uxorem, ex qua genuit Gaufridum Plantegenest, tam patris quam avi materni legitimum successorem patrimonio comitis. Sibilla defuncta, ne quid ipsi Fulconi deesset ad gloriam, cum nominis sui fama per orbem latius claresceret, a regni Jerosolimitani principibus unanimiter evocatus, in solio David magni regis solemniter collocatus est, Millesendam, Baldewini secundi regis filiam unicam et heredem, uxorem accipiens, ex qua duos genuit filios, post patrem ordine successorio reges in Jerusalem, Baldewinum et Amalricum.

Gaufridus, magnanimitate Fulconis et industria roboratus, adeo paternis successibus incitatus est ut et ipse de semine regio comparem affectaret sibi fœdere nuptiali jungendam; Matildem itaque, regis Anglorum Henrici primi filiam unicam et heredem, accepit uxorem. Quæ cum prius Henrico nupsisset imperatori, terque cum ipso pariter in consortium imperatoriæ majestatis Romæ coronata fuisset, licet ex eo prolem aliquam non sustulerit, nihilominus tamen, post mortem imperatoris, de mariti prærogativa semper enituit, quoad vixit sibi nomen retinens Imperatricis. Igitur ex Imperatrice Gaufridus comes procreavit Henricum secundum. Qui cum ætatis annum ageret quindecimum, cingulo militari donatus est ab avunculo matris suæ David, rege Scotorum, apud Carluil, in festo Penthecosten. Ætatis anno decimo septimo ducatum adeptus est Normanniæ, quam pater suus, viribus Andegavorum accinctus, de manibus Stephani regis Anglorum potenter extorserat. Gaufridus comes in ætate virili feliciter undequaque triumphans, lectum incidit ægritudinis, inque solo materno sibi locum eligens sepulturæ, dum apud Castrum Lidii diem clausit extremum, sepultus est Cenomannis in ecclesia Sancti Juliani.

Mortuo Gaufrido, filius ejus Henricus, ætatis annum inchoans decimum nonum, Willelmi comitis Pictavensium primogenitam Alienor, alienatam a thoro Ludovici regis Francorum, et sub examine Samsonis Remorum archiepiscopi propter cognationem disjunctam, sibi thori participem sociavit, cum ea simul Aquitannici ducatus obtinens principatum. Postmodum Henricus secundus, a nativitate sua viginti duobus annis fere decursis, post mortem Stephani regis in regem Anglorum consecratus est; et ut titulos plures ab antecessoribus emanantes sub una clausula, sub unius persona complectamur paucissimis : Henricus rex Anglorum, dux Normannorum et Aquitanorum et comes Andegavensium.

Avo materno tam in sobole procreanda quam in sobole numerosa multo felicior, ex legitimo matrimonio sex filios sustulit et tres filias, fecunditatem matris Alienor alienis etiam generationibus prædicabilem offerentes. Ex filiis autem, duobus in pueritia sublatis de medio, quatuor et superstites et incolumes in spem magnam virium exercendarum succrescunt et in hostibus prosternendis, et mores antecessorum et actus imitari non cessant, et in nationibus diversis per orbem, quæ juxta dispositionem paternam suo regimini deputantur, cum moderatione justitiæ virgam directionis assumere strenuis repromittunt operibus.

Henricus, horum quatuor primogenitus, in regem Angliæ consecratus est; Ricardus comes Pictavensis est assignatus a patre; Gaufridus totius Britanniæ nactus est principatum; Johannes, de promissione patris et provisione securus, diversas Hyberniæ portiones, si desuper ei datum fuerit, in monarchiam reducet.

Filiæ vero tres regis, ut diximus, et Alienor alienationem a nativo solo forsitan eo sustinent æquanimius quod, de semine regio procreatæ, nupserunt regiæ stirpis viris illustribus; quorum nomina licet subticeam (1), populos quibus præsunt præterire non convenit : hinc etenim Saxones, hinc Hispanos, hinc Siculos debita coercione refrenant. Inter hos itaque populos victu, vestitu, moribus, habitatione tam remotos ab Anglia, filias regis Angliæ commorantes, barbaries saxea Saxonum, dubius Hispanorum sub Agarenis conflictus, tyrannis effera Siculorum poterant in continuum horrorem inducere, nisi generositas aviæ suæ, Matildis Imperatricis, in ejus femineo corpore virile pectus, neptibus suis tolerantiæ semitas et apertas patientiæ vias imitabiles præmonstrasset. Sed ut sexus infirmior in aliquo firmius relevaret filias Alienor, alienum aerem sub annis tenerrimis imbiberunt : ibidem enutritæ salubrius, diversitatem quoque facilius alienarum sunt edoctæ linguarum.

Cum igitur ad nutum regis patris sors humana fere responderet in singulis, ne quid consentaneum paci præteriret intactum, suæ studuit posteritati prospicere. De pace namque firmius inter filios statuenda sollicitus, et fraternúm discidium, generationibus multis naturaliter insitum, evitare procurans, regem filium petiit ut de ducatu sinus Armorici, quem Gaufridus frater suus cum Constantia, filia Conani comitis unica simul et herede legitima, dotis nomine possidebat, homagium ejus reciperet et liganciam; hoc enim vinculo debitæ subjectionis exhibitorio, de liberalitate regum Franciæ, comites

(1) Henri le Lion, duc de Saxe, mari de Mathilde, en 1168; Alfonse, roi de Castille, mari d'Éléonore, en 1170; et Guillaume, roi de Sicile, mari de Jeanne, en 1178.

Britanniæ ducibus Normannorum ab antiquis temporibus tenentur astricti. Quod pater petiit, factum est Andegavis.

Postmodum ad hoc potius pater operam dedit operosissimam ut idem rex filius Ricardo fratri suo ducatum concederet Aquitaniæ, tam ab ipso Ricardo quam a suis heredibus tractu temporis irrefragabiliter possidendum. Tunc demum rex filius patri suo patenter ostendit se baronibus Aquitanicis, contra Ricardum fratrem suum, confœderationibus multis astrictum. Inductus ea fuerat occasione quod Ricardus castellum de Clerevals, a retroactis temporibus constitutum sub ditione comitum Andegavensium, in injuriam suam munitionibus multis contra suam firmaverat voluntatem; sed ne patris indignationem incurreret, quod pater petebat se facturum spopondit Mirabello, dummodo Ricardus, homagio sibi præstito, ligancia facta, fidelitatem sibi, tactis sacrosanctis reliquiis, repromitteret. Ad hanc vocem Ricardus vehementer excanduit, incongruum esse dicens, ut dicitur, cum eodem ex patre, cum eadem ex matre traxisset originem, si fratrem primogenitum aliqua specie subjectionis superiorem agnosceret; sed sicut ipsi fratri suo regi, lege primogenitorum, bona debebantur paterna, sic in bonis maternis æqua lance successionem legitimam vindicabat. Rex pater hoc audiens, iracundiæ calore succensus, adversus Ricardum dura proposuit, et ut, ad edomandam Ricardi superbiam, rex filius totus insurgeret instanter indixit; Gaufridum quoque Britanniæ ducem ut cum fratre suo rege, domino suo ligio, fideliter staret commonuit. Sic rex filius movit arma, non insurgens in fratrem, sicut asserebat constanter, sed Pictavensibus veniens in auxilium, quos Ricardus indebitis vexationibus et violenta dominatione premebat; Pictavensibus, inquam, qui de jure communi se suo subdendos regimini, nec alicui fratrum suorum, eo superstite, contendebant. Habitis itaque frequenter inter se colloquiis, cum nulla spes haberetur de pace, copiosum rex filius undique congregavit exercitum et a facie patris sui declinans, ad quem de jure noverat tuitionem Aquitanicæ regionis spectare dum viveret, dum infra paucos dies cum Ricardo fratre suo prima facie, cum etiam auxiliariis suis, quicumque vel quanticumque vel quotquot essent, congredi decrevisset, ejus vita, velut a texente præcisa, spem multorum præcidit sub ipso militantium et exspectantium post mortem patris regnare cum ipso.

Siquidem in flore suæ juventutis, cum a nativitate sua complesset vicesimum octavum annum, additis quatuordecim septimanis et sex diebus, intra Gasconiam, in illo tractu terræ quæ Curcinna dicitur, apud castellum Martel, inter populos satis barbaros, in festo sancti Barnabæ, communi sorte rex filius est subtractus de medio : sententiam illam judicio prudentum virorum approbandam relinquens, quæ filios, dum insurgunt in patres quibus debent quod sunt, quod vivunt, quod bonis exspectant locupletari paternis, dignos exheredatione pronuntiat. Itaque si varios casus regnorum, si rebelliones illicitas filiorum [qui] temerariis ausibus insurguntur in parentes intersertas annalibus diligenter revolveris, profecto reperies filios, post patrum inquietationes, vel ordine mortalitatis turbato fati munus implesse, vel, si quis eorum forte patri successerit, confidenter asserimus quod paternam hereditatem, ad quam venire per incendia, per depopulationes, per homicidia maturavit præpropere, suum ad filium non transmisit, digna factis recipiens : ut qui patris sui vitam et nomen conatus est prorsus exstinguere, cum filiis et in filiis totus insimul pereat; sui seminis etiam obliterata memoria damnetur post mortem.

Corpus regis, quas habuit in sua consecratione lineis vestibus, chrismate delibutis, diligentius involutum, in libitina reponitur, et impositum humeris commilitonum suorum, per vicos, per castella, per civitates, concurrentibus undique populis, deportatur, quousque Cenomannis intrarent et in choro Beati Juliani deponeretur. Majores itaque civitatis illius, cum acclamatione multitudinis subito proruentes, corpus regis, quoniam avus suus paternus eodem in loco quiescit, ipsum inibi terra cum festinatione defossa sepelierunt; sed postmodum, reclamante Roberto de Novo Burgo, Rothomagensi decano, quia dum rex viveret sibi sepulturæ locum elegerat, inde translatum est, et in metropolitana sede Rothomagi, prope majus altare, versus aquilonem, cum honore tanto principi congruo tumulatur.

[DE SENESCALCIA FRANCIÆ VEL MAJORATU DOMUS REGIÆ.]

MCLXIX. — Henricus, filius Henrici regis Angliæ, fecit homagium regi Francorum, socero suo, de Andegavensi comitatu et de ducatu Britanniæ, quem rex concessit eidem genero suo, nam de Normannia fecerat ei antea homagium; et concessit ei rex Franciæ ut esset senescalus Franciæ, quod pertinet ad feudum Andegavense. In Purificatione sanctæ Mariæ, fuit Henricus filius regis Angliæ Parisius, et servivit regi Franciæ ad mensam, ut senescalus Franciæ.

Hanc senescalciam vel, ut antiquitus dicebatur, majoratum domus regiæ, Robertus rex Francorum dedit Gaufrido Grisagonella, comiti Andegavorum, propter adjutorium quod sibi impendit contra Othonem imperatorem Alemanniæ. Dedit etiam ei quidquid habebat in episcopatu Andegavensi. Postea vero, cum Gaufridus comes Perticensis et David comes Cenomannensis essent rebelles eidem Roberto regi Francorum, prædictus rex Francorum, Gaufrido Grisagonella ferente sibi auxilium, obsedit munitionem Moritoniæ et cepit; et quia dictus comes Cenomannensium, evocatus a rege, ad eum venire contempsit, dedit rex Gaufrido Grisagonella homagium illius et ipsam civitatem et quidquid habebat in episcopatu Cenomannensi.

HISTORIA ABBREVIATA

CONSULUM ANDEGAVORUM

HISTORIA ABBREVIATA

CONSULUM ANDEGAVORUM

AUCTORE JOHANNE

MONACHO MAJORIS MONASTERII.

PROŒMIUM (1).

Domino Henrico, regi Anglorum, duci Normannorum, comiti Andegavorum, Turonorum et Cenomannorum, principi Aquitanorum, duci Guasconum (2) et Arvernorum, duci etiam Britonum, Johannes (3) frater Majoris Monasterii, humillimus monachorum et parvissimus (4) clericorum, pacem, cum gaudio, vitam, salutem et sanitatem ab eo qui dat salutem regibus.

Historiam sive gesta Andegavorum consulum, antecessorum tuorum, ex multis doctorum scriptis excerpsi, in uno corpore voluminis compilavi, licet quidam ante me breves chronicas scripserit (5), et in prooemio ipsas præcedente hujusmodi verba præmise-

---

(1) D'Achery, in-4°, X, 399; in-fol., III, 234. — (2) Var. *Vasconum*. — (3) Le nom manque dans plusieurs mss. — (4) Var. *pars ima*, *pars minima*, *peripsema*. — (5) Var. *scripserint.... præmiserint*.

rit (1) : *De consulibus Andegavorum quæ scripta nimis confuse rudique sermone reperi, quam verissime potero, paucis verbis breviter et commode enucleabo.* Nos autem moderni, antiquorum æmuli (2), cum vita nostra (3) brevis sit, memoriam eorum quam maxime longam efficere debemus quorum virtus clara et æterna habetur.

Intentio igitur mea (4) est vitam, mores et actus antecessorum tuorum, Andegavorum consulum, in propatulo demonstrare, ut ex ipsis quoddam speculare (5) tibi constituas; studiumque tuæ sinceritatis admonere curamus ut non solum audiendis Scripturæ Sanctæ verbis aurem sedulus accommodes, verum etiam noscendis priorum gestis sive dictis, et maxime antecessorum (6) tuorum Andegavorum consulum, virorum illustrium, diligenter impendas. Sive enim historia de bonis referat, ad imitandum bonum auditor sollicitus instigatur; seu mala commemorans, de pravis nihilominus religiosus ac pius auditor sive lector, devitando quod noxium est ac perversum, ipse solertius ad exsequenda quæ bona sunt ac Deo digna esse cognoverit accenditur. Quod ipsum tu quoque ut vigilantissime deprehendas admonemus : historiam memoratam in notitiam tibi sit; simul et eis quibus regendis divina te præfecit auctoritas, maxime Andegavensibus, Turonensibus, Cenomannensibus, ob generalis curam salutis, latius propalare desidero.

Ut autem in his quæ scripsimus, vel tibi vel cæte-

---

(1) Voy. le Prologue des *Gesta consulum Andegavorum*, p. 34. — (2) Var. *similes*. — (3) Var. *nimium*. — (4) Var. *nostra*. — (5) Var. *speculum* — (6) Var. *proavorum*.

ris auditoribus sive lectoribus hujus historiæ occasionem dubitandi subtraham, quibus hæc auctoribus didicerim breviter intimare curabo. Vera enim lex historiæ est simpliciter id quod, fama vulgante, colligitur, scribendo posteris notificare.

Primus scriptor exstitit Thomas Luchensis, qui breves chronicas, nomine Odonis (1) abbatis intitulatas, ut ab ejus ore audivi, reperit, et multa quæ, fama vulgante, cognovit, addidit.

Secundus exstitit Rabinus (2) et Brito Ambaziacensis (3), qui ipsas chronicas emendaverunt et quædam, ut viva voce ab ipsis audivi, addiderunt (4).

Tertius ego ex multis historiis multa addidi, et ad auctoritatem historiæ et studium audientium sive legentium, nomina auctorum annotare curavi : I° ex historia Francorum nonnulla ; II° ex historia Glabelli Rodulphi multa ; III° ex chronicis Gaufredi Rechin aliqua ; IV° ex dictis magistri Rabini quædam necessaria ; V° ex scriptis Gauterii Compendiensis (5), Majoris Monasterii monachi, non negligenda.

Hæc ego, dum in abditis voluminibus invenissem scripta, non sum perpessus infructuoso silentio tegi ; sed ad honorem Andegavorum consulum, dominorum nostrorum, domine mi rex, conscripsi (6), ut ex bonis bonum sumas exemplum et meliorem exitum ; ut ex malis malum caveas introitum sive incessum, ne incidas in eorum pessimum finem vel exitum.

---

(1) Var. *Adonis*. — (2) Var. *Robinus*. — (3) Var. *Ambaciensis* — (4) Le ms. Saint-Germain-latin 1089 ne fait qu'un seul personnage des deux nommés dans ce paragraphe : *Secundus exstitit Rabinus Aimericus, Ambascienses qui ipsas chronicas emendaverat et.... addiderat.* — (5) Var. *Compendiarii.* — (6) Add. *saltem* et *scilicet.*

Nunc igitur, si placet, in finem nostri prooemii eorum omnium vel singulorum exempla facta vel dicta breviter prænotemus : nesciunt enim facta priorum (1) præterire cum sæculo quin omnes secum præsentes habeant et secum quodam modo sentiant commorari eos quibuscum relatio provexerit (2) lectionis. Sicut enim apostolus, justorum catalogum summa brevitate contexere ab Abel incipiens, insignium virorum pergit narrare virtutes, etiam ille fidelissimus Mathathias, morti gloriosæ appropinquans, filiis suis hereditario jure sanctorum exempla distribuit; sic nos tibi exempla antecessorum tuorum proponimus, ut si qua bona sunt in te nutrias ac pietatis studio quæ sunt nutrita custodias, si qua vero corrigenda sunt corrigas, ne tibi illud propheticum contingat : *Viri impii et dolosi non dimidiabunt dies suos* (3). Si vero Deum timueris, et matrem tuam ejus sponsam, pro qua sanguinem fudit, Ecclesiam videlicet, dilexeris, audies per Salomonem : *Timenti Deum bene erit in extremis, et in die defunctionis suæ benedicetur* (4).

DE TORQUATIO SIVE TORTULFO (5).

In isto cum grandis esset natu, arma senectutis, scilicet artes exercitationesque virtutum, mirificos fructus effecerunt, et conscientia bene actæ vitæ multorumque beneficiorum recordatio ei jucundissima fuit. Iste doctus erat hostem ferire, humi quiescere, inopiam

(1) Var. *proavorum*. — (2) Var. *pervexerit*. — (3) *Psalm.*, LIX, 24. — (4) *Ecclesiast.*, I, 13. — (5) Var. *Torculfo*.

et laborem tolerare, hiemem et æstatem juxta pati, nihil præter turpem famam metuere. Hoc profecto constat quod, acer ingenio, fortunam suam et rerum tenuitatem animi amplitudine supervadens, majora se cupere et aggredi ausus sit. Hæc ergo et similia faciendo, nobilitatem sibi et suo generi peperisse fertur. Iste genuit Tertullum (1), qui primus ex progenie Andegavensium comitum per antiquos genealogiæ illorum relatores computatus est.

DE TERTULLO (2).

Iste a rege Carolo Calvo senescallus Gastinensis pagi constitutus est. Cœperat in illa familia esse qui amicis obsequium benevolus redderet, inimicos rationabilis repelleret, servos mansuetus et severus corrigeret atque regeret, patrem omnium Deum diligens coleret, sublimioribus potestatibus carissimus fieret. Cujus rei gratia, crescente per singulos dies fama ejus, et consulendi et gubernandi quam plurimos accepta hac potestate clementer utitur, et neminem lædere pro ingenita sibi bonitate desiderat.

DE INGELGERIO.

Hic juvenis alacer, miles optimus, patris virtutem non solum æquiparans sed etiam superans, beneficia ampliora adquisivit, facta fortiora manu sua gessit;

---

(1) Var. *Terculum.* — (2) Add. du ms. 6005 : *Primo inter comites Andegavenses computato.*

qua de re apud Landonense Castrum, patris casamentum valde augmentatum est. Rex vero vicecomitatum Aurelianensis civitatis in casamentum ei donavit. Deinde apud Turonos (1) regiam præfecturam assecutus, terram illam a Normannis viriliter defendit. Datus est ei et dimidius comitatus Andegavensis civitatis, ad defendendam regionem et urbem; sævisque prædonibus oppositus est, et comes ibi factus.

DE FULCONE RUFO.

Iste similia patris actibus (2), aut etiam majora, adversus impugnatores exercuit. Integrum comitatum, qui prius bipartitus erat, recepit, nec minora ibi quam sperabatur operatus est; gravia vero bella, insignesque victorias contra hostes factitavit. Nam ipse audax, patiens erat inediæ, algoris et vigiliæ, sed tamen ardens in cupiditatibus, varius cujuslibet rei simulator ac dissimulator exstitit. Vastus animus ejus immoderata ac incredibilia sæpe faciebat.

DE FULCONE PIO.

Iste fuit pacifici, tranquilli et mitis ingenii. Optimus iste sua beneficia laudari, quam ipse aliorum narrare malebat. Boni ipsius mores domi et militiæ colebantur. Jus bonum, concordia maxima, nulla avaritia in illo erat. Ipse Christum portavit, in specie leprosi, a Portu Cuurdonis usque ad portam (3) Beati Martini

(1) Var. *Turones*. — (2) Spicil., *ausibus*. — (3) Sp., *in porticum*.

Castri Novi. Iste cum in choro Beati Martini esset ut canonicus, ut caneret cum cæteris, regi Franciæ, qui tunc forte aderat, et eum cum suis militaribus delaudabat (1), litteras hujusmodi formam habentes nisit :

« Regi Francorum, comes Andegavorum.

« Noveritis, domine, quia rex illiteratus est asinus coronatus. »

DE GAUFRIDO GRISA TUNICA (2).

Iste militiæ peritus, pectore et brachio fortis, vir in re militari (3) efficacissimus, in multis expeditionibus approbatus fuit. Strenuitas (4) in eo specialiter præfulgebat, clementia in eo florebat, dapsilitatem unice diligebat, hostibus hostiliter inimicabatur, suis viriliter patrocinabatur, quæ omnia præcipue optimos principes decent. Qui ob insignia summi et singularis meriti, a rege in præliis signifer, et in coronatione regum dapifer, tam ipse quam ejus heredes constituuntur.

DE MAURICIO FILIO GAUFRIDI GRISÆ TUNICÆ.

Iste vero prudens et honestus, bonorum et pacis amator, plus sapientia quam bellis consulatum pacifice tenens, suis certis parentibus et vera amicitia sibi conjunctis multa beneficia contulit. Superiores exæquare se cum inferioribus amicis aliquando debere,

(1) Sp. *commilitonibus deludebat.* (2) Var. *Grisa Gonella* et *Grisomenta.* — (3) Sp. *jure militario.* — (4) Sp. *serenitas.*

inferiores vero non dolere se a suis, aut ingenio, aut forma, aut dignitate superari, affirmabat; et hac opinione multos ex suis elevans, ad amplissimos honores perduxit. Ipse peritus in causis oratoriis, ornamentis sibi adhibitis, audacius cæteris, eloquens vero (1) in curiis loquebatur, et quæ esset condita (2), quæ popularis oratio edocebat.

[DE FULCONE NERRA HIEROSOLYMITANO.]

Iste alter Cesar beneficiis, munificentia, mansuetudine, misericordia, dando, sublevando egenis et oppressis ignoscendo magnus habebatur. In eo miseris refugium, negotiis amicorum intentus sæpe sua negligebat. Qui etiam in animum induxerat laborare, vigilare, nihil denegare quod dono dignum esset. Magnum imperium, bellum novum ubi virtus enitescere posset exspectabat (3).

DE GAUFRIDO MARTELLI PRIMO (4).

Iste Martellus, præ omnibus generis sui animosior, consilio et impetu ordinato, negotia sua agebat. Cui cum diceretur: « Male de te loquuntur homines; » aiebat : « Faciunt quod solent, non quod mereor, bene enim loqui nesciunt. » Ipse augmentavit honorem suum, comite Theobaldo bello devicto et capto; et pro redemptione ejus Turonensem comitatum recepit. Consulem etiam Pictavensem Willermum prælio

(1) Var. *vir*. — (2) Var. *erudita*. — (3) Var. *exoptabat*. — (4) Add. *et optimo*.

subactum et captum obtinuit, et Sanctonicum consulatum, quem antecessorum suorum fuisse dicebat, recepit.

DE GAUFRIDO BARBATO (1).

Iste cupidus et avarus, crudelis et superbus, non Deum timens nec homines reverens, manus ejus contra omnes et manus omnium contra eum [erexit]. Iste insurrexit contra locum sanctum, Majus Monasterium, a beato Martino antiquitus ædificatum; sed Deus, qui superbis semper resistit et humilibus dat gratiam, cui semper humilium et mansuetorum placuit deprecatio, qui etiam semper est in sanctis suis mirabilis, pro suis fidelibus dignatus est insigne miraculum operari. Postquam enim Barbatus contempsit intercessionem Bartholomei Majoris Monasterii abbatis et monachorum, parvo intervallo posito, frater ejus, Fulco nomine, adversus eum cum manu valida exsurrexit, eumque captum et ab honore privatum per multos annos in captione detinuit, ibique diu afflictus, et divina ultione datus etiam in reprobum sensum, vixit postea triginta annos, in hoc etiam miserandus hostibus, sicque defunctus est.

DE FULCONE RICHIN (2).

Hic et cum (3) in juventute strenuus Fulco haberetur, ad annos viriles veniens, gulositati, ebrietati, libidini, inertiæ et pigritiæ subjacuit. Quamobrem

(1) Var. *Barbe.* — (2) Var. *Rechin.* — (3) Var. *hic licet.*

nec ipse justitiam, nec alii per ipsum vel pro ipso faciebant, sed magis contra justitiam in Andegavensi vel Turonensi solo multi insurrexerunt raptores, vel deprædatione (1) mercatorum euntium et redeuntium, debilium disturbantes negotia. Qui, sicut frater ejus Barbatus, male incœpit, pejus vixit, pessime vitam finivit.

DE GAUFRIDO MARTELLI SECUNDO.

Iste Fulco ex secunda uxore sua Ermengardi, filia Erchenbaudi de Borbone, Gaufridum Martellum secundum generavit.

Iste duodecimus in numero consulum, non tantum post patrem quantum ex patre, nec dico super patrem, sed pro patre imperavit. Iste vir admirabilis justitiæ, insignis totius boni cultor, qui terror omnium inimicorum fuit. Qui adultus, juvenis prudens et animosus, videns terram turbatam et proceres totius consulatus contra patrem cornua erigere, eis viriliter resistebat, et quomodo patrem et suos ulcisceretur irrequietus cogitabat. Qui omnibus prævaluit et ab intentione eos revocavit. Prudenter vero negotia sua agebat. Non multo post, insidiis novercæ, patre ut ferunt consentiente, Cande castro occisus est.

DE FULCONE HIEROSOLYMITANO.

Iste vias patris et matris deserens, honestam vitam

(1) Var. *deprædatores.*

ducens, prudenter terram suam rexit. Vir honestus, armis strenuus, fide catholicus et erga Dei cultores benevolus, adeptis duobus consulatibus Andegavensi et Turonensi, tertium cum uxore sibi adjunxit Cenomannicum. Videlicet amicos exaltans, malignos et sibi adversarios opprimens, gloria et optima fama impar nulli in brevi effectus est. Cum autem Andegavensem, Turonicum Cenomannicumque consulatum in prosperitate regeret, in regnum Hierosolymitanum eligitur filiæque regis Baudoini matrimonio copulatur. Ipse vero quamdiu advixit, regnum viriliter rexit, Damascos, Ascalonitas sibi tributarios effecit, diuque, antequam Raimundus filiam Buamundi duceret, Antiochenum principatum maximo labore contra Turcos absque ullo damno manutenuit. Ipse vero cum ad senilem venisset ætatem, vir bellicosus obiit.

DE GAUFRIDO PLANTEGENEST.

Fuit iste probitate admirabilis, justitia insignis, militiæ actibus deditus, optime litteratus, inter clericos et laicos facundissimus, in consilio providus, statura procerus, vultu decorus, fere omnibus bonis moribus repletus; et quamvis multas tribulationes a suis sit perpessus, attamen ab omnibus est dilectus. Ipse, nimio calore urgente, balneo cujusdam fluminis usus, febre acuta occupatus, apud Castrum Ledi pervenit, ibique, non sine dolore suorum, interiit. Quid mirum, si mors quidem, adversante et repugnante natura, Gaufrido adolescenti contigit, cum, teste Tullio, adolescentes sæpe mori videntur, ut cum aquæ multitudine vis flammæ opprimitur, et quasi poma ex arboribus, cruda si sint, vi avelluntur, si matura et cocta, decidunt, sic vitam adolescentibus vis aufert, senibus maturitas. Iste ex uxore sua Mathilde tres filios genuerat : te dominum meum regem et Gaufridum et Willelmum, pueros speciosos et ab avorum probitate non degenerantes.

DE HENRICO.

Tu quintus decimus in antecessoribus tuis, comitibus videlicet Andegavorum, qui mortuis fratribus tuis monarchiam tenes, Deo opitulante, filiis tuis feliciter dimissurus. De te qui te diligunt mecum dicere possunt : « Habeas salutem et sanitatem ab eo qui dat salutem regibus. » Tu solus consiliarios patris tui familiaritate et sodalitate perenniter servas : vir namque es in adversis constans, in dubiis fidus, in prosperis modestus, in habitu simplex, in sermone (1) communis, in consilio præcellens. Amicitias probatas obnixe exples, constanter retines, honeste exerces ; adulantium dicta tarde credis, celeriter deponis. Severis patribus comparandus, qui juvenum filiorum non tam cogitas vitam quam commoda, tuis mavis prodesse quam placere. Tu per omnia similis Catoni integritate vitæ, pauca nisi bonis largiendo gloriam adeptus es ; tu es pernicies malorum, constantia tua valde laudatur ; tu scis parcere subjectis et debellare rebelles (2). In te studium modestiæ et decoris et maximæ severitatis (3) est. Non divitiis cum divite, neque factione cum factioso, sed cum strenuo virtute, cum modesto

(1) Var. *servitio.* — (2) Var. *superbos.* — (3) Var. *sinceritatis.*

pudore, cum innocente abstinentia certas. Esse antequam videri bonus mavis.

Vale, domine mi rex, et cum filiis tuis, crescentibus prosperis ad vocata successibus, polle.

Vale, vive, precor, sed vive Deo; nam vivere mundo
Mors est, sed vera est vivere vita Deo.

FRAGMENTUM

HISTORIÆ BREVIS COMITUM ANDEGAVENSIUM

FRAGMENTUM HISTORIÆ BREVIS
COMITUM ANDEGAVENSIUM.

[DE HENRICO II REGE ANGLIÆ.]

Henricus, dux Normanniæ, Gaufridi prædicti filius, ex Mathilde Henrici regis Angliæ filia genitus, defuncto patre, comes Andegavensis creatus est, anno MCLI°; et anno sequenti Alienoram, a Ludovico rege Franciæ affinitatis propinquitate dimissam et repudiatam, duxit uxorem : unde Andegavia, Cenomania Turonensisque comitatus eidem Henrico advenere, quæ res initium postea fecit multis bellis; quos principatus defuncto patre Gaufrido suscepit. Vero mortuo postea Stephano, Anglorum rege, ab Anglis vocatus, rex eorum creatus est [anno] MCLV°. Henricus terra potens adversus Francos effectus, multa contra eos bella gessit, ut patet in Gestis ducum Normannorum ac regum Angliæ.

[DE GAUFRIDO DUCE BRITANNIÆ.]

Gaufridus, frater Henrici prædicti, comes Andegavensis creatus, ea quæ ab Henrico rege Angliæ offerebantur noluit recipere. Ea de re secessit in Andegavensem pagum, et Henricus illum e vestigio subsecutus est. Et Gaufridus in Britanniam exercitum ducens, expulso Hoello comite, civitatem Nanneticam cepit, consentientibus civibus, et Constantiam Comoni (1) ducis filiam, relictam Godefridi comitis Cenomanensis, duxit uxorem, accepto pro dote comitatu Nannetensi; quæ virum contra inimicos defendit.

[DE RICHARDO REGE ANGLIÆ.]

Richardus, rex Angliæ, filius Henrici regis, nepos Gaufridi, comes Andegavensis declaratus, contra Francos illum virtute bellica defendit. In obsidione castri Lemovicensis vicecomitis, quod Corlucum dicitur, sagitta transfixus, paulo post moritur et in cœnobio Fontis Ebraldi sepelitur.

[DE JOHANNE REGE ANGLIÆ.]

Johannes rex Angliæ, frater Richardi prædicti, comitatum Andegavensem cum regno Angliæ regendum suscepit, anno Domini MCXCIX°. Multa contra Philippum regem Franciæ bella habuit et Arturum ducem Britanniæ, nepotem suum, apud Mirabellum cepit cum multis aliis nobilibus; insuper et urbes Andegavensem et Turonensem, quæ Arturo parebant, ipso præsente, in jus suum redegit. Postea dictum Arturum juxta mare occidit, anno Domini MCCII° : unde vocatus et accusatus, cum apud regem Franciæ Philippum, cujus vassalus erat, nollet comparere, per judicium parium Franciæ exhereditatus est a tota terra quam habebat

---

(1) Mieux *Conani.*

in regno Franciæ; cepitque Philippus Normanniam, Aquitaniam et Andegaviam.

Johannes hoc audito Rupellam cum classe appulit; veniensque cum exercitu, Andegavensem urbem solo tenus destruxit, circa annum MCCVI^um; quam post aliquot annos in pristinam formam restituit et eam muro fortissimo claudere præcepit. Inde deficientibus ad eum Britonibus atque Pictonis, ope eorum auctus, Rupem Monachi, quod castellum ad Ligerim flumen Guillelmus de Rupibus, supra non multos annos, exstruxerat, contendit. Ubi, cum primam oppugnationem sibi non bene procedere intellexit, fecit consuetudinem ad aggerem qui ad fossas erat quolibet die, causa videndi et scrutandi qua parte castello potiretur; qui, ne ab obsessis telo aliquo offenderetur, satellitem instituit qui scutum ambulanti prætenderet. Quam rem cum ex obsessis unus, ingenio pollens, animadvertisset, tenuem ex canabe funem texit juxta longitudinem quæ ad aggerem pertingere posset; ejus funis extremo ad sagittam alligato, reliquum clavo juxta se ad muri [lapides] primos affixit, atque ita sagitta balistæ imposita Anglo dum transiret insidiatur. Quem ubi suo more incedere videt, sagittam in satellitis scutum penitus adegit. Mox, cordula ad se reducta, satelles cum scuto quod gerebat in fossam præceps ruit, in quem obsessi tela crebra jaculantes, necaverunt. Satellitis nece exasperatus Johannes rex, furcas e regione castri protinus erigi jubet, comminatus, nisi se dederent, eos furcarum supplicio affectum iri omnes. Nihilominus tamen Franci arcem tutati sunt, occisis plerisque Anglis. Interim, occupato adversus Flandrenses Philippo rege Franciæ, filius ejus Ludovicus.

ductis ad Chinonem copiis, inde magnis itineribus ferre opem obsessis contendit. Cognito ejus adventu, Johannes rex Angliæ, relicta obsidione, trajecto Ligeri, quinquaginta eo die milliaria fugiens confecit.

Fugato Anglorum rege, reliquas arces et Andegaviam ipsam Ludovicus recepit, anno Domini MCCXII°, dirutoque castello Bello Forti et terris vicecomitis Toardi vastatis, muros quibus Andegavum Johannes muniverat dissipavit; nec Moncontoro abstinuit, quod fundo tenus dirui jussit. Reverso in Franciam Philippo, post victoriam de Flandrensibus habitam, Pictavi qui, conjuratione cum hostibus facta, domi se continuerant belli exitum exspectantes, cum victorem Philippum pertimescerent, per vicecomitem Toardii veniam impetrant; et Johannes rex Angliæ, missis ad regem legatis, Roberto apostolico cardinali et Renulpho Lyncestriæ comite, quinquennes cum Philippo inducias firmat.

[DE PHILIPPO AUGUSTO REGE FRANCIÆ.]

Philippus Augustus rex Franciæ, victo Johanne Anglorum rege, Andegavensem comitatum cum ducatu Aquitaniæ et Normanniæ in suam redegit potestatem, in ultionem Arturi, ducis Britanniæ, quem ipse Johannes rex apud Mirabellem, cum multis aliis nobilibus, qui partes Philippi regis tenebant, ceperat, et occiderat.

Obiit autem idem Philippus anno MCCXXIII°, et in ecclesia Sancti Dionysii sepultus est.

CATALOGUS

COMITUM ANDEGAVENSIUM

HI SUNT A QUIBUS COMITES ANDEGAVENSES PROCESSERUNT

Torquatius Brito, venator.

Tertulus, filius Torquatii, annis XIX.

Ingelgerius primus comes, filius Tertuli, qui jacet in ecclesia Beati Martini, XIX annis.

Fulco Rufus, filius Ingelgerii, qui jacet in ecclesia Beati Martini, annis LIII.

Fulco Bonus, filius Fulconis, qui jacet in ecclesia Beati Martini, annis XVI.

Gaufridus Grisa Tunica, filius Fulconis Boni, qui jacet in ecclesia Beati Martini, annis XV.

Mauricius consul, filius Gaufridi, qui jacet in ecclesia Beati Martini, [annis] XXI.

Fulco Nerra, filius Mauricii, qui jacet in abbatia Belli Loci, annis XLII.

Gaufridus Martellus, filius Nerræ, qui jacet in ecclesia Sancti Nicolai Andegavensis, annis XIX.

Gaufridus Barbatus, nepos Martelli, VIII annis.

Fulco Rechin, frater Barbati, annis LIV.

Gaufridus Martellus, filius Fulconis Rechin, non tenuit comitatum.

Fulco, rex Iherusalem, frater Martelli, annis XIX.

Gaufridus, filius Fulconis, qui jacet Cenomannis, annis XXIII.

Henricus, rex Angliæ, filius Gaufridi, XXXVIII annis.

Henricus, rex juvenis, filius Henrici, non tenuit comitatum.

Richardus, rex Angliæ, frater ultimi Henrici, X annis.

Arturus, comes Britanniæ, nepos Richardi, IV annis.

Johannes [rex] Angliæ, frater Richardi, XIV annis.

FRAGMENTUM

HISTORIÆ ANDEGAVENSIS

FRAGMENTUM

HISTORIÆ ANDEGAVENSIS

AUCTORE

FULCONE RICHIN, COMITE ANDEGAVORUM (1).

Ego Fulco comes Andegavensis, qui fui filius Gosfridi de Castro Landono et Ermengardis, filiæ Fulconis comitis Andegavensis, et nepos Gosfridi Martelli, qui fuit filius ejusdem avi mei Fulconis et frater matris meæ, cum tenuissem consulatum Andegavinum viginti octo annis, et Turonensem et Nannetensem et Cenomannensem, volui commendare litteris quomodo antecessores mei honorem suum adquisierant et tenuerant usque ad meum tempus, et deinde de me ipso quomodo eumdem honorem tenueram, adjuvante divina misericordia.

Illi igitur antecessores mei, sicut ille meus avunculus Gosfridus Martellus narravit mihi, fuerunt probissimi comites, et sic nominati sunt :

primus Ingelgerius ;
secundus Fulco Rufus, filius ejus ;
deinde Fulco, qui Bonus appellatus est ;

---

(1) D'Achery, in-4°, X, p. 392-398; in-fol., III, 232-234.

postea filius ejus Gosfridus Grisa Gonella.

Isti autem quatuor consules tenuerunt honorem Andegavinum, et eripuerunt eum de manibus paganorum, et a christianis consulibus defenderunt.

Et ille primus Ingelgerius habuit illum honorem a rege Franciæ, non a genere impii Philippi sed a prole Caroli Calvi (1), qui fuit filius Hludovici filii Caroli Magni.

Quorum quatuor consulum virtutes et acta, quia nobis in tantum de longinquo sunt ut etiam loca ubi corpora eorum jacent nobis incognita sint, digne memorare non possumus, nisi ea quæ nobis propiora fuerunt, videlicet : de avo meo Fulcone, et de patre ejus Gosfrido Grisa Gonella, et de Gosfrido Martello avunculo meo.

Ille igitur Gosfridus Grisa Gonella, pater avi mei Fulconis, cujus probitates enumerare non possumus, excussit Laudunum de manu Pictavensis comitis, et in prælio superavit eum super Rupes et persecutus est eum usque ad Mirebellum. Et fugavit Britones, qui venerant Andegavim cum prædatorio exercitu, quorum duces erant filii Isoani (2). Et postea fuit cum duce Hugone in obsidione apud Marsonum, ubi arripuit eum infirmitas qua exspiravit; et corpus illius allatum est Turonum et sepultum in ecclesia Beati Martini.

Cui successit Fulco, filius ejus, avus videlicet meus, cujus probitas magna et mirabilis exstitit. Ipse enim adquisivit Cenomannicum et adjunxit eum Andegavino consulatui, et ædificavit plurima castella in sua

(1) Le Sp. omet la fin de la phrase. — (2) Mieux *Conani*.

terra, quæ remanserat deserta et nemoribus plena propter feritatem paganorum. In Turonico siquidem pago ædificavit Lingaim, Calvum Montem, Montem Thesauri, Sanctam Mauram; in Pictavico (1) Mirebellum, Montem Consularem, Faiam, Musterolum, Passavantum, Malum Leporarium; in Andegavo ædificavit Baugiacum, Castrum Gunterii, Duristallum, et multa alia quæ enumerare mora est. Cepit quoque castrum Salmuri, in tempore illo quo comes Odo venerat Andegavim cum exercitu suo et posuerat castra sua in Angulata, inter ipsam civitatem et fluvium Ligerim. Ipse iterum Fulco fecit duo campestria prælia valde magna : unum in Landa Conquireti, contra Conanum Britannicum consulem, propter civitatem Namnetensem quam ille Conanus ei volebat eripere, in quo prælio periit idem Conanus et mille de equitibus suis; alterum vero prælium fecit contra prædictum Odonem, potentissimum comitem, super fluvium Charum, apud Pontilevicum (2), ubi multa fuit strages Gallorum et Andegavorum; in quo prælio fuit cum eo Cenomannensis comes Herbertus, qui dictus est Evigilans Canem, ubi, Dei gratia, victor exstitit. Duas etiam abbatias ædificavit : unam in honore sancti Nicolai, juxta urbem Andegavem; aliam apud Lochas castrum, quæ vocatur Bellus Locus, in honore Dominici Sepulcri. Bis etiam Jerusalem adiit : in cujus secundo reditu rebus humanis excessit, circa festivitatem sancti Johannis, anno ab incarnatione Domini MXL. Corpus illius ad prædictam abbatiam Belli Loci allatum est, ibidemque sepultum in capitulo.

---

(1) Sp. *Pictavino.* — (2) Sp. *Pontilevium.*

Successit itaque ei filius ejus, avunculus meus, videlicet Gosfridus Martellus, cujus probitas et prudentia in rebus sæcularibus multa fuit, et fama laudabilis per totum regnum Franciæ. Ille autem in vita patris sui miles exstitit et novitatem militiæ suæ contra finitimos exercuit; fecitque duo prælia : unum apud Montem Consularem, contra Pictavos, ubi comitem Pictavensem apprehendit, et aliud contra Cenomannenses, ubi comitem eorum similiter cepit, qui vocabatur Herbertus Baconus. Contra suum etiam patrem guerram habuit, in qua mala multa facta fuerunt, unde postea pœnituit. Postquam autem pater ejus, de Jerusalem, ut prædictum est, rediens, vitam hanc exuit, possedit terram patris et civitatem Andegavis, cœpitque guerram contra Teothbaldum comitem Blesensiensem, filium videlicet comitis Odonis; et ex voluntate regis Ainrici, accepit donum Turonicæ civitatis ab ipso rege : unde postea guerra inter eum et comitem Teothbaldum adeo ingravata est quod inierunt prælium inter civitatem Turonum et Ambaziam castrum, in quo Teothbaldus captus est, et usque ad mille de equitibus suis. Accepit itaque civitatem Turonicam et castella in circuitu : Chinonum et Insulam et Castrum Rainaldi et Sanctum Anianum; pars autem alia Turonici pagi sibi contigerat ex possessione paterna. Post hæc guerram habuit cum Guillelmo Normannorum comite, qui postea regnum adquisivit Anglorum et fuit rex magnificus; pariterque cum Gallis et cum Bituricensibus, et cum Guillelmo consule Pictavorum, et cum Haimerico vicecomite Thoarcensi, et cum Hoello comite Nannetensi, et cum Britannorum comitibus qui civitatem tenebant Redonensem, et cum Hugone Cenomannensi consule, qui exierat de fidelitate sua : propter quæ omnia bella, et propter magnanimitatem quam ibi exercebat, merito Martellus nominatus est, quasi suos conterens hostes.

In hujus extremo vitæ anno, me nepotem suum ordinavit in militem, in civitate Andegavis, festivitate Pentecostes, anno ab incarnatione Domini MLX°; et commisit mihi Santonicum pagum cum ipsa civitate, causa cujusdam guerræ quam habebat cum Petro Didonense. Ætas autem mea decem et septem erat annorum quando me fecit militem. In eodem porro anno rex Ainricus obiit, in nativitate sancti Johannis, et meus avunculus Gosfridus tertio die post festivitatem beati Martini bono fine quievit. Nocte siquidem illa quæ præcessit finem ejus, deponens omnem curam militiæ rerumque sæcularium, monachus factus est in monasterio Sancti Nicholai, quod pater ejus et ipse multa devotione construxerant et rebus suis suppleverant.

Honorem itaque suum, quem, ab exteris gentibus defendendo, multa tranquillitate securum et opulentum tenuerat, sub aliquanta tribulatione vexandum dimisit, surgente videlicet dissensione propter eumdem honorem inter me et meum fratrem. Quam tribulationem cum per annos octo protendissemus, guerram sæpe facientes et interdum inducias habentes, cum etiam fratrem meum de vinculis, ubi eum tenueram, liberavissem, jussu papæ Alexandri, invasit me iterum idem frater, ponens obsidionem circa quoddam castrum meum, quod vocabatur Brachesac : ubi equitavi contra illum cum illis proceribus quos Dei clementia mihi permiserat, et pugnavi cum eo campestri prælio, in quo eum, Dei gratia, superavi; et fuit ipse captus et mihi redditus, et mille de civibus suis cum eo. Proinde accepi civitatem Andegavem (1) et Turonum et Lochas castrum et Lausdunum (2), quæ sunt capita honoris Andegavorum consulum.

Tunc igitur honorem illum [tenui] viginti octo annis usque ad terminum illum quo scriptum istud facere disposui, in quibus viginti octo annis et in aliis octo qui præcesserunt si vis audire quæ gessi, prosequere quæ scribo et cognosces quæ facta sunt; sed priusquam ea referam, volo memorare quædam signa et prodigia quæ in ultimo prædicti temporis anno evenerunt, non solum nostræ genti pertinentia sed omni regno Galliæ, sicuti postea res ipsa manifestavit. In eo enim termino exciderunt stellæ de cœlo in terram, ad modum grandinis, quas multi videntes admirati sunt et multo terrore concussi sunt. Quod signum secuta est mortalitas multa hominum per totum regnum Franciæ et tempus valde asperum inopia victus; unde etiam in civitate nostra Andegavis centum de primatibus nostris obierunt et magis quam duo milia minoris plebis.

In fine cujus anni, appropinquante quadragesima, venit Andegavim papa Romanus Urbanus, et ammonuit gentem nostram ut irent Jerusalem, expugnaturi gentilem populum qui civitatem illam et totam terram christianorum usque Constantinopolim occupaverant. Tunc in septuagesima dedicata est ecclesia Sancti Nicholai ab ipso papa, et corpus avunculi mei Gosfridi

(1) Sp. *Andegavæ*. — (2) Sp. *Loudunum*.

translatum de capitulo in eamdem ecclesiam. Constituit etiam idem apostolicus, et edicto jussit, ut in eodem termino quo dedicationem fecerat indictum publicum celebraretur unoquoque anno apud Sanctum Nicholaum, et septima pars pœnitentiarum populo convenienti ad illam celebritatem dimitteretur. Unde discedens Cenomannim venit, et inde Turonum; ibique datis venerabili concilio decretis, media quadragesima, coronatus est et cum sollemni processione ab ecclesia Sancti Mauricii ad ecclesiam Beati Martini deductus : ubi mihi florem aureum quem in manu gerebat donavit, quem ego etiam, ob memoriam et amorem illius, in Osanna semper mihi meisque successoribus deferendum constitui. Post cujus decessum, in proxima die Palmarum, ecclesia Beati Martini concremata est; ipse autem papa pervenit Sanctonas ibique Pascha celebravit.

Sequenti autem æstate, ex præcepto ejus, inierunt iter Jerosolimitanum non solum populi, sed etiam duces populorum quorum nomina, ad evidentiam posterorum, hic annotata sunt : Hugo Magnus, frater Philippi regis Gallorum, Rotbertus dux Normannorum, Rotbertus comes Flandriæ, Raimundus comes de Sancto Egidio, Stephanus comes Blesiensis filius Teothbaldi, Godefredus Lotharingorum et frater ejus Eustachius comes Boloniæ, quorum societati Podiensis episcopus est adjunctus multique alii magnæ virtutis proceres et episcopi, quorum nomina ad nostram notitiam minime pervenerunt. Quorum exercitus, in exordio tanti itineris, quoscumque Judæos inveniebant aut ad baptismum compellebant aut morte præsenti destruebant.

Tendentes itaque Jerusalem, multi per Pannoniam, causa breviandi itineris, complures per portum Sancti Nicholai, Constantinopolim pervenerunt. Deinde quidam eorum, temere præcedentes alios, cum mare transissent, impetum Turcorum et aliorum paganorum sustinere non potuerunt; et ex his quadraginta millia interempti sunt, quorum duces fuerunt heremita quidam Petrus Acheriensis (1) et Galterus Sine Avero. Alii vero proceres, cum magna virtute et constantia transfretantes, venerunt ad civitatem Niceam; quam obsidentes, vix tandem ceperunt eam inter multos incursus Turcorum, qui frequenter eos invadebant quamvis nihil aliquando proficiebant. Postea viam suam prosequentes, cum Niceam itinere quatuor dierum transissent, venerunt obviam illis centum et sexaginta millia equitum Turcorum; cum quibus dimicantes, licet copiæ suorum populorum admodum essent dispersæ, tamen asperrimo conflictu prælii superaverunt eos; et multis eorum interfectis, alios multos in campo expulerunt.

Deinde sine aliquo impedimento Antiochiam venientes, urbem ipsam, quam populo fidelium ereptam gentiles jamdudum possidebant, obsederunt; et a kalendis novembris usque ad mensem junium ibi permanentes, multa incommoda sustinuerunt, ob frequentiam præliorum quæ et ab exteris et a clausis hostibus patiebantur, unde multi ex utraque parte periclitabantur. Cumque piissimus et omnipotens Deus populum suum tanta respiceret anxietate sollicitum, tandem consilio cujusdam Turci, qui portam unam

(1) Sp. *Achiriensis* et *de Acherio.*

civitatis custodiebat, eam ingressi sunt; et in ipso ingressu multis et fidelibus et infidelibus interfectis, et urbis principe Cassio, immensam capientes pecuniam, civitate potiti sunt, excepto castro Sancti Petri, ubi primates paganorum confugerant, quia ibi summa et inexpugnabilis erat urbis defensio. Qui anno tertio postquam urbe potiti sunt, cum prædictum castellum obsidere decernerent, supervenit eis innumerabilis exercitus Turcorum et Persarum, qui congregati erant ad liberandam civitatem, et circumdatam eam obsidentes, obsessos trivierunt (1) : ubi decem et octo diebus eos opprimentes, tanta afflictione constrinxerunt ut non solum carnem equorum et asinorum comederent, sed etiam coria dudum mortuorum animalium pro deliciis haberent; nec mirum, quia et magnus erat populus christianorum, et in civitate nimis detrita erat copia ciborum. Denique piissimus Jesus, eorum afflictione et frequenti lamentatione ad misericordiam erga populum....

Cætera desiderantur.

(1) Sp. *timuerunt.*

SCRIPTUM

HUONIS DE CLEERIIS

DE MAJORATU ET SENESCALCIA FRANCIÆ

COMITIBUS ANDEGAVORUM COLLATIS

SCRIPTUM

HUONIS DE CLEERIIS

DE MAJORATU ET SENESCALCIA FRANCIÆ

COMITIBUS ANDEGAVORUM COLLATIS.

Hoc scriptum fecit Fulco comes, Jerosolimitanus, in ecclesia Sepulchri de Lochis cum magna sepultus honorificentia, de donis factis suis antecessoribus a rege Franciæ.

Cum Deus voluit sublimare Rotbertum, filium ducis, in regem, Gaufridus Grisa Gonella cum tribus millibus armatorum serviebat domino suo regi Rotberto.

Otho siquidem, rex Alemannorum, cum universis copiis suis Saxonum et Danorum, Montem Mortiaci (1) obsederat, et urbi Parisius multos assultus ignominiose faciebat. In hac necessitate prælii, rex Rotbertus et pater suus ducatum primæ cohortis prædicto comiti Gaufrido Grisa Gonella tradidit, et ad persequendum exercitum Alemannorum ducem et consiliarium constituit. Prosecutus est itaque rex Rotbertus regem Alemannicum, præeunte Gaufrido Grisa Go-

(1) Mieux *Morentiaci*.

nella, usque ad flumen Esnæ; comes vero Gaufridus, gnarus pugnandi et assuetus, tantam stragem hostium super fluvium dederat, ante regis Rotberti adventum, quod stagnum putares, non fluvium.

Alemannis itaque fugatis, rex Rotbertus, congregato generali concilio, consilio patris sui et episcoporum, comitum, baronum, dedit Gaufrido comiti quidquid rex Lotharius in episcopatibus suis, Andegavis scilicet et Cenomannis, habuerat; si qua vero alia ipse vel successores sui adquirere possent, eadem libertate quam ipse tenebat sibi commendavit.

Nequitia comitis Tricacensis non potuit sustinere prosperitatem regis, sed ad ejus deprimendam perfidiam quam majorem potuit exercitum rex congregavit. Obsedit itaque Meledunum; et cum ibi diu sedisset, vidit quod nihil proficeret. Vocato itaque Gaufrido Grisa Gonella, cum Andegavensibus suis, sine mora ad consuetum properavit obsequium. Gaufridus autem veniens præmisit constabularios suos, rogans ut ostenderetur ei qua parte sederet. Illi vero reversi nuntiaverunt domino suo quod tantus erat exercitus quod nullus erat eis ad obsidendum competens locus : prædictum enim oppidum in insula Secanæ situm erat, circumdatum undique muro calce et arena composito. Videntes itaque Andegavi quod nullum poterant habere hospitium, induunt arma, per medium exercitum transeunt fluctus Secanæ, dant assultum oppido virtute consueta, capiunt castrum. Quod exercitus non potuit per tres menses, isti dimidiæ diei spatio adepti sunt; Franci vero, hujus gentis inauditam admirantes audaciam, ubicumque locorum ipsos omni laude magnificabant.

Videns autem rex tantam principis strenuitatem, et ipsum prævalere in regno, tam armis quam consilio, et quia hic et alibi bene meruerat, sibi et successoribus suis, jure hereditario, majoratum regni et regiæ domus dapiferatum, cunctis applaudentibus et laudantibus, exinde constituit.

Hæc verba dixit Fulco comes Tescelino capellano suo.

« Audi, presbiter, cujusmodi obsequium præstitit comes Gaufridus Grisa Gonella domino regi Rotberto.

« David comes Cenomannicus et Gaufridus comes Corbonensis dedignabantur recipere feodum suum a prædicto rege, asserentes nullo modo se posse subici generi Burgundionum. Audiens autem rex eorum superbiam, et videns regni sui non parvam diminutionem, habito consilio cum Gaufrido comite et cum primatibus regni, tempore constituto et die denominato, decrevit obsidere castrum Moritoniæ; comes vero Gaufridus, prænoscens adventum exercitus regis, movens castra de Vindocino, dans assultum prædicto castro, virtute consueta et probitate gentis suæ, Gaufridum comitem et oppidanos suos minus timentes cepit et domino suo regi tradidit vel reddidit. David vero comes, dedignans ad colloquium regis venire, mandavit quod nullo modo se ei subjiceret, et quod nullo tempore rex Rotbertus Cenomannicam suam videre præsumeret. Audiens autem rex arrogantiam et indignationem prædicti comitis, ipsum David et Cenomannicam suam Gaufrido Grisa Gonella et suis successoribus, ex dono regio, tribuit jure possidendam. »

Huc usque sunt scripta Fulconis Jerosolimitani.

Vos autem qui ista scripta audieritis, scitote quod ego, Huo de Cleeriis, vidi scripta Fulconis comitis, Jerosolimitani, in ecclesia Sancti Sepulchri de Lochis, de majoratu et senescalcia Franciæ, sibi et suis antecessoribus a rege Rotberto collatis.

Inter regem Lodovicum, Philippi regis filium, et Fulconem comitem, qui postea factus est rex Jerusalem, magna erat dissensio. Fulco enim comes nolebat ei servire, rex enim Lodovicus dederat majoratum et senescalciam Franciæ Anselmo de Garlanda, et postea Guillermo de Garlanda, de quibus Fulco comes suas redhibitiones et sua hominia habere non poterat.

Contigit autem regem Ludovicum maximam guerram habere cum Henrico rege, filio Guillermi adquisitoris Angliæ. Ob hoc itaque rex Lodovicus requisivit Fulconem comitem ut de guerra ista eum juvaret; comes vero respondit quod nullo modo ei servire debebat, eum namque de majoratu et senescalcia Franciæ exhereditabat. Tunc rex Ludovicus per Amauricum de Monte Forti, avunculum Fulconis comitis, et per Gaufridum abbatem Vindocinensem et Radulfum de Balgentiaco, mandavit comiti quod (1) de omnibus istis, et majoribus aliis, istorum consilio se versus comitem emendaturum. Comes igitur Fulco suos consulens homines, videlicet Rotbertum de Blo, Arquolosium tunc senescallum, Salmacium tunc pincernam, Hugonem de Cleeriis, Gaudinum de Vegia, et multos alios, respondit regi Lodovico ut si hoc faceret

(1) Supprimez *quod*.

quod mandaverat, quod hæc, et alia adjutoria quæ ab eo exigebat, libenter faceret.

Die autem illo quo consilium istud captum est, curia Andegavis erat repleta bonæ militiæ et sapientissimæ. Tunc Amauricus de Monte Forti aliique qui verba regis attulerant laudaverunt Fulconi comiti ut, per quemdam quem rex cognosceret, regi responderet, ac super his, antequam nuncii regis forent reversi, festinanter grates et mercedes redderet. Consiliatores autem comitis, audientes consilium quod Amauricus dederat, laudaverunt illud consilium; quod cum comitissa Aremburgis audiret consilium, laudavit quod nullus iret nisi Huo de Cleeriis.

Ego itaque Huo de Cleeriis perrexi Parisius; dehinc ad Guenort, ubi inveni regem et comitem Belli Montis. Eo itaque invento apud Guenort, inter Pontesium et Bellum Montem et Calvum Montem, locutus sum cum domino rege. Primum illum salutans ex parte comitis, reddidi ei grates et mercedes super suo mandato quod comiti Fulconi mandaverat. Hinc ei dixi quod Fulco comes ei suum offerebat servitium, aut inpræsentiarum, aut prius si vellet colloquium. Rex inde lætatus dixit se multum prius velle colloquium. Assignatus est igitur et dies et locus colloquii inter Marchesneium et Bireium, in Beaussam. Inter hæc mandavit rex comiti ut Gaufridum filium suum, qui nunc jacet in ecclesia Sancti Juliani Cenomannensis, ad colloquium secum adduceret, illum namque multum optabat videre.

Cumque dies instaret colloquii, dominus rex Lodovicus et Fulco comes ad locum constitutum venerunt, cum suis consultoribus; ibique recognita sunt jura comitis, videlicet majoratus et senescalcia Franciæ. Guillelmus de Garlanda, tunc Franciæ senescallus, recognovit in illo colloquio hominium se debere comiti Fulconi de senescalcia Franciæ, et unde (1) fuit in voluntate comitis.

Post Guillelmum, fuit senescallus Stephanus de Garlanda, qui fecit hominium comiti; post Stephanum, Radulfus, comes Peronæ, qui similiter fecit hominia et servitium. Ille enim qui senescallus erit Franciæ comiti faciet hominium, et talia alia.

Si comes perrexerit ad curiam domini regis, senescallus præcipiet marescallis domini regis ut præparent et liberent hospitia comiti.

Cum comes venerit, senescallus ibit ei obviam et conducet ad suum hospitium; tunc senescallus ibit dicere regi comitem Andegavensem venisse.

Si comes ad regem ire voluerit, senescallus ad curiam eum conducet, et de curia ad suum reducet hospitium.

Si vero ad coronamenta regis comes ire voluerit, senescallus præparare et liberare faciet hospitia quæ comes habet propria et dedita.

Cum autem, die suæ coronæ, ad mensas rex discubuerit, scannum pulcherrimum fultro pallii aut tapeto coopertum senescallus præparabit, ibique, et sui comites, quousque fercula veniant sedebit.

Cum vero primum venerit ferculum, comes, se defibulans, e scanno surget; et de manu senescalli ferculum accipiens, ante regem et reginam apponet, et senescallo præcipiet ut exinde per mensas serviat; et

(1) Mieux *inde*

comes retro sedebit, donec alia veniant fercula, et quemadmodum de primo fecit, et de aliis similiter faciet.

Finita demum celebratione mensarum, comes equum ascendet, et ad suum redibit hospitium, senescallo comitante.

Deinceps equus ille quem comes adduxerit ad curiam, dextrarius videlicet, coquo regis feodaliter dabitur. Pallium quo in curia afibulatus erit, dispensatori dabitur, sed post prandia.

Tunc panetarius mittet comiti duos panes atque vini sextarium, et coquus frustum carnis et unum hastum. Hæc est enim liberatio senescalli in illo die. Hæc fercula accipiet senescallus comitis, atque dabit leprosis.

Insuper cum comes in exercitu regis perrexerit, senescallus Franciæ papilionem centum militum capacem ei præparabit, et summarium ad illum portandum, et cordas et paxillos et hominem equitantem ad conducendum, et duos homines pedites.

Finito exercitu, comes, si voluerit, senescallo reddet papilionem; sed nisi reddiderit, non ideo minus in alio exercitu papilionem habebit.

Comes, cum in exercitu regis fuerit vel ierit, prætutelam faciet et in reditu retutelam; et quidquid ei acciderit, sive bonum sive malum, ore domini regis inde non vituperabitur.

Ego Huo de Cleeriis vidi hæc servitia reddere comiti Fulconi, regi Jerusalem, in duobus exercitibus Alverniæ et in uno coronamento Bituris; et comiti Gaufrido, qui est sepultus Cenomannis, vidi reddere in uno coronamento Bituri et in alio Aureliani.

Item Galterius de Silvanecti, pincerna, recognovit

ante regem Lodovicum, me audiente, se tenere de comite Andegavensi quidquid habebat in villa Silvanectis extra muros; et foragia totius Arbriæ esse de feodo comitis Andegavensis, et omnia casamenta.

Radulfus de Martreio et Thomas, frater suus, solebant servire in Andegavia de feodo suo; et ego Huo de Cleeriis, dum loquerer cum rege Lodovico, audivi ab ipso hæc verba : « Radulfe de Martreio, vide Huonem de Cleeriis, militem comitis Andegavensis domini tui. Vade servitum feodum tuæ marescachiæ, et hospitare Huonem, quia habes istum feodum a comite. » Tunc Radulfus hospitatus est me, sub nomine marescalciæ; et adjecit rex : « Ego, Dei gratia, jam sum bene cum comite Andegavensi. »

De cætero comes appellatur Major in Francia, propter prætutelam et retutelam quam facit in exercitu regis.

Item, quando erit in Francia, quod et curia sua judicaverit firmum erit et stabile.

Si vero contentio aliqua nascetur de judicio facto in Francia, rex mandabit quod comes veniat illud emendare; et si pro ea mittere noluerit, scripta utriusque partis comiti transmittet, et quod inde sua curia judicabit firmum erit et stabile.

Ego Huo de Cleeriis vidi multoties judicia facta in Francia in Andegavia emendari, sicut fuit de bello apud Sanctum Audomarum facto, et de pluribus aliis placitis et judiciis.

Hæc vidi et multi alii mecum.

TABLE DES MATIÈRES

DU PREMIER VOLUME.

GESTA CONSULUM ANDEGAVORUM ET DOMINORUM AMBAZIENSIUM.................................. Pages 1

I. LIBER DE COMPOSITIONE CASTRI AMBAZIÆ......... 3

Prologus.. *ib.*

De Julio Cæsare et de origine castri Ambaziæ............. *ib.*

Chronica de Arturo.................................... 14

De Blesi chronica..................................... 16

De Clodoveo... 18

De Karolo... 25

De Hugone Capet....................................... 32

II. CHRONICA DE GESTIS CONSULUM ANDEGAVORUM............ 34

Prologus.. *ib.*

De Torquatio sive Tortulfo............................ 35

De Tertullo... 36

De Ingelgerio... 39

De Fulcone Rufo....................................... 64

De Fulcone Bono....................................... 67

De Gosfrido Grisa Gonella............................. 75

De Mauricio consule................................... 87

De Fulcone Nerra...................................... 89

De Gosfrido Martello.................................. 117

De Gosfrido Barbato........................... Pages 133
De Fulcone Richin.................................. 138
De Gosfrido Martello secundo......................... 141
De Fulcone rege Jerusalem............................ 143
De Gosfrido comite Andegavorum et duce Normannorum... 155

III. Gesta Ambaziensium dominorum........................ 158

Prologus... ib.
De Hugone de Lavardino............................... 159
De Lisoio Basogerii.................................. 161
De Supplicio Lisoii filio............................ 173
De Hugone de Calvo Monte............................. 183
De Supplicio Hugonis filio........................... 206

HISTORIA GAUFREDI DUCIS NORMANNORUM ET COMITIS ANDEGAVORUM, AUCTORE JOHANNE, MONACHO MAJORIS MONASTERII. 227

Prologus... 229
Liber primus... 232
Liber secundus....................................... 294

Carmen Stephani Rothomagensis, monachi Beccensis, de Gaufrido comite Andegavensi. 311

HISTORIA COMITUM ANDEGAVENSIUM, AUCTORE THOMA PACTIO, LOCHENSI PRIORE................. 317

De origine comitum Andegavensium..................... 319
De Ingelgerio.. ib.
De Fulcone Rufo. 320
De Fulcone Bono...................................... ib.
De Gaufrido Grisa Tunica. 323
De Mauricio.. 326
De Fulcone Nerra..................................... ib.
De Gaufrido Martello primo........................... 331

De Fulcone Rechin........ ....Pages 334
De Gaufrido Martello secundo........................ 335
De Fulcone Jerosolimorum rege........................ *ib.*
De Gaufrido Plantegenest........................ 336
De Henrico rege Anglorum........................ 338

DE COMITIBUS ANDEGAVORUM, ET DE MORTE REGIS HENRICI, FILII REGIS HENRICI........................ 340

HISTORIA ABBREVIATA CONSULUM ANDEGAVORUM, AUCTORE JOHANNE, MONACHO MAJORIS MONASTERII. 349

Procœmium........................ 351
De Torquatio sive Tortulfo........................ 354
De Tertullo........................ 355
De Ingelgerio........................ *ib.*
De Fulcone Rufo........................ 356
De Fulcone Pio........................ *ib.*
De Gaufrido Grisa Tunica........................ 357
De Mauricio filio Gaufridi Grisæ Tunicæ........................ *ib.*
De Fulcone Nerra, Hierosolymitano........................ 358
De Gaufrido Martelli primo........................ *ib.*
De Gaufrido Barbato........................ 359
De Fulcone Richin........................ *ib.*
De Gaufrido Martelli secundo........................ 360
De Fulcone Hierosolymitano........................ *ib.*
De Gaufrido Plantegenest........................ 361
De Henrico........................ 362

FRAGMENTUM HISTORIÆ BREVIS COMITUM ANDEGAVENSIUM........................ 365

De Henrico II rege Angliæ........................ 367
De Gaufrido duce Britanniæ........................ *ib.*
De Richardo rege Angliæ........................ 368

De Johanne rege Angliæ.......................... Pages 368
De Philippo Augusto rege Franciæ...................... 370
Catalogus comitum Andegavensium...................... 371

FRAGMENTUM HISTORIÆ ANDEGAVENSIS, AUCTORE FULCONE RECHIN.................................. 373

SCRIPTUM HUONIS DE CLEERIIS DE MAJORATU ET SENESCALCIA FRANCIÆ COMITIBUS ANDEGAVORUM COLLATIS.. 385

FIN DE LA TABLE DU PREMIER VOLUME.

TYPOGRAPHIE DE CH. LAHURE
Imprimeur du Sénat et de la Cour de Cassation
rue de Vaugirard, 9

Lightning Source UK Ltd.
Milton Keynes UK
04 September 2010

159409UK00001B/58/P

9 781108 018296

CW01624365

RINGING

Leslie Dunn

Published in 2025 by FeedARead.com Publishing

A CIP catalogue record for this title is available from the British Library.

Author's note

I had not written anything for about two years when I joined a U3A Creative Writing Group. The challenges and the inspiration from belonging to this circle reawakened the urge to put pen to paper. This little book contains items produced for the Circle and other items written simply for amusement. Either way, my gratitude is extended to my fellow scribblers who woke me up.

The Poems

INSIDE INFORMATION

The time has come the walrus said
and what it was he had to say
he could as well have said today
the topic being the same thing -
Problems with cabbages and kings.
The times have come and gone, I know,
and marvel at how fast they go
but when I was a boy, long hence,
a good size cabbage cost few pence,
now prices your receipt may tell
suggest you bought the field as well.
Where now all's tarmac, bricks and glass,
where there were fields of crops and grain
and earth enough to drink the rain,
livestock grazing on the field
and each year harvests of the yield,
The World was owned by boys like me,
our fief as far as we could see.
If I say now, 'When I compare
Then and today I just despair',
a daughter says, 'But Dad, you know
that's nearly a century ago',
as if I should be full of praise
for the wonderful world of Nowadays.
You see an old man gaze about,
behind his old eyes looking out
there's a country boy who never grew
beyond the green sweet days he knew
nearly a hundred years ago.
Whether today is best or no -
think as you please, I'm not debating it,
I've seen the best there is on show
and this country boy's just hating it.

FLYING POTS

Most of us walk with eyes downcast,
carefully avoiding any meeting
or passing contact with a stranger
that might require a nod or greeting.
I raised my game and looked for once
at roof ridge lines and chimney pots,
some wearing hats to fool the wind -
berets that spun at a rate of knots
and beastly silhouetted vanes
bold as a Tyrolian feather
using the gusty air's own breath
to spin or turn and face the weather.
One especially I admired,
outlined stark against the sky,
a Cockerel, lordly, proudly poised,
beaked head complete with piercing eye
standing defiant against the air.
I needed words of praise to say,
I would have called, 'Bravo', clapped hands
did neither fearing it would fly away.
Silly idea really.

RECKONING

Reckoning age in leaves, the tree
has grown, against the tides of autumns.
Time's theft of acorns or the years
of narrow rings where life is numbered.
So if I ringed around my days
in a calendar of memories
from the first imprinted page
to the illustrated now
the oak tree would have added leaves
while leaves of mine falling in turn
reduced my yet to ring Todays.
Often, when my life's calendar
had many pages yet to print
I would climb the well ringed tree,
lie in its arms and spy on plots
fenced tame beyond my wild grass field
and watch the seasons' gardeners
working the earth and planting there
their seeds, their fathers seeded them
through generations.
                    Now, in an autumn
the tree and I have shed our summers,
leaves of our days made history,
mostly forgotten, as are the plots,
the gardeners and my wild grass field.
Only the tree and I remain
unblessed in a halo of young homes
whose voices ring about tomorrows,
knowing no verses of yesterday.
Only the tree and I remember.

FRONT ROOMS

Time was front rooms were holy places
open only on special days
and entered then by select people
like House High Priestess in an incensed haze
of furniture polish and netted gloom
for the sacred rites of receiving pilgrims
whose virtues merited the room.
So front rooms gained a mystic aura
and mythic tales of shady wakes,
uneasy corpses in their coffins,
hauntings imagination makes.

Well, my front room is not like that,
it's large and light, the windows wide,
though the house has seen some generations
and likely someone here has died
and if the family held a wake
it would have been entirely fitting
to have the dear departed filling
their coffin near where I'm now sitting.

Today a patterned carpet's spread
to brighten that time-faded space,
but weird, that carpet in the dark
creeps closer to the fire-place.
Comparing where it is each eve
against each morning it has proved
though no-one's walked to stir the night
the creepy carpet's surely moved.

The dead and ghosts are cold, perhaps
some spook walks, hoping the fire is lit
drawing the carpet toward the hearth.
I don't believe a word of it...........Do I?

VOCAL YOKELS

They clever beggars up in Town
calls we, ‘Yokels from the sticks’,
think we’re simple ‘nough to fall
for all their city slicker tricks.
Oi darn near did oi ‘ave to say
when oi went shopping for a phone,
didn’t really want the thing,
should never ‘ave gone there alone.
My grandson said oi ‘ad to ‘ave
a ‘mobile’ so oi could belong
in the present century.
Oi should ‘ave made ‘im come along.
Darn salesman baffled I with science,
‘You must ‘ave this and that,’ ‘e say.
A country yokel oi may be
but oi smells bullshit miles away.
Back ‘ome grandson confirmed that oi’d
been sold a very expensive pup
with clever moves oi’d never use.
It really got my dander up.
Could see that salesman’s smiling face,
white teeth, blue eyes. Oi saw red,
thought of going back to town
to punch the liar in the head.
Would ha’ used some strong words too,
then thought, a gypsy’s curse is stronger;
a black eye don’t take long to fade,
a working curse will last much longer.

Oi thought up one and wrote it out
on a bit of blood-stained paper.
Showed it to my grandson and
got him to help complete this caper.
The gypsy curse oi thought up said,
'From your mouth came words to cheat.
Lies never die, they must be fed
with poison. Beware of what you eat.'
Grandson took it after hours
to be there with the morning mail.
Oi didn't make his eyes turn black
But bet oi made his face turn pale.
Grandson asked, 'Do you believe
that curses work?' He's too darn clever.
Oi says, 'Don't know. Nor does that liar.
But it's going to worry him for ever.'

DRIVEN

Yes, I'm O.K. back here thanks Dad,
there's room enough across this seat
for me to spread my books about.
To have it to myself's a treat.

Travelling slowly's rather different
makes it easier to read,
but aren't we on a Motorway?
I thought that 70 was the speed.

We're stuck with all the World's slow cars?
Three lanes nose to tail and crawling?
Sounds like the Lemmings in my book,
they get annoyed and then start brawling.

I bet few people knew that fact,
that little Lemmings have a tiff,
but think they madly push ahead,
run out of land, fall off a cliff.

Dad, I've got the atlas here
to search 'cause I don't comprehend
where it is we're headed for –
What you say, 'LAND'S END' ?

THE ELITE SILENCE

They had become the World's Elite,
their names if not themselves immortal,
chosen men, bravest of the brave
to dare such mortal danger, face down death.
Few themselves, in all the World no others.
No-one before had ever made this journey,
no-one had ever been where they had been
to leave their footprints in the alien dust.
Returned in triumph, heroes of The Nation,
glorified in speeches everywhere,
loyal to The Nation The Elite
relating their unique experience,
of all they learned, buried the revelation
that though no man had ever been before
they knew somebody there was watching them.

BEYOND THE GATE

I made the journey, inevitably,
and it came down to step by step
between the once familiar hedges
holding memories that had slept
through my long absent years.
With every step the tumult grew
in me, two tongueless voices raging
counter arguments I knew:
'Never go back', strong advice
one voice warned, revisiting
though freely met would take its price.
The other tongueless voice had sung
song without words within my mind
since wandering began, sad melody,
the plea of something left behind,
a plea I was afraid to answer
but knew my mind could never rest
until I learned who it was cried.

A gate across the path. A test.
Beyond no hedges held the way,
kept memories. Beyond the gate
what haunted me was waiting,
a ghost that I must face, annihilate
to silence the voices in my head.
My hand spread wide above the latch -
to open what? No signs to tell
where this might lead. How could I choose?
There on my hand a shadow fell.
The shadow of a hovering bird?
In all of history the birds
have been the messengers of Fate,
the shadow making my hand dark
warned me not to touch the gate.
I drew my hand back into light,
felt at once that it was wise
not to go beyond the gate,
so I walked away. But night
and day song without words still sings
and still I do not know who cries – or why.

WASTED PAGES

You'll find the guarantee for any tool
that's failed in the folder labelled 'Guarantees''.
My system that the young folk might call 'cool'
or much more likely mock it as excessive.
There's other folders, one entitled 'How',
that's Owners' Handbooks, guides for purchasers.
The one marked simply, 'My Account' allows
comparison of costs last year and this.
I don't think 'cool' is what young folk would say,
Some paperwork in there must be so old
that things it names were long since thrown away.
A pocket folder labelled 'Personal',
perhaps I should have called it simply 'I'.
holds Birth Certificate (no Death Certificate yet)
inoculations, vaccinations, reports
on dental work, on eyes and ears, there's Forms
with number codes by which The State tags me.
Collected in a separate envelope
are Passports. Hers and mine, Our history.
So many years. Our photographs in them
unkindly tell the decades of our ages.
The oldest Passports list our early travels
in various nations' stamps that litter pages.
Each decade we renewed thinking 'maybe',
but never did. Her Passport I returned
as the law required in the event.
I still hold mine and often think 'Maybe'
and in my solitary times will yearn
to travel as we did and add the token
of a Nation's stamp for memory,
but all the pages waiting for The World
are empty. Without her there along with me
The World itself is empty too.

SO THEY SAY

'Life goes on' is what they say.
Meaning what? The World still spins,
sun rises, sun sets - another day
off your allowance as each is ended
meanwhile the record of your past,
the good bits and the bad, extended.
'Let go of The Past' sounds good advice.
If you're alive you have a Past,
to lose the bad bits would be nice.
'Get over it' that's what to do,
stop hanging on to yesterdays,
be free, restart your life as new.
So much advice! Ought to be flinging
the tangled thoughts away – unwind.

What's the advice if we should find
that it's The Past doing the clinging?

LONG TREWS

Schoolboys don't wear shorts these days,
even the youngest have long trews.
Since man-made fibres cut the cost
it makes it difficult to refuse
the bleats of kids who wish to seem
as grown-up as the hero types
they follow on the TV screen.

Out on the streets of the real world
in year-round weather of every sort
the English 'Postie' delivers mail,
the grown-up hero wearing shorts.

BISCUITS

The handles on the library drawers
are large and round, machined in wood,
the colour of a ginger biscuit
which they look like. Much too good.
Seeing them is trial enough,
to hold one brings on hunger pain.
Opening drawers is agony
an act from which I will abstain
as far as possible – except
in the case of drawer three
where I keep my lunchtime snack
and ginger biscuits naturally.
'Reading maketh a full man'
said Bacon. I don't think it's cheating
to make sure I am full both ways;
I always read while I am eating.

NO MAN IS

Careful that eyes should never meet
in passing and in a blink betray
the presence of another life
that deserves a wished good day,
so men make themselves an island.
Wheeled into the human tide
the infant greets the curious faces
with smiles it has no cause to hide.
Is there reason the infant knows
that would be good for men to learn,
or is there cause the grown man knows
the growing child will learn in turn?

BUM-BAGS

Why did bum-bags fall from fashion?
They were cheap and did the job,
kept hands free but held essentials,
it was the classic tourist's fob.
Seen at every airline check-in,
loosely hung upon the waist
of eager fliers overseas
on holiday to get a taste
of sun, sea and Sangria
on proms beside a sparkling sea;
why did bum-bags fall from fashion?

Slowly English promenading
in a climate short of passion
the grey haired couple made a question,
were they trying to recall
other times and distant sea-shores?
The long-gone fashion scruffy bum-bags
they were wearing said it all.

NOTED

“Welcome ‘The Migrant’ ” greeted him
and ‘Welcome Home’ more accurately.
They called him ‘The Migrant’ humorously
because he’d been away so long,
returned now for the briefest visit
with family in the family home.
He looked around to recognize.
She slowly turned her back to him,
to her father said quietly,
‘Dog needs a walk, I’ll take him out.’
The father noted, said nothing.
Eye-contacting no-one she left the room.
The Migrant noted her escape,
made no remark to anyone.
Father saw that The Migrant saw;
he noted the instance silently.

Good-wished, embraced by everyone,
his story told The Migrant left.
Judged sufficient time elapsed
to clear the house of visitors
she brought the well-aired dog back home.
‘Good walk?’ was all the father asked.
‘Fine’ she answered, tending dog.
Neither said more.

WINDOWS

'Eyes are the windows of the soul'

I've talked to people eye to eye
and can't say I've discerned that much,
whether thoughts were black or white,
straight or twisted or double-Dutch.

At 'weigh-in' do boxers, nose to nose
and eye to eye, have minds immersed
in fathoming the foe's intent
or just ensuring they don't blink first?

Some windows are simply holes in time.
Ask 'Can we met this afternoon?'
and Busy replies, 'Can't meet you then.
I'll find a window for you soon.'

I opened a window one fine day
to catch a breeze. The room was hot.
It helped a little. I meant that night
to close of course, but I forgot.

The silent thief did not take much,
looked for cash, drank all our milk.
He left no clues but a familiar
Modus Operandi, smooth as silk
too often seen in our community
detectives said – and something like,
'A careless window of opportunity.'

CHANGING THE COLOUR

I changed the colour of our door
doing my unprofessional best,
under-coat, top-coat needed twice.
May not pass a tradesman's test.
I did not take it back to wood,
thought of all those layers of paint,
of who it was who held the brush,
how long ago, who may have stood
as I did to admire his work.
Was there once a family?
Children in and out, to school,
to play around the carless streets.
Newly-weds – first home maybe?
I did not change the front-door colour
right away as if to say
'Everything's changed.
New times are here.'
We settled in and happily
left the World to go its way.
Until the day when I came home
alone, when I unlocked the door
and knew the paralyzing pain
of fully realising that she
would never pass this door again.
Yesterday I changed the colour
of the door and, if I wished,
could change it back to how it was.
I would do that willingly
if bringing back the old-look door
could change reality, restore
the ' how it was' I wish for.

THE CONSERVATIONIST

He was an ardent conservationist
prepared for passive protest or, need be,
for direct action, standing, sitting, lying,
waving banners or sleeping up a tree,
prepared to be arrested, laughed at, hurt.
He'd been there, done it, had the T-shirt.

He thought now he deserved a holiday,
to leave the stress and constant battling,
to go anonymous, slink far away.
He saw a travel ad that looked just right:
'See these Islands. Last chance ,
book your flight.' - He booked and flew,
made footprints in the sand.
The hotel held a party on the beach,
a hundred tourists on the narrow strip
a finger's width above the ocean's reach.
'Make sure you buy your postcard souvenir,'
the travel agent warned, 'a memory to save.
This may be the World's last chance. Soon
these islands will be lost beneath the waves.'

He bought a card and bottled grains of sand
to demonstrate and make the The World aware
that Global Warming freely helped by Man
was feeding seas burnt offerings of land.
He'd seen it. Had the T-shirt, Been there.

CRUMBS

CRUMBS: souvenirs of teatime toast
gathered and dropped in the kitchen sink
decorating the paper-white
with accidentally sprinkled ink.
There was no pattern I could see,
no fateful message in their falling,
about to sweep them down the drain
I realized that one was crawling.
One black crumb moved through the crowd,
direct and purposeful this small
dark dot moved slowly on eight legs
making for the sink's white wall.
A minute spider had survived
the crumb bombardment of the sink
into the depths of which it likely
had adventured needing drink
and now somehow it was aware
this was a dangerous place to be
and it must scale the sheer, smooth cliffs
down which it came back up to safety.

Unhesitating, it began
to make the vertical ascent,
eight legs to haul it halfway up
but ending in defeat, descent.
How many times it climbed and fell
from near achieved I cannot say.
In admiration I helped it out
to run and live another day.

Who Knows?
It may succeed my friend Old Sid
who for years has hung his web
in a Conservatory corner.
His tide is surely on the ebb.
An ancient wisdom I'm obeying
guides me in this country saying:
'If you wish to live and thrive
let the spider run alive.'
'Amen to that,' I say.

LEFT OVER

'Squad Shun! By the left
quick march.' Left, right, left, right,
the squad steps off left foot leading.
The opposite of what I choose,
it's right foot first putting on socks,
right leg first for shorts or trews
and right arm first into jacket sleeve.
Why do I do it in that order? -
'cause I'm right handed I believe.
The rifle made for use by soldiers
is held righthanded against right shoulders.
In close combat, wielding sword
the right hand hacks the rebel horde
and in respect or cocking snook
it's the right hand waving in salute.
So who decided left foot first,
some Ancient thinking right foot cursed?
I see, far back in history,
the man who first gave this command. He
can't decide which foot, he wavers
then thinks which hand, leg, foot he favours.
And so it was the left foot landed –
Simply because he was lefthanded.

VAPID?

Suddenly a swirl of mist
whirled from a window, driver's side,
of the car ahead, danced for a moment
in the air then disappeared
into the city's polluted breath.
Slow traffic and a too warm day.
Cars' windows open everywhere.
Well, 'vaping' wouldn't keep him cool
though maybe help prolong his patience.

In peoples all around the World
there are believers in 'the spirit',
some essence of the human life
that quits a body at decease.
There are believers swear that they
when witnessing a person die
have actually seen the spirit
appearing as a whirling mist,
dancing a moment in the air
then gone from sight.

One thing leads to another,

AN APPLE SMILED

Apples gather in the gutter,
refuge from the crush of life
of herded pavement-stamping feet
or, on the road, the chariots of Hell.
There must have been an orchard here
once in the past, before the World
surrendered to Almighty Car.
Then prophets measuring fields went crying,
'Make straight the way of the car'
exacting sacrifice of all.
So here neglected apple trees
stand stubborn witness on each side
keeping the rhythm of the year
pulsing in roots ungraved in earth,
waking in season offering fruit
that no-one picks to fall, to die.
One fallen apple looks at me,
scar for a mouth, the stem a nose,
two eyes that maybe insects kissed;
it smiles – serene and somehow wise.
What is it thinking that lets it smile?

OASIS

Oasis in a wide expanse
of level sand, seawater trapped
from falling tides within a ring
of thigh-high concrete walls
to make a sea where once young men,
competitive, would show and sail
their models of great racing yachts.
Time and War make all things pass,
young men and fashions sail away,
tides come and go replenishing
the stone oasis on the beach.
A paddling pool in peaceful summers
for children yet to grow and know
that Time and War make all things pass,
that tides can sweep the beaches clean.
The stone oasis on the beach
survives, replenished by the tides,
a pool in which young men may sail
their model ships, remotely steered,
wirelessly controlled.
But Time and War make all things pass
and tides will rise and fall until
the Moon no longer laughs at Earth.

SID

A fly came in via the gap
made by the open conservatory door,
the only space in the windowed walls.
It made three circuits looking for,
presumably, some way out,
beating itself against the glass.
So millions of years of Evolution
have failed to teach fly generations
to find the breeze that lets them pass
out through the door by in they went. *
It gave up flying, began to walk –
dangerously it seemed to me –
too far across the window where
Old Sidney's well spun web would be
and sure enough it got its legs
sticky-held in the lowest strings,
kicking, straining frantically,
wildly waving futile wings.
Responding to the web's vibrations
a spider sidled from the frame
but just a small one, not an adult,
Pretender to Old Sid's domain
looking for its hour of fame?
The infant I saved from the sink?

He stayed a distance from the fly
not pouncing with the coup de grâce
as the sticky victim slowly died.
Then, at the topmost arc of web,
large and lordly stepped forth Sid!
Junior Pretender disappeared
quickly into the window frame
withdrawing any takeover bid.
Motionless Sid loomed to say,
'Sidney Spider rules! O.K.?

*

'....but evermore came out
by the same door as in I went'
Khayyam/Fitzgerald

A MESSAGE

A length of wooden fence,
honeysuckle planted
root and earth from pot
already climbing.
Every advantage granted.

A season, the fence
a screen of green
prolific ivy leaves
white flowers, scarcely
a honeysuckle to be seen.
Be aware,
a message there.

TAKE FLIGHT

Time out, on a garden seat,
a truce called in my war on weeds,
a well-judged tactical retreat.
I watch the aerobatic birds
chase insects in the higher sky
and other daring speedy wings
hedgehopping the back-garden row
at such a manic speed my eye
can hardly follow. I envy birds.
When Summer fades they gather and,
so sensibly, fly South and leave
Jack Frost and snowman months to us
while they have Sun and Sea and Sand.

Of course we humans can do that –
I once escaped the winter woes;
paid the price, the package hol.
airport scrum, sardine flight,
Sahara sand between my toes
for one short week. The memory lingers.

Last night the wind blew from the South,
this morning England's wearing sand
delivered free from the Sahara,
only one grain deep it's true
but feels to me more like two fingers.

ANY TIME

One proposition simply says
that there is no such thing as Time,
it's a convenient idea
some eject from primordial slime
imagined in the dying sun
that rose again and made his day.
More accurately, atomic clocks
relay what twitching rocks can say
and have experimentally shown
that Time goes slower – Time expands
the faster we might fly away
from Earth. If that concept demands
too much imagining, then try -
the nearer a Black Hole we fall
the slower Time becomes 'til at
the Hole there is no Time at all.
It's mostly theory of course,
a lot of scientific fuss,
but anyone knows Time expands,
goes slower when waiting for a bus.

TOP BILLING

There's not much smoke from chimney pots
these days;
there's pots a-plenty still on older houses
topping the chimneys taller than the roofridge.
Past need, past purposes, not out of sight
though often out of mind, a fire is rare
somewhere below to signal smoke for warning
of the rising deadly welcome warming.
Gas fueled boilers killed the dancing flames
on wood and coal, redundant chimneys slept
while on their heads appreciative birds
made homes and lived the high life gratefully.
Perhaps they thought how kind their human hosts
must be when television aerials brought
new usefulness to dormant chimney stacks
adding the most convenient perching posts
to Birdtown in the sky.
I watch the crows,
unchallenged residents through generations
of the town above my neighbor's house.
They sit between the pots to sun themselves
or shelter from the wind on colder days.
When interlopers spring in summer gardens
the chiefest crow will take the highest perch,
stretch himself tall and rasp due notice that
all gardens on this street are his domain.
And once I saw a young bird flutter up
uncertainly to grasp a twig of aerial,
balanced there he looked down at – I guessed –
his mother, proud of himself. Ridiculously
I heard him say, 'Look Ma, I'm on TV.'
Maybe, but they're all stars to me.

WISDOM

From an American Indian Saying

Stories of the Times Of Wonder
when all creatures spoke together
when all creatures knew the wind songs
of the prairies and the forests
he had heard within the waters
of the making place of mothers.
In the playing of his child years
in the grass lands and the forests
all the walking beasts and flying
watched the man-child, did not fear him
and he called them by their tribe names
spoke to them and knew their answers
as it was in Times Of Wonder.
But the passing of his child time
took away the Times Of Wonder
closed his ears to songs the winds sang
took him from the understanding
of the voices of the creatures
of the prairies and the forests
and the creatures learned to fear him
fear the child who was grown man
who no longer knew their language
who no longer sang the wind songs
who had lost the World Of Wonder.
Then the grown man held a sadness
like an aching in his life-heart
for the wonder he had lost.

In the opening of his wigwam
in the burning of a sunset
sat the elder, sat the Wise One
by the embers of a wood fire.
There the grown man came to ask him
what was Man among the creatures
of the prairies and the forests.
Answered then the Wise One slowly,
'Take away all living creatures
that walk or crawl upon the earth
and the World will surely die.
Take away all living creatures
that fly the air above the earth
and the World will surely die.
Take away all living creatures
that dwell in rivers and the seas
and the World will surely die.
Take away all mankind that
live upon the face of Earth
and the World will surely flourish.'
'What then should Man do on Earth?'
asked the grown man in the sunset.
Answered then the Wise One softly,
'The truly least he needs for life.'

THE JUMPING STONES

It started when we changed the patio,
replaced some of the plain, flat slabs
with shapes that, put together, formed a ring
with inner patterns to break the drab
slab sameness. The spaces in the inner shapes
we filled with several bags of stones
described as ‘ chippings’, adding some variety
to the stone ring on its own.
We were pleased with the effect – until
those chippings, jagged things, odd-shaped
seemed to dislike confinement in their cells
and by some magic force escaped
when we weren’t looking, jumped onto the patio.
How could dead stones move themselves?
Was this a cryptic sign from alien visitors,
a prank by poltergeists or Elves
or fairies from the bottom of our garden?
How stones might jump remained unsolved
for weeks until, one mid-morn coffee break
chance had the mystery resolved.
From ‘the Hide’ of our conservatory
I saw a strutting magpie, smart
in black and white attire, closely survey
the chippings in their cells and start
to levitate a stone, using his beak.
He threw that stone aside, its neighbour
followed. The beak chased insects in the exposed
soil. A meal for little labour.
I thought it was quite clever and I knew
how the chippings jumped. Mind you
Sir Magpie didn’t replace the stones he threw.
Oh no, he left that job for me to do.

MY DEAD PIGGY

Once upon a time it was
more than just a good idea
'Saving up for Christmas'.
All year parents put aside
whatever could be spared each week
into a Christmas piggy bank
to help in the expensive time.
Many children did the same,
saving pennies and halfpennies
in a tin or in a jar
or maybe a fat china pig
made specially as a money-box,
a slot cut in his back to feed him.

For me those years are long ago,
even so there is a jar
into which I drop odd coins.
It's taken ages to collect
enough to build a layer or two.
Come Christmas there may be enough
to buy a chocolate Santa Claus.
The reason for so few additions
is I hardly ever deal in 'shrapnel'.
Everything is 'on the card'
over the counter or on line.
Sometimes I quite forget that money
is still used by some today
but my sad starving savings jar
makes me ask how long before
our tin and paper money both
will be no more, just fade away.

SOUL SEARCHING

Looking through my souvenirs,
odd things collected on my travels,
small carved figures, hand-drawn pictures,
a fake Egyptian papyrus
that bears a reproduction painting
of 'The Weighing of The Soul'.
Each item brings a place, a person
out of the mists of memory.
Strangely, the painted papyrus
reminds me not so much of Egypt
as of someone asking me
if I believed that everyone,
all human beings, had a soul.

We had been, that's she and I,
that evening in the bustling town,
met friends, dined quietly and then
strolled through the streets to reach
The Centre.
Not quiet there. Bawled drunken songs
off key, often with vulgar lyrics.
those not singing mostly fighting.
Men lay too drunk to do either.
We changed our plans, turned about
returning by a different way.
It was as we walked she asked
if I believed all human beings
had a soul 'cause her opinion
was some certainly did not.

Well, I had never thought about it,
asked her what she meant by ’soul’.
For her, it seemed, it was the soul
that shaped a person in this life
to be good natured, have compassion,
rather love than fight and hate.

That might account for saints and sinners,
who belongs to Heaven or Hell,
are there some who have no soul?
I don’t know. If what she said
is what the soul is all about
one thing is certain in this world,
all dogs have one, never doubt.

FINDING BOB

I often wondered about Bob
my neighbour's son. Knew him for years,
all through his school days 'til he left.
Worked with Dad then, it appeared,
until the day I realized
I had not seen him for some time.
Wondered where he was and why,
but not my place, however curious
it may seem, for me to pry.
Waited for a bus to Town,
a smart, red double-decker came.
Tapped my pass-card on the gadget,
the driver greeted me by name!
Surprised I looked, the well-built man,
smiling teeth below moustache
teasing as an old friend can
when you've forgotten who he is.
A moment – then I recognized
this was Bob, though some years on.
I said, 'Hello,' went and sat down
to wonder where the years had gone
that turned the schoolboy I had known
into this bewhiskered man.
It had to be more than a few
that had been added to Bob's age –
Then thought,
'Oh damn, which means to my age too.'

CORE 'NGRATO

'Core 'ngrato' the tenor sang,
the fierce emotion and the hurt
hot in his voice as if he wrang
the pain of some unjust desert.
The camera moved away from him,
on screen the gilded concert hall,
rows of enraptured audience,
gilt glinting carvings on the walls
and balconies where shadowed boxes
forwarded their privileged sets.
Except in one – a woman, solitary,
seated where light and shadow met,
in front of her an unused chair
that spoke to those who looked of silence.
Its meaning only she could know.
There was a tale to tell of absence
and a song to sing of grievance.

Now, each time I hear that air
a picture puzzle fills my mind
whose answer I shall never find:
a solitary woman and
an empty chair.

TWISTED SOCKS

We're into Winter now, official,
according to the Met Office.
I don't have Summer and Winter wardrobes
but cold round my old shins I notice.
So from the sock drawer out I bring
knee-high winter socks, replacing
summer short length ankle things.

Knee-high socks!
                        Makes me feel
I'm a schoolboy in the days
when we wore shorts, our uniform,
and knee-high socks – all grey.
The sock material felt woolly,
had woven ribs like railway lines
that ran from foot to turn-down top.
I took care to see that mine
were pulled up straight, because for sure
each morning dressed for school as I
prepared to leave, unfailingly
my Dad would cast his critic's eye
to see my uniform passed muster.
'A tradesman won't take on a lad
with twisted socks. It says a lot
about his character. Looks bad
if he can't pull his socks up straight.'
So said my Dad. May have been true,
and I still pull my socks up straight.
Out loud, though he's not there I ask,
'I think they're straight Dad. Will they do?'

BUGGSY

Bugsy comes to visit me
now and then. He likes these visits,
makes that clear. You see his home
is in an upstairs flat, no grass,
no garden, no cats of course,
so my place with its long back garden,
flower beds and visiting cats
must be like hound-dog Paradise.
As soon as he is in this house
he scampers off to the back door,
looks round at me impatiently –
Oh yes, he remembers what's out there
immediately the back door cracks
he's through and charging down the path
hoping there's a cat somewhere
for him to scare and chase away.
He thinks he is a lion roaring,
huge and powerful in his kingdom.
I call him to come back, 'Leo!'
I call, 'Leo!', then remember
his name is Bugsy and actually
he's just a little Yorkshire Terrier.

START AGAIN

That's the birthdays copied now
onto the New Year calendar,
Old Year joins the Christmas cards
filling my recycling bin.
Maybe they will reappear
in recreated form one day.
A chance they'll package vinyl records
or make cassettes for audio tapes –
two aces unexpectedly
withdrawn from the discard pile.
Best not to think of all the records
and cassettes I threw away
when progress deemed them obsolete.
No doubt there's reproduction tapes
and vinyl records to be had
if I wished so desperately
to buy back music of my past.
One thing for sure though, no amount
can buy back days the calendar
of last year took into the bin.

‘The Walk to The Paradise Garden’

‘A Village Romeo and Juliet’

Delius

Blissful, I close my eyes and see
the picture painted by the music;
soft, gentle harmony of strings,
woodwind in loving conversations,
laughter trilling in whistling flutes,
sweethearts strolling hand in hand
toward their moment’s Paradise.
I have no faith for Paradise
and little love for gardening
but happily imagine I
may share their hour in Paradise
where no man delves and no Eve spins
and angels tap the fruits of Earth
under the tavern sign that reads
‘The Paradise Garden.’

COLD COMFORT

I’m not sure just what word to cite.
If it were a big brown bear
then hibernation would be right,
but this is not a matching pair –
a camper-van and a big brown bear.
Throughout the Summer months it’s true
both will have enough to do,
bear seeks for food with fattening riches,
camper-van seeks camping pitches.
But in the winter fat bear creeps
to some safe hiding place and sleeps
all through the months of cold and dark
whereas the camper van is parked
outside the house where every day
stagnation drains its life away.
Not hibernation sleep this sort is,
rather more like rigor mortis.

In The Sweat Of Thy Brow.

Then when you left, My Love, you left
your garden as a legacy,
problem inheritance for me
as gardening's pure mystery,
one step removed from purgat'ry
and pain as far as I can see.
Perpetual penance for my sin
of lacking genuine interest in
your yearly cultured kith and kin.
Well, I've fought back and in the bin
many a foe has gone. I win
the day. But here's the sting,
they'll all come rising back next Spring.

SWANSONG

They smile and they applaud.
This is the music they remember,
maybe the riffs are not as sharp,
the singers' voices soft with age,
notes not sustained but the same songs
to sing along familiar words.
They smile and they applaud;
tonight this night is long ago,
an old rehearsal. Presently
they will applaud their memories.

FUTURE QUESTION

They were obsessed to learn the how
and when in worlds this world began
the breakless journey into years.
They built machines with which to scan
the Universe and one to find
the smallest particle unknown,
asked for an engine larger still –
said 'Genesis' might then be shown.
The others questioned, 'and what good
is it to know how long ago
this all began? Here we are;
the future is the thing to know
and presently that looks quite dark.
Stop searching for what might have been,
that if it was cannot be changed,
be useful, build us a machine,
a future seeing thermic lens
to search in the endangered species
for trace of Homo Sapiens.'

The stars are setting and the caravan
Starts for the dawn of nothing
- *Oh make haste.*
- Omar Khayyam

CHARITY BEGINS

The shopping list is short most days
but if things go as usual
there'll be too many purchases,
spontaneous or casual,
lengthening the list at Checkout.
Cruising aisles, the loaded shelves,
every step brings new temptation,
but my conscience is my shadow
keeping close and echoing
cries from somewhere of starvation,
tales of homelessness and need,
drought and flood in far off places,
spelling images of faces
lacking strength or hope to plead.
So the voices for the voiceless
broadcast every day appeals,
lifelines spun for those who drown
in overwhelming helplessness.

I use Temptation's cash to buy
supplies to join in the collection
for the Food Bank in my town.

THE RADIANT DAY

After the storm
the searing lightning
the screaming wind -
the silence.
Dust wiped the sky
a mourning weight
on the dawning deaths.
Scorched tree shapes wore ashes
for their leaves
torn limbs littering acres.
A mocking Garden of Remembrance
around the embered city.
Small birds came
seeking their little lives
hidden under death.
Seeing them live
came bigger birds to steal.
Soon came the strongest birds
to feed on every other's finds.
Even on the dead.
The sun set and the sun rose
the cycle began again
on the radiant Earth.

WHALE SONG

We have heard the singing of the whales,
aethereal, unearthly in the ocean concert-hall,
attended by electronic listeners,
recorded for a human audience
who throw their pop-corn wrappers
in the rivers
with the plastic bottles from their drinks
to join the sewage travelling to the sea.
We listen to the singing of the whales
and say, 'How beautiful, mysterious'
and think they rhapsodize on Deep Blue Seas,
maybe the whales are thinking of Mankind,
Of Mankind's gifts and really sing The Blues.

MANIC MUSHROOM

A 'Bush-hat' the old chap was wearing,
Pork-pie shape with floppy brim,
might have looked a bit peculiar
but good to keep the rain off him.
I wore a waterproof peak-cap,
shielded my eyes but did not check
the rain that rolled across my head
and waterfalled onto my neck.
I bought a Bush-hat for next time
need forced me out into the rain
confident that, pour it may,
there'd be no soggy neck again.
And so it was, my neck stayed dry
owing to the rim's deflection.
Happy day, 'til a shop window
chanced to show me my reflection.
Raincoat reaching to my calf,
Bush-hat topping out the costume,
it seemed to me that I might be
mistaken for a walking mushroom.
I sit at home and contemplate
dire weather forecasts; if they prove
correct dare I go out and be
a manic mushroom on the move?

LIARS

Some days the slippery hours make liars
of the skies, that break their promise
and I, a devotee of Sol, am caught
betrayed in my belief, subdued
beneath some sky-god's frown.
No good to trust 'The Weatherman'
although his eye is in the sky
for he looks wide, a country mile
in every way from where I stand
and rarely speaks the truth for me.
So as it's useless to request
'The Weatherman' to hear my prayers
I'll offer to my ancient Gods
who meet with Mankind personally,
though speaking from experience
I think the Ancients may be sleeping.

MARKING TIME

The room is still in my mind 'Her's',
always, though she left years ago
and much has changed. Only my dreams
can see the room I used to know.
She left her mark across one wall –
shaped it by chance or by design?
Three pictures in a climbing arc
spun anticlockwise each assigned
an upward step along the arc.
The lowest picture, an old dame,
above her a young, smiling face,
topmost in a silver frame
the artist of the arc serene
in profile, smiling, looking right
happy with what she sees there..
The arc continues, downward now
one step, below her line of sight
to where a clock hangs on the wall
its fingers pointing ever clockwise
to the present, telling moments
in life before the battery dies.

BLEST IS THE MAN

Blest is the man who has a God
on whom to call to make decisions,
but who to blame
when things go pear-shaped,
is failure part of God's provision?

Blest is the man who has a God
for he shall not be disappointed,
sure to inherit eternal life
being one of the anointed.

And if there is no 'afterlife',
no Paradise, no angel song,
he still shall not be disappointed
'cause he won't know he got it wrong.

Shield Wall

'Scieldweall', what a lovely word
to say and hear a thousand years
sing on your tongue. I see the men
stand shield to shield, I hear their cheers
and ribald jeers thrown at their foes,
Vikings and Normans, invaders both.
'Scieldweall' the call from man to man,
neighbour to neighbour, each one loth
to seem unwilling or afraid
to stand defending his own land.
Today men do not know 'scieldweall'
or come to warfare sword in hand,
instead they stand their battle carts
against the kerb where every man
lays claim to inches of the way.
Thus, nose to tail, their metal can
construct a wall along both sides
of roads past made for horse-drawn drays
leaving a breach so perilous
that wise invaders turn away.

FREEMAN

He wears his name with pride: Freeman.
Somewhere in ancient history,
a time of Barons, Knights and serfs,
his forefather had stood up free
a slave to no man, maybe he
owned a cottage, a patch of land
on which he kept a cow, a pig
and made his world with his bare hands.
Dutiful, his centuries son,
a slave to no man, almost owning
his own cottage, pays his mortgage,
cultures grass, just for mowing,
no pigs or cattle, laws forbid,
pays the tax the Town requires,
pays for water and for gas
and the wonder of electric wires.
Inescapably employed
he labours his due hours each day
to earn what needed wage he can
to meet the bills he has to pay.
His sleeping eyes may still glimpse promise
but daylight drowns the utopian dream
for Freeman, prisoner of the system
and the economic scheme .

REMINDERS

TV ads reminded me –
items needed. Mentally
I began a shopping list
while watching Life's reality
contrast with dreams across the screen;
stores of fruit, of cakes, of bread,
streets of ruins, starving infants,
grieving parents, the dead.
Kids go free on holidays
to skies of blue and sandy shores,
presumably to some rare place
on Earth that's as yet free from wars.
The latest Family SUV,
electric motor at its heart,
refugees with all they own
from Hell on a hand-cart.
Appeals for funds for charities
to save the starving, homeless, sick,
so many, each one desperate.
How could a moral conscience pick?
I killed the TV; made my list,
silently gave guilty thanks
for my good luck, wrote on my list,
'Buy something for the Town's Foodbank.'

CURRENTLY

You finally gave up. The hands
were still, that's what I noticed first,
telling wrong time. So you are dead,
the clock has stopped, not the worst
that could go wrong. In your slot,
coffin shaped, you lie and I
Godlike will raise you up once more.
Your energy, exhausted by
the cycles of unbroken work
from you, small in my giant hand,
gave power enough for months, while mine
barely supplies one day's demand.
Now you will be recharged, your life
returned free to begin again.
How often I have wished that I
could do the same, of course in vain.

GRAMMATICALLY SPEAKING

My first scribbles in Infant School
were on a tablet made of slate.
Step up to pencil and paper came
when I was able to demonstrate
the skill to write what looked like letters.
Many pencils and pages later
came the dip-pen and the ink-well,
which made of me a prize creator
of muzzy words and messy blots,
through which my teacher took great pains
to show me that more accurate spelling
and grammar could make sense of stains.
Those who joined the Intelligentsia
were badged by being Fountainpen'd
but Mr. Biro's ballpens conquered -
class and style came to an end.
Then arrived the Word Processor,
typewriter with added guile,
correcting all the spelling for us,
though maybe in American style.
Now my computer wants to right
the way I write, the rules I've broken
but I will have my scribbled people
using English as it's spoken
uncorrected by Ai.
They are my humanity's token.

I WORRY

They are a constant worry, never
entirely off my busy mind.
Even when there's other things
I need to think about behind
the petty everyday affairs
concocted by the human race
part of my brain is sending questions
to The Watchers there in Space,
lurking just beyond our sky,
sometimes cruising in our sky.
Why are they here? What do they want?
They never give me answers why.
Why do they watch the human race
destroy itself – is it their plan
needing a different atmosphere,
wanting The Earth, but not Man?
I worry their technology,
far superior to our own,
could, when they decide, wipe out
Mankind and all we've ever known.
They plague me in my dreams. Awake
I am aware they're watching, also
I am aware the cupboard's bare,
I'll just nip out and buy some cake.

LATE EXERCISE

'The cycling exercise machine
standing in the small back room?'

'You're right, I'm rather old for that.
One might mistakenly assume
that I'm a Keep-Fit type to buy
that, considering my age.
The spur was not some catalogue,
No, no, it was a Face-book page.
My old friend Fred, known each other
practically all our lives,
kept in touch throughout the years,
Best Friends, Best Men, both lost our wives,
now pictured on a Facebook page.
Fred celebrated eighty years
and showed a present from his daughter.
Laugh? It reduced me quite to tears.
but Fred said he'd get fit again,
at least he'd seriously try.
I thought, He's just as old as me,
if he can do that so can I.'

'And so you started exercise
following friend Fred as your guide?'

'Only so far. We both stopped
'cause Fred... he upped and died.'

MY LIST

Victory in Europe Day
officially proclaimed. Singing,
dancing in the streets and lights
ablaze all night. Church bells ringing.
I don't know who the GI was,
where he was from or where he's gone
but he and I went pub to pub
raising cheers in every one.
At what time or at which pub
he and I went separate ways
is one of that night's mysteries
lost in an alcoholic haze.
A haze like sea-mist wrapping me
as I sailed on the side-walk's swell
resisting sea-sick nausea
my silly will could barely quell.
Each movement of the rolling paving
I observed through my sea-mist
and countered with a cunning camber
which had me walking with a list
first to Port and then to Starboard.
Steadily I rocked ahead
inspired to navigate the swell
to reach the harbour of my bed.
Determinedly I held my course,
a power no current could resist,
defying the undulating world
with my oscillating list.
Mission accomplished, safely home,
still dressed I fell upon my bed.
I did not faint, I did not sleep,
just lay and wished that I was dead.

TAXED COUNCIL

Council apologises
tax for next year
all costs increasing
protestors appear
paint bomb the Town hall
bricks through the windows
slogans loudly chanted
'The People' let them know.
Council apologises
tax for next year
revised figures published
announced in despair
additional expenses
cost of repairs
to Town Hall windows
and removal of paint.
Bye, bye People's protest.
Now ain't that quaint.

BRIEFLY

Heavy on my mind the day
present and future thinking unknown
weight of a promised uncertainty.
No ease. The sky spoke folded darkness
no language of light beyond.
A white bird, wings widespread,
gliding, effortless, seared the sky
shining before the lying cloud.
Then I remembered.

THE SHIRT

It doesn't mean much really
whatever's printed on the shirt –
the city, university
once visited or alcoholic advert.
The logo on this shirt of mine
names an obscure baseball team,
a shirt bought in a U.K. store,
what connection could there seem?
I'm wearing it in this old photo,
our West Coast Tour, the wayside diner,
oasis in an empty landscape
claiming fairly, 'No Place Finer'.
The waitress read my logo, 'Yeah!
Our baseball team,' she said out loud,
'they're shitty but we love 'em , sure.'
Good or bad they made her proud.
We laughed, surprised at her plain speech,
laughed often since, remembering.
Alone now I still smile each time
I dress in this old well-worn shirt.
Wearing the memory and hurt
brings you almost within reach.

TALKING PLANTS

The garden work was hard enough,
a sort of self-inflicted penance
reclaiming ground that had become
a jungle through my negligence.
I went to war – a Genghis Khan
wreaking a trail of devastation,
uprooting, chopping, ripping out,
a merciless reincarnation.
That was until the day I heard
that plants could talk to one another,
sending messages and warnings –
that idea caused me some bother.
Intelligence? Do plants have feelings?
what were they saying about me?
'Goodbye. Despair! Despair!
Here comes the ruthless enemy.'

I used the shears to fell tall grass
and heard a scream, high pitched and faint;
oiling the shear's steel axis pin,
to my relief, cured that complaint.
Then as I raked a pathway clear
my foot was caught, I almost fell;
a snake-like vine released my leg
and slid into the weeds from Hell.

There was a small branch of a tree
that made me stoop to walk beneath,
the simple cure was amputation,
with my saw of murderous teeth.
An awful vision filled my head,
I was ‘Sawbones’ in the orlop
treating wounded at Trafalgar,
screams of victims made me stop.
But not for long. There was a job
and that job had to be completed.
The limb was cut, like Nelson there,
in spite of all, undefeated.
So I fight on. If there are voices
I have the will turn deaf ears
and silence them, but yet am plagued
by whispers my imagination hears

AGE 6

I am now aged in Shakespeare's codex
a slippered pantaloon, with specs
on nose, shrunk shanked and lean,
slinging a satchel at my side
on rare occasions I am seen
outside the house, inside the shops.
Even slippered hermits eat.
But oh! The agony of shoes
that bite the slipper-softened feet.
Yet with that pain a wistful smile
brings memories of younger time –
sandals and shorts, far Eastern sun,
when I worked the Squadron line
long summers. Even winter weeks
in uniform with torturing shoes
squeezing the feet wide sandal spread,
that torture I would gladly choose
if I could live the age again.
But such are memories, are dreams
this slippered hermit knows are vain.

Here be Some Odd Stories

WINGMAN

If you said Henry Cavendish was a good DIY man, or even a *very* good DIY man he would feel insulted. Henry was a *very* good engineer, a technician, an inventor. He hadn't invented anything famous yet but he still proudly termed himself an inventor. He was interested in all things mechanical, whatever it was he wanted to know how it worked, how it was controlled. Any programme on TV where the title suggested it might be concerned with engineering Henry would tune in, to watch if the programme proved worthy, otherwise to switch off in contempt.

It was during an ordinary News programme that he first saw the flying men. Henry almost jumped out of his chair in excitement at the sight of them. The idea of making a garment with a surface that spread into wings when the arms and legs were extended was not new but these men had added a miniature jet engine fastened to their backs. With this power they did not simply glide under the power of gravity but could travel swiftly in level flight, maneuver and climb. Fired with enthusiasm he looked for other programmes and searched the internet for information, but found very little. Undefeated, Henry retired into deep thought, confident that his innate ability would put him onto the best available route to getting airborne.

He was sensible enough to appreciate that no-one was going to supply him with a miniature jet-engine – at least not until he had demonstrated that he had wings and could perform a controlled glide. So Henry's first action was total physical inaction involving his reclining motionless, eyes closed while his brain

whirred like a high-speed dynamo and shapes and calculations decorated the darkness before the shuttered eyelids.
He considered his body weight, what clothes he would have to wear when flying, the weight of them and the total weight. He calculated the wing area he would need and thus the wing loading, the speeds he might need, the rate of descent under gravity, possible performances from various heights.
The next step was to sketch out patterns for the flying suit, where the areas should be distributed to put the centre of gravity of the prone body in the correct place. Then there was the problem of what material would be suitable, flexible but strong enough to take the loads without tearing. To Henry's frustration his search for the right fabric took weeks with a number of annoying failures involved. Next came the designing of the suit itself and how it would be fitted to the body, or how the body would be fitted into the suit, depending how one thought of it. With the problems resolved, the calculated dimensions had to be transferred to the material, allowing for strengthening edges and strong points at which suit and body must unite.
All this enthusiasm, calculation, research and creation was carried on in secrecy. Henry the inventor would give no hint to the world where a competitor might snatch the idea and possibly reach achievement before him. He knew there had been others who had tried this form of flying, remembered seeing a film of one of them crashing to the ground from a considerable height. Henry was confident in his technical abilities that this was not going to happen to him.
One day he packed the completed flying suit in to his car and drove to the abandoned quarry that offered the

highest jumping off point he could think of within any reasonable distance. He stood at the edge of the sheer cliff-face the quarrying had produced and assured himself that it would give time to test the suit and allow him to perform a stall, reducing the speed for a safe landing.

Confident though he was his pulse rate accelerated with excitement as he pulled on the suit. Kitted up with cycle helmet and goggles he advanced to the cliff edge. Mentally he checked all the preparations he should have made. Satisfied that all was well, he took a deep breath and leapt into space. Arms extended, legs wide apart he felt the air taking his weight, he was gliding, in command. He knew he had been right, all his calculations, his design, all proved correct in this moment. His right hand curled into a fist and his right arm punched the air. Which was an unfortunate thing to do because he lost all lift on that wing and the lift from the left wing turned him over, so he nosedived immediately, accelerating rapidly.

'Oh bugger!' he said aloud as he looked at the fast approaching hard ground, knowing it would kill him. His lightning fast brain, soon to be destroyed, told him that it wouldn't hurt because it would be too quick, the really disappointing aspect of the calamity was that people would think he'd got his calculations wrong and that really hurt.

I COULD TELL YOU

We were, as the saying goes, different as chalk and cheese my brother and I. He was three years younger than me and the difference was obvious at every stage of growing up. Where I'd be out with the gang climbing trees, practicing skidding on our bikes or just exploring in the countryside, little brother Ron would be at home reading.

One time our Dad brought home a second hand Meccano set for us but after a couple of messed-up attempts to make something Ron gave up and never touched the Meccano again. I didn't mind 'cause it left all the components for me with no interference. My machines were cranes or vehicles with wheels and they worked.

We both had bikes, second-hand of course so they'd had a fair amount of use and often needed fixing and adjusting – by me. My bike or Ron's, I was the one who did the fixing, not that I minded, it was the sort of thing I enjoyed doing. Thing was Ron had no idea of how anything mechanical worked, particularly the gear change, not even the brakes. Left to him there'd have been an accident, probably would have killed himself.

At school I went for classes in Engineering Drawing and the Workshops. By the time Ron was getting to leaving age I was already a motor mechanic with a job in a local garage. Ron had done all the brainy subjects, Computers and science. When he left school he found an office job in an outfit that dealt with money. Actually that was lucky for me, 'cause a couple of years on my boss inherited a cottage when his grandfather died and he asked me to help him clear the decrepit bits of furniture out of the place. It took a few runs in the van from the garage. I asked him if he was going to move into the place. His answer was pretty rude. True, the old cottage was very uncared for and in need of a lot of work. The boss said he'd get it cleaned up a bit and then sell it for what he could get.

I asked him what he thought that would be. He said, ‘Why, are you interested?’ I was and we came to an agreement. That’s where brother Ron came in useful, he knew people and got me a mortgage that I probably wouldn’t have got on my own.

It took me some months and many hours of my time to get the place fit to move into; though it was still rough lodging. Ron and I had been living with our parents up to then; about the same time I moved into the cottage Ron moved into The City where he’d found a flat and new job.

Every night after work at the garage was spent doing something on the cottage, but I gave myself Saturday nights off. ‘All work and no play makes Jack a dull boy’ so I went to play, hopped on the train into The City and went to The Mecca Dancehall. That’s where I met Jenn, we found we danced well together and became very friendly. When I reckoned the cottage was decent enough I invited her to spend Saturday nights after the dance with me – that’s what she did and went home Sunday afternoon.

Now I’ve got to tell you about the computer, ‘cause that played an important part. It was the Boss’s computer originally, he had it in his office at the garage and anytime I had reason to go in there, especially if he was using the thing it intrigued me and I’d watch what he was doing and what happened. He did try to explain some times but most of it stayed a mystery to me. I believe he was taking some lessons at evening class at a college.

It sort of happened like the business with the cottage – one day he says to me, ‘I’m getting rid of this lot, getting something up-to-date,’ meaning the computer and printer. ‘What are you going to do with this?’ I asked. ‘Chuck it,’ he said, ‘it’s obsolete, Nobody would want it.' So that's how I got my first computer. Had to borrow a car to take it to the cottage it was so big and lumpy. Had to make space for it in the living room; set it up but wasn't sure which wires went where, there was the big monitor, a keyboard, a mouse and the printer and, of course the power supply cable. Brother Ron came in useful again, I knew he was a wizz with computers, used them every day. He was so posh he had a phone in his London flat. He'd given me his number so one evening I used the phonebox in the street and asked him if he could come and help me. He arranged to come the next Sunday morning, not the best time for me but I didn't quibble. Didn't tell Jenn 'till we were on the way to my place on the train after the dance.

We were up, dressed and breakfasted when Ron arrived. I shouldn't have been surprised but I did ask myself, 'How can he look so smart when he's dressed casual for the weekend?' Couldn't resist taking a dig so I made a remark about the 'handbag' hanging from his left shoulder.

Calmly Ron said, 'Not a handbag – a manbag'.

It was box shaped, made of dark leather and had a clip-down flap. About the size of a loaf of bread. I noticed that Ron kept it close all the time, never left it lying about out of reach.

A cup of tea and we gathered around the computer. Ron was polite about the age of the gear compared to what he used. I asked him what his job was and he came back with that sort of jokey answer, 'I could tell you but then I'd have to kill you.' He put all the connections together with not a moment's hesitation, switched things on and made programmes appear on the screen. Talking me through what he was doing he explained basic functions. He vacated the chair and told me take over. Step by step, instructed by Ron I practiced the basic operations a number of times. Tapping away at the keys I saw my oil-stained hands, the fingers and the black nails, you can wash your hands as many times as you like but you can't get rid of the ingrained engine oil stain. Ron's hands, of course, had been clean and pink, the finger nails neatly shaped with white half-moons on every one. For certain a girl like Jenn would notice.

We went for a meal at my favourite Pub/café as a thank-you to Ron. Little brother he might be but he was way ahead of me. We sat all relaxed eating our meals but I was looking at this brother of mine, very proper with his manners and handling his knife and fork, different from me in the way he talked, what they called 'cultured' I suppose. For a weekend off his clothes were better quality than my Sunday best. In the chat I told how I'd had to use the Phone-box to contact Ron and that had decided me to get a phone installed.

Ron said, 'Don't do that. Leave it as long as you can, phones are going to change.'

He opened that manbag of his and took out an object nearly the size of a brick. 'This is what phones are going to be,' he told us, 'only they will become smaller and handier as technology develops. They're wireless. You'll be able to carry your phone with you and use it anywhere.'

No doubt Jenn and I looked extremely puzzled. Ron didn't hand his phone around or let us touch it. 'Goes with the job,' he remarked and shut it back in his handbag.

By the time we finished at the pub Jenn was due to catch a train and head home. Ron was going back into The City too and offered to escort Jenn to the station, which I usually did. I was so keen to get back to the computer that I agreed happily and ungallantly to Ron's offer, so off went Jenn and Ron to the station and I to the cottage.

Now that everything was connected I had the computer running at once. Ron had said, 'Next time you start up type TEXT.' So I did. On the screen came,

I COULD TELL YOU BUT … and THANKS FOR FIXING THE BIKE

That touched me, him remembering all those years ago.

Next Saturday I gave myself the evening off and went to The Mecca as usual. I sat aside for quite a while waiting for Jenn but she didn't turn up. I didn't stay a wall-flower all night. Wondered if Jenn was OK though. Next time the boss was out I used his office, looked up the phone number of the Dress Shop Jenn had told me she worked in and I phoned there. A posh voice said, 'Fashion Frontier, can I help you? I asked, 'Can I speak to Jennifer please?' A not-at-all posh voice barked, 'This is not a public phone. Jenny does not work here any more. She has moved on. Don't call here again!' and the phone was slammed down. Jenny gone without telling me. Didn't understand.

Back in the cottage I lit up the computer. Didn't know what to do so typed in TEXT. Up came THANKS FOR FIXING THE BIKE. THANKS TOO FOR JENNY. I COULD TELL YOU BUT THEN YOU'D KILL ME.

HIDDEN

I had a sister-in-law who was a teacher; I used to make the usual jibes about it being an easy job – short hours, sitting in front of a class watching them work, having long holidays. She hardly ever said anything, just gave me a scornful look. Didn't alter my opinion, in fact it was such a good proposition that I quit my job and went for Teacher Training.

Besides learning to teach I learned a few other things, like that my hearing was good, which would be useful in the classroom detecting whispered comments, that I needed glasses due to so much reading and writing and that my voice had to get past the normal level and learn to be stronger than the sound of twenty five chattering boys entering a room.

Having completed the course and proudly collected the Certificate that declared me a teacher I went out into the wonderful world of opportunities to find myself a job. They were in fact few and far between and I had to travel the country to follow up adverts in The Times Education Supplement. The experiences made me begin to wonder about my concept of teaching in a Secondary School. I was intent on working with teen-agers because I was looking forward to dealing with subjects such as Shakespeare's plays or modern drama at an intelligent philosophical level.

I would arrive in some mystery town, have the problem of tracking down the school, walking into the grounds and, if it was a break-time, contriving to stride confidently through the melee of native youths to find Reception. I was surprised how big the average teen-age lad was. That was enough to make me uncomfortable being a small chap; the impact of the accumulated stares, positively canabalistic, was nothing short of scary.

The interviews followed pretty much the same routine at all the schools, some with just the Head and Deputy, some with the addition of a Governor or two. Eventually I got a job. There's not much I remember about the interviews. The bit I do remember was what the Headmaster said after I was congratulated on being appointed as he shook my hand and looked me in the eye, 'You think at College you learned to be a teacher. Not so. Here is where you'll learn to be a teacher.'

Well, that was the start. Or rather the start was come September and the new School Year. I went in to the school before the start of term to look at my teaching timetable, that's when I found that everyone was expected to teach at least two subjects and in my case help with Sports! There was an extra problem because the school only played soccer and, being West Country born and bred, I had only ever played Rugger. There was always lots of arguing with the Ref when I was in charge. One thing in which I was fortunate was my classroom, it was on a corner of the building, it was bigger than most and had large windows along two walls so was light and airy, unlike some of those in the older part of the school.

The next thing I learned was that I was hopeless at remembering names and as I usually saw five different classes of about twenty-five pupils each day they mostly remained anonymous faces. In case of the odd miscreant I would utter a reprimand, but as it had no individual name attached it rarely had much effect. Teaching was losing its charm. Life was becoming difficult. Old hand George Hill taught in the room next to mine and I knew that he never had any difficulty with his classes. His room was always quiet; the boys even entered and left in an orderly manner. I asked him what was the secret of his power to control. He replied, ‘The deadly stare.’ If you identify a boy not paying attention or causing some minor disruption he explained, the thing to do, even while you continue to talk to the class, is to fix a deadly stare upon that individual. He will become aware of being singled out, like an enemy plane caught in the searchlight and in danger, will become self-conscious and embarrassed and will shrink into silence and wished-for anonymity.

Next day I tried this magic method. Standing in front of the class I was in full flow, explaining the dilemma that caused Hamlet to meditate on ‘To be or not to be’ when I became aware of a boy near the back of the class muttering some prolonged nonsense to his neighbour. Naturally, not knowing his name to be able to single him out, I fixed him with a deadly stare and continued uninterrupted with my dissertation.

By the time I reckoned the stare should be having effect the miscreant was muttering on totally unabashed. Mentally I intensified the deadliness of my stare. It almost gave me a headache but clearly did nothing to the target. In fact he was still paying no attention when the end of the lesson came. Thankfully I stood by the door and marshalled the class out of the room. Besides feeling relieved I also felt depressed; why had George’s Deadly Stare failed? Was the fault in me? Did this mean that I would never become a teacher like old George?

I closed the door after the last pupil and turned to go back to my desk. As I turned I saw a reflection of myself in one of the windows – and I saw the answer to my failure. When I bought my first pair of glasses I had decided to have all the best technology of the time and that had included lenses of the glass that automatically darkened in sunlight. My reflection in the window of my sunlit room showed me my face with two lovely black eyes. No wonder the offender had survived my Deadly Stare, he was never aware of it because my eyes were hidden behind dark glass.

IN VINO VERITAS

Of the three of us Pete was certainly the most cautious. I don't mean he was a scaredy cat; he just saw the risks and maybe dangers in some of the adventures we got up to and he would look twice where Mick and I might rush in without a second thought.

He had the look on his face when I saw him that night, something of a rebuke there.

Silly thought, it made me chirp a little laugh; 'spect the whisky was kicking in a bit by then. Thought with all the Health and Safety stuff nowadays wanting a written Risk Assessment for every action, Pete would have become any employer's favourite foreman.

Maybe I think too much, or imagine too much but I spend so many nights on my own slumped in my old reclining chair thinking and imagining, remembering long-ago times, solacing my solitude with sips of whisky. Well, whisky laced with dry ginger ale actually but that night the dry ginger supply was perilously short and eking it out meant the whisky was growing neater at each top-up.

When Pete became clear - my sight was sort of blurry at first – either the drink or I was just plain sleepy, the building behind him became clear too, it was The Old House. That's what we boys called it, as if it was the only old house in the world. As far as we were concerned it was. When we were adventuring it could become a prehistoric ruin we discovered in the jungle, a fortress besieged by hostile natives, The Alamo, an outpost in a recent war. Whichever it became it meant we were involved in a battle, defending or attacking, wielding whatever weapons suited the age. Once upon a time it must have been a farmhouse. Now it was a burned out skeleton, jagged walls enclosing scorched and broken timbers that lay on the ground. No sign of thatch that probably once roofed the place and fed the destroying fire.

Pete was looking at me and then at Mike who I felt was at my side. There was no talking that I heard but clearly Pete didn't like what we were saying to him. He gave the two of us a very hard stare, disapproving it seemed and I saw his lips move and I know he said, 'You trying to kill me?'

I knew afterwards that Mike and I had gone too far in our challenging Pete to make the climb that Mike and I had made to the top of what had been an end wall where a chimney had been. The wall was falling to bits day by day, loose stones everywhere. We never should have climbed it and now we had pushed Pete too far. At the wall he turned to face us, and joked, 'If I die I'll come back and haunt the pair of you.' Leastways I thought it was a joke at the time.

He began to climb. We must have shamed him into it, this was certainly against his better judgement. He made the climb, slowly and very carefully. When he reached the top he did not look back at us triumphant or shout anything though Mike and I cheered loudly. I could see that his fingers were gripping the stones desperately, now he had to climb down. Compared with going up coming down was blind, he could not look to see where to put his foot, he kicked about to find a spot he could trust.

In those old walls there was no such spot. As soon as he began the descent the first trusted foothold gave way and Pete fell the whole drop from the top. There was no soft landing, only the tangle of time-blackened beams to crack and distort his body. When we went to him we needed no medical knowledge to see that he was dead.

The shared awful experience didn't bond Mike and me for ever, on the contrary we quickly drifted apart. The guilt, I suppose. We didn't want to talk about it; our presence reminded each other of what we had done.

As adults our jobs took us along different routes, we never met each other. It was at a small gathering some mates put together to mark my retirement that someone mentioned Mike and I learned that he was dead. Took his own life, they said, gone crackers, jabbering about ghosts and being haunted. Poor old Mike.

Well I don't believe in ghosts. Far as I'm concerned death is The End, there's nothing else, nothing left behind, nothing gone into another world. Nothing is going to come back to punish or take revenge.

When consciousness crept back into me next morning bringing with it a nasty headache, the empty ginger-ale bottle lay beside the chair where, obviously, I had been all night. Of the nearly empty whisky bottle I had taken more care, it stood upright on the floor. Opening my eyes caused pain. As I did it, for some foolish reason I wondered if I was going to see Pete. Of course I didn't. More of the memory returned making me wonder what had driven Mike to top himself. Like I told you, I don't believe in Ghosts but I have some

idea of how much the mind and imagination can deceive us. So bye bye Mike, bye bye Pete.
No ghosts, it's just a memory that haunts me.

ARTFUL

'Here's one for me!' declared Zelma looking up from her scrutiny of the College Prospectus, 'Cake decoration. Oh! I know the tutor, seen some of her cakes. She's good, did Sadie's wedding cake. I'm going to sign up for that.'
Her enthusiasm failed to stir husband Wally. Zelma searched on through the prospectus although she had already found a course that satisfied her, 'This one ought to interest you, Walt,' came another burst of enthusiasm, 'Water Colours for Beginners. You liked that series on TV, didn't you. Why not go and try it?'
Walt, slumped comfortably in his chair, pulled a negative face that muttered, 'Like going back to school – lessons 'n exercises. Probably homework an' all. No thank you.'
So when the Cake Decoration course began the eager Zelma flitted off to the College one night per week leaving Walt in his regular energy-conserving armchair occupation, expending only the effort required to select the desired button on the TV remote control. Despite his rejection of the idea of active participation in the world of art he rejoiced that a new series on painting coincided with Zelma's night out.
Cake decoration proved interesting and challenging, which simply made any progress and success the more satisfying. After each session Zelma went home cheerful, pleased that she had taken up the course,

excited to guess what they may attempt next. Unfortunately she did not meet the same mood when she got home.
'What was the art programme like tonight?'
'Yeah. Still sort of introduction. Too much history. Spose they'll get on with it soon. Pictures of the painters, no pictures of the pictures.'
Next week the reunion was different. When the elevated Zelma floated in, the leaden Wally was out of his chair and stomping about, frowning behind the steam rising from the mug of coffee in his hand. This was unusual; normally he waited until Zelma was in, had shed her coat and stowed her handbag, then he rose and made drinks for them both so that they sat and reported to each other on their evenings.'
Easily divining which way Wally's report would lean Zelma gave him the opportunity to unload.
'What was your programme like tonight?'
' They're on to modern stuff. Bleedin' rubbish half of it. Cock-eyed faces, blue fields, yellow skies, matchstick men! Gawd, I could draw matchstick men when I was three.'
'Did they talk about the pictures – explain what the artist was doing and what it meant?'
Walter snorted, sending out a jet of steam, which either came from the coffee or his opinion. ' If an artist has to explain what his painting is and what it means it ain't much of a picture and he might as well not have painted it.'
Zelma opted not to argue. They took their coffees and watched television, about which their differences of opinion didn't matter so much.
After her next enjoyable session of cake decoration she carried home a miniature example for Walter's appreciation. Should she offer it to Walter straight

away or first ask how his evening programme had been? She asked. Oh well, the cake may cheer his mood after he'd had his rant.

'It gets blooming worse. O.K. Van Gogh was a nutter so we'll excuse him and Lowry had his matchstick men doing something, so you could see what they meant but this time all we had was blocks of different colours or squiggles and lines. How are they supposed to tell anybody anything? They call it Art. I call it a con. They slap the paint around, tell the experts that it means something, sell it to some idiot and laugh all the way to the bank. God! You could get away with anything.'

'You should try it then' said Zelma impatiently, taking a bite of the presentation cake.

'I might do that,' Walter replied hastily, noticing the disappearing cake.

He gave up watching the programmes, so nothing happened for a couple of weeks. Zelma cheekily asked him when he was going to start painting but only received a grunt in reply. It was she who pointed him to the notice in the local paper, 'Play at Painting. Never tried painting, portraits or landscapes, or colourful daubs? Come and join Doug's Dabblers, share ideas, get help and advice. No lessons. Bring your own gear. Come and look at what others do, maybe you'll get a chance to experiment. Choose your medium, get your kit, join us and have fun.' Dates and times and the location of the meeting hall were given.

Walt prevaricated, Zelma dared him. On an appointed night he strolled to the address, a large stone-built shed. Above the double doors a faded sign read, 'D. LANE. Engineer'. Walt opened a smaller side door and went in. A wide wooden workbench stretched along the middle length of the single room and a wide ledge was fixed to one wall. The floor was well stained by years of dropped oil, as were the wooden surfaces though these had been sanded smooth. Half-a-dozen men and two women occupied places at the bench or ledge, each wielding a brush and dabbing at a surface propped up on some sort of easel. Clearly the atmosphere was relaxed and friendly. There was no babble of chatter but the would-be artists exchanged comments and wandered about to look at what others were doing. One elderly man, who Walter realised was not painting, greeted him, asked about his interest and led him around to see what people were creating. The variety of skills was quickly apparent, the use of colours was equally variable and sometimes the subject had to be guessed. Walter felt that he could do at least as well as most of these dabblers.

His guide was Douglas Lane himself, the owner of the building, retired engineer, now amateur painter and host to fellow enthusiasts, known to them as MR. D. He led Walter to a couple of Water Colourists and explained some of the technique and the difficulties and why everybody else was using acrylic paints.

Was it some real desire to be artistically creative or just a sneaky urge to cock a snoot at Zelma that stirred an enthusiasm in Walter to join this bunch of dabblers and take home something to show her? Mr. D. gave him a quick introduction to acrylic paints and told him to take a look in the local Megastore. After spending a long evening on the Internet researching acrylic paints and how to use them Walter equipped himself without breaking the bank, took home his proof of intent and gave Zelma the problem of choosing between scepticism and encouragement.

Walter cleared some space in the garden shed and did a few experiments, applying the directions from the Internet as best he could. Thus considering himself not an absolute beginner he carried his equipment to join The Dabblers in the hall on the next meeting night where he was warmly welcomed and found a space on the long table. He had made up his mind what the first subject would be, something easy that would be obvious. His matchstick men were set in a field gathering a crop the old-fashioned way, there were scythes and dogs.
He felt that his matchstick men were alright and looked as if they were working but the landscape sort of stood up vertically, reminding him of very old pictures where the artist hadn't got the idea. Dabblers came and looked, paused and walked away. Mr.D. said something about Lowry had done that and find an original motif. Walter painted the same picture again but trying real people and getting the field to lie down. Someone looked and said encouragingly, 'Keep trying. You'll get there.' Walt was not encouraged, he looked at his painted people and didn't like them and some of his dogs might have been elephants. At the end of the night he had nothing that he was going to take home to show Zelma.
Next week he tried portrait painting. The results were not at all satisfactory. A fellow dabbler advised about proportions in the elements of a face. Walter took sneaky looks at companions, trying to measure the placing of the elements but was glad no-one recognised his portrait of them. Over the weeks he tried landscapes and architecture, mixing colours and layering, but had to admit to himself that this painting business was more complex than he had realised. Zelma kept asking to see one of his paintings and

Walter kept bluffing that all was going well, it was as easy peasy as he always said it was but he was experimenting and wasn't ready to show her anything yet.

At the next meeting he set up his kit and stood before the blank canvas unable to start, his ideas as blank as the canvas itself. Mindlessly he took a brush, wiped it in paint and, with no particular intention moved it across the canvas. With a different colour on the brush he swiped an intersecting line. He felt something more was needed; with different size brushes and a mixture of colours Walter created a tangled mesh filling the space, so interested was he in the developing pattern that he did not notice the visitor who joined Mr.D. and patrolled the group looking at the works. The result of Walters slap-dashing was vibrant and strangely satisfying to him.. He was actually pleased. Dabblers came and looked. There were a number of, 'Ummms'. Someone said, 'Striking.' Walter took it home and showed it to Zelma, who asked, 'What is it?'

'I dunno. It's how I felt,' said Walter.

Zelma's eyes opened wide as she looked at the painting and at Walter. 'You need a psychiatrist,' was her opinion. She made it clear that the so-called picture was not going to decorate any of the walls so Walter took it into the garden shed where he propped it up and gazed at it in prolonged, silent contemplation. Was this an expression of his frustration, a visualisation, a culmination of his ambition, the defeat of any talent? It came to him - such is life! He had to paint it.

Over the next couple of days and nights when Zelma saw him slumped idle in his chair, which she took to be his usual state, she could not know that an idea was galloping furiously about in his brain.

He found a piece of fibreboard that had once been the back of a cupboard and he cut out a panel 60cm by 30cm. He gave the smooth side a wash of diluted acrylic paint, a greeny/blue misty swirl. Something he had learned with the Dabblers. With no formal plan, no preliminary sketches, he began there in the shed to add his symbols. At the next meeting of the Dabblers he set up his stand and board and continued the erratic march of emblems from one side of the board to the other.

Mr.D. was wandering around accompanied by the earlier visitor; she was taking time inspecting Dabblers' work rather critically, asking the occasional question of the artist. Arriving at Walter's station she looked and stood in silent speculation for long enough to have dismayed some artists; Walter was not bothered, he kept on applying the paint, he knew what he wanted to produce, he didn't care what anyone else thought.

'Significant. Most interesting,' said the visitor eventually to Mr.D. , 'I very much want to see this when it is finished.' Then she spoke to Walter, 'I have a feeling about this but are you willing to explain to me what the symbols represent?'

Her question took a second or two before it penetrated Walter's concentration. Distracted, he paused brush in hand; that the face was unfamiliar didn't matter, Walter knew what he was doing and the World's opinion was irrelevant. He could tell her and she could make of it what she pleased.

'It's a vision of the human journey, or one person's journey, my journey, your journey – please yourself. The circles are people, the question marks are the unknowns, the squares are the blocks, the stops the rejections, the triangles show them and the difficulties stabbing into the lives, the pivot points, the Xs may be deaths or the end of something. The exclamation marks are victories, triumphs, where we won – not many of those, see. I haven't got all the way across yet. How do you think it's going to end?'

The visitor assured him that he alone must decide that. Turning to include both Walter and Mr. D. she said, 'This is a most original work. It could become significant. I most certainly want it for the exhibition.'

Walter took the painting home that night and proudly showed it to Zelma, telling her of the visiting lady's words and demand for it to appear in an exhibition.

Zelma was astonished and mystified, exclaimed, 'She must have been joking. What on earth is it supposed to be?'

Walter smiled and said, 'It means whatever I say it means. Do you want me to explain?'

With heavy sarcasm Zelma flashed back, 'You told me that if a picture had to be explained it wasn't worth painting.'

'That's true,' Walter agreed quite cheerfully.

'Then why did you paint that?'

'Cause I was no good at painting anything else,' Walter laughed, 'Sort of proves my point doesn't it.'

MY DREAM GARDEN

In our retirement my wife and I bought a house that had a fair sized garden at the back, probably intended for the cultivation of fruit and veg but time had moved on and the previous occupants had raised only flowers. That's the way it stayed, tended by my wife. I had other interests beyond the home that involved a bit of engineering in which I had trained. So when my wife passed away and I was left on my own I knew nothing about gardening.

There at the back of the house was the flower garden. For my first solitary year, I have to admit, it was neglected, but seeing it in the second year becoming overgrown and untidy I felt guilty remembering that this had been my wife's labour of love. My first venture into the art of floriculture was to rip lots of stuff out of the ground, confident that some of the victims were weeds or at least undesirables. The flower beds certainly looked tidier. It must have done some good because next year whatever grew looked a lot healthier and stronger. There was one plant that shot tall, straight stems two or three feet into the air and produced a bud like a spear head. When this opened, out came a fuzz of flowers and when the flowers died the remains reminded me of a chimneysweep's brush. I was impressed. I took pictures and went to a Garden Centre and asked what it was. The chap informed me that it was an Agapanthus. I had learned something about gardening. The trouble is I'm rather old and words get mixed up in my brain – such as it is.

A cousin of mine called in and he's a gardener, so inevitably we looked at the garden. Proudly I showed him the healthy plants and pointed out the one I named as an 'Angry Panther'. There was a silence – that sort of silence that is more than a silence.
He said, 'A what?'
'Angry Panther' was a joke name that had been in my mind for some time, the trouble was that it had rather replaced 'Agapanthus' so that now I could not recall

the real name. My cousin was pretty knowledgeable and came up with the right name and we both laughed.

That night I went to bed thinking about the garden, because I did feel a bit proud of how it was flourishing. Of course this led on to my dreaming about it and then I was admiring the tall straight stems and the spearhead of the Agapanthus, which burst open and the fearsome head of an angry Panther lunged snapping at me. I hurried backward but, to my horror, the long-stemmed Angry Panther pursued me. I ran as best I could, dodging amongst the plants realizing that I was now no taller than the key to my garden shed. This was like something from the film, 'Jurassic Park'. Thinking of the shed reminded me that there was a weedkiller spray gun in there. Somehow I was in there and grabbed the tub containing killer. It had to be pressurized by a pump handle in its lid. Frantically I pumped as I dodged among the plants. The Angry Panther loomed above me. I pressed the trigger and shot it in the face. The Panther gurgled and spat but did not die, I had to run. The beast came sniffing for me,
I dodged and fired again. The killer was having little effect. Perhaps it needed time to work. I must keep dodging and escape the beast in the hope that it would succumb The hunting and dodging went on.
I pumped desperately, like a soldier recharging his gun. Now it was like a film about the Vietnam war. On its long, slender stem the Angry Panther moved among the other plants more easily than I. Even small roots were like tree trunks to the diminished me and tripping over one I fell. Lying on the ground I looked up and there was the angry beast directly over me. In desperation I rolled to one side to escape. That's when

I fell out of bed and very happily woke up. I made a cup of coffee and didn't care if it kept me awake.

STOCKTAKING

Buller was only a small town but Sheriff Al Douglas felt the importance of his office as his responsibilities extended to a large surrounding territory. The farm of Ez Walters was within that territory, though it was about two miles from town. Everyone had to come into town to buy provisions so Al knew just about everybody, including Ez and his formidable wife Marge who disliked each other equally.

'Go out to the barn and see what's upsetting them cows,' Ez yelled.

'Go yerself,' Marge yelled back.

'Can't. I'm putting a new lace in me boot an' it's a long one,' Ez replied.

Marge went.

'Took you a long time,' Ez complained when she got back.

'Took a proper look around,' said Marge and went back to peeling vegetables.

Ez had been in town a couple of times in recent days to bother the sheriff with complaints that sacks of grain had been stolen from his barn. The language of the complaints and the forcefulness with which they hit the sheriff's ears persuaded Al to make a convincing show of inspecting the scene of crime and making notes, not that he held much hope of finding the thief. Whoever was the culprit had left absolutely no clues or traces, not even tyre tracks, though a vehicle must have been needed.

Ez and Marge shared the big old double bed that they had shared since their wedding night thirty years ago; an invisible bolster kept them apart at night now. Ez had taken to sleeping in the same underclothes, thick vest and long-johns, as he wore all day. Marge demanded he change once in a while when the smell got too bad for bed-sharing.

The farm was largely crop growing, most of the grain being sold on, but Ez kept a few cows, good stock for breeding and taking to the sales. He had sectioned off an area of the barn and currently housed his cows there. When the grain stealing began he feared that the thieves might become ambitious and think of taking one of his prize cows. There were cats in the barn keeping the number of rats down but they were no good for warning against break-ins. Their dog was old and used to living in the house but Ez reckoned it would do as a guard-dog and shut it in the barn last thing at night.

It was hardly uncommon for Ez to get out of bed at some dark hour of the night to go for a pee; Marge usually slept through the mild disturbance. It was a different experience a couple of nights after the dog had been left on sentry duty; Marge was woken as Ez violently threw back the bed-clothes and heaved himself out, mouthing curses on whoever he would find. He hurtled out of the room and down the stairs in his underclothes. Marge heard the house door crash and the dog barking and the cows mooing. She pulled the blankets over her head to reduce the noise and went to sleep. When she woke the next morning she realized that Ez had not returned to bed. His work clothes still lay where he had dropped them when he undressed the previous night. For the unlikely chance that he had put on some clean clothes without her

demanding it, she checked. But no! That hadn't happened. Thinking he may have had an accident, be lying injured, she headed straight for the barn. The old dog wagged its tail and stood by her. There was no sign of Ez. Marge made a circuit of the barn area and found nothing, she went to look in the house, but there was no sign of Ez. Back in the barn she looked around more carefully but saw no signs of any fight, nor any indication that sacks of grain had been moved. She stood looking around again, she knew how many cows they had and they were all present, of the sacks of grain she was not so sure.
Marge waited until midday in case her missing man turned up, then she phoned the Sheriff's office and Al Douglass set the official wheels in motion.
Aboard Mothership 21 of The Galactic Fleet many miles above Earth the Stock Supervisor was having a rant, ' It's supposed to be grain and cattle you clockwork nincompoop. Can't you tell the difference between a cow and a human? We can't put him into the meat holdings.'
The replicant operator of the scout ship replied, 'I have always known the difference and I carried out my orders. No fault has developed in my circuits. I am sure my brain is in good order, solid state memory is reliable. I have run self-tests. It's a pity you people are not like we operatives then we would not need to scavenge for food wherever we visit.'
The Stock Supervisor, annoyed at the replicant's attitude, snapped, 'Yeah, yeah. All you need is a power unit and a drink of oil. That's cause you're a machine.' He called the department head.
'Is the human dead?' was the question.'

Stock Supervisor was already sure of that. 'Of course. The Scout's acceleration will have mashed his brain. What shall I do with the body?'
The answer was immediate, ' Dump him somewhere. Far away from where he was lifted.'
'You hear that, Clockwork?' said the Stock Supervisor, 'Dump the human.'
He and the department head had a few minutes discussion about the mistaken cargo and wondered, despite the replicant's assurance, if there could be a fault in its system.
'Better recall him and send somebody else to return the body.' was the head's advice. But it was too late, the body of farmer Ez had already returned to Earth. The suspect Scout operative was recalled and sent to the Mothership's workshop for inspection.
Back at the farm sheriff Al Douglass was mystified. The tracks of Ez's dash from the bedroom into the barn could be identified; there were no signs of anyone else being there. From the highway to the barn there was only one dirt road and that bore no signs of overnight traffic. The possible theft of sacks of grain could be dealt with by Al but the possible abduction and maybe murder of Ez was a different matter. Al sent for detectives from the County Town. They quickly became as baffled as Al and the only difference was that the search for Ez went wider. Detective Nichols would have liked to accuse Marge of murdering her unsocial, smelly husband but there was no evidence and not even a whiff of a body. At the end of the day the forces of law and order went away. Marge said that she was worried the thieves might return and take grain or one of the cows, being bolder if they had done away with Ez. Really she was pleased that she wouldn't have to get into bed with

him that night. The sheriff promised that the mobile patrols would keep an eye on the farm road and the highway night and day.

On Mothership 21 another Scout ship was later summoned to the Provisions area and the operative given clear instructions to collect a meat source edible by the intelligent personnel of the ship's crew. Following the recorded route of the previous scavenging flight, Number 2 was directed to the farm of Ez and Marge. In the darkness of Earth's night it hovered over the barn, electronically searched for flesh, identified a cow and locked on to it with a tractor beam. The beam lifted the cow on board.

The tractor beam also generated light in the atmosphere which was seen by a patrol on the distant highway who immediately headed for the farm, guns at the ready, expecting to encounter the thieves en route. They met no-one and when they arrived at the farm found it all in darkness. The old dog in the barn disturbed by the arrival of the car and the voices of men began to bark, all else was quiet. Clearly Marge was asleep. The two patrol men took a look around the barn inside and out but saw nothing about which to be concerned. It required some heavy banging on the door of the house to rouse Marge, who looked out of an upstairs window and asked who was there. Persuaded by the two officers she got dressed and joined them to inspect the barn again. There was no indication that the grain sacks had been disturbed but one cow was missing. There was no sign that the fences had been moved, no hoof prints beyond the fences or outside of the barn. Sheriff Douglas, detective Nichols from the County Town and the two patrol men gathered at the farm to investigate this latest mystery. The detective was keener than ever to convict Marge of doing away with Ez to get possession of the farm, to sell off the cattle, then the farm and claim on any insurance policy and retire rich. Unfortunately for his theory Marge couldn't do any of that until Ez was officially declared dead, without a body that would take a long time. Then there was the puzzle of the missing cow when no rustlers had been encountered nor any traces of transport. The patrol men told of the beam of light seen from a distance but could not be certain that it had been over the barn. The detective was struck with a brilliant idea: a helicopter! The thieves must have hovered there and used a sling to hoist the cow. Sheriff Al remarked that helicopters made a lot of noise, which no one had reported and Marge had not been woken up. Against that the patrol men told how difficult it had been to waken Marge. No sensible answer was reached.

The mysterious disappearance of Ez and now the missing cow gave the local press a front-page feature to run, which quickly caught the attention of the State-wide papers. The next days offered a variety of suggested solutions and ingenious methods for the accomplishment of the crimes. Mention of the light beam brought in numerous UFO theories and reports of alien abductions which, although they offered the needed solution, were totally rejected by the investigating detective. As the whole business wound down to a dead end interest rapidly faded, Marge kept things going with the help of their occasional handy-man, Mike and sold the cows anyway to make her life a little easier. She kept count of the sacks of grain and no more of them disappeared.

Meanwhile in Yorkshire, England a group of hikers exploring the expanse of moors came across the body of a man clad in only a button-up vest and long-johns.

The site became a scene of crime and it was deduced that the body had been there for at least four days. Postmortem found that the only detectible cause of death was that the brain had been shaken or jolted so violently that it was reduced to jelly. The finding of the corpse did not make the front pages. There were small articles on some inside pages and more detailed articles in local Yorkshire papers. When all the usual efforts to identify the man had failed a plea for any information, including a picture of the face – suitably prepared – was made on television. There were two claims to identify the dead man but these quickly proved incorrect.

The fact that the garments both had labels showing them to be made and sold in the USA at last persuaded the investigators to contact their equivalents in America. Exchange of fingerprints and dental patterns led to nothing. A popular TV crime programme was given the information and the photo image, this went out nationwide. The response was immediate, every adult in Buller recognized Ezra Walters. Now he could be pronounced officially dead. Marge wasn't going to pay for the body to be shipped home and told the U.K. to bury it wherever they liked.

Now, of course came the question of how the body got to the Yorkshire moors. Detective Nichols beat his brain trying to imagine some way in which Marge could have contrived this conjuring trick. He was reminded of people who had stowed away in the undercarriage bay of Jumbo Jets and had died during the flight – frozen to death – and fallen when the undercarriage was lowered at the end of the flight. Even he could not figure how Marge smuggled Ez's corpse onto the airport and stowed it in an airliner's wheel bay. There must have been co-conspirators

involved. Buller was a tight little town where everybody knew everybody and no-one said they liked Ez. In fact no-one said very much and the detective's enquiries got nowhere. The UFO believers told him the perfect solution but Nichols wasn't going to accept that.
Marge did not rush to sell the farm. With money from the life insurance company, who could not deny that Ez was dead however or wherever, she went to the furniture store in the County Town to buy a new bed and mattress. Seeing her reviewing the selection a young salesman hurried forward. Getting close he recognized her, having seen pictures of her in the local papers more than once. He greeted her, 'I shall be happy to help you, Mrs Walters. May I offer the Company's commiserations? I am sorry for your loss.'
'I'm not, only cost me four sacks of grain and a cow,' grunted Marge too quietly for the young man to hear. 'Let's look at some beds.' She surveyed the doubles estimating which would best accommodate her and Mike.

CHOSEN

It was late spring so everything was growing, blooming and sprouting leaves. The men felt happy knowing how fortunate they were not to be in the trenches. Not so Major Franks, in charge of the position he expressed his frustration to the junior officers, ' Dammit! Unit B is only a couple of miles away across the plain and we have no way of contacting them. Damn new-fangled electric gadgets

broken down, no replacement, no repair. If we could just liaise we could put a plan together and deal with that little Gerry lot controlling the crossing.'
'May I make a suggestion, Sir?' said Lieutenant Hicks. Receiving a nod, he continued, 'It involves sending a messenger….'
He got no further, stopped by a chorus of, 'He wouldn't have a chance!', 'Gerry would grab him before he got half-way', etc.
Lieutenant Hicks was pleased to go on, 'That's the idea, he'd be certain to be taken prisoner!'
Puzzled looks all 'round. 'Do explain this brilliant idea,' Major Franks ordered sarcastically.
'We send a man out carrying one of the smaller ammo tins, Tell him it contains a new radio for Unit B complete with a code book, As you say, Gerry is bound to capture him and will be delighted to look at the code book. The point is the ammo tin will be full of explosives, booby-trapped to go off when they open the lid.'
'Damme! Good idea,' exclaimed the Major, ' Bound to be their C.O. wanting to look in the tin. Wipe the Command Post out. But what soldier is going to want to volunteer to be captured by Gerry?'
'A man who believes he could make his way across,' replied Hicks.
'You know such a man?' asked the Major.
'Yes Sir. Private Wadds. He's a complete pain in the backside, full of himself. Annoying the NCOs all the time, cheeky, up to tricks but always just keeping out of trouble. Everybody would be glad if Gerry had him. He is so convinced of his own cleverness that he will believe he can do what no-one else would try. A little flattery concerning our trust in his abilities, the

importance of the mission, the probability of the award of a medal, I guarantee he will volunteer.'
The lieutenant knew his man. The flattery, the realization that he had been chosen out of all the men in the Unit, the recognition of his outstanding character and abilities had Wadds eager to get started. The lush growth of so much foliage, thick, tall grasses, dense bushes persuaded him that he could move like a native Indian, undetected across the space between the Units.
Major Franks actually clapped his hands so pleased was he with this idea. Thinking ahead he instructed his officers to prepare the troops for action, not to inform them of the deceptive mission but to be ready for an immediate assault on the German position when they heard the explosion.
The Officers watched Wadds set off and were impressed by how quickly he disappeared into the leafy landscape. They consulted their watches and conjectured how long it would be before their messenger became a prisoner and how long before the explosion. Estimates varied widely. They found chairs of varying sorts, polished their binoculars and kept watch on the spot where they believed Gerry's Command Post was located.
It took as long as the longest estimate before they heard the explosion. A great cheer went up from the troops who snapped from their relaxed waiting to the tense eagerness of predatory beasts waiting to spring. The officers also opened their mouths to cheer but their exhale became a gasp as they saw the smoke and debris fly into the air. There was no cheering. The flying debris came from the location of Unit B's H.Q. The disappointed troops put their bayonets back in

their scabbards and returned to inaction. They never were informed of the truth.
Lieutenant Hicks really had known his man but even so had underestimated him. Well, Gerry hadn't got him, maybe the explosion had, so perhaps all was not lost.

THE SECRET

'Raise your hands and stand still.'
Sam felt the prod against his back, presumably a pistol.
'I recognize that voice,' he said. 'You shouldn't poke the gun into your enemy. Makes you very vulnerable, Mike.'
'Wasn't my gun, it was a finger,' was the amused answer. 'What are you doing here?'
They faced each other, hardly able to see anything in the dark building. It was past midnight, cold and damp; spooky on the derelict industrial estate.
'I could ask you the same,' said Sam.
'Department had information that some characters of interest were going to meet here tonight. Thought we might eavesdrop. What about you?' Mike asked.
'Similar,' was all Sam said.
That caused a brief silence. 'Come on, Sam. We're both Mi6. Either our Departments have got their lines crossed or we're working on the same thing,' Mike challenged. 'What or who are your lot interested in?'
'I can't tell you that.'
'Why?' Mike asked, his voice impatient or scoffing.
'Because it is Top Secret,' Sam's curt reply.

‘And I am Mi6 Top Secret authorized’ Mike snapped back, ‘ you think you can’t trust me? We need to report this meeting to our bosses to find out if the right hand and left hand know what they are doing. I’ll tell you what we are looking at, the miniaturized nuclear power plant being developed by the Neupower Company. You’ll know about that. Any Joe on the street who reads a newspaper will know the potential. What they don’t know and would never understand is how it works, that is very complex and very secret and unfortunately there is a mole in that hole and we need to find him. Now tell me, are you looking for the same mole, are we even on the same subject?’
Silence again. Mike could just discern the movement of Sam’s arm as he reached into his coat and extracted a pack of cigarettes. ‘Want one?’ he offered. Sensing Mike’s hesitation he said, ‘We can light up. No-one’s going to come here now.’
Mike took a cigarette and didn’t ask why Sam was sure no-one would be turning up for the suspicious meeting. A lighter flared and two cigarettes glowed in the darkness.
Sam asked conversationally, ‘Been abroad much lately?’
As if this were a casual meeting of friends Mike said, ‘Was in Albania. Don’t need to go abroad looking for suspects now, they’re arriving by the dozen in lorries and rubber boats across the Channel. You been abroad?’
‘Yeah. East European countries. Looking for them before they hide in the lorries or go to sea in a rubber boat,’ Sam blew out in cigarette smoke.
Mike was not accepting the distraction. ‘Come on, stop playing the Top Secret game. What are you working on?’

Sam dropped and crushed his cigarette butt. 'I truly cannot tell you that.'
Mike laughed, 'Oh yeah. I could tell you but then I would have to kill you is it?'
Sam shrugged, said, 'Yes' and shot him.

WILLING RESISTANCE

The stalwarts of Titchtown Am. Dram. Society were in ecstatic mood, rejoicing at the conclusion of a very successful three-night run of their latest performance, a comedy by a West-end playwright. It was Will Walters, Society Chairperson, who proposed a celebration party and it was agreed to meet on the next Friday evening in the Function Room of 'The Queen's Head'. Will would book complete with buffet, to be paid for out of Society funds, recently enriched by the successful run.
So they gathered, actors, stage hands, Wardrobe and Make-up, their usual average number compiling twenty, high on renewed enthusiasm. There was much talk, a fair amount of drinking followed by tucking in to the well supplied buffet at which point the meeting began to quieten. There was an atmosphere of 'fine so far, what do we do now?' The woman known as Polly piped up, 'Ivy, there's a piano, don't know if its any good. Give us a tune.'
The piano was in better condition than one might have expected so Ivy gave them a medley of airs from the past after which she turned to more current popular songs and had the party singing along like an end-of-the pier Sunday show. This literally went with a swing

but duly ran out of steam. Enthusiasm still bubbled and there were calls of, 'Who's next?'
No-one volunteered so once again someone was volunteered. ' Charlie's a right comic. He's always got a joke about summat. Come on Charlie tell us a few jokes,' called Wilf prodding Charlie who was next to him. With a slight show of modest reluctance Charlie went forward and the gathering shuffled about and regrouped into an impromptu audience. In fact Charlie was not at all reluctant or shy to perform, he had done a stand-up comedian routine in clubs a number of times and had the 'audience' laughing heartily. He left out the bluer of the tales, so completed his act more quickly than he would have in a Working Men's Club.
The party was definitely winding down now and the calls of, 'Who's next' were quite muted until someone said, 'Arthur's a hypnotist', which proved to be a show-stopper. A voice enquired, 'What?' 'Told me he could hypnotise me,' assured the first voice. All heads turned as everybody looked at Arthur. Calls of, 'That right Arthur?' 'Come on then Arthur?' 'Give us a demonstration then?' So challenged Arthur got up and moved forward. He placed two chairs facing the audience and asked for two volunteers. Polly and George stepped up and sat in the chairs. After a few words to the audience Arthur turned to his 'victims', looking piercingly into Dolly's eyes he spoke to her in a low almost whispering voice. After a short time he waved a hand close to her face and she did not blink.
'Polly,' said Arthur loudly, 'you are a little girl again. Stand up and sit your favourite doll on the chair and recite 'Mary had a little lamb' to her'. Polly did as

told, sat her imaginary doll and recited in a childish, squeaky voice. Arthur told her to sit down again.
He turned to George and spoke to him in the hushed manner he had used on Polly. Likewise, after a short time he waved a hand in front of George's face. George gave a loud burst of laughter! 'Ha,' he bellowed, 'I knew you couldn't hypnotise me, cause I made up my mind you wouldn't so my will was stronger than yours'.
Some of the audience were surprised, some thought George was a spoil-sport, but Arthur admitted that was the situation and released Polly. That was the end of the show. Polly went to her friends to ask what she had done. Chairman Will called, ' Time's getting on, let's finish off this buffet and I'll tell you a few suggestions for the next show so you can think about them before the next monthly meeting.'
They tucked in to the remaining food, moved about, formed groups chattering. In a group that included George someone asked him if he still watched the Ausie soap opera that had been running for years. George confirmed that he and his wife watched it religiously as it came on every night after the six-o-clock news. Arthur asked him what was the great attraction and the group discussed the reality or otherwise of the portrayal of life in the friendly town by the golden sands and blue sea where the sun always shone.
The party broke up and they went their ways.

The soap opera wasn't on at week ends but on Monday George and his wife were in position as the news ended. The so familiar signature tune began, hearing it George got up and left the house

immediately. His startled wife called out to him but heard only the front door slam shut.
When he entered 'The Queen's Head' he saw Arthur standing at the bar. George went and joined him and ordered two pints of ale. When these were placed in front of them Arthur looked at George and said, 'Thank you for coming.' At this the smile left George's face and he looked around in bewilderment. 'What am I doing here?' he spluttered.
Arthur explained, 'You're here because I told you to be. When we were chattering about your soap opera you hadn't made up your mind not to be hypnotized. Could happen to anyone. Thanks for the pint. Drink up George'.

SIN

There was a 'Reception' desk in the entrance hall of The Community Centre, Jeff asked for Creative Writing. The lady at the desk directed him to follow the corridor on the left and it should be the second door from the end. The town was sponsoring the promotion of leisure and interest activities, a variety of groups was represented in a variety of rooms.

Hesitating at the door Jeff looked in; the dozen or so people he saw, men and women, looked harmless though the way in which the twos and threes were discussing things seemed worryingly earnest. One man who obviously had positioned himself to keep near the door approached Jeff smiling and asking, " Hullo. Are you a SIN?"

Somewhat taken aback Jeff replied without thinking, "No. My parents were married."

The welcomer laughed loudly, " Oh, good one!" joined by others who had heard the exchange. "No," he went on, " I mean do you want to join us in SIN?"

No-one could rate Jeff narrow-minded, after a moment's consideration he answered, "Depends what sort of thing you do."

" What sort of thing, well, any interesting idea that anybody thinks up. Seeing what move might link up with something new, what might produce a reaction we hadn't experienced before, putting experimental positions together to create what you might call a new formula. Messing about with strings. We are very experimental. Our meetings are great fun."

Broad minded as he was Jeff's imagination was going into overdrive but he was beginning to feel that this was not his scene and wondered if the Town Council knew what they were sponsoring. Aware of enough eyes focused on him to make him feel naked he said, a little too loudly, "Actually I was looking for Creative Writing."

The welcomer was disappointed to be losing a new member, " Ah, that's next door. We are SIN. The Society for Internet Nerds."

Jeff didn't even say 'Thank you' as he turned and hurried to next-door.

ROUGHLY YORKSHIRE

I have always lived on The South Coast so my holidays had naturally been spent across the water in Europe. Brexit put a damper on that, followed by the

Covid scourge. I turned my attention to the region in which I lived, needing something to replace the visits to Europe. Aware as I was of several hills and tumuli in my region I hit upon the idea of searching for others, of learning their names, if they had names and whatever stories or legends attached. This kept me occupied in any spare time that I had and proved to be quite interesting, Having exhausted this endeavor something new was required. Friends to whom I had shown the results encouraged me to do the same research in some other well known region. Yorkshire was suggested. I truly hesitated at the idea of Yorkshire. From what others who had actually been there told me it was a wild expanse of moorland occupied by rough natives who spoke some semi-intelligible version of English, probably related to ancestral Viking whose characteristics the natives still evinced.

However, I borrowed books about Yorkshire from the library. From these it became clear that all the major hills had been thoroughly explored and written about, but there seemed to be nothing about minor hills and bumps with possible legendary histories; the field was clear for me. In my campervan I headed North. Researching the Ordnance Survey Map directed me from one interesting spot to another. Soon my list included 'Mary's Lamb', 'Harry's Lost Love' and more sinisterly 'Hanging Hill' and numerous others.

I found that some Yorkshire people spoke English and experience had enabled me to make some sense of the natives' local patois. I gathered some legends and information but seemed to have found all there was to find.

The pub was busy, many tourists, hill-walkers and locals in for the evening. It was meals in plastic boxes. I took mine and looked for somewhere to sit. There was a small rustic table in a corner, a local munching a pie and guarding a half-finished glass of ale. 'May I?' I asked. Don't know what he grunted but his face was friendly. I slid my meal onto the table and myself onto a chair. Pausing his pie the local said, I think, 'ill walker art tha? Seen tha boots.' The pub chatter was loud, leaning toward his nearby ear I explained my hunt for smaller hills and that I seemed to have found all there were to be found.

The man finished his pie, sank his ale and stood up.

'Theeres allusmat.' He said.

'Where?' I asked, but he was gone into the crowd and the noise.

Well, I searched the map using a magnifying glass in the hopes of finding yet another place of interest, but nowhere could I find 'Alley's Summit'. He must have been mistaken.

THE ONEFACED MAN

Len grabbed a free newspaper as he hurried through the Station entrance. The train was at the platform. Of course it was, that's the way Len timed it. The loudspeaker message was saying that the train was about to leave the platform. That was not the way Len usually timed it. He ran the last few yards and jumped aboard. There were a few empty seats, he flopped into one beside a window, the small table between him and the man sitting opposite. He gave a huff and a puff and pulled a slightly silly, apologetic face as if he needed to explain himself to the man opposite. The man with the unexpressive face slightly twitched the corners of his mouth, which Len took to be acceptance of the unspoken apology.

Having straightened out the freebie paper Len skimmed through the boring politics on the front page, turned the page and searched for anything of interest. He was not concentrating and realized that something about the man opposite was bugging his mind. Furtively he raised his gaze above the headlines and looked. The man opposite seemed on quick inspection to be very normal, normal colour, no peculiar hairdo, clean-shaven, no outrageous clothes. Even wore a tie, which not everyone did these days. Back to the paper. Big Festival of Pop Music awards. Not Len's scene but he recognized some of the names, though he never listened to any of their performances. Looked for any sports news, folded to the page.

No, there was something about the man opposite that was still niggling at Len's mind. Another furtive look. The man was asleep. At least his eyes were closed. Len took a longer look, then back behind the paper before eyes might open.

His own eyes were open and looking towards the page but he was not seeing any of it, all his concentration was on his image of the man. What was it that Len felt was wrong? The man opposite, if he was awake, must have thought that Len was reading every word on the current page he spent so long on it.

Got it!. In the moment of triumph Len sat bolt upright and banged his hands together complete with paper, causing the man opposite to wake up startled, though his face quickly returned to impassive. It seemed as though in a moment he had worked out what had happened - Len's hands gripping the severely crumpled paper, Len looking sheepish saying, 'Sorry.'

Feeling as stupid as he looked, Len began to straighten out the pages of the newspaper, not because he intended to read any of them but to hide behind them and take more furtive looks at his fellow traveler. He had not seen a face like this man's before, had not thought that there was such – left and right sides exactly the same! It is well known that faces are not symmetrical. One of Len's favourite pass-times was to play with a programme on his computer that let him take a picture of one side of a person's face, flip it over and paste it to the first part, resulting in a now symmetrical face, two lefts or two rights, which would always be interesting. There were plenty of pictures of politicians or pop-stars on which to perform surgery. Not everyone would have noticed the peculiarity of the face of Len's companion, in fact very few people are aware of the usual dissimilarity or care about it if they are aware but it was a special interest of Len's.

The paper restored to a useable shape, Len pretended to read again sneaking confirmatory looks at the other man's face. He tried it once too often and realized that the man was looking straight back at him. There was no breaking the lock. Quickly Len improvised a reason for seemingly wishing to catch the other's attention.

'I just read the item here about people claiming to have seen a UFO over the city last night. Probably another weather balloon,' he laughed in an effort to pass the situation off. 'You get one person looking at the sky and saying they've seen something and before you know it there'll be half a dozen saying they've seen it too. People will believe anything.'

The train was slowing, obviously approaching a station. Not Len's stop, his was two stops further on. The impassive face with the eyes that locked his in a

magnetic grip caused Len to feel that he was not making much impression with his cover story.
'Some of these UFO freaks believe that the aliens have landed, that some of them in human shape actually walk among us. Ha ha ha!'
The train stopped. People got up from their seats and headed for the doors and the platform. The man rose and joined the crowd. He looked at Len and said, 'What reason do you have not to believe that?' Then he was gone, mingled into the exit queue.

THE RUBBER BAND

Gregor Bullap was a brilliant inventor who specialized in animated models. He was well known in his own City, had appeared on television a number of times. It was on television that Malass Drevesky had seen him and developed an overwhelming passion for him.
She had found out where he lived and every day she went to the street where his house was located, walked past the driveway numerous times, lurked behind the ornamental trees or in a doorway along the street hoping to catch sight of the man himself. If he went out and walked anywhere she would follow, if he drove off in his car she would wait however long in the street for his return. Gregor was quite unaware of his *stalker*, his mind always occupied with some project. For any normal person it would surely have needed too much patience during the time when Gregor made a series of expeditions, one after another in a sequence of days. Malass, of course, did not know where he went or why. In reality his outings were to a

store that specialized in foam rubber and Gregor was purchasing large amounts that he took into the shed at the end of his drive. He was working on his latest and greatest animated construction. From Charity Shops he had obtained three sets of men's clothes, shirts, *trousers* and jackets, these he stuffed with the foam rubber, he made musical instruments which he connected to the men, a drum, a guitar and a guitar shaped keyboard. He christened the group *'The Rubber Band'*. Then came the genius of Gregor; the three musicians were operated by mechanical linkages which were powered by steam. The steam was generated by a battery powered heater that raised a container of *lemon water* to boiling point in each of the bodies and all was switched by a remote control held by Gregor.
The first demonstration was given to a small scientific society in the city and was hailed as a remarkable success. By the time the triumphal evening was over darkness had fallen, rather than chance reversing along the drive to his shed when he got home Gregor drove directly in. He began the difficult job of unloading The Rubber Band. First came the drummer, leaving the drum on the seat, he lifted the body out of the car cradling it as a mother would hold a baby. Watching from the darkness across the road Malass saw the man she adored embracing what must be a female. Mad, uncontrollable rage filled her brain, she ran at the shadowed figures, grabbed the cradled body and tugged furiously. A coat sleeve ripped away, Malass staggered backwards almost falling. In her insane passion she ran off, carrying the foam-filled sleeve. She did not stop until she reached her own house, there, in the light, she looked at what she had taken. The ragged end of the arm, made of red rubber,

was wet from the lemon water steam, mistaking this for *blood* Malass screamed and threw the object to the floor, where it bounced softly. Realising what it was she angrily stuffed it into a bin-*bag* to disappear with the next rubbish collection. She would seek revenge for this deception.

Meanwhile the bewildered Gregor had taken the rest of the musicians into the shed and assessed the damage. Next day he constructed an *artificial limb* for the drummer out of broom-sticks and metal hinges. To test the makeshift repair he refilled the lemon-water containers, checked the batteries and activated the remote control. The band began to play, including the drummer. Gregor was able to *relax*. The noise caused Gregor not to hear the side door of the shed opening. The still bitter Malass crept in, this man had made a fool of her. She had brought a knife and she used it to drive through Gregor's back into his heart. He fell forward convulsing momentarily. His fingers on the remote control pressed the button that set the functions into high speed. Malass tripped over his body, she fell and her head landed in the drum. There she lay unconscious while the frantic drummer beat her to death with his drumsticks.

This was a challenge to write a piece using a given list of words. The challenge words are those in Italic.

THE BUSINESS

My father taught me to drive when I was ten years old. I didn't need any encouragement to get driving, automobiles of any sort attracted me. As soon as I was old enough I joined the U. S. Army and got into the transport corps so I got to drive every motor they had on wheels or tracks.

After the Army I bought two vehicles, one a pick-up truck, the other a medium size van and I started a collect and delivery service, on hire in response to a phone call. Pretty soon there was enough work to require both vehicles at once and I had to hire a driver to work with me. From there it's the American success story; business just increased and increased, more trucks bought, more drivers hired. Today my Company has depots in ten places across The States, something like a thousand vehicles and three thousand employees, including our own mechanics. You won't be surprised to know that I run it like an Army unit. Business is good because we undercut most other outfits on price. Every time a vehicle goes out it has a driver and a driver's mate. The mate can take over if the regular driver falls ill or something but really he is my agent dealing with distributors in towns and cities we visit regularly, plus here in my home-town East Ham on this side of The Ridge and West Ham over on the other side of The Ridge. I deal personally with the importers and the 'Driver's Mates' take the drugs out to local dealers, it's an extensive network and it's the money from the drug business allows us to undercut prices in the haulage business. It's all been running smoothly for years.

Feedback from my agents started mentioning Tony Mickson, who I knew was a small-time crook in West Ham. He was running a Protection Racket, with some 'Heavies' to collect the money but, according to my men over there, he was hankering to get into the drugs business. So far he hadn't done anything about that and he should know that I could put enough men out to smash anything he started. I was in the room I call my Control Centre when one of my close staff came and told me Tony Mickson had turned up, asking to meet with me. To say I was surprised would be the understatement of the year. Then my man said, 'Never mind Tony, You'll be more interested in his car, it's a Mericano Firebird.' He was right, that was interesting and surprising, the Mericano Company went out of business forty years ago. Instead of Mickson coming in I went out and there indeed was the Firebird something like forty years old and in showroom condition. My enthusiasm was out of control and I had Tony Mickson tell me all he knew about the car, open up the engine bay, explain what was in there, the drive train, the steering. It was a rear-wheel drive, no-one makes that any more, all front-wheel and automatic transmission. Mickson had been tipped off that the old car was lurking in a barn somewhere, he had bought it and spent a fortune on getting it brought up to the new condition. I really wanted to drive it but reckoned it would not be clever to be begging a favour of Mickson right there. We went into my 'lounge' – Yeah I have a fancy house. We did small talk for a while and had a drink but then things went bad. We got to the drugs business and Mickson wanted 'in'. He offered to share the business in West Ham with me! The nerve of the guy. West Ham was my territory, why would I want to give him a share? Did he have some idea that he could take over, muscle me out of there? He certainly had the wrong idea and that's where any conversation on that subject ended. My interest turned back to the Mericano Firebird and my great desire to experience driving it. Mickson knew that and he was hardly in a position to refuse me.

This was in Winter time, the afternoon was already getting dark and The Ridge would be getting touched by frost. The route from East Ham over The Ridge to West Ham was three miles of twisty road up to the mile or so of rough territory and three miles of twisty road down into West Ham. It would be tricky with a rear-wheel car on any icy surface. That just seemed like a challenge to my skill as a driver, just made me more determined to do it, being a passenger probably would not appeal but that's what Tony Hickson had to be. I phoned a man in West Ham and told him where and when to meet me. The journey was all that I had expected it to be. Remembering it was rear-wheel drive was vital, fortunately there were few incidents with ice. The headlamps were surprisingly good, which was a blessing and the forty-year-old engine had certainly been well serviced and tuned. I got safely to the big carpark at Walmart on the edge of West Ham and put the car in the corner where I knew the flood-lights and cameras didn't cover. I switched off the ignition, got out and felt pretty pleased with myself for having made that difficult run in a totally unfamiliar car. One tip I had remembered was to add weight to the back wheels if conditions are going to be slippery. I opened the trunk and threw the keys in there with Tony Mickson. The tip recommended adding a sack of potatoes, well I reckoned Tony was as good as that.

I would have liked to keep the Firebird but that would not have been clever under the circumstances. I went to find my ride back to East Ham.

BOB BROWN'S ESCAPE

The South Field was an orchard where pigs roamed amongst the trees. Arthur Brown, the owner of the

farm had encouraged his son Robert to raise pigs hoping to teach him something about business finance. It was difficult to teach the arrogant Robert anything. When the war began in 1914 and so many men went off to join the army the seventeen year old Robert thought his great moment had come as the field was clear for him among the lasses of the village.
One afternoon he went to inspect the pigs, who were doing well among the fallen fruit, but a stranger was there too, a man dressed in rough, worn clothing. A man with dark, leathery skin and wild hair. In one hand he held an apple. 'Who are you? What are you doing, stealing apples?' Robert shouted, he was a big lad and not afraid of the trespasser.

Speaking with a strange accent the man replied, 'I am very hungry. I take only one apple.'

'Steal, you mean. Put it down and get off my land before I beat you.'

'You need all these apples for yourself?' pleaded the man.

'Yes! I can eat apples until I turn into an apple. Clear off, Gypsy.'

The stranger answered, 'Very well, eat your fill, become an apple, I promise you, you will not escape from this curse until someone eats you.'
The man dropped the apple and went away . Robert checked on his pigs and frittered away the rest of the day. In the evening he told his father about the incident and was disappointed when Arthur suggested

that they could easily spare an apple or two for someone in need.
The months passed quickly taking Robert to his eighteenth birthday. The seasons had turned, the apples had been harvested, fields had been ploughed and sown. He had not thought much about the incident with the gypsy but the man's face and his words came back now and then in bad dreams. He found himself unpopular in the village, too. The army was still made up of volunteers, Arthur had persuaded his son that he was needed on the farm more than at The Front, but in the village Robert was getting no kisses, he was receiving white feathers. The villagers' disdain became unbearable, Arthur employed two old farm hands and Robert went off to join the army.
Soon Bob Brown was in uniform and in the mud of Flanders with many other suffering souls. Even here the touch of arrogance was not entirely erased, it showed itself one night when he went out with a patrol, his tin-hat tipped back at a rakish angle, the strap not secured under his chin. The blast of an explosion sent his tin-hat whirling away and a bullet carved a groove across his forehead barely an inch above his eyebrows. He fell unconscious into the mud, fortunately landing on his back saving him from suffocating in the mud.
Just before dawn a party of stretcher bearers found him, surprised that he was alive. Inspecting Bob's head closely was 'Gypsy' Walters, so called by his mates because of his appearance. Bob opened his eyes to a dizzy, misty world, when they focused they saw the gypsy face close to his own. 'Am I an apple?' he whined.

Gypsy Walters knew that it was best to reassure suffers in shock so he said, 'Yes, lad, you are an apple.'

Bob was carried back to the English lines. He had emergency treatment and was passed back to a better established hospital. The head wound began to heal, leaving a brutal scar, but the mental confusion remained. Bob knew that he was an apple. He was incapable of logical thought or action. Even the doctors became convinced that the insanity was genuine, not a ruse to escape return to The Front. Bob was returned to 'Blighty' to join other 'shell shocked' casualties. He spent most days wandering the grounds or sitting muttering, 'I am an apple.' He was in good company as many of his fellows acted equally oddly. There was Mike who one day was a dog and ran about barking, another day he was a cow and went about mooing and another day was a sheep and went about going, baa, baa, baa. On the day he collided with Bob and Bob said, 'I am an apple,' Mike was being a pig and said, 'Oink, oink. Pigs like apples,' and bit Bob's arm. There was yelling and people rushing around. There was blood and Bob in the treatment room. He was given tablets to swallow to calm him. He was sent to lie down. In his sleep the gypsy came again and repeated the curse. Bob awoke with a shout, 'I've been eaten! I've escaped the curse!' he yelled.

He gave his explanation to the doctors who saw that he was no longer wandering about uselessly muttering, on the other hand they considered that only a very mentally disturbed person could believe the weird nonsense of Gypsy curses. After due deliberation it was decided that Bob would be better suited to return to the farm and help produce food to feed the nation.

So the happy Bob returned home, a hero in the village, shamelessly wearing the badge of his combat scar.

SHADOWED

‘ I’m just a back-room boy, Sir,’ Jameson pleaded, ‘never been in the field, have no experience of it.’
‘Precisely what makes you right for the job,’ said The Chief, stressing to make it a compliment. ‘No-one in the ‘Dream-maker’ outfit has ever seen you, know anything about you.’
‘But I’m just a finances man, tracking money laundering, hidden accounts and all that. I know nothing about drugs,’ Jameson added to his pleading, somewhat scared at the prospect of being sent out to negotiate with drug dealers but aware that he felt a bit of excitement too.
‘Same thing, Jamie boy. Where do you think all that money you follow comes from? This just takes us a step closer to the source. You’ll not be in any great danger, the person I want you to meet will be no higher than middle grade in their set up. We want you to be a buyer asking for a meeting closer to the top man. You’ll be helping to smash one of the biggest drug organisations in England.’
Caution still stronger than excitement, Jameson protested, ‘It still sounds very dangerous to me. Will I carry a gun? I have completed weapon training.’
‘No, no, firearms are not common in this country, even among the drugs gangs. If they searched you and found you armed it would undo the whole set-up.’
Alright for big beefy Boss-man who wasn’t going out into the field, thought Jameson, the lightly built

academic. 'You won't carry a gun, but you'll be protected, Brix will shadow you at the meeting, he will be armed. You won't see him but he will be watching you.'

Jameson did not know Brix very well so they met that afternoon to discus how they would operate next day. The meeting with the gangster was to take place in a disused church in a run down area of the city that had a very unattractive reputation that added to the accountant's trepidation.

'You're going to shadow me? I don't know what that means in this context,' Jameson expressed his doubts.

' s'right. I'll be one of your shadows,' Brix was sort of laughing as he spoke.

'One of.... How many are there going to be?' Jameson was confused.

The cheerful Brix, laughter shaping his face, said, 'There'll be your usual shadow, if the sun's shining, following you or leading you or beside you, depending which way you're going. There'll be me, flitting about like a shadow trying to keep out of the light, then there'll be your spirit shadow. That's another part of you with a life of its own. It's a person, it's independent but it's still you, never leaves you. Probably the bit of you that survives after you've died. Wouldn't call it your ghost. Though in ancient times they sort of got mixed up with their ideas of the Underworld, Land of Shades and Shadows. You don't have to worry. One of you will survive.' He really did laugh at this. Jameson did not share the humour. He did not know what to make of Brix who was to be his protector in this assignment, feeling he should be a more serious character not smiley-faced and joking about ghosties.

Jameson was briefed in the message the gangster was to pass on. He was assured that he needed no cover story; the Accountants Office where he worked was a genuine accountancy firm set up by the Security Service who operated behind its doors. His role would be minimal.

At the appointed hour next day, as instructed he left his car in a side street and walked to the deserted church. The building had a number of rooms and passages besides the main assembly hall, everything was dusty and dirty, disturbed insects flew up wherever Jameson moved, there was nothing to indicate which way to go or where he would meet the gang's messenger.

'Step through into the passage on your right and walk toward the exit door,' a voice called out, unnatural in the hollow building. Jameson stepped into the passage and walked toward the exit and the outside daylight. Suddenly he was pushed from behind, so violently that he fell face down. As he fell he heard two shots fired and heard the whistle of the bullets speed above him, where his body would have been a moment before. Within those same moments he glimpsed a figure silhouetted in the doorway and heard another shot fired from behind him then the sound of someone running away. Brix ran to the exit, looked around and came back to Jameson who was getting up from the floor.

'Sorry, Jamie! Let you down there,' Brix was serious, no sign of laughter here. 'Damn insect stung my right hand,' he held the hand up for inspection; it was already swelling in a red lump. 'My right hand. Lost the split-second getting the gun into my left hand. Would have caught the bugger otherwise. Good job you fell, saved your life.'

'Well. Thanks for pushing me. You did your job after all and saved me,' Jameson said busily dusting off his suit. 'Was that the man I was supposed to meet?'
Brix shook his head, 'No, he's outside. Gone to meet his maker. Somebody followed him here for sure.' Brix's usually comic face took on a puzzled expression, 'Thought you tripped. I wasn't near enough to push you.'
Jameson looked at Brix, 'No, I was most definitely pushed.'
'Not by me, wasn't near enough. Too busy with that insect bite,' Brix said, almost casually, closely inspecting the hand in question.
Was that a slight grin on the face of Brix as he bent remarkably close to the hand? thought Jameson.
'No wasn't me, I didn't push you. I was the shadow that failed you, must have been your other shadow that pushed you, was watching over you all the time,' continued Brix, 'foresaw the danger. Spiritual, you see, like I told you.'
They left the building, not talking. Brix occupied with his swelling hand, Jameson saying nothing but sneaking glimpses at his companion's face, looking for clues to the believability or otherwise of Brix's account.
Back in the office he related his experience to a close friend, especially Brix's explanation of the life-saving push and his own confusion as to how otherwise it could be explained.
'Who knows?' the friend mused, 'maybe you did just trip. One thing I do know, Brix is a joker, the worst leg-puller in the department.'
That information did not help to resolve Jameson's confusion at all. Some people might search for an answer in a church but Jameson had no desire to visit

any more churches and was glad that he was not asked to make anymore outings into the field, deciding that the office was definitely his spiritual home.

FATAL FAT

For sure the early pioneers in America were lean and hungry men, there was no easy living for them. There was open range, there were forests, there were mountains, there was heat and there was freezing and the only shelter was what they made for themselves. How different a few centuries made things.
Anyone who paid a little attention to politics knew there was going to be trouble when 'Skinny' Skelton became president. Not that he was the initiator of the general antipathy toward 'Fatties', that sentiment had been spreading for years before he was elected. The city life itself was a significant generator of the spirit of rejection; Fatties on overcrowded coaches and trains, Fatties overflowing seats in theatres and in aeroplanes, filling the elevators in sky-rise towers, jamming the doorways of public building. Many over-weight people had bad health and needed medical help. The doctors and the hospitals didn't mind, the treatment fees made them rich, but only the rich got treated because only the rich could afford Insurance. That didn't last, there were so many atties in The States needing treatment that the Insurance Companies began to refuse cover.
Julius Caesar in Shakespeare's play said, 'Let me be surrounded by fat men.' No-one ever heard 'Skinny' Skelton say that and no-one ever saw a fat man in the President's entourage in 'Skinny's ' time. You may have guessed that Steven Skelton was a skinny man

and he loathed fat bodies, not just the obese – anything that he considered 'fat'. Like I said, 'Skinny' didn't initiate the anti-fatties move but he was sowing fertile ground when he made derogatory remarks on the subject. At first they were comments about the health of the nation, then about the unproductive citizens who cost The Nation through 'Welfare'. In one of his speeches broadcast throughout The States he appealed to patriotism, to the nation's pride, to the ability of the nation to be the World's Leader, to be fit to defend itself. There was instant reaction to this, attacks on Fatties took place in every State, in every city, in every town. Fat people became afraid to leave home but where mobs were incited by fervent Skinnies they were dragged from the house and beaten. The Government had camps constructed where Fatties were concentrated 'for their own protection'. You can imagine the food they were served – another drain on State Funds. They all lost weight. Some died. Some actually got better fitness and were released but the camps were constantly crowded.

Of course these goings-on were not unnoticed by other countries and soon they began to be repeated all around the world. Protection camps were constructed and quickly populated.

Right at this time Science Fiction became reality when the smart men at NASA learned how to make the Transporter system work – I mean the gadget that moved people from place to place –'beam me up, Scottie'. Some-one on 'Skinny's' team saw an answer to a problem – transfer the Fatties to The Moon!

A special Transporter station was built and numerous times per day groups of Fatties were taken from a camp to that station, dematerialized and rematerialized on The Moon. 'course, they weren't wearing Space Suits, so arriving moonside was instant death. That didn't seem to bother many folk on Earth. It seemed so efficient in clearing the problem that other countries asked for the information that would enable them to build a place, but the US wouldn't give the secrets. Instead they took Fatties from the other countries and, for a fee, dispatched them to The Moon. It was a very lucrative business.

What no-one had thought about was the weight of all the corpses piling up in one place. This eventually reached a critical point and unbalanced The Moon resulting in its orbit dipping a little bit closer to Earth. At first only the scientists who measure these things noticed, as time went on they realised that the move was not a one-off and that Earth's satellite was coming to meet Mother, very, very slowly but inevitably.

First of all people began to talk about how the sea tides were changing, increasing in their rise and fall. The pattern became apparent, investigative reporters took interest and soon sniffed out the truth which splashed across every newspaper and TV screen in the world. 'DOOM' appeared in big letters and in every language. Then came the blame game, 'Who was responsible?' Most folk blamed President Skinny Skelton, not for his war on Fatties, nobody liked Fatties but for overloading The Moon, everybody loved The Moon. Some folk blamed Fatties for being fat and causing the problem in the first place.

Well, Skinny got voted out next election. Sending Fatties to The Moon was stopped before that. All the nations of the world now have to deal with their own problems their own way. One thing is for sure and isn't going to change, there's nothing anyone can do about it, The Moon is coming to visit.

HIT THE BOTTLE

Jackstown was like many other small settlements that had begun to grow across the American Plains; one wide, dusty main street with stores, doss-houses and bars along each side and family houses proliferating beyond. The only thing that could be referred to as entertainment in town was noisy piano and rowdy singing in the bars most nights, therefor the arrival of 'Shooter Milton' and 'Baldy Ropes' in their well-travelled covered wagon was welcomed, especially by those who did not attend the bars.

No advertising was needed, word reached every part of Jackstown in a matter of minutes. Everyone recognised that these two men constituted a travelling entertainment party, just about every citizen of the settlement gathered in the wide main street, automatically forming an arena in which the actors could perform.

'Shooter Milton' was a big man with big hair and a big beard. He also had a big voice with which he enlightened the crown as to the fame of the pair, seemingly known all across the West, except perhaps in Jackstown. 'Baldy Ropes' was, he assured them, the finest rope-spinner they'd ever see, he could make ropes come alive, make them dance, make them sing, almost make them talk. After 'Baldy' had amazed them 'Shooter' would dazzle them with his skill with a six-shooter.

'Baldy Ropes' did indeed give a dazzling performance, he had the rope whirling overhead in a loop that grew larger and larger, it sank and rose, it sang through the air. When he had finished he invited anyone to try their hand at rope twirling giving them

instruction. One or two men who already fancied their ability took the opportunity but came no-where near 'Baldy's ' standard. It was all popular with the crowd. 'Shooter' took over, starting with a display of fast-draw and finger-spinning the gun. When it came to live firing they had to clear a lane through the crowd along Main Street, 'Baldy' set up targets at different distances and when he came back proceeded to work around the townsfolk collecting a few dollars in his hat. 'Shooter' hit the targets, firing from fast-draw, from backwards over his shoulder, from stooping and aiming between his legs, left hand, right hand, both hands at once. He holstered the pistols and took a bow. Guessing this was the end of the show people began to move away and so opened a gap by the entertainers' waggon through which 'Shooter' saw a native Indian who had three medicine bottles arrayed on the lowered tail-board. The Indian wore typical working jeans but a kid-skin jerkin. His hair was styled in native Indian fashion. He was definitely an 'Injun' and 'Shooter' did not like Injuns.
'What the hell yu think yur doin?' he yelled, striding fiercely toward the waggon, The Indian took a step back, looking surprised.
'Yu don't use my waggon to sell yur stinking snake oil,' yelled Shooter.
'No snake oil. Make hair,' the would-be salesman said.
'Well, I sure don't need any,' snarled Shooter. One after the other, rapidly he grabbed the bottles, tossed each into the air and shot it to pieces before it began to fall. Splinters of glass and a spray of unidentified liquid fell on numerous heads, including Baldy's.
Doing and saying nothing the Indian mounted his horse and rode away out of the town, Shooter and

Baldy stayed the night, enjoying hospitality and free food as celebrities in one of the bars. Next day they were in their waggon and trekking on in their nomadic entertainment tour of the early States.
One week later they were in another lively, growing town, still consisting of a dusty Main Street flanked by the usual bars, stores and 'hotels'. They halted at a suitable spot preparing to give a performance. The word was going around and the locals were beginning to gather. Shooter surveyed the street, thinking about his live shooting act, just a building along he saw 'the Injun' and the Injun had three medicine bottles standing on a broad hitch-rail. A few locals were gathered listening to the sales talk. Anger blew up in Shooter like a volcanic eruption and he took off stomping toward the sales scene. Although the Indian had not failed to recognise the waggon, and certainly he recognised Shooter, he made no move to escape or save his bottles. Calmly he watched as the mad gunman took the bottles one by one, tossed them aloft and shot them to bits. As before, fragments of glass and unknown spray sprinkled nearby people.
'Got any more of yur snake oil hair grow?' yelled Shooter.
'Not hair grow, hair lose for ladies,' the Indian said quietly, got on his horse and rode out of town.
The unscheduled shooting display had been good advertising, attracting people from beyond Main Street. Shooter went back to the waggon and helped prepare for the show, all the time muttering angrily about fake Indian medicines and hair restorers that never worked.
Baldy rubbed his scalp and said, ' I dunno. My head been feeling real itchy since it got anointed last time

you shot them bottles. I even fancy it's getting a bit fluffy.'

'More likely just an infection from whatever the mixture was. I'll tell yu if my head starts itchin any time soon,' grunted Shooter flicking drops of liquid from his head and beard.

TOUCHED BY DAD

Just the arm pulling the door closed, but I recognised Sid's jacket, the one he always wears when working in the garage. Maybe it was being nosey, cheeky, but we've been mates for years, it was too tempting so I went to it and opened that side door to the garage and looked in to see what Sid was up to.

He had his bike up on the servicing stand, the stand he'd kept, amongst other things, when his dad's shop was cleared and sold recently when Dad died suddenly. Sid's dad had owned the bike shop in town, selling and servicing the machines of everyday users and the specials of the Cycling Club. Although Sid had not followed in father's footsteps, he was a Maths freak and went into Insurance work, he was a keen cyclist and had learned plenty from Sid senior. The stand clamped the bike's crossbar and held the machine a metre and more above floor level, making it much easier to service. The pedals could be turned, the wheels spun, the gears changed in action. At that moment everything was static, including Sid. He didn't even look around when I stepped in. He was staring at the bike. His expression reminded me of the look of hypnotised people I'd seen on a TV show. I didn't think about it, must have been remembering

that show – I clapped my hands and lo-and-behold Sid woke up.
'What you doin' mate?' says I, 'You were in a trance.'
Just like somebody waking up he shook his head and blinked. 'The gear change works,' he said, as if that was a surprise.
'Be surprised if it didn't on a bike of yours,' was an honest reply from me.
'No,' he cautioned, 'you don't know this sort of gear change, it's electronic.'
'Do what?' says I not quite believing.
'Came in just before Dad got ill. He showed it to me, showed me how to adjust it but I never had time enough to really get the hang of it.' Sid hadn't even looked at me, just stared at the bike's gear set-up on the rear hub.
'So what's the problem? You said it works.' Seemed unproblematic. I laughed.
'It works now, it didn't yesterday,' Sid said in a way that suggested it should not be working today.
'So you fixed it,' I said triumphantly.
He shook his head, 'No. I didn't.'
This was getting a bit daft. 'Well, someone did.' Stating the obvious.
'My dad came and fixed it,' Sid said, quite seriously.
I did not reply. Stumped for words actually. I had been with Sid to his Dad's funeral service. Hadn't seen him in his coffin but reckoned it'd be a bit unlikely Dad was in the garage last night mending a gear-change.
Sid took a breath, straightened up and turned toward me.
'I fiddled with that mechanism yesterday evening but never got it working. Tried to remember what Dad had shown me but there was something I wasn't doing

right. When I went to bed the problem kept nagging at me and I could see that hub assembly clearly. I must have fallen asleep eventually, but not for long. I woke up and there was Dad in the room. 'Come on, son,' he said and led me out here to the garage. He talked me through the setting-up process including using a little gadget that he had made to test the electrical works. That was the bit I hadn't been able to get to work. When I'd got it right I looked around and Dad wasn't there anymore.'

Would you believe it? I didn't.

'What you talking about? Maybe it came out a bit strong, 'You reckon your dad's ghost came and fixed your bike?'

'That wasn't a ghost. He was as real as he'd ever been,' Sid protested.

'Did you touch him?' not sure why I made that challenge.

'No.'

'Sid,' I said, gently, reassuringly, 'You know that people often solve problems in their sleep. Part of the brain goes on working, analysing the whys and wherefores. That's what has happened, your brain remembered what your father taught you so you were able to do that set-up correctly though the everyday part of the brain had forgotten it.'

But Sid wasn't having it. 'No. He was real. He wasn't a ghost. I couldn't see through him. He was solid. How could a ghost twiddle little adjusters? I followed him out to the garage here and he walked, he didn't float or drift and he opened the door. He didn't pass through it.'

'Sid,' I spoke soothingly again, 'the mind can do amazing things, conjure up sights, visions, even cause physical reactions. Junkies having a bad trip may see snakes coming out of walls, devils dancing around them, imagine they can fly and leap off of buildings. Look at the religious ones who get the wounds of Christ on their bodies. Your mind, even in your sleep created your dad who was totally real to you and so explained your remembering what he had shown you before.'

Sid is basically a logical sort of bloke. He looked me in the eye and I divined that he was considering the possibility of my explanation. After a couple of moments he said,

'There's a problem.' He picked up an object from the nearby bench. 'This is the little electric tester my dad made. The bit of the job I hadn't got to work.'

He passed the gadget to me, a little box with three wires sprouting from it.

'That's neat', I intoned to please him.

'It didn't work for me yesterday,' Sid spoke with a sharpness to his voice, 'because there was no battery in it. I hadn't realised that yesterday, but it worked last night for my dad and for me. I haven't put a battery in it or taken a battery out of it but there is no battery in it this morning and I can't find one in the garage.'

I didn't dare say, 'Perhaps your dad took it with him.' I don't think the joke would have been appreciated

LOCAL HERO

The town called itself Pont de Fernand because of the bridge that spanned the river Gulay. No-one knew why the river was called the Gulay, they did know that it was only a small river little more than ten metres wide, though quite deep and it formed the boundary of the small town on the East side.. The bridge had been built almost five centuries ago on the orders of Baron Fernand. It was a stone arch, crude but effective, built to allow the baron's carriage to pass over. In the modern times only motor-cars and light vans were allowed to use it.

Pont de Fernand lay in the north eastern region of France and saw the invading German army very soon once the advance had begun in 1940. A fleeing rabble of French and British soldiers straggled into the town, not far ahead of the conquerors. A British officer decided that any bridge was important, though it was obvious that Pont de Fernand could not support the weight of a tank and was anyway too narrow even for a military lorry. The town had honoured itself by appointing a Mayor who, with a vociferous supporting crew, persuaded the officer not to have the historic bridge destroyed since no mechanical war machines could use it. Nevertheless the officer ordered that the crossing must be defended. While most of the fleeing military hurried away Westward a mixed party of British and French soldiers prepared positions on the edge of the town and dug in to deny the bridge to German troops. What followed was for ever remembered in the town's history as 'The Battle Of The Bridge' though it was in truth barely a skirmish. As the first German troops approached they were greeted with gun fire. Being well trained they took cover and returned fire. The exchange went on sporadically for half an hour with casualties on neither side but the German military appreciated that the bridge and the town were not worth fighting for, the main forces having advanced way beyond them into France. Quietly they left and once the defenders realised that, they hurried away to take their chances of escaping capture.

More than eighty years later Pont de Fernand was celebrating the almost mythical 'Battle' with its annual Fair. Stalls were erected along the main street where locals and traders from the countryside offered their various products and a group of enthusiasts performed traditional dances to the music of a small unprofessional band. In the grounds on the far side of the bridge stood four man-size silhouette figures of German soldiers, painted black, shaped in plywood and propped up on wooden bases. At the start of festivities The Mayor, standing at the entry of the bridge, gave a short speech in praise of the defenders in the far off 'Battle', exhorted the citizens to always remember their bravery and declared the party begun. Gerald Charpantier, who despite his name was actually a boulanger, the town's baker, was a well-respected citizen. He had shown his face at the formal ceremonies and then gone with his friend Albert to sit on the bank of the Gulay and watch the floats of their fishing lines. Fortune had not smiled on Gerald, he had a son, Arnol, who was called by some of the citizens 'The village idiot.' This was unkind and over-stating the case. True, Arnol was to say the least slow on the uptake but by no means an idiot. He was now fifteen years of age and had been taught by his father the arts of the baker's trade and made himself very useful in the bakery. Though not at all proficient in any of the subjects offered by the local school, which he had rarely attended, Arnol was remarkably knowledgeable about weapons of World War Two. Military subjects were things about which Charpantier senior liked to talk. He had been in the Army, but in the catering branch which was where he had been introduced to bread making. His talk encouraged Arnol's interest, much to the mother's disapproval. At

home Arnol had a collection of books about military weapons with diagrams and pages of information and a number of replica guns and grenades. Sometimes other boys would talk to him about his interest but often they would turn the dialogue to mockery.
As his father and Albert sat watching their fishing lines Arnol mooched along the edge of the river, down-stream, knowing enough not to disturb the fishing water. The recent weather had been sunny and rainless so the water was at a lower level than usual. Arnol studied the drying mud alert to any unusual shapes or lumps; during a dry spell a couple of years before he had found a French bayonet and a brass buckle with the rotting remains of its belt. His experienced eye did not miss a slightly projecting lump that could have been no more than a clay-covered stone but stones were not common along the Gulay. He dug his fingers into the mud and picked up the lump. From his wealth of knowledge he knew what it was before he had rubbed away the dirt. 'Yes!' he cheered and ran toward where his father and Albert sat, now disturbed.
'Look Dad, I've found a grenade,' shouted the treasure hunter, heard by not only the fishermen but some of the townsfolk as well.
The militarily experienced Gerald looked, 'God! Son that thing is still live. Put it down and move away.'
Arnol was familiar with the subject too from his studies and replied, 'It's alright Dad, it's safe, the pin is still in place. It's a Mills bomb, a British Tommy must have dropped it.'
'Boy!' Charpantier senior, now standing and agitated howled, 'That thing has been in the river for more than eighty years, the explosives in it could be in all sorts of a state. Anything might set it off. Put it down –

gently, and move away.' Arnol still obeyed his father, used to working with him in the bakery and being instructed. Reluctantly he put the grenade down. With his father and Albert he retreated a few metres. Meanwhile the word was racing like wildfire through the crowd in the street that a bomb had been found near the bridge. Some people hurried away, some traders packed up their stalls and left town, some more curious approached the bridge cautiously and were generally disappointed to see an object the size of a petanque ball, not a tubby barrel with fins attached. The Mayor felt the weight of his responsibility, advanced and asked Gerald what they should do. The militarily experienced Gerald advised that everybody should stand well clear, the Army should be contacted, an Explosives Disposal team would come and the bomb dealt with. Most of the crowd wandered away and a gendarme was posted to guard the sinister lump. Arnol kept him company, very reluctant to leave what he regarded as 'his grenade'.

Remarkably soon an army lorry arrived bringing an officer and half a dozen men. They too were disappointed when they saw the explosive item endangering the town of Pont de Fernand. The soldiers strolled back to the lorry, lounged about and smoked cigarettes. The officer stood beside the gendarme, Arnol close by, 'Well that's not much is it,' the officer opined. 'Better blow it here. Be dodgy to transport. Plenty of sandbags, we'll do a safe job. You can stand down now constable, that grenade is mine.' That is what Arnol heard. 'No its not! That grenade is mine,' he yelled, ran in and grabbed the grenade. The shocked officer tried to grab Arnol, 'Give the grenade to me you fool,' he shouted. Rather than do that Arnol held the grenade in his right hand and pulled out the safety pin with his left hand as instructed in his books, but with some difficulty owing to corrosion. In a wide overarm swing he launched the bomb that landed among the cut-out Germans on the other side of the bridge. Remarkably, the ancient item worked as designed and inflicted considerable injury on the phantom invaders who fell to the ground and lay motionless.

The noise of the explosion set off another panic in the town, there were screams and people rushing in pointless directions. Arnol's father had witnessed everything and was appalled by his son's actions. There also lingered in him a feudal respect for the officer class. Fearing the consequences that may befall Arnol, he hurried to the frustrated Explosives Disposal Officer apologising profusely for Arnol's stupid and reckless action, but avoiding making his son seem too mentally deficient, just explaining that it had been the boy who had found the grenade and consequently felt some ownership claim.

The young officer, who was of a less feudal disposition than Gerald, clearly gathered his surprised thoughts into order, shrugged and said, 'Well that's that. As the English Bard said, 'All's well that ends well'. Everybody's safe and no real damage done.'

Still apologetic Gerald gabbled, 'Even so what my son did was stupid and dangerous. I hear some people calling him a hero, obviously they don't understand what happened.'

The officer nodded in agreement, 'True Monsieur, but I believe if you looked at all the great stories of acts of heroism you would find that many of those acts were stupid and dangerous and would never have happened if the hero had stopped to think.' He shook Gerald's hand, ordered his men into the lorry, joined them and drove away leaving Gerald to muse upon the subject of heroism and what his wife would say when he went home. Arnol went across the bridge to search for shrapnel.

HAUNTING THOUGHTS

The discussion, or maybe argument, was set off simply because they drove past the place. They had been on a fishing holiday, just a long weekend really, using Mike's camper van and were back motoring into Home territory.

'Hah, yee old haunted house!' Josh exclaimed, making it sound frightening.

'Yes, we all used to think that,' Mike agreed, not taking his gaze away from the road to look at the big house set back and so neglected that it was being wrapped up in what had been ornamental trees and gardens.

'Did you ever go in there?' Josh asked him.

Mike gave extra attention to his driving and did not reply right away. 'No. Why would I want to?'

Josh went on, 'I think most of the old gang did, back when we were in Senior School. Everybody dared everybody else to go in.'

'Did you go in?'

'Yeah. Not on my own though. That's what would happen, a bunch of us, three or four, would go in together. It was weird, there were still odds and end of furniture in some rooms and old curtains rotting and falling to pieces. Everything was covered in dust. It was damp and smelled rotten,' Josh confessed, smiling at the memory of schoolboy bravado.

'Did you dare anybody to stay the night in there? That's the ultimate challenge isn't it?'
'Yeah, actually we did!' Josh exclaimed. 'Billy Walker was a loud mouth and kept saying we were all wimps and the house being haunted was rubbish. Well he talked himself into it didn't he? Of course we dared him to go in at night time and after all his spouting off he couldn't refuse, or he would have been the biggest wimp of all. You got to grant him the nerve, he did go in. We'd told him he had to stay in there at least half an hour; he came out after twenty minutes, pale enough to be a ghost himself and all shaky. Never said he saw anything or heard anything, just that it was a terrible place and evil.'
The two were quiet for a while, as if both were thinking, which they were. Eventually Mike spoke. 'Reckon he was right about that, in people's minds at least. A father killing his wife and children, that's pretty horrible and then he killed the maids too. Bodies all over the place, running with blood. They said he'd gone mad, probably addled his brain through too much booze. It put a curse on the property, no-one would buy it once they knew the story.'
That was the end of their discussion reference 'The Haunted House', it was only a short distance from there to home. The same evening Mike and Josh met with friends in their favoured Pub and after tales about their campervan expedition and the fish that got away, the subject of The Haunted House was raised by Josh. Willy and Fred, the two with whom the campers had met, had been at school with them and in the same gang that usually straggled together at weekends. They had memories of the dares to go into the house and of the time that Billy Walker went in at night and got frightened.

‘I wouldn’t go in there, even now,’ said Willy.
‘Me neither,’ Fred agreed.
‘Hey, come on! You’re grown ups now not school kids,’ Mike sounded exasperated, ‘surely you don’t still believe the place is haunted. It’s just an old, empty house that no one wants to buy because of its history. If Billy Walker got scared it was because of his imagination running wild. He said he never saw or heard anything. That’s just about what ghosts are – imagination.’
The other three were very quiet and still, Fred carefully picked up his tankard and took a sip of ale. Willy studied his fingers. Josh looked at Mike and appeared slightly offended. Mike began to feel embarrassed. The inevitable denouement was that Josh challenged Mike.
‘Well, if you’re so sure it’s all just imagination and you’re not worried about ghosts or evil things how about you spending a night in the house to prove it?’
Josh had said that Billy Walker talked himself into it, Mike had obviously done the same. Arrangements were made for two nights hence. The campervan would be parked in the grounds of the house, positioned in view of the front door, it would be the base for Josh, Willy and Fred who would take turns at keeping watch, ensuring that Mike didn’t sneak out early that way. Mike meanwhile, in an extended show of bravado, had borrowed some cameras sensitive to movement and infrared from a wild-life enthusiast pal which would be set up to capture any activity ‘while I sleep’, he declared.
So it took place. On the appointed evening Mike went in and out setting up the cameras. The gang used the van’s facilities to boil a kettle and make coffee. They sat around nursing hot mugs. They were awkwardly

untalkative. When it was acceptably dark Mike entered the house. He was allowed a hand-held torch. Watching his figure disappearing, as if swallowed by the gaping mouth of the house, put a chill into the witnesses' bodies.

Inevitably they were astir at an early hour next day, when it was barely light. They fidgeted, they looked at each other, no-one saying what they were all thinking. Josh made coffee again, as much to delay any other action than to have a hot drink. It had reached the moment when they were debating whether they should go in as a gang and search for their friend when Mike walked out of the front entrance, grinning triumphantly. He strode across to them and demanded a mug of hot coffee. The three did not know how to ask the questions they wanted to ask and the result was muddled chatter. Being in a superior situation, Mike silenced the chatter with a wave of the hand that was not holding the mug of coffee and in lordly manner related to the peasants how he had made a final inspection of the rooms, switched on all the cameras and settled himself down to sleep – which he had done without disturbance all night. That in one way supported Mike's opinion of the haunting stories, the evidence from the cameras was demanded. These were digital devices and whatever pictures they had taken could be brought up and viewed on the inbuilt screen.

There had been three cameras, the first one revealed nothing of interest. The second one showed a moment when a shadow of indefinite form passed across a window, but they had to admit that it could have been movement of the tattered curtain against the dirty window and the feeble moonlight. The third camera showed a number of shots, of what the gang could not decide, but something that triggered the sensitive mechanism. The next picture brought shouts and gasps from all four; it showed Mike well and truly asleep and snoring so that his lips vibrated!

'Which of you sods did this?' he roared, much offended that what he thought was a serious investigation was turned into a practical joke. All three of the others strongly denied that one of them had entered the house and used the camera, each one's denial supported by the other two. They assured Mike that they were truly too afraid to have gone in there at night.

'Well, obviously somebody did,' Mike stated angrily.

'Or something,' Willy whispered.

Everyone looked at Willy.

'Oh, get off,' Growled Mike. In silent fury he packed away the cameras, tidied the inside of the van, turned to the others and snarled, 'You coming then?' They had kept their distance, wordlessly watching. Wordlessly they got into the van for the journey into town. At last Josh said, 'Honestly Mike, none of us went in the house last night.'

Because Josh was his friend Mike curbed his anger but answered cynically, 'I wonder who it was then.'

Alphabetic Order

A Message.....................36
Age 6...........................76
An Apple Smiled..............32
Any Time.......................38
Beyond the Gate... 16
Biscuits.........................21
Blest is The Man..............62
Briefly...........................72
Buggsy..........................49
Bum Bags.......................23
Changing The Colour.........26
Charity Begins.................56
Cold Comfort..................52
Core 'ngrato....................47
Crumbs..........................28
Currently.......................66
Delius...........................51
Driven...........................14
Finding Bob....................46
Flying Pots..................... 8
Freeman.........................64

Front Rooms.....................10
Future Question..............'...55
Grammatically Speaking........67
I Worry...................................68
Inside Information............... 7
Late Exercise......................69
Left Over...........................30
Liars....................................60
Long Trews.........................20
Manic Mushroom................59
Marking Time.....................61
My Dead Piggy...................43
My List..............................70
No Man Is...........................22
Noted..................................24
Oasis...................................33
Reckoning........................... 9
Reminders..........................65
Shield Wall.........................63
Sid.......................................34

So They Say......................19
Soul Searching....................44
Start Again........................50
Swan Song........................54
Take Flight........................37
Talking Plants.....................74
Taxed Council.....................71
The Conservationist.............27
The Elite Silence.................15
The Jumping Stones.............42
The Radiant Day..................57
The Shirt...........................73
The Sweat of Thy Brow..........53
Top..Billing.......................39
Twisted Socks.............. 48
Vapid........................ . .31
Vocal Yokels................. ..12
Wasted Pages................... .18
Whale Song...................... .58
Windows........................ .25
Wisdom...........................40

Stories In Alphabetic Order

Artful.....................................92
Bob Brown's Escape... 128
Chosen................................ 109
Fatal Fat...................................135
Haunting Thoughts.......................149
Hidden 86
Hit The Bottle 137
I Could Tell You 81
In Vino Veritas 89
Local Hero 144
My Dream Garden 100
Roughly Yorkshire 118
Rubber Band 122
Shadowed 131
Sin 117
Stocktaking 102
The Business 125
The Onefaced Man 120
The Secret 112
Touched By Dad 1140
Willing Resistance 113
Wingman.....................................79

Printed in Great Britain
by Amazon

60860271R00099